Werte Leserschaft,

herzlich willkommen in unserem neuen Bierkellerführer für Franken. Für uns ist dieses Buch mittlerweile zu einem Stück Lebenswerk geworden. Viele Pächter und Inhaber von Brauereien, Bierkellern und Biergärten sind über die Jahre zu guten Bekannten, manche sogar zu Freunden geworden, mit denen wir schon so manches Gespräch über die jeweils aktuelle Entwicklung in der Branche geführt haben. Denn es tut sich etwas! Und das ist auch gut so. Auf der einen Seite steht das zunehmende Bewusstsein für das Thema Alkohol, auch und gerade in Verbindung mit dem PKW. Auf der anderen Seite steht die Wiederentdeckung der heimischen Biere als Spezialität und erhaltenswertes Kulturgut.

In diesem spannenden Umfeld müssen die Betriebe sowohl mit einer steigenden Nachfrage nach alkoholfreien oder alkoholarmen Getränken leben, als auch an ihrer Biertradition festhalten - denn das macht ja gerade den Unterschied. Insofern freuen wir uns, dass wir Ihnen wieder den aktuellen Stand der fränkischen Bierkellerkultur präsentieren können und sind schon gespannt auf Ihre Anregungen und Vorschläge, damit auch die nächste Auflage wieder ein Meilenstein werden kann.

Natürlich möchten und müssen wir uns bedanken. Zu allererst bei Ihnen, die in den letzten Jahren über 50.000 Exemplare unseres Bierkellerführers gekauft, verschenkt, in die Regale gestellt oder ins Handschuhfach gelegt haben.

Und dann natürlich bei allen, die zum Gelingen auch dieser Auflage beigetragen haben, unser GuideMedia-Team (alphabetisch): Jofrey Kollmann, Frank Märzke, Nicole Schramm (mit Matthias, Sarah und Simon), Benjamin Strüh und natürlich unsere jeweiligen besseren Hälften. Nicht nur finanziell, sondern auch mit vielen Tipps und Motivation haben auch unsere Sponsoren die Realisation dieses Buches ermöglicht. Herausgreifen wollen wir Hubert Rottmann und Peter Weber von der Deutschen Bahn sowie Heike Ruf und Gerhard Zuber vom VGN. Sie stehen stellvertretend für viele Menschen, die uns seit fast zehn Jahren und mittlerweile auch mehr als zwanzig Buchtiteln die Treue gehalten und ihr Bestes zum jeweiligen Gelingen beigetragen haben – und hoffentlich in Zukunft auch beitragen werden – **DANKE!**

Viel Spaß auf Frankens Bierkellern,

Markus Raupach und Bastian Böttner

M. Raupach

GUIDEMEDIA

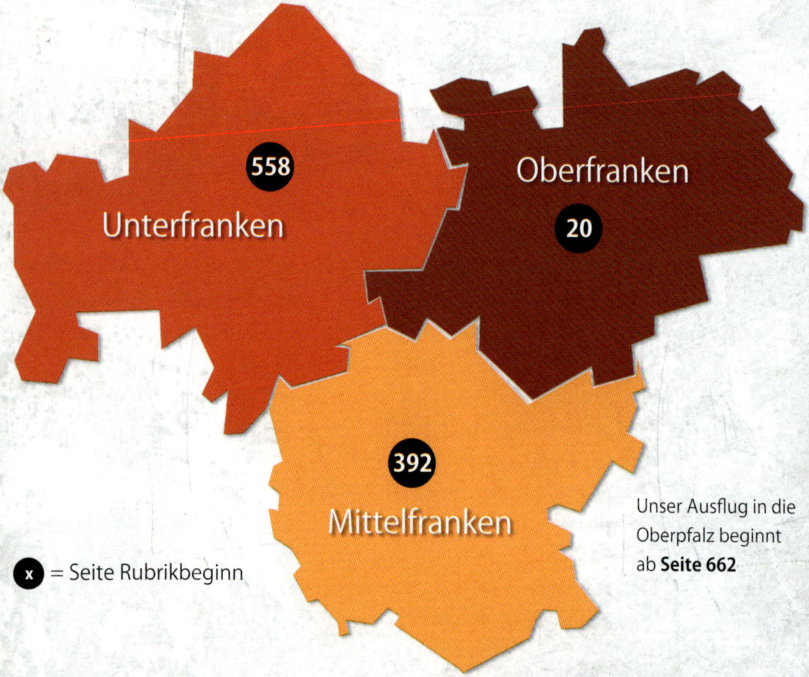

x = Seite Rubrikbeginn

Unser Ausflug in die Oberpfalz beginnt ab **Seite 662**

Heimat der Bierkeller und Biergärten

Analog zu unserem fränkischen Brauereiführer haben wir auch unseren Bierkeller- und Biergartenführer nach den drei fränkischen Regierungsbezirken gegliedert. Dazu kommt noch unser kleiner Ausflug in die Oberpfalz. Innerhalb der farblich gekennzeichneten Bereiche sind die jeweiligen Stationen **nach den Namen der Ortschaften alphabetisch** geordnet. Hierbei haben wir uns bemüht, jeweils den historisch bekannten Ort zu nennen, auch wenn dieser mittlerweile in eine größere Stadt oder Gemeinde eingegliedert ist. Weitere Navigationshilfen sind die **beigelegte Karte**, die jeweils vorgeschalteten Übersichtskarten der Kapitel und natürlich die Verzeichnisse nach Seiten (ab Seite 4) bzw. Orten (ab Seite 666).

Viel Spaß beim Entdecken!

Oberfranken

Im Spannungsfeld zwischen Bamberg und Bayreuth findet sich die größte Brauereidichte der Welt und damit natürlich auch die größte Dichte an Bierkellern und Biergärten. Auch wenn wir im Zuge der Erarbeitung unseres Buches hier einige Abstriche machen mussten, um die anderen Bezirke auch ausreichend würdigen zu können, ist Oberfranken der mit Abstand größte Bereich und auch das Herzstück der fränkischen Bierkellerkultur geblieben... **ab Seite 20**

Mittelfranken

Metropolregion, Fränkisches Seenland, Fränkische und Hersbrucker Schweiz, was soll man noch mehr sagen? Hier treffen idyllische Biergärten in der Großstadt auf innovative und kreative Entrepreneurs in den Außenbezirken, dazu echte urige Klassiker auf dem Land und natürlich jede Menge Freizeitwert für Familien. Hier sind Sie eigentlich immer richtig, wenn es um einen schönen Ausflug oder auch mehrere gute Urlaubstage geht... **ab Seite 392**

Unterfranken

Auch wenn hier eigentlich der Wein dominiert, gibt es rund um Würzburg, Aschaffenburg und Schweinfurt jede Menge spannender Bierkultur. Allerdings merkt man spätestens auf der Speisekarte, dass man sich ein Stück von Bratwürsten und Schäuferla verabschiedet und mehr in Richtung Gerupftem und Nudeln gereist ist. Doch natürlich schmeckt (gerade) auch das, wir wünschen viel Vergnügen... **ab Seite 558**

Unsere kleinen Helfer

Für eine schnelle Navigation innerhalb unseres Werkes haben wir **am oberen Rand der Biergarten-Seiten** kleine Symbole für Sie untergebracht. Die Grafiken werden **auf der vorderen Umschlagklappe** samt ihrer Funktion genau erklärt und helfen bei einer schnellen Suche nach besonderen Eigenschaften der Gastronomien.

...weiter zum Inhaltsverzeichnis ▶

Oberfranken ab Seite 20

...weiter siehe Seite 06 ▶

Inhalt

Ortsverzeichnis ab Seite 666

Mittelfranken ab Seite 392

...weiter siehe Seite 08 ▶

Unterfranken ab Seite 558

 Ortsverzeichnis ab Seite 666

Bier.BY

BIERKULTUR ERLEBEN

Handwerkszeug

Redaktionelle Themen siehe Seite 10 ▶

Redaktionelles

Freizeit-Wegweiser
ab Seite 12!

IMPRESSUM

Produktion & Gestaltung:
GuideMedia GbR, Bamberg

Druck: Louis Hofmann, 96242
Sonnefeld

ISBN-13: 978-3-931683-27-6

GUIDEMEDIA
Grüner Markt 15
96047 Bamberg
Tel.: 0951-5194166
www.guidemedia.de

Genuss und Lebensfreude
www.brauerei-goeller.de
Göller
Original
Göller
Göller
Original
Gönn' Dir ein
Göller
Biergarten siehe Seite 659

Für das ganzheitliche Erlebnis

Wir haben in unserem neuen Buch auch wieder viele Freizeit-Tipps rund um den Biergartenbesuch gesammelt. Denn natürlich bekommen der Genießer-Seele die fränkischen Spezialitäten besonders gut, wenn unterwegs auch Körper und Geist ausreichend genährt werden. Auf den folgenden vier Seiten fassen wir einige Highlights kurz zusammen.

Ausgewählte VGN-Freizeitlinien rund um unsere Biergärten

VGN

Unsere ausgewählten „Spielerlebnis-Biergärten“

... mehr siehe nächste Seite ▶

Ausgewählte Freizeit-Tipps aus diesem Buch

S. 42 Obermaintherme

S. 614 Wildpark Schweinfurt

S. 289 Burg Rabenstein

S. 64 Bierschmecker® Tour

S. 224 Brauereimuseum Kulmbach

S. 259 Dampflokomotiv-Museum

S. 79 Katakomben Bayreuth

S. **422** **Bergkerwa**

S. **436** **Michaeliskerwa**

S. **71** **Sandkerwa**

S. **50** **Stadtführung Bamberg**

S. **65** **Bierakademie**

S. **622** **Museum für Zeitgeschichte**

S. **556** **Playmobil Funpark**

S. **78** **Brauereimuseum Bayreuth**

Auch unser **Terminkalender** wächst und gedeiht. Wir möchten Ihnen hier – natürlich ohne Anspruch auf Vollständigkeit und rein subjektiv – einen Überblick für die schönsten Feste in Franken bieten. Die genauen Termine erfahren Sie für jedes Jahr auf den angegebenen Internetseiten. **Wir wünschen viel Vergnügen!**

Mai

- **Blütenfest Großweingarten**
  www.spalt.de | Erster Mai

- **Walberla-Bergkerwa**
  www.forchheim.de | Erstes Wochenende

- **Kreuzberg-Kirchweih Hallerndorf**
  www.kreuzbergfest.de | Erstes Wochenende

- **Bergkirchweih Erlangen**
  www.der-berg-ruft.de | Zwölf Tage ab Donnerstag vor Pfingsten

- **Weißbierfest Bayreuth**
  www.maisel.com | Wochenende vor Christi Himmelfahrt

- **Volksfest Spalt**
  www.spalt.de |Ende Mai

- **Selber Bürgerfest**
  www.selb.de | Letzter Samstag

Juni

- **Altstadtfest Ansbach**
  www.ansbach.de | Anfang Juni

- **Bierfest im Burggraben Nürnberg**
  www.huettn-nuernberg.de| Anfang Juni

- **Volksfest Schweinfurt**
  www.volksfest-schweinfurt.de | Ab Freitag nach Frohnleichnam

- **Altstadtfest Neumarkt**
  www.altstadtfest-neumarkt.de | Mitte Juni

- **Bürgerfest Weiden**
  Ende Juni

- **Amberger Maria-Hilf-Bergfest**
  www.bergfest-amberg.com | Ende Juni

- **Altstadtfest Sulzbach-Rosenberg**
  www.sulzbach-rosenberger-altstadtfest.de| Ende Juni

- **Ritterturnier Pappenheim**
  www.grafschaft-pappenheim.de | Ende Juni

- **Altstadtfest Forchheim**
  www.forchheim-altstadtfest.de | Ende Juni

Juli

- **Kiliani-Volksfest Würzburg**
  www.wuerzburg.de | 17 Tage ab Anfang Juli

- **Kirschkerwa Kalchreuth**
  www.kalchreuth.de | Erster Sonntag

- **Kunigundenfest Lauf**
  www.lauf.de | Erster Sonntag und Montag

- **Bayreuther Bürgerfest**
  www.buergerfest-bayreuth.de | Erstes Wochenende

- **Schützenfest Lichtenfels**
  www.lichtenfels-city.de | Zweites Wochenende

• **Kinderzeche Dinkelsbühl**
www.kinderzeche.de | Mitte Juli

• **Altstadtfest Kulmbach**
www.kulmbach.de | Mitte Juli

• **Sambafest Coburg**
www.samba-festival.de | Mitte Juli

• **Bürgerfest Neustadt an der Waldnaab**
Dritter Samstag

• **Bamberg Zauberg**
www.mybamberg.de | Drittes Wochenende

• **Annafest Sulzbach-Rosenberg**
Ende Juli

• **Annafest Forchheim**
www.annafest-forchheim.de | Ende Juli

• **Kulmbacher Bierwoche**
www.kulmbacher.de | Ende Juli

• **Rakoczy-Fest Bad Kissingen**
www.rakoczy-fest-badkissingen.de | Ende Juli

• **Hofer Volksfest**
www.hofer-volksfest.de | Ende Juli

• **Altstadtfest Bad Staffelstein**
www.bad-staffelstein.de | Ende Juli

• **Schwabacher Bürgerfest**
www.buergerfest.com | Letztes Wochenende vor den Schulferien

• **Coburger Vogelschiessen**
www.coburg-tourist.de | Beginn am Freitag des letzten Juli-Wochenendes

• **Altstadtfest Hersbruck**
www.altstadtfest-hersbruck.de | Beginn am Freitag des letzten Juli-Wochenendes

August

• **Seefest Altmühlsee**
www.altmuehlsee.de | Anfang August

• **Ringparkfest Würzburg**
www.wuerzburg.de | Anfang August

• **Blues- & Jazzfestival Bamberg**
www.mybamberg.de | Mitte August

• **Brauereifest Bad Staffelstein**
www.bad-staffelstein.de | Mitte August

• **Altstadtfest Sesslach**
www.sesslach.de | Mitte August

• **Schützenfest Kronach**
www.kronacher-freischiessen.com | Mitte bis Ende August

• **Volksfest Nürnberg**
www.volksfest-nuernberg.de | 17 Tage ab Ende Aug.

• **Sandkerwa Bamberg**
www.sandkerwa.de | Ende August

• **Stadtfest Aschaffenburg**
www.stadtfest-aschaffenburg.de | Ende August

• **Stadtfest Schweinfurt**
www.stadtfest-schweinfurt.de | Ende August

September

• **Reichsstadtfesttage Rothenburg**
www.rothenburg.de | Anfang September

• **Altstadtfest Nürnberg**
www.altstadtfest-nuernberg.de | Mitte bis Ende September

• **Korbmarkt Lichtenfels**
www.korbmarkt.lichtenfels-city.de | Drittes WE

• **Drachenfest Heuberg**
www.hilpoltstein.de |Ende September

Oktober

• **Michaelis-Kirchweih Fürth**
www.fuerther-kirchweih.de | Anfang Oktober

Anreise mit der Bahn

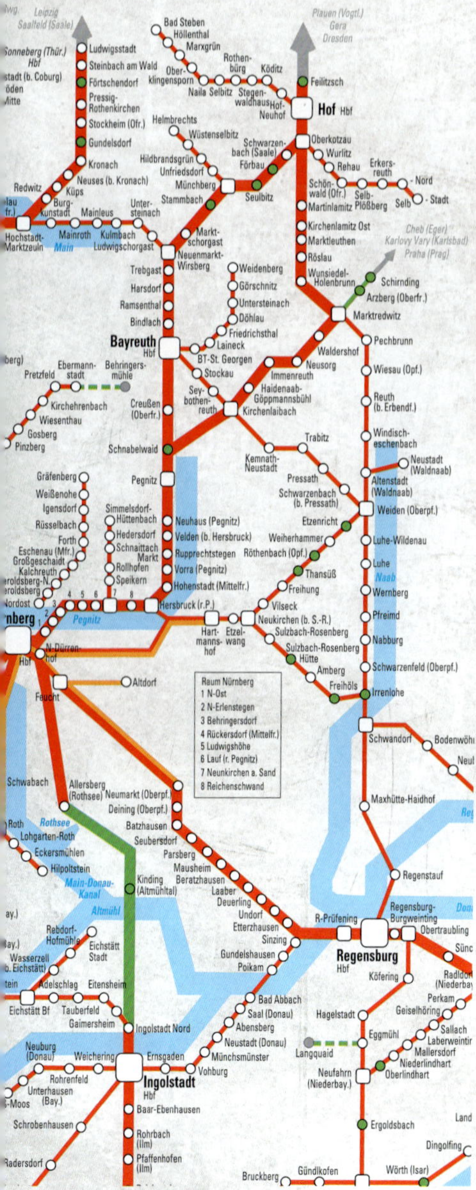

Auch in diesem Werk haben wir wieder an den öffentlichen Nahverkehr gedacht und mit der Deutschen Bahn und dem VGN altbewährte Partner an Bord. Um die Informationen über verfügbare Haltestellen übersichtlicher zu gestalten, haben wir die allgemein gültigen Symbole eingeführt, die jetzt jede Haltestelle bei jedem Biergarten unten auf der Seite gleich mit dem zugehörigen Verkehrsmittel ergänzen.

Reiseauskunft auch online unter:
www.bahn.de oder www.vgn.de

Bus = Bus

R = Bahn

S = S-Bahn

Tram = Tram

U = U-Bahn

Bier.BY
BIERKULTUR ERLEBEN

NEU!

Eine große, detaillierte Landkarte mit allen Bierkellern und Biergärten finden Sie im beigelegten **Biergarten-Atlas!**

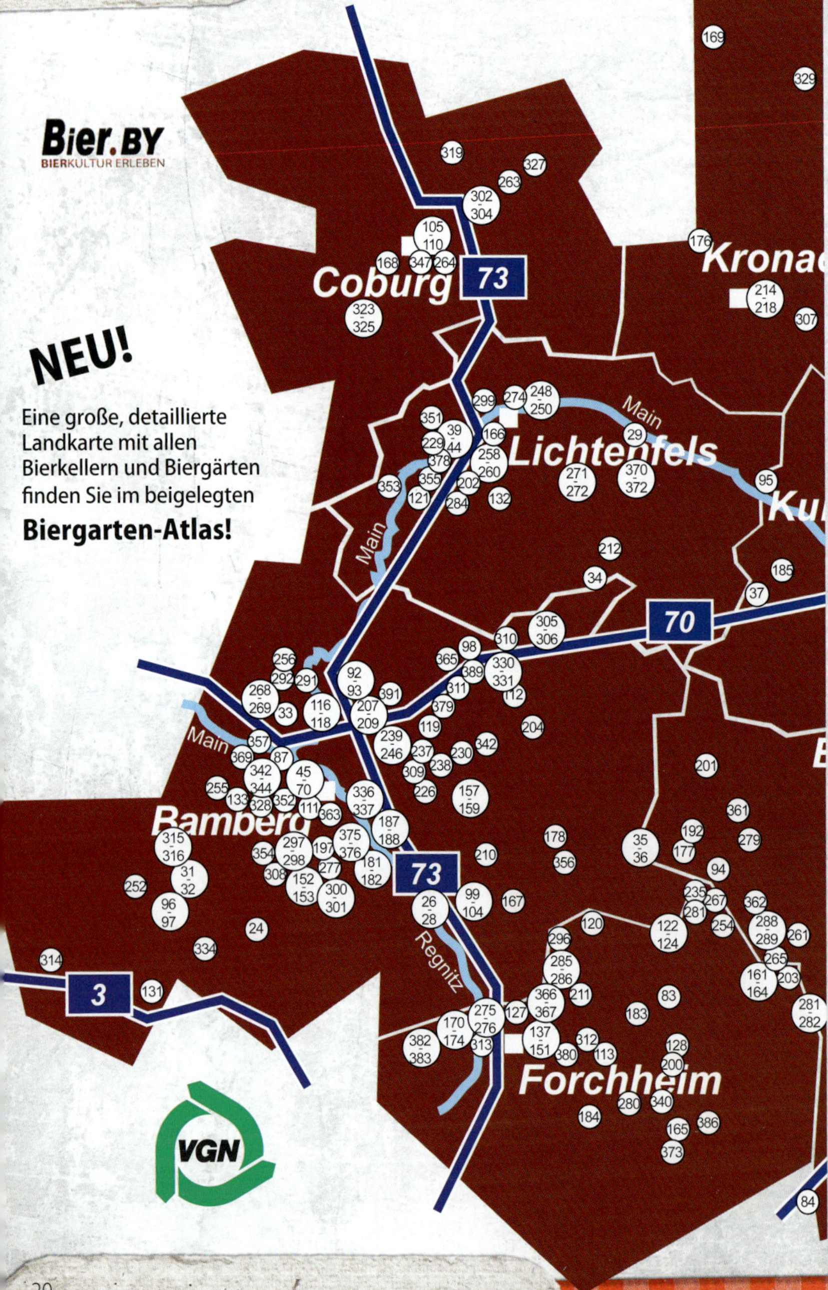

VGN

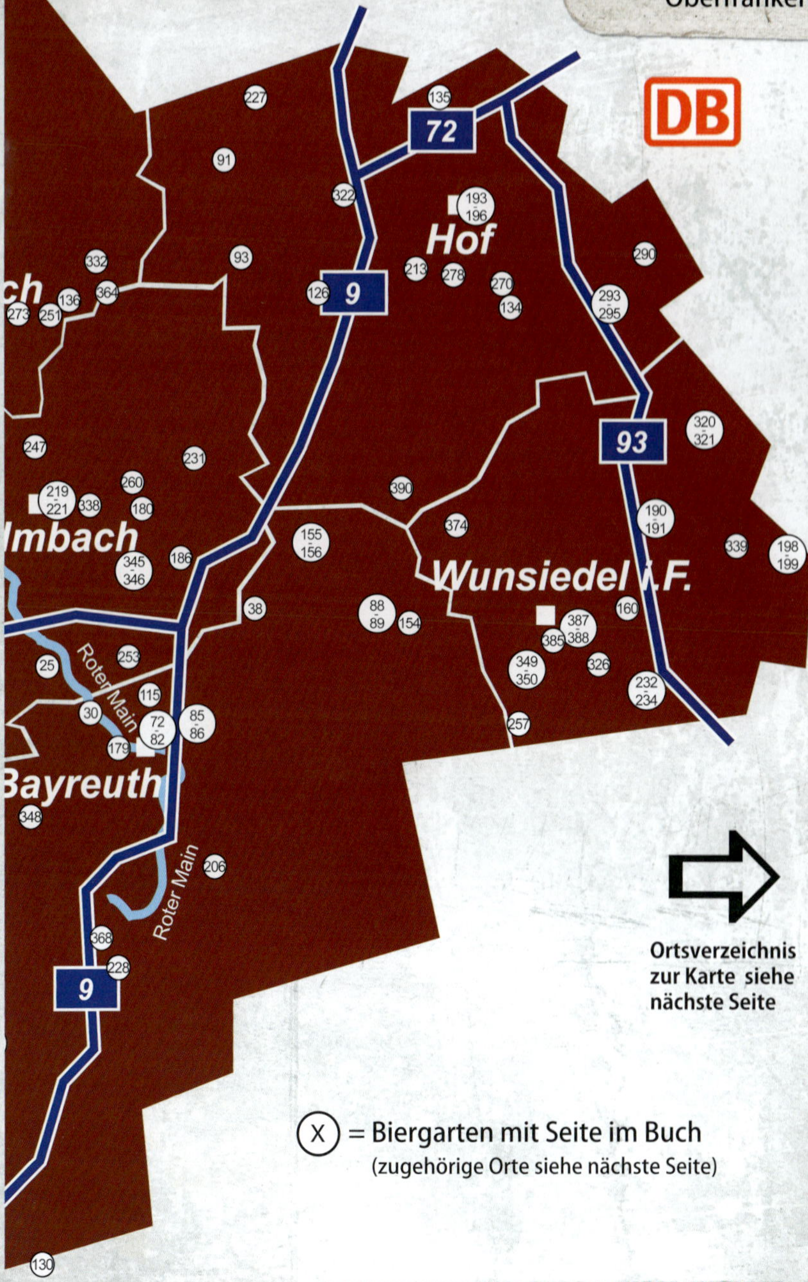

Ortsverzeichnis zur Karte siehe nächste Seite

(X) = Biergarten mit Seite im Buch
(zugehörige Orte siehe nächste Seite)

253 Muckenreuth
254 Muggendorf
255 Mühlendorf
256 Mürsbach
257 Nagel
258 Neuenmarkt
260 Neufang
261 Neumühle
263 Neustadt bei Coburg
264 Niederfüllbach
265 Oberailsfeld
266 Oberbrumberg
267 Oberfellendorf
268 Oberhaid
269 Oberhaid
270 Oberkotzau
271 Oberlangheim
272 Oberlangheim
273 Oberrodach
274 Oberwallenstadt
275 Pautzfeld
276 Pautzfeld
277 Pettstadt
278 Pirk
279 Plankenfels
280 Pommer
281 Pottenstein
282 Pottenstein
284 Prächting
285 Pretzfeld
286 Pretzfeld
287 Priesendorf
288 Rabenstein
290 Raitschin
291 Rattelsdorf
292 Reckendorf
293 Rehau
294 Rehau
295 Rehau
296 Reifenberg
297 Reundorf
298 Reundorf
299 Reundorf
300 Röbersdorf
301 Röbersdorf
302 Rödental
303 Rödental
304 Rödental
305 Roßdorf am Forst
306 Roßdorf am Forst
307 Ruppen
308 Sambach
309 Schammelsdorf
310 Schederndorf
311 Scheßlitz
312 Schlaifhausen
313 Schlammersdorf
314 Schlüsselfeld
315 Schönbrunn
316 Schönbrunn
318 Schönhof
319 Schönstädt
320 Selb
321 Selb
322 Sellanger
323 Seßlach
324 Seßlach
325 Seßlach
326 Sichersreuth
327 Sonnefeld
328 Stegaurach
329 Steinberg
330 Steinfeld
331 Steinfeld
332 Steinwiesen
333 Stiebarlimbach
334 Stolzenroth
335 Streitberg
336 Strullendorf
337 Strullendorf
338 Tennach
339 Thiersheim
340 Thuisbrunn
342 Tiefenellern
343 Trabelsdorf
344 Trabelsdorf
345 Trebgast
346 Trebgast
347 Triebsdorf
348 Tröbersdorf
349 Tröstau
350 Tröstau
351 Unnersdorf
352 Unteraurach
353 Unterbrunn
354 Untergreuth
355 Unterneuses
356 Veilbronn
357 Viereth
358 Vierzehnheiligen
359 Vierzehnheiligen
360 Vierzehnheiligen
361 Wadendorf
362 Waischenfeld
363 Waizendorf
364 Wallenfels
365 Wattendorf
366 Weigelshofen
367 Weigelshofen
368 Weiglathal
369 Weiher
370 Weismain
371 Weismain
372 Weismain
373 Weißenohe
374 Weißenstadt
375 Wernsdorf
376 Wernsdorf
378 Wiesen
379 Wiesengiech
380 Wiesenthau
381 Wiesenttal
382 Willersdorf
383 Willersdorf
385 Wintersreuth
386 Wölfersdorf
387 Wunsiedel
388 Wunsiedel
389 Würgau
390 Zell im Fichtelgebirge
391 Zückshut

Oberfranken als Kunstgebilde besteht hauptsächlich aus den Gebieten des ehemaligen Hochstifts Bamberg und des preußischen Fürstentums Bayreuth.

Damit ergibt sich auch eine Zweiteilung auf der konfessionellen Landkarte, die selbst heute noch gut abzulesen ist. Den Namen Oberfranken erhielt das Gebiet erst 1838, später kamen noch Coburg (1920) und kleinere Randgebiete durch die Gebietsreform 1972 dazu.

Weltrekorde halten die Oberfranken vor allem in kulinarischer Hinsicht - es gibt die meisten Brauereien, Bäckereien, Metzgereien und Brennereien. Erleben lässt sich diese spezielle Kultur nicht nur in den vielen vorgestellten Bierkellern und Biergärten des folgenden Kapitels, sondern auch in den speziellen Museen, wie dem Bayerischen Brauerei- und Bäckereimuseum Kulmbach, dem Fränkischen Brauereimuseum Bamberg oder auch im Bayreuther Brauereimuseum und den dazugehörenden Katakomben. Dazu kommt eine herrliche Landschaft, die den Landstrich gerade für Familien zu einem echten Geheimtipp werden lässt. Die nördliche Fränkische Schweiz, das Fichtelgebirge und der östliche Steigerwald laden zu vielen Spaziergängen und Erholung ein. Erkunden Sie geheimnisvolle Höhlen oder felsenumsäumte tiefe Täler, gehen Sie per Boot oder Rad auf Entdeckertour oder schlendern Sie durch eine der vielen historischen Altstädte, die sich in Oberfranken bieten.

Touristischer Mittelpunkt dürfte die Weltkulturerbestadt Bamberg mit ihrem Umland sein, die auch mit großem Abstand das größte Gesamtpaket bieten kann. Zahlreiche Museen, Gärten, Schlösser und Parks, viele attraktive Einzelhändler, Märkte und Messen sowie ein kulturelles Angebot von den Bamberger Symphonikern, zahlreichen Theatern bis zum viermaligen Deutschen Meister Brose Baskets garantieren tolle Erlebnisse und spannende Tage. Dazu gehören natürlich auch die neun Brauereien und die breite Gastronomielandschaft vom Café bis zum Exotenrestaurant – die ehemalige Hauptstadt des Heiligen Römischen Reiches ist immer eine Reise wert!

Gastwirtschaft Beck

www.gastwirtschaft-beck.de **Tipp: Gefüllte Schnitzel**

NACH DER GROSSEN SAUSE

2011 war ein großes Festjahr für Tanja und Christian Beck. Sie feierten das 100jährige Bestehen des Traditionshauses, das sich nach wie vor in Familienhand befindet. Vor dem Haus bzw. im schönen Biergarten stehen zwei weitere Jubilare: Die beiden großen Kastanienbäume wurden zur Eröffnung 1911 gepflanzt. Nun sind sie bei weitem aus den Kinderschuhen herausgewachsen und beschatten die Holzgarnituren und den runden Stammtisch, an den sich aber auch „normale" Gäste setzen dürfen, wenn die Stammbelegschaft mal nicht da sein sollte.

BIER

Kundmüller/Weiher: Lager, Pils, Weizen (alles vom Fass), Urstöffla. Eichhorn/Dörfleins: Lager (vom Fass). Schneider/Kelheim: Dunkle Weisse. Erdinger: Alkoholfreies Weizen. Löwenbräu/München: Alkoholfreies.

KÜCHE

Hausmacher Brotzeiten. Täglich große Karte mit warmen Gerichten. Spezialitäten: Saisonale Gerichte (Spargel, Pfifferlinge, Karpfen), Chili-Karpfenfilet (saisonal), verschiedene gefüllte Schnitzel.

PLÄTZE (außen/regensicher)

100/120

ANSCHRIFT

Abtsdorfer Straße 14
96158 Frensdorf-Abtsdorf
Tel.: 09502-255

ÖFFNUNGSZEITEN

Täglich ab 16 Uhr
So und Feiertage ab 10 Uhr
Montag Ruhetag
(wenn Montag Feiertag, dann Dienstag Ruhetag)
Januar bis März: Mo und Di Ruhetag

991 Vorra (b. Frensdorf) Bus

Brauerei-Gasthof Schnupp

www.brauereigasthof-schnupp.de

Tipp: Drossenfelder Leckerle

DA, WO DER STORCH WOHNT

Dass der Storch die Kinder bringt, wissen wir, seine Wohnung aber findet man eher selten. Ein Storchenpaar hat sein Zuhause bei Familie Schnupp aufgeschlagen und auch schon drei Kinder mitgebracht. Zum Dank richtet man jährlich ein Storchenfest aus (Anfang/Mitte Juli). Doch außer dem Storch gibt's auch noch andere Attraktionen, zum Beispiel das „Leckerle" (Lendchen in Apfelsoße) mit hausgebranntem Apfelbrand und das im Oktober 2007 wiedereröffnete Bierstübla im historischen Brauhof.

BIER

Nickl/Pretzfeld: Zwickl hell, Zwickl dunkel (beides vom Fass). Maisel/Bayreuth: Weizen.

KÜCHE

Fränkische Brotzeiten. Täglich große Karte mit warmen Gerichten. Spezialitäten: Drossenfelder Leckerle, Forelle blau oder gebacken, selbst gebackenes Brot aus dem Steinbackofen.

PLÄTZE (außen/regensicher)

50/125 (Gasthof)
60/30 (Bierstübla)

ANSCHRIFT

Altdrossenfeld 8
95512 Neudrossenfeld
Tel.: 09203-9920

ÖFFNUNGSZEITEN

Täglich ab 7 Uhr
Freitag Ruhetag
Mitte Juli bis Ende August kein Ruhetag

Öffnungszeiten Bierstübla:
Fr bis So ab 17 Uhr
Montag bis Donnerstag Ruhetag
Anfang bis Ende August komplett geschlossen

Backstahäusla

www.bier.by — **Tipp: Ungarische Salami**

BIER

Löwenbräu/Buttenheim: Lager (vom Fass), Pils, Bock (saisonal), Festbier, Weizen, Alkoholfreies.

KÜCHE

Fränkische Brotzeiten. Täglich mittelgroße Karte mit warmen Gerichten. Spezialitäten: Rindergulasch, Schnitzel, ungarische Paprika-Salami, argentinische Steaks, Rumpsteaks.

PLÄTZE (außen/regensicher)

40/40

ANSCHRIFT

Am Bahnhof 1
96146 Altendorf
Tel.: 09545-1704

ÖFFNUNGSZEITEN

Fr bis Mo ab 10 Uhr
Mi und Do ab 16 Uhr
Dienstag Ruhetag
(an Feiertagen geöffnet)

DER UNGAR UNTER DEN BIERGÄRTEN

Gulasch, Schaschlik, Krautwickel, ungarische Paprika-Salami, ein original ungarischer Chef und Koch mit Namen Janos Cseho-Kovacs – wer will da noch an den Plattensee? Vor allem, wenn die stets freundliche Bedienung dazu noch ein kühles Buttenheimer Löwenbräu serviert … Kein Bierkeller im eigentlichen Sinn, aber für uns unbedingt einen Exoten-Tipp wert. Lassen Sie sich überraschen!

980 Buttenheim Bahnhof, Altendorf (Kreis Bamberg) Bus

Egloffsteiner Hof

www.egloffsteiner-hof.de **Tipp: Gegrillter Fisch (Fr)**

GEGRILLTER FISCH MIT FANGEMEINDE

In der sechsten Generation ist die ehemalige Poststation immer noch fest in der Hand der Familie Fleischmann. Inhaber Werner ist besonders stolz auf die große Gartenlaube und die regelmäßigen Fischtage, an denen freitags gegrillte Makrelen, Heringe und Forellen von einer begeisterten Fangemeinde verzehrt werden. Ansonsten klassische fränkische sowie saisonale Küche.

BIER

St. GeorgenBräu/Buttenheim: Keller, Pils, Weizen (alles vom Fass), dunkles Landbier, helles Vollbier, leichtes Weizen, Alkoholfreies.

KÜCHE

Fränkische Brotzeiten. Täglich große Karte mit warmen Gerichten. Spezialitäten: Gegrillter Fisch (Fr), Braten, saisonale und stark regionale Küche.

PLÄTZE (außen/regensicher)

180/140

ANSCHRIFT

Egloffsteiner Ring 2
96146 Altendorf
Tel.: 09545-313

ÖFFNUNGSZEITEN

Di bis Do 11 bis 14.30 und ab 17 Uhr
Fr 11 bis 14.30 und ab 16.30 Uhr
Sa und So ab 11 Uhr
Montag Ruhetag

Bus 980 Buttenheim Bahnhof, Altendorf (Kreis Bamberg)

Wirtshaus Mühle

www.wirtshaus-muehle.de Tipp: Mühlentöpfchen

BIERGARTEN MIT CAIPI UND LATTE

Das Wirtshaus Mühle besticht auf fünf Ebenen mit einer Mischung aus Geschichte und Gegenwart. Überall begegnen den Gästen Zeugen aus der Historie des Hauses als Getreidemühle aus dem 18. Jahrhundert. Das Besondere am Biergarten ist, dass man hier auch Cocktails und italienische Kaffeespezialitäten serviert bekommen kann – zugegeben, nicht gerade Tradition, aber bei dem Ambiente absolut verzeihlich und irgendwie innovativ.

BIER

Ott/Oberleinleiter: Export (vom Fass). Rittmayer/Hallerndorf: Weizen (vom Fass). Schlenkerla Bamberg: Rauchbier (vom Fass). Außerdem jeden Monat ein wechselndes dunkles Fassbier aus der Umgebung. Erdinger: Alkoholfreies Weizen. Becks: Alkoholfreies.

KÜCHE

Täglich große Karte mit warmen Gerichten. Spezialitäten: Mühlentöpfchen, Gemüserösti, Steakletts vom Angusrind, Gourmet-Salat mit gebratenen Scheiben von der Entenbrust.

PLÄTZE (außen/regensicher)

50/60

ANSCHRIFT

Egloffsteiner Ring 52
96146 Altendorf
Tel.: 09545-442244

ÖFFNUNGSZEITEN

Mi bis Sa ab 17.30 Uhr
So ab 16.30 Uhr
Mind. 1 x monatlich So Brunch von 10 bis 14 Uhr (Termine siehe Homepage)
Montag und Dienstag Ruhetag

Nepomuk

www.nepomuk.net — **Tipp: Riesenschnitzel (Mi)**

DER PARTY-BIERGARTEN

Der Nepomuk wird von den Einheimischen liebevoll „Muk" genannt und liegt direkt an der Mainbrücke zwischen Altenkunstadt und Burgkunstadt. Den Gast erwartet, neben einigen urfränkisch gehaltenen Räumlichkeiten, auch ein mittelgroßer Biergarten, der regionaltypisch mit Biergarnituren ausgestattet ist. Alte Bäume und ein Brunnen sorgen für eine naturnahe Atmosphäre. Zu den süffigen Leikeim-Bieren können Sie eine der leckeren Schnitzel- oder Steakvariationen genießen. Der dazugehörige Saal, in dem regelmäßig Livemusik, Tanzveranstaltungen und Sportevents auf Großleinwand stattfinden, kann natürlich auch für Feiern aller Art gebucht werden.

BIER

Leikeim/Altenkunstadt: Pils, Hefeweizen, Dunkles, Steinbier, Kellerbier (alles vom Fass), restliches Flaschenbier-Sortiment. Guiness (vom Fass). Beck´s: Gold, Alkoholfreies. Maisel/Bayreuth: Dunkles, Maisel Light, Maisel Alkoholfrei. Jede Woche wechselnde Biere aus der Region.

KÜCHE

Verschiedene Salate. Täglich große Karte mit warmen Gerichten. So und Feiertage Mittagstisch. Spezialitäten: Pfefferhaxe, Krenfleisch, Sauerbraten, Haxen (Sa), Schnitzeltag (Mi), Pizzatag (Di).

PLÄTZE (außen/regensicher)

250/80

ANSCHRIFT

Mainbrücke 7
96264 Altenkunstadt
Tel.: 09572-3551

ÖFFNUNGSZEITEN

Mo bis Fr ab 16 Uhr
Sa ab 12 Uhr
So und Feiertage ab 10 Uhr

Landgasthof Moreth

www.bier.by

Tipp: Frische Saisongerichte

BIER

Maisel/Bayreuth: Pils, Export (beides vom Fass), Hefeweizen, Dunkles, Alkoholfreies.

KÜCHE

Fränkische Brotzeiten. Täglich große Karte mit warmen Gerichten. Spezialitäten: Saisonale Gerichte (z. B. Pfifferlinge), Schweineschäuferle, 1/2 Bauerenente.

PLÄTZE (außen/regensicher)

100/50

ANSCHRIFT

Hauptstraße 2
95500 Heinersreuth-Altenplos
Tel.: 09203-6472

ÖFFNUNGSZEITEN

1. Mai bis 30. Sep.
Täglich ab 11 Uhr
Dienstag Ruhetag
1. Okt. bis 30. Apr.
Täglich 11 bis 14 und ab 17 Uhr
Dienstag Ruhetag

FÜR GRUPPEN UND MAISEL-FANS

Das über 100 Jahre alte Gasthaus an der Verbindungsstraße zwischen Bayreuth und Kulmbach wird seit mehr als 20 Jahren von der Familie Moreth betrieben. Der Landgasthof selbst ist Eigentum der Brauerei Maisel in Bayreuth. Ein klassischer, mit Blumen dekorierter Biergarten findet sich hinter dem Haus - auch hier steht alles im Zeichen der Maisel-Brauerei. Die Gaststube im Inneren ist eher rustikal eingerichtet, bei Bedarf kann auch ein Saal mit 150 Plätzen und im 1. Stock ein Nebenzimmer mit 30 Plätzen belegt werden. Hochzeiten, Busse und größere Gesellschaften sind also jederzeit willkommen. Im Sommer gibt es durchgehend warme Küche - beileibe keine Selbstverständlichkeit - dabei werden mittags etwa 20 Gerichte angeboten, abends sogar etwa 50.

378 Altenplos, Heinersreuth Bus

Herrmann-Keller

www.bier.by

Tipp: Hähnchen (Sa)

SCHATTIGES JUWEL IM SCHATTEN DES MAX

Der fast immer schattige Herrmann-Keller hat Tradition: Seit 1754 in Familienbesitz hat er schon vieles erlebt, von Freilichttheatern bis zum jährlichen Open Air. Dass viele Leute den Namen Ampferbach und Bier eher mit dem direkten Nachbarn Maxkeller verbinden, ist eher unverständlich: Gilt der Herrmann-Keller doch bei Kennern als einer der schönsten Bierkeller überhaupt. Das frisch gebraute Bier lässt Georg Herrmann wie zu alten Zeiten im Felsenkeller reifen. Zudem gibt es hausgemachte Brotzeiten aus eigener Schlachtung.

BIER

Eigene Brauerei: Ungespundetes Lager (vom Fass), Hefeweißbier. Braumanufactur Alt-Bamberg Bamberg: Alkoholfreies Weizen, Alkoholfreies.

KÜCHE

Hausmacher Brotzeiten. Täglich warme Kleinigkeiten. Spezialitäten: Kellerplatte, Dosenfleisch, Gerupfter, gegrillte Makrelen und Heringe (So, gelegentlich), Pizza (Fr), Hähnchen (Sa).

PLÄTZE (außen/regensicher)

400/110

ANSCHRIFT

An der Staatsstraße nach Burgebrach
96138 Ampferbach
Tel.: 09546-372 o. 0151-51482531

ÖFFNUNGSZEITEN

Täglich ab 14 Uhr
Bei schlechtem Wetter Di Ruhetag

Bus 989 Ampferbach Ortsmitte, Burgebrach

Maxkeller Ampferbach

www.bier.by **Tipp: Max-Bier**

BIER

Eigenes Bier: Maxbier (vom Fass).
Clausthaler: Alkoholfreies.

KÜCHE

Hausmacher Brotzeiten. Täglich kleine Karte mit warmen Gerichten. Spezialitäten: Maxplatte, selbst gemachter Gerupfter, hausgemachtes Dosenfleisch, hausgemachte Göttinger.

PLÄTZE (außen/regensicher)

200/100

ANSCHRIFT

96138 Burgebrach-Ampferbach
Tel.: 09546-1725

ÖFFNUNGSZEITEN

Di ab 17 Uhr, Sa ab 16 Uhr
So und Feiertage ab 15 Uhr
Montag, Mittwoch, Donnerstag und Freitag geschlossen

KULTURKELLER MIT BIERLEGENDEN

Ich möcht a Biää vom Max, schenk doch mal eins ein! – so schallt es spätestens am 1. Mai in Ampferbach aus allen Kehlen, wenn der Maxkeller seine Saison eröffnet. Über die Zutaten zu dem Bier mit dem vielsagenden Untertitel „Das Lebenselexir" rätselt man, seit es gebraut wird, allerdings konnte der Braumeister das Geheimnis bisher gut bewahren. Noch bewahrt der Maxkeller seinen Kult und lockt damit jedes Jahr Tausende auf den Anstieg zwischen Burgebrach und Ampferbach.

989 Ampferbach Ortsmitte, Burgebrach Bus

Brauerei Mazour-Fössel „Zum Välta“

www.brauerei-zum-vaelta.de Tipp: Schäuferla

DER MÄNNER-BIERGARTEN

Wovon träumen 90% aller Männer mindestens einmal im Jahr? Von einem Biergarten mit einem gigantischen Grill, den man selbst nach Lust und Laune belegen und wo man miteinander über das Grillen fachsimpeln kann. Und genau das erwartet Heinz, Herbert, Josef und Franz in Appendorf! „Zum Välta“ kommt übrigens von einem der Urwirte, der Valentin hieß. Der Volksmund „Gemma zum Välta“ hat sich bis heute gehalten und beschreibt die Prozession der Stammgäste in den malerischen Garten am Bach. Unbedingt erwähnt werden muss noch Bayerns größte Musikinstrumentensammlung, die jeden Freitag in Form einer Jam-Session nicht nur optisch, sondern auch akustisch zu bewundern ist.

BIER

Eigene Brauerei: Välta-Bier (vom Fass). Wagner/Kemmern: Pils, Weizen, Alkoholfreies.

KÜCHE

Hausmacher Brotzeiten. Täglich kleine Karte mit warmen Gerichten. Spezialitäten: Gerupfter, Schäuferla.

PLÄTZE (außen/regensicher)

150/200

ANSCHRIFT

Baunacher Straße 28
96196 Appendorf
Tel.: 09544-20390

ÖFFNUNGSZEITEN

Täglich ab 9 Uhr, Mi ab 15 Uhr
Fr 9 bis 13 Uhr und ab 17 Uhr
Dienstag Ruhetag

Gasthof-Pension Frankenhöhe

www.gasthof-frankenhoehe.de **Tipp: Juralamm**

BIER

Püls/Weismain: Hefeweizen, Landbier, Pils (alles vom Fass), Hopfengold, Kellertrunk, leichtes Weizen, Feinherb. Erdinger: Dunkles Hefeweizen, alkoholfre es Weizen. Thurn und Taxis/Regensburg: Roggenbier dunkel. Löwenbräu/München: Alkoholfreies.

KÜCHE

Hausmacher Brotzeiten. Täglich große Karte mit warmen Gerichten. Spezialitäten: Juralamm, Geflügel aus eigener Aufzucht, Wildgerichte.

PLÄTZE (außen/regensicher)

60/220

ANSCHRIFT

Arnstein 4
96260 Weismain
Tel.: 09575-264

ÖFFNUNGSZEITEN

Täglich ab 10 Uhr

FEINES IM KLEINZIEGENFELDER TAL

Bei Jakob und Monika Zeis schlemmt man schon seit mehr als 400 Jahren. Mit eigener Geflügelzucht und selbst hergestellter Wurst treffen die beiden den Geschmack der vielen Wanderer perfekt, die hier im Kleinziegenfelder Tal recht häufig anzutreffen sind. Die Wanderer sind in diesem nördlichen Zipfel der Fränkischen Schweiz mittlerweile viel unterwegs, wenngleich er immer noch als echter Geheimtipp gilt.

Brauereigasthof Rothenbach

www.brauereigasthof-rothenbach.de **Tipp: Am Brauerei- und Bierkellerweg**

BIERGARTEN MIT LIEGEN

Hier kann man den fließenden Übergang praktizieren - erst ein Bierchen im Stehen, dann im Sitzen und schließlich verlegt man sich auf eine der gemütlichen Liegen im Garten und schläft den leichten Rausch aus ... Die Brauanlage stammt ursprünglich aus dem Franziskanerkloster in Gößweinstein und auch noch aus dieser Zeit stammt die Tradition der Bügelverschlussflaschen, in die das kühle Nass noch heute abgefüllt wird. Der Brauereigasthof hat mehrere Namen, so hört er auch auf „Sonnenhof" oder „Sonnenbräu" (stammt aus den Zeiten der Ausflüglerströme in den Wirtschaftswunderjahren).

BIER

Eigene Brauerei: Dunkles, Pils, Zwickel (ab Ende März) (alles vom Fass), Festbier, Weizen, Bock (ab Anfang Nov.). Kaiserdom/ Bamberg: Alkoholfreies.

KÜCHE

Hausmacher Brotzeiten. Täglich große Karte mit warmen Gerichten. Spezialitäten: Forelle, Braumeistersteak.

PLÄTZE (außen/regensicher)

80/100

ANSCHRIFT

Im Tal 70
91347 Aufsess
Tel.: 09198-92920

ÖFFNUNGSZEITEN

Apr. bis Okt.: Täglich ab 8 Uhr
Anfang bis Ende März: Täglich ab 8 Uhr, Dienstag Ruhetag
7. Dez. bis Dreikönig und Ende Jan. bis Ende Feb.: Fr, Sa, So und Feiertage ab 8 Uhr, Montag bis Donnerstag geschlossen
Mitte Nov. bis 6. Dez. und nach Dreikönig bis Ende Jan.: Betriebsurlaub

DB VGN Bus 975 Raiffeisenbank, Aufsess

Gasthof Stern

www.bier.by

Tipp: Karpfenfilet

BIER

Schinner/Bayreuth: Altbayreuther Braunbier, Pils (beides vom Fass), Weizen. Leikeim/Altenkunstadt: Pils (vom Fass). Veldensteiner: Helles Weizen, dunkles Weizen, leichtes Weizen, alkoholfreies Weizen. Clausthaler: Alkoholfreies.

KÜCHE

Fränkische Brotzeiten. Täglich große Karte mit warmen Gerichten. Spezialitäten: Forellen, Karpfenfilet, hausgemachte fränkische Klöße, Schweinebraten, Hausmacherplatte.

PLÄTZE (außen/regensicher)

40/120

ANSCHRIFT

Neuhauser Straße 39
91347 Aufsess
Tel.: 09198-99919

ÖFFNUNGSZEITEN

Täglich 11.30 bis 14 und ab 17.30 Uhr, So und Feiertage ab 11.30 Uhr, Montag Ruhetag
Von Anfang Dezember bis Ende März nur So ab 11.30 Uhr geöffnet, Rest der Woche in dieser Zeit geschlossen

OBERFRANKEN-FISCH KRÖNT DEN TISCH

So lautet der Slogan des Hauses, den die Familie Schrenker dank einer Auszeichnung verwenden darf. So sollten Sie dann auch unbedingt die Fischgerichte testen, wenn Sie in dem viele hundert Jahre alten Traditionshaus angelangt sind. Im Biergarten sitzt man unter einer alten Linde und kann sich statt Fisch auch den hausgemachten Presssack oder Schinken schmecken lassen. Wer gut zu Fuß ist, kann von hier aus in jeweils ca. 15 Minuten die Schlösser in Ober- und Unteraufseß besuchen.

975 Raiffeisenbank, Aufsess Bus

Hammonds Wirtshaus

www.bier.by Tipp: Entrecôte

WO DIE WELT NOCH IN ORDNUNG IST

Bei Silvia und Douglas Hammond stimmt es einfach. Im offenen Azendorf ist das Wirtshaus noch die Mitte der Gemeinde, vom Kirchen- bis zum Posaunenchor, vom Gartenbauverein bis zur Feuerwehr, alle sind hier regelmäßig zu finden. Das ist auch kein Wunder, bedenkt man den wunderschönen Obstbaumgarten hinter dem Haus und die kreative Inneneinrichtung mit jeder Menge alter Blechschilder und vielen Museumsstücken, wie einer Jukebox aus den 50ern. Mit dabei sind immer die vier Söhne der Familie und die Hunde Carlos und Leopold.

BIER

Kulmbacher: Mönchshof Pils, Kapuziner Weißbier (beides vom Fass), Helles, Leichtes, Kapuziner Weisse. Hübner/Steinfeld: Vollbier (vom Fass).

KÜCHE

Fränkische Brotzeiten. Täglich kleine Karte mit warmen Gerichten. Spezialitäten: Jeden ersten Sonntag im Monat „american homestyle & klassisch fränkisch": Braten mit selbst gemachten Klößen, Steaks, Spareribs etc.

PLÄTZE (außen/regensicher)

40/80

ANSCHRIFT

Azendorf 3
95359 Kasendorf
Tel.: 09220-203

ÖFFNUNGSZEITEN

Täglich ab 16 Uhr
Mittwoch Ruhetag

DB Bus 8435 Azendorf, Kasendorf

Hotel & Gasthof Goldener Hirsch

www.goldener-hirsch.de **Tipp: Gerichte m. Wildkräutern a. d. Fichtelgebirge**

BIER

Aktien/Bayreuth: Fassquell, Pils, Zwickl, Landbier (alles vom Fass). Maisel/Bayreuth: Hefeweizen, Kristallweizen, Hefeweizen Dunkel, leichtes Weizen, alkoholfreies Weizen, Edelhopfen Diät. Kulmbacher: Alkoholfreies.

KÜCHE

Hausmacher Brotzeiten. Täglich große Karte mit warmen Gerichten. Spezialitäten: Schäuferle, Kalbsleber, Fisch aus eigenen Gewässern, saisonale Gerichte (z. B. Pfifferlinge, Spargel), Gerichte mit Wildkräutern aus dem Fichtelgebirge.

PLÄTZE (außen/regensicher)

100/80

ANSCHRIFT

Hofer Straße 12
95460 Bad Berneck
Tel.: 09273-7689

ÖFFNUNGSZEITEN

Täglich 10 bis 14 und ab 17 Uhr
Mittwoch Ruhetag

HAUS MIT TRADITION

Das stattliche Haus des Hotels Goldener Hirsch liegt direkt in Bad Berneck, in der Nähe der städtischen Freilichtbühne. Das Haus gibt es seit 1787, war damals schon Hotel und hatte Personalzimmer. Später diente es etwa 60 Jahre lang als Rathaus. Im November 1975 übernahmen schließlich Helmut und Heidi Teufel das Haus und renovierten es. Bei all dieser Tradition verwundert es nicht, dass hier manchmal Paare Goldene Hochzeit feiern, die im „Goldenen Hirschen" schon ihre Vermählung gefeiert haben. Besonders zu empfehlen ist der urige kleine Biergarten hinter dem Haus. Hier kommt richtig Atmosphäre auf. Da schmecken das Bayreuther Maisel Bier und die stets frischen saisonalen Gerichte gleich doppelt so gut!

 330, 368 Hofer Str. (Markt), Bad Berneck i. Fichtelgebirge Bus

Banzer Waldschänke

www.waldklettergarten-banz.de — Tipp: Apfel-Streusel-Kuchen

BIER

Herzogliches Brauhaus/Tegernsee: Tegernseer Hell, Tegernseer Spezial. Staffelbergbräu/Loffeld: Staffelberger Landbier, Hefeweißbier, Radler, alkoholfreies Pils. Schneider/Kelheim: Weißbier.

KÜCHE

Fränkische Kleinigkeiten. Spezialitäten: Original selbst gebackene Kuchen, Wildschweinwurst und Wildschweinschinken aus eigener Herstellung.

PLÄTZE (außen/regensicher)

30/50

ANSCHRIFT

Gegenüber Kloster Banz/Bad Staffelstein, Waldklettergarten Banz
96231 Bad Staffelstein
Tel.: 09573-222570 (Waldschänke) oder -950274 (Büro)

ÖFFNUNGSZEITEN

Fr 12 bis 19 Uhr
Sa und So 9 bis 19 Uhr
Anfang Juli bis Mitte Sep.
Täglich 10 bis 19 Uhr
(wetter- oder saisonal bedingte Änderungen der Öffnungszeiten bitte telefonisch oder über die Homepage erfragen)

FÜR AUFSTEIGER, EINKEHRER UND KLETTER-FANS

Mitten im Wald findet sich hier ein Klettergarten der besonders grünen und hohen Sorte. Unter den vielen Seilen und Balken haben die Erbauer aber die Gemütlichkeit nicht vergessen: Die urige Waldschänke zieht nicht nur die Kletterer nach vollendetem Auf- und Abstieg in ihren Bann, auch viele Normal-Natur-Genießer kehren hier gerne ein.

Brotzeitstadl Bad Staffelstein

www.brotzeitstadl.de **Tipp: Hausgemachte Bratwürste**

BIER

Hummel/Merkendorf: Dunkles, Keller, Pils (alles vom Fass), Hefeweizen. Kulmbacher: Alkoholfreies.

KÜCHE

Hausmacher Brotzeiten. Täglich kleine Karte mit warmen Gerichten. Spezialitäten: Selbst gemachte Bratwürste, weißer Käs, selbst gemachter Gerupfter und Kochkäse, Wurst aus eigener Herstellung.

PLÄTZE (außen/regensicher)

150/90

ANSCHRIFT

Bauersgasse 3b
96231 Bad Staffelstein
Tel.: 09573-3305656

ÖFFNUNGSZEITEN

Täglich ab 16 Uhr, Sa ab 15 Uhr
Montag Ruhetag

KLEIN ABER FEIN

Ein kleiner ruhiger Biergarten in Staffelstein, den die Kurgäste noch nicht für sich entdeckt haben. Allein das macht den Brotzeitstadl zu einem Geheimtipp. Dazu kommt noch der Fußballplatz für die Kinder und das leckere Bier der Brauerei Hummel aus Merkendorf. Die Brotzeiten werden von Familie Büttner mit Rohstoffen direkt vom Bauern selbst hergestellt.

Klosterschänke

www.klosterschaenke-banz.de **Tipp: Bierhaxe**

IM SCHATTEN DER STAATSREGIERUNG

So manch einer in Bayern glaubt wahrscheinlich, dass die Bezeichnung „Gottesgarten" für die Umgebung von den regelmäßigen Tagungen von Strauß, Stoiber & Co. hier vor Ort abzuleiten ist. Die meisten Besucher jedoch sind eher auf eine Besichtigung der Klosteranlage und der gegenüber liegenden Wallfahrtskirche Vierzehnheiligen aus. Bei Martina Fischer gibt es jedenfalls für Wähler und Nichtwähler nur eine Wahl: Die Biere der Weismainer Brauerei Püls und gute fränkische Küche. An Freitagabenden ist regelmäßig Kloßpause angesagt - dann gibt es hier neben den Brotzeiten verschiedenste Spezialitäten vom Grill.

BIER

Püls/Weismain: Landbier, Krone Pils, Kellertrunk, Weisse (alles vom Fass), Weißmainer Weisse light, Radler naturtrüb. Erdinger: Dunkles Hefeweizen, alkoholfreies Weizen. Löwenbräu/München: Alkoholfreies.

KÜCHE

Fränkische Brotzeiten. Täglich große Karte mit warmen Gerichten. Spezialitäten: Bierhaxe, Schweinekammbraten, fränkische Bratwürste, verschiedene Spezialitäten vom Grill (Fr abends).

PLÄTZE (außen/regensicher)

200/180

ANSCHRIFT

Kloster Banz
96231 Bad Staffelstein
Tel.: 09573-3315191

ÖFFNUNGSZEITEN

Täglich ab 10 Uhr

Wärme, Wasser & Salz...

www.obermaintherme.de

Meerwasser – wohlig warm und mit einem Mineralgehalt, der es in sich hat: Die Obermain Therme Bad Staffelstein mit Bayerns wärmster und stärkster Thermalsole bietet Ihnen Entspannung, Aktivität und Gesundheit. Das großzügige ThermenMeer, ein SaunaLand der Extraklasse und das kostenfreie Aktivprogramm sind, neben der einzigartigen Mineralsole, die Highlights Frankens beliebtester Therme.

Im ThermenMeer erwartet Sie die riesige Wasserfläche von 1.600 m², verteilt auf 16 Innen- und Außenbecken, in denen es an unzähligen Stellen sprudelt und blubbert. Sieben Whirlpools, Hydro-Düsen und ein Wasserfall bringen das Nass in Bewegung. An Land bietet sich das Türkische Dampfbad oder der WaveDream-Raum für einen Abstecher an.

Neben dem einzigartigen Meerwasser erwartet Sie in der Obermain Therme auch ein Hauch von Luxus: Ayurveda-Öl-Massagen, Aqua-Relaxing zur schwerelosen Entspannung oder romantische Stunden zu zweit in den orientalischen Piscina…

Lassen Sie sich verwöhnen!

Schwitzen können Sie auch woanders, nur nicht so schön. Dies gilt für das SaunaLand der Extraklasse auf über 5.000 m² mit zahlreichen Attraktionen. Ob Kivi- (Stein) Sauna, die stimmungsvolle Ruusu- (Rosen) Sauna, die holzbefeuerte Maa- (Erd) Sauna oder das Valo- (Licht) Bad: Sie haben die Wahl. In der großzügigen Suuri-Sauna und in der Nurmi- (Kräuter) Sauna werden regelmäßig wechselnde Aufgüsse für Sie zelebriert. Im Anschluss können Sie verschiedene Ruhezonen, eine Kaminecke und die VitaBar nutzen, um Ihre Zeit entspannt zu genießen. Der weitläufige Außenbereich mit Sole-Whirlpool, Sole-Inhalation, Bachlauf und Kräutergarten ergänzt die einzigartige Anlage, die vom Deutschen Saunabund mit der höchsten Auszeichnung „SaunaPremium" mit fünf Sternen bewertet wird.

Ein von Antenne Bayern durchgeführter Bädertest belegt: Das SaunaLand der Extraklasse in der Obermain Therme bietet ein Schwitzvergnügen der besonderen Art. „Sauna-Liebhaber werden kaum eine bessere Therme in Bayern finden" – so der Originalkommentar des Senders.

Haben Sie jetzt auch „Lust auf Meer" bekommen? Die Obermain Therme ist zu jeder Jahreszeit ein attraktives Ziel. Tauchen Sie ein und spüren Sie Salz auf Ihrer Haut!

Schönheitsgeheimnisse!

Einfach herrlich... Unsere neuen Kosmetik-Anwendungen verleihen Ihnen nicht nur ein schönes, gepflegtes Äußeres, sondern sind auch Balsam für die Seele! Dafür verwenden wir übrigens die hochwertigen Produkte unserer Kosmetikserie 12/52° mit der wertvollen Bad Staffelsteiner Ursole.

Info & Kontakt

Obermain Therme
Am Kurpark 1
96231 Bad Staffelstein

Telefon 09573/9619-0
service@obermaintherme.de
www.obermaintherme.de
www.facebook.com/obermaintherme

Staffelberg Klause

www.bier.by

Tipp: Selbst gebackene Kuchen

BIER

St. GeorgenBräu/Buttenheim: Pils, Kellerbier (vom Fass). Staffelbergbräu/Loffeld: Hefeweizen. Maisel/Bayreuth: Alkoholfreies Weizen. Löwenbräu/München: Alkoholfreies.

KÜCHE

Fränkische Brotzeiten. Täglich kleine Karte mit warmen Gerichten. Spezialitäten: Kasslerrippchen, Bratwürste, Ziebeleskäs.

PLÄTZE (außen/regensicher)

500/300

ANSCHRIFT

Auf dem Staffelberg
96231 Bad Staffelstein
Tel.: 09573-5437

ÖFFNUNGSZEITEN

Apr. bis Ende Okt.
Täglich ab 10 Uhr
Dienstag Ruhetag

VOM EINSIEDLERHOF ZUR WANDERERKLAUSE

Früher ein abgeschiedener Einsiedlerhof, hat sich mit der Staffelberg Klause ein echter Geheimtipp für Wanderer und Ausflügler entwickelt, gerade auch Familien mit Kindern kommen gerne hierher. Und das nicht zuletzt wegen des Spielplatzes, der angrenzenden großen Wiese und der Ruhe drumherum. Zudem hat man einen herrlichen Ausblick über den Staffelberg.

Ambräusianum (Gasthausbrauerei)

www.ambraeusianum.de **Tipp: Gutsherrenteller**

BIERKULTUR PUR

Mit dem Eintritt ins Ambräusianum kommt man in eine neue Welt: Zwei große Braukessel und eine wuchtige Kupfer-Schanktheke begrüßen den Gast, davor stehen Ballons mit Bierschnaps und der Brau-Geruch hängt in der Luft. Zudem verfügt das Gasthaus über den wohl kleinsten Biergarten unserer Recherche: Aus einem Tisch und einer Bank wurden inzwischen zwar schon einige mehr, direkt an einer der schönsten Stellen im Welterbe mit Blick in Richtung Dom. In Verbindung mit dem feinen selbst gebrauten Gerstensaft und dem bierigen Ambiente aber trotzdem eines der Highlights in Bierfranken.

BIER

Eigene Brauerei: Helles, Dunkles, bernsteinfarbenes Weizen, saisonale Spezialitäten (alles vom Fass/Tank). Schlenkerla/Bamberg: Märzen (Rauchbier) (vom Fass).

KÜCHE

Fränkische Brotzeiten. Täglich große Karte mit warmen Gerichten. Spezialitäten: Schäuferla, Braumeister-Schnitzel, Gutsherrenpfanne.

PLÄTZE (außen/regensicher)

20/200

ANSCHRIFT

Dominikanerstraße 10
96049 Bamberg
Tel.: 0951-5090262

ÖFFNUNGSZEITEN

Täglich ab 11 Uhr
So 11 bis 21 Uhr
Montag Ruhetag

Bamberger Weißbierhaus

www.bamberger-weissbierhaus.de Tipp: Spareribs (Do)

BIER

Maisel/Bayreuth: Weisse, Landbier dunkel (beides vom Fass), Kristallweizen. Mahr´s/Bamberg: Ungespundetes (vom Fass). Püls/Weismain: Pils (vom Fass). Schlenkerla/Bamberg: Rauchbier.

KÜCHE

Fränkische Brotzeiten. Täglich mittelgroße Karte mit warmen Gerichten. Spezialitäten: Steaks, fränkisches Schäuferla, hausgemachte Sulze mit Bratkartoffeln.

PLÄTZE (außen/regensicher)

70/100

ANSCHRIFT

Obere Königstraße 38
96052 Bamberg
Tel.: 0951-25503

ÖFFNUNGSZEITEN

Mo, Di und Sa ab 16.30 Uhr
Mi bis Fr und Feiertage 11 bis 14 und ab 16.30 Uhr
So 11 bis 14 Uhr

ROMANTIK IM HINTERHOF

Das ehemalige Stammhaus der Bamberger Maisel-Brauerei verfügt über einen kleinen, aber sehr romantischen Biergarten, wo im Sommer richtig verträumte Stunden winken. Etwas weniger verliebt wird es am Donnerstag, wenn zum Spareribs-all-you-can-eat geblasen wird. Auch nach dem unrühmlichen Ende der Brauerei stehen die beiden Inhaberinnen Barbara Rottenfußer und Marietta Seeger für ein echtes Gastlichkeitserlebnis – führen sie ihr Weißbierhaus doch schon seit über 50 Jahren.

 901, 902, 907, 911, 914, 917, 927, 931, 935 Luitpoldstraße, Bamberg Bus

Bootshaus im Hain

www.bootshaus-im-hain.de **Tipp: Gondel fahren (mit Termin)**

ALLES FLIESST

Besser kann ein Biergarten eigentlich nicht liegen: Am Wasser, in einem Waldgebiet und dazu noch in fünf Minuten vom Stadtzentrum zu erreichen. Ideal auch zum Spazierengehen und Einkehren in beliebiger Reihenfolge. Nebenan liegt übrigens mit dem Hainbad ein weiteres Naherholungs-Highlight in Bamberg. Seit 2007 unter der Ägide von Norbert Heckmann ist alles (noch) besser geworden, vor allem auch mit einem großen Bratenangebot am Sonntagmittag.

BIER

Kundmüller/Weiher: Lager, Pils, Weizen (alles vom Fass), Urstöffla. Schlenkerla/Bamberg: Rauchbier. Erdinger: Alkoholfreies Weizen. Clausthaler: Alkoholfreies.

KÜCHE

Fränkische Brotzeiten. Täglich mittelgroße Karte mit warmen Gerichten. So Mittagstisch. Spezialitäten: Salatvariationen, fränkische Braten (So).

PLÄTZE (außen/regensicher)

350/50

ANSCHRIFT

Mühlwörth 18a
96047 Bamberg
Tel.: 0951-24485

ÖFFNUNGSZEITEN

Anfang Mai bis Ende Sep.
Täglich ab 11 Uhr
Anfang Okt. bis Ende Apr.
Täglich ab 14 Uhr
Montag Ruhetag

Ein Stück Malzgeschichte

www.weyermann.de

Die Geschichte der Familie Weyermann lässt sich bis in das Jahr 1510 zurückverfolgen, zu dieser Zeit gehört die Familie noch zu den Fischern und Schiffern der Stadt und wohnt im malerischen Klein Venedig.

Zu Beginn der 1830er Jahre wird Bamberg der führende Umschlagplatz für fränkischen Hopfen und damit eines der Zentren für die Bierindustrie. Mit der Reichsgründung 1871 wird die bereits 1869 gewährte Gewerbefreiheit vollständig wirksam. Dies bedeutet, dass nun jedermann ein Gewerbe eröffnen kann, ohne dass etwa eine Zunftzugehörigkeit nötig ist. Dies war die entscheidende Rahmenbedingung für Johann Baptist Weyermanns mutigen Schritt in die Malzbranche. So erfolgt dann am 4. Oktober 1879 die Gründung der heutigen Mälzerei unter dem Namen „Mich. Weyermann's Malzkaffee Fabrik".

Die Unternehmung hat von Beginn an großen Erfolg, schon 1888 entsteht das heutige Firmengelände an der Memmelsdorfer Straße (die damals noch ein Feldweg ist). Der Erste Weltkrieg bringt einen ersten harten Einschnitt, weil der Export fast völlig zum Erliegen kommt und auch die Inlandsnachfrage mit zunehmender Lebensmittelknappheit immer geringer wird. In den Jahren nach der Inflationskrise verzeichnet die Mälzerei eine erneute Blütezeit und steigt zum Weltunternehmen auf. Der Zweite Weltkrieg bringt dann allerdings erneut bittere Jahre, 1945 kommt die Malzproduktion völlig zum Erliegen.

Mit den Wirtschaftswunderjahren verzeichnet auch die Mälzerei Weyermann® einen deutlichen Aufschwung und kann seit 1985 unter der Leitung von Sabine Weyermann und ihrem Mann Thomas Kraus-Weyermann zum Weltmarktführer für Spezialmalze aufsteigen. Heute sind Unternehmen wie Unternehmer bedeutende Botschafter für die Weltkulturerbestadt Bamberg und die Fränkische Bierkultur, zu der die Firma in einem nicht unbedeutenden Maße beigetragen hat und auch heute noch beiträgt.

„Johann Baptist Bratenbraun“ und die edle Malzsack-Tasche

Website: www.weyermann.de

Im Fan Shop der Mälzerei Weyermann® gibt es allerlei Feines für Freunde der Fränkischen Braukultur, zu der neben dem Bier natürlich auch Malz und die Bierküche gehören.

Ein Klassiker aus dem Hause Weyermann® ist der auf 100-prozentig natürliche Weise aus entbittertem Röstmalz hergestellte Malzextrakt namens „Johann Baptist Bratenbraun“, der mit Begeisterung von Kunden in der Lebensmittelindustrie im In- und Ausland zur Farbkorrektur verwendet und von Köchen mit Leidenschaft eingesetzt wird – beispielsweise, um Soßen die gewünschte Farbe zu geben oder bei Braten eine schöne, krosse Kruste zu erreichen.

Weyermann® Malz bringt mit seinen über 80 Spezialmalzen Farbe und Geschmack in über 9000 Biere auf der ganzen Welt – und Abwechslung in die Accessoires modebewusster Brauer und Bierliebhaber! Denn den Weyermann® Sack mit der charakteristischen roten Aufschrift und dem traditionellen Weyermann® Logo gibt es auch als trendige Tasche „Malz aficionados“. Die Weyermann® Malz-Tasche wird aus den original Weyermann® Malzsäcken aus hochwertigem, extra reißfestem PP-Material hergestellt und ist damit für jeden Trage-Einsatz bestens gerüstet ist.

INFOS

Weyermann® Fan Shop:
Mo bis Do: 10 bis 12 Uhr & 13 bis 16 Uhr
Fr 10 bis 12 Uhr & 13 bis 15 Uhr
Brennerstraße 17-19
96052 Bamberg
Tel.: 0951-93220-764
www.weyermann.de

Auf den Spuren des Spezialmalz - Weltmarktführers

www.wunderbares-bamberg.de

Gästeführerin Maria Wunderlich widmet sich intensiv dem Studium von Bambergs Geschichte und der Historie der Mälzerei Weyermann®.

Die Steinmetzmeisterin, Steintechnikerin, Steinrestauratorin, Fotografin, Fachjournalistin und Expertin für Kunstgeschichte und Denkmalpflege hat aus ihren zahlreichen Erkenntnissen zusammen mit Sabine Weyermann und dem Haushistoriker Christian Kestel eine eigene Stadtführung kreiert, die den Spuren der Mälzerei in der Domstadt folgt.

Ausgehend vom Sitz der Mälzerei geht es über die Ottokirche ins Gärtnerviertel, dann zur alten Handelsstraße Königstraße und in die Innenstadt bis zu einer von Bambergs ältesten Apotheken, der Einhorn-Apotheke, die die Familie von Sabine Sippel führte, der Ehefrau von Weyermann® Malz Gründer Johann Baptist Weyermann. Anschließend geht es über den alten Bamberger Hafen zum Dom. Der Weg führt dann den Kaulberg hinauf bis zur Trautmann-Villa, dem Wohnsitz der Sippels und weiter zur Brauerei Greifenklau, wo man dann auch das flüssige Ergebnis aus Weyermann® Malz und Fränkischer Braukunst verkosten kann.

Buchung, Infos und Kontakt:
Maria Wunderlich
Ottostraße 6
96047 Bamberg
Tel.: 0951 - 20 20 50
Fax: 0951 - 20 20 51
Mobil: 0173 - 36 88 972
Website: www.wunderbares-bamberg.de

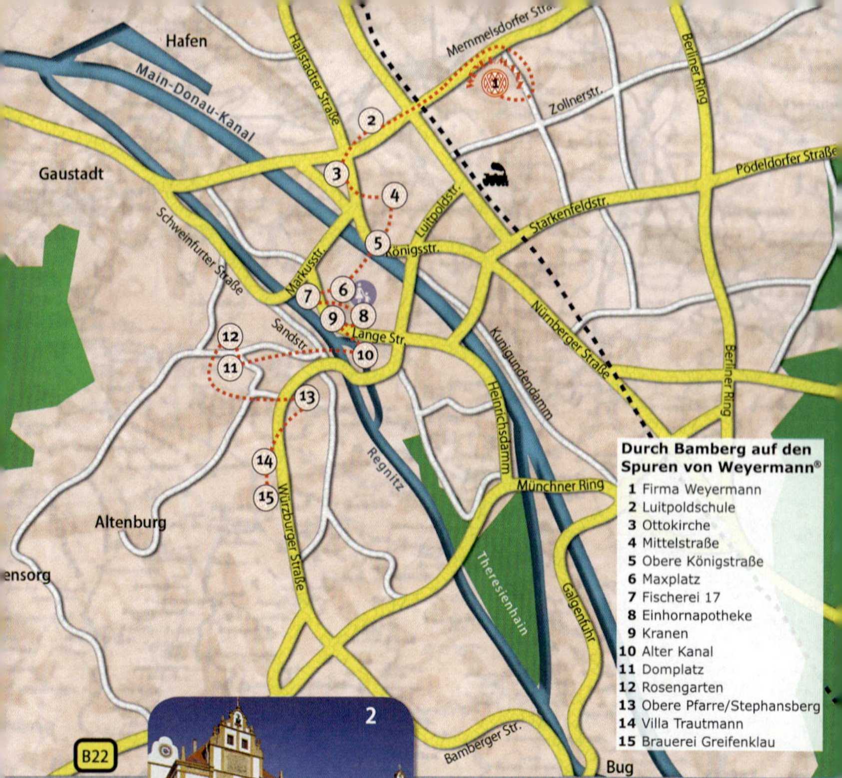

Durch Bamberg auf den Spuren von Weyermann®

1 Firma Weyermann
2 Luitpoldschule
3 Ottokirche
4 Mittelstraße
5 Obere Königstraße
6 Maxplatz
7 Fischerei 17
8 Einhornapotheke
9 Kranen
10 Alter Kanal
11 Domplatz
12 Rosengarten
13 Obere Pfarre/Stephansberg
14 Villa Trautmann
15 Brauerei Greifenklau

2

3

Brauerei Fässla

www.faessla.de

Tipp: Fränkische Brotzeiten

BIER

Eigene Brauerei: Lager, Gold-Pils (beides vom Fass), Zwergla, Bambergator, Weizla hell, Weizla dunkel.

KÜCHE

Fränkische Brotzeiten. Täglich große Karte mit warmen Gerichten. Spezialitäten: Schäuferla mit Kloß und Bamberger Wirsing, Fässla Hausplatte.

PLÄTZE (außen/regensicher)

50/156

ANSCHRIFT

Obere Königstraße 19-21
96052 Bamberg
Tel.: 0951-26516 o. -22998

ÖFFNUNGSZEITEN

Täglich ab 8 Uhr
So 8 bis 12.30 Uhr

DER RICHTIGE ORT ZU JEDER ZEIT

Im Fässla ist eigentlich immer was los – egal zu welcher Uhrzeit man dort einkehrt. Der kleine Garten ist ein angenehmer Gegensatz zur rustikalen Stube, meistens kommt zu einem Bier das zweite und dritte und ... Der Spagat zwischen uriger Bierdimpfelecke und Schluckstube für Jedermann ist durchaus gelungen und auf jeden Fall immer einen Besuch wert.

901, 902, 907, 911, 914, 917, 927, 931, 935 Luitpoldstraße, Bamberg Bus

Brauerei Keesmann

www.keesmann-braeu.de **Tipp: Brauereisteak**

GUTES ESSEN IM BRAUEREIHOF

Ein weiterer Klassiker unter den Bamberger Brauereigaststätten mit einem relativ großen Brauereihof, in dem im Sommer ein reger Gartenbetrieb stattfindet. Man versucht durchaus erfolgreich, der üblichen fränkischen Speisekarte einen etwas internationalen Touch zu geben (u. a. mit saisonalen Spezialitäten wie Spargel, Wild, Fisch & Co.), wobei die meisten Besucher eher regelmäßig ihren Biertempel frequentieren. Für viele gibt's hier das beste Pils in Bamberg.

BIER

Eigene Brauerei: Bamberger Herren Pils, Sternla Lager, Hefeweizen, Josephi-Bock (Fastenzeit), Bock (saisonal) (alles vom Fass), Helles.

KÜCHE

Fränkische Brotzeiten. Täglich große Karte mit warmen Gerichten. Spezialitäten: Regionale Gerichte, Knöchla mit Erbsenpüree und Sauerkraut, saure Nieren mit Bratkartoffeln, Leber Berliner Art.

PLÄTZE (außen/regensicher)

120/110

ANSCHRIFT

Wunderburg 5
96050 Bamberg
Tel.: 0951-9819810

ÖFFNUNGSZEITEN

Täglich ab 10 Uhr, Sa 9 bis 15 Uhr
Sonntag Ruhetag

Brauerei Spezial

www.brauerei-spezial.de

Tipp: Rauchbier

BIER

Eigene Brauerei: Lager (Rauch), Märzen (Rauch), Ungespundetes (alles vom Fass), Weißbier (Rauch).

KÜCHE

Fränkische Brotzeiten. Täglich große Karte mit warmen Gerichten. Spezialitäten: Salzknöchla mit Erbsenpüree, fränkische Bräten, fränkisches Schweineschäuferla.

PLÄTZE (außen/regensicher)

50/145

ANSCHRIFT

Obere Königstraße 10
96052 Bamberg
Tel.: 0951-24304

ÖFFNUNGSZEITEN

Täglich ab 9 Uhr, Sa 9 bis 14 Uhr

RAUCHBIER MIT CHARME

Die älteste Rauchbierbrauerei Bambergs hat im Hof einen kleinen, aber sehr empfehlenswerten Biergarten angelegt. So kann man der sonst sehr geschäftigen Atmosphäre in der Königstraße auf ein paar Seidla entfliehen und den Brauern bei ihrer Arbeit zusehen. Übrigens ist man hier auch sehr umweltbewusst und setzt großteils auf Sonnen-, Wind- und Wasserkraft bei der Biererzeugung.

901, 902, 907, 911, 914, 917, 927, 931, 935 Luitpoldstraße, Bamberg Bus

VGN DB

Brauereigaststätte Greifenklau

www.greifenklau.de

Tipp: Innereien

EINMALIGER BLICK UND EINMALIGE ATMOSPHÄRE

Im Greifenklau lässt sich vor allem sehr leckeres Bier aus eigener Brauerei genießen. Das Besondere dabei: Man hat einen einmaligen Ausblick auf die Altenburg und den grünen Teil Bambergs. Wegen der Lage am Kaulberg ist der Greifenklau auch eher ein „Einheimischen"-Garten – Touristen verirren sich eher selten (dann aber gezielt!) hierhin. Unübertroffen der Bockbieranstich, bei dem manchmal mehr Besucher anzutreffen sind als bei der Laurenzikerwa am selben Ort.

BIER

Eigene Brauerei: Lager, Weizen (beides vom Fass).

KÜCHE

Fränkische Brotzeiten. Täglich große Karte mit warmen Gerichten. Spezialitäten: Blaue Zipfel, eingeschnittener Käse, Schäuferla mit Kloß und Sauerkraut, Schweinebraten mit Kloß und Wirsing, Innereien.

PLÄTZE (außen/regensicher)

500/230

ANSCHRIFT

Laurenziplatz 20
96049 Bamberg
Tel.: 0951-53219

ÖFFNUNGSZEITEN

Täglich ab 10.30 Uhr
So 10 bis 14 Uhr
Montag Ruhetag

DB VGN Bus 918, 989, 991 Laurenziplatz, Bamberg

Brudermühle

www.brudermuehle.de Tipp: Rinderzunge

BIER

Püls/Weismain: Keller, Pils (beides vom Fass). Erdinger: Urweisse (vom Fass).

KÜCHE

Fränkische Brotzeiten. Täglich große Karte mit warmen Gerichten. Spezialitäten: Häckerbrotzeit, Hirschkalbschinken, täglich frische Forellen, saisonale Gerichte, Wild aus eigenem Gehege, Hausgebäck und Kaffeespezialitäten.

PLÄTZE (außen/regensicher)

100/250

ANSCHRIFT

Schranne 1
96049 Bamberg
Tel.: 0951-955220

ÖFFNUNGSZEITEN

Täglich ab 7 Uhr

TRAUMKULISSE

Vom Biergarten der Brudermühle aus hat man den schönsten Blick der Innenstadt: Über das Mühlenviertel auf das alte Rathaus, die Regnitz im Blick. Mit etwas Glück ist gerade eines der zahlreichen Kanurennen im Gange, die hier im Sommer regelmäßig stattfinden. Familie Vogler umsorgt die Gäste zudem mit viel Geduld und Gastlichkeit. Sehr willkommen übrigens auch Radwanderer, schließlich liegt man direkt am Regnitzwanderweg.

989 Schranne, Bamberg Bus

Café Abseits

www.abseits-bamberg.de Tipp: Weißwurstfrühstück an den Wochenenden

BAMBERGER BIERKONZENTRAT

Hinter Bambergs ältestem Studentencafé hat sich einiges getan - aus ein paar Tischchen ist ein anständiger Biergarten geworden, was auch den Sprung in das vorliegende Buch begründet. Ums Bier bemüht hat man sich hier schon immer - über 50 verschiedene Sorten (im monatlichen Wechsel) bietet das Traditionscafé mit 68er-Touch. Genießen kann man das Biergarten-Feeling hier auch am Morgen - das Abseits ist stadtbekannt für seine Frühstücksvariationen. Am 1. Mai ist Bockbieranstich mit dem Mönchsambacher Maibock.

BIER

Zehendner/Mönchsambach: Lager (vom Fass). Keesmann/ Bamberg: Herren Pils (vom Fass). Grasser/Huppendorf: Vollbier, Hefeweizen (beides vom Fass). Erdinger: Hefeweizen, alkoholfreies Weizen. Monatlich Fassbier von wechselnder Brauerei aus der Region. Zusätzlich Auswahl zwischen etwa 50 verschiedenen Flaschenbieren.

KÜCHE

Salate. Täglich große Karte mit warmen Gerichten. Spezialitäten: Pizza (abends), Tex Mex-Gerichte, Frühstücke, internationale Gerichte, Partyservice und Catering.

PLÄTZE (außen/regensicher)

90/55

ANSCHRIFT

Pödeldorfer Straße 39
96052 Bamberg
Tel.: 0951-303422

ÖFFNUNGSZEITEN

Täglich ab 9 Uhr

DB VGN Bus 902 Neuerbstr., Bamberg

Made in Bamberg

SCHULZ

WWW.KASPAR-SCHULZ.DE

Dieses Prädikat tragen nicht nur die Biere aus den vielen Brauereien. Auch die meisten Brauereianlagen in der Stadt und ihrem Umfeld wurden in der Domstadt gebaut. Dort steht der älteste Industriebetrieb Bambergs: die KASPAR SCHULZ Brauereimaschinenfabrik & Apparatebauanstalt e.K.

Der traditionsreiche Familienbetrieb hat zweifellos großen Anteil daran, dass die Brauereidichte und die Biervielfalt im Landkreis Bamberg und in Franken weltweit einmalig sind. Wir möchten die Gelegenheit nutzen, um an dieser Stelle (wo sich doch auf all den Seiten drumrum alles ums Bier und dessen Verkostung dreht) ein paar Worte zu der ehemaligen Kupferschmiede und jetzigem Vorzeigebetrieb zu verlieren: SCHULZ ist spezialisiert auf die Produktion sämtlicher Fabrikationsanlagen für die Bierherstellung. Darüber hinaus werden auch maßgeschneiderte Automatisierungen und innovative Konzepte zur Energieeinsparung für die Braubranche geplant und gefertigt.

Modernes Sudhaus

Die Brauanlagen aus der UNSECO-WELTERBESTADT werden von den aktuell 125 Mitarbeitern im Norden Bambergs individuell nach Kundenwunsch hergestellt. Neben den fränkischen und bayerischen Brauereien liefert SCHULZ mittlerweile über Deutschland hinaus weltweit in über 55 Länder.

SCHULZ Verwaltungsgebäude

Fertige Sudpfanne im Jahr 1929

Brauereimaschinenfabrik Kaspar Schulz

Aus der Fertigung

SCHULZ profitiert dabei vom Trend hin zu qualitativ hochwertigen Spezialbieren, die den Einheitsbieren der großen Konzerne die Stirn bieten. Nach den vielen Brauereistilllegungen der letzten Jahrzehnte entstehen zudem vielerorts wieder neue regionale Kleinbrauereien. Oft geht es dabei um die Wiederbelebung von Braukultur und Biervielfalt. Vor Ort in Franken sind die „Schulz-Männer" insbesondere um die Zukunft der kleinen und mittelständischen Brauereien bemüht.

Ein Teil dieser Kultur ist auch die Brauereimaschinenfabrik KASPAR SCHULZ selbst, und das seit über 335 Jahren. Und genau da liegt das Geheimnis des langfristigen geschäftlichen Erfolges der Bamberger: Ein Brauereibesitzer kann sicher sein, dass auch seine Erben bei SCHULZ eine verlässliche Anlaufstation für Service, Ersatzteile und neue Anlagen haben. Genauso denkt man im eigenen Haus, Firmeninhaber Johannes Schulz-Hess ist bereits die 10. Generation der Schulz-Familie. Das Stammhaus am Unteren Kaulberg 15 in Bamberg beherbergte über 210 Jahre lang die Kupferschmiedewerkstatt, die einst Christian Schulz am 11. Januar 1677 übernommen hatte. In der Tat ein Haus, das eindrucksvoll die Tradition und die Wurzeln des Unternehmens zeigt. KASPAR SCHULZ ist im Übrigen einer der ältesten Metall verarbeitenden Betriebe Deutschlands und der älteste noch existierende Industriebetrieb in Bamberg überhaupt.

Stammhaus an unteren Kaulberg

Fässla-Keller

www.faesslakeller-bamberg.de **Tipp: Fässla-Keller-Platte**

ROLANDS NEUESTES KIND

Mit viel Cleverness hat sich Fässla-Besitzer Roland Kalb dieses Sahnestückchen aus der Maisel-Konkursmasse geholt und nun den ehemaligen Maisel-Keller unter neuem Namen - Fässla-Keller - eröffnet. Man durfte einiges erwarten, hat der Bamberger Brauer doch schon so manches zünftige Bierkennerparadies geschaffen, denkt man zum Beispiel an die Fässla-Stuben oder den neuen Innenhof der Brauerei in der Königstraße. So wurde der schöne Garten noch einmal richtig aufgemöbelt, in den Grundzügen wurde der Flair aber belassen.

BIER

Fässla/Bamberg: Lager, Gold-Pils, Weizla hell (alles vom Fass), Zwergla, dunkles Weizen, alkoholfreies Pils, alkoholfreies Weizen.

KÜCHE

Fränkische Brotzeiten. Täglich große Karte mit warmen Gerichten. Spezialitäten: Gutes vom Grill (Fr ab 18 Uhr: Makrelen und Heringe, Sa ab 18 Uhr: Bratwürste, Steaks und Spareribs, beides nur bei schönem Wetter), Schweinebraten, Schnitzel, Fässla-Keller-Platte.

PLÄTZE (außen/regensicher)

400/150

ANSCHRIFT

Moosstraße 32
96050 Bamberg
Tel.: 0951-91708182

ÖFFNUNGSZEITEN

Anfang Apr. bis Ende Okt.
Täglich ab 11 Uhr
Anfang Nov. bis Ende März
Täglich ab 11 Uhr, Sa ab 15 Uhr
Montag Ruhetag
(Bei schlechtem Wetter überdachte Halle, Lokal oder Nebenzimmer)

911 Moosstr., Bamberg Bus DB

Klosterbräu Bamberg

www.klosterbraeu.de

Tipp: Bierhaxe mit Kraut

BIER

Eigene Brauerei: Pils, Braunbier, Schwärzla (alles vom Fass), Weizen, Bock (saisonal).

KÜCHE

Fränkische Brotzeiten. Täglich große Karte mit warmen Gerichten. Spezialitäten: Fränkische Gerichte, Bierhaxe mit Sauerkraut und Kloß, Krautspätzle.

PLÄTZE (außen/regensicher)

120/310

ANSCHRIFT

Obere Mühlbrücke 3
96049 Bamberg
Tel.: 0951-52265

ÖFFNUNGSZEITEN

Mo bis Fr ab 10.30 Uhr
Sa, So und Feiertage ab 10 Uhr

WO ES EINFACH GUT IST

In Bambergs ältester Brauerei ist man dabei, die Einheimischen wieder zurückzugewinnen. Die Touristenoffensive war zwar erfolgreich, aber das Klosterbräu lebt nunmal von den Urgesteinen, die im Sommer auch die Bierbänke vor der Wirtschaft oder im Hof bevölkern. Wer nicht auf Keesmann, Mahr und Kaiserdom steht, wird das Pils hier lieben. Sehenswert ist die gesamte Lokalität, in der die lange Tradition des Hauses mit vielen Bildern und Urkunden dokumentiert ist.

Landgasthof Heerlein

www.heerlein.de Tipp: Wildgerichte

BIER

Sauer/Rossdorf am Forst: Lager, Dunkles (beides vom Fass). Keesmann/Bamberg: Pils, Weizen (beides vom Fass). Maisel/Bayreuth: Alkoholfreies Weißbier. Spezial/Bamberg: Rauchbier. Löwenbräu/München: Alkoholfreies.

KÜCHE

Hausmacher Brotzeiten. Täglich große Karte mit warmen Gerichten. Spezialitäten: Grillgerichte, frische Salate, Wild aus dem Bamberger Land, hausgebackene Kuchen.

PLÄTZE (außen/regensicher)

200/150

ANSCHRIFT

Wildensorger Hauptstraße 57
96049 Bamberg
Tel.: 0951-53137

ÖFFNUNGSZEITEN

Täglich ab 11 Uhr
Freitag Ruhetag

WILD VERTRÄUMT IN DER STADT

Der etwas verschlafene Bamberger Ortsteil Wildensorg beherbergt ein kulinarisches Kleinod: Den Landgasthof Heerlein. Bei Helmut Heerlein macht es einfach Spaß, unter den alten Bäumen gemütlich zu sitzen und dem Treiben der zahlreichen Besucher, darunter auch viele Kinder, zuzuschauen. Ein Geheimtipp sind übrigens die regelmäßigen Jazz- und Rock-Open-Airs im Sommer und auch die selbst gebrannten Schnäpse (Zwetschge, Mirabelle, Quitte).

910 Wildensorg-Mitte, Bamberg Bus

Mahr's Bräu Biergarten

www.mahrs.de — **Tipp: Brauereiführungen (Sa und So) auf Anfrage**

„A U" – „I A A U"

Diese kryptischen Worte stehen für die Bestellung des typischen Mahr´s Bieres, des ungespundeten Kellerbiers, kurz „U", gefolgt vom Nachbarn, der eben auch ein solches möchte. Mitten im Stadtteil Wunderburg sitzt man in dem malerischen Biergarten und lässt den lieben Gott einen guten Mann sein. Hervorragend auch das Essen und die Hausbrände aus der eigenen Brennerei. Wer dann noch länger in der Domstadt verweilen will, kann hierfür Mahr´s geschmackvoll eingerichtete Ferienwohnung buchen.

BIER

Eigene Brauerei: Helles, Ungespundetes, Weizen (im Sommer), Pils (im Sommer), Radler (im Sommer) (alles vom Fass), Festtagsweiße (saisonal), E.T.A.-Hoffmann-Bier. Löwenbräu/München: Alkoholfreies.

KÜCHE

Fränkische Brotzeiten. Täglich mittelgroße Karte mit warmen Gerichten. Spezialitäten: Bierhaxe, Schäuferla, verschiedene Bräten.

PLÄTZE (außen/regensicher)

250/150

ANSCHRIFT

Wunderburg 10
96050 Bamberg
Tel.: 0951-9151719

ÖFFNUNGSZEITEN

Täglich ab 9 Uhr

BierSchmecker®Tour

www.bier.bamberg.info

Acht Bamberger Brauereien und das Fränkische Brauereimuseum freuen sich, Teil Ihrer BierSchmecker®Tour zu werden. Mit Stadtplan gewappnet wandeln Sie dabei zielsicher auf den Pfaden gewachsener Braukultur durch die Bamberger Altstadt.

Für 22 Euro pro Person erhalten Sie eine Ausrüstung, die Sie bei Ihrer Tour begleiten wird. Dazu gehören ein hochwertiger Rucksack mit Bamberg-Emblem, ein echter Steinkrug „BierSchmecker®Stadt Bamberg", die ausführliche Begleitbroschüre und Bierfilze der beteiligten Brauereien. Ihre BierSchmecker®Tour enthält 5 Gutscheine, die flexibel einsetzbar sind: Für jeden Gutschein erhalten Sie entweder ein Seidla (1/2 l) Bier in den teilnehmenden Brauereien, den Eintritt für das Fränkische Brauereimuseum, einen Flaschenöffner „BierSchmecker®Stadt Bamberg" oder einen Holzbierdeckel (erhältlich in der Bamberg Tourist - Information). Die 5 Gutscheine sind zudem übertragbar, so dass Sie auch eine Begleitung mit auf Ihre BierSchmecker®Tour einladen können.

Anschrift & Kontakt
BAMBERG
Tourismus & Kongress Service
Geyerswörthstraße 5
96047 Bamberg
Tel.: 0951/2976-200
Fax:0951/2976-222
info@bamberg.info
www.bamberg.info

Öffnungszeiten Tourist Information:
Montag bis Freitag: 9.30-18 Uhr
Samstag: 9.30-16 Uhr
Sonn- und Feiertage: 9.30-14.30 Uhr
Faschingsdienstag, Heiligabend und Silvester: 9.30-12.30 Uhr
Geschlossen: Neujahr, Karfreitag, Allerheiligen, 1. und 2. Weihnachtsfeiertag

Mit maximal 6 Personen auf der BierSchmecker®Tour!

Staunen - Erleben - Genießen!

www.bierakademie.net

Überall im ganzen Frankenland können Sie auf eine spannende Bier-Entdeckungsreise gehen – mit den Veranstaltungen der Bierakademie. Egal ob es um das gemeinsame Brauen geht, oder um das Entdecken geschmackvoller Kombinationen zwischen Bier und Schokolade, Käse oder Whisky, hier sind Sie richtig, wenn Sie das Grundnahrungsmittel Bier in allen seinen Facetten kennen lernen wollen.

Und auch für Bier-Erfahrene bietet die Bierakademie eine breite Palette an Fortbildungen, vom Kurs zum Doemens-Biersommelier oder geprüften Bierbotschafter (IHK) bis zu Seminaren im Rahmen des Institute of Masters of Beer. Weitere Infos finden Sie auf der Internetseite der Bierakademie, www.bierakademie.net und auf Facebook. Für alle Seminare gibt es zudem auch praktische Geschenkgutscheine.

DBA Deutsche Bierakademie GmbH
Grüner Markt 15
96047 Bamberg
Tel.: 0951-12066526
Mobil: 0179-1327377
www.bierakademie.net
mr@bierakademie.net
www.facebook.com/bierorden

Schlenkerla

www.schlenkerla.de Tipp: Aecht Schlenkerla Rauchbier vom Holzfass

BIER

Eigene Brauerei: Aecht Schlenkerla Rauchbier, Schlenkerla Fastenbier (Aschermittwoch bis Ostern), Schlenkerla Urbock (Okt. bis Dez.), Schlenkerla Eiche Doppelbock (Dez. bis 3-König), Kräusen (1. Juni bis Mitte Aug.) (alles vom Holzfass), Schlenkerla Rauchweizen.

KÜCHE

Fränkische Brotzeiten. Täglich mittelgroße Karte mit warmen Gerichten. Spezialitäten: Schlenkerla-Käse, Bierbrauervesper, Bamberger Zwiebel, saisonale Gerichte (z. B. Spargel), Fränkische Baggers.

PLÄTZE (außen/regensicher)

90/200

ANSCHRIFT

Dominikanerstraße 6
96049 Bamberg
Tel.: 0951-56050

ÖFFNUNGSZEITEN

Täglich ab 9.30 Uhr

DER RAUCH-BIER-GARTEN

Lange haben wir darauf gewartet - seit 2007 hat sich Familie Trum endlich durchgerungen, und das bekannte Schlenkerla hat seinen eigenen Biergarten. Für Bamberg-Kenner kein wirkliches Novum - war doch der Dominikanerhof schon zur Sandkerwa und zu den Bockbieranstichen geöffnet. Nun kann man über den gesamten Sommer die Bierspezialität (und nicht minder gute kulinarische Köstlichkeiten rund um die Bamberger Zwiebel) auf dem ehemaligen Bamberger Marktplatz genießen. Die Redaktion wünscht diesem Stern am Bierkellerhimmel alles Gute!

Spezial-Keller Bamberg

www.spezialkeller.de **Tipp: Bratwürste, dazu die legendäre Rauchbier-Radler-Maß**

DIE GUTE AUSSICHT

Der Keller bietet nicht nur die schönste Aussicht auf das Weltkulturerbe Bamberg, er ist auch für viele Bamberger das Ziel der gedanklichen (manchmal auch der realen) Flucht vom Arbeitsplatz - ein Ort der gemütlichen Alkoholisierung. Vor allem das jüngere Publikum schätzt den Keller, wobei gerade viele Einheimische auch mit ihm alt werden. Übrigens: Der gemeisterte Aufstieg rechtfertigt bereits die erste Halbe Bier.

BIER

Spezial/Bamberg: Rauchbier (vom Fass), Hefeweißbier. Franziskaner: Alkoholfreies Weissbier. Jever: Alkoholfreies.

KÜCHE

Fränkische Brotzeiten. Täglich mittelgroße Karte mit warmen Gerichten. Spezialitäten: Grobe Bratwürste mit Sauerkraut und Brot, Schäuferla, Ziebeleskäse, Brotzeitteller, fränkischer Räuchersaibling, Rindfleisch mit Kren, Bamberger Tomatensalat (saisonal), frische Rahmpfifferlinge (saisonal).

PLÄTZE (außen/regensicher)

700/80

ANSCHRIFT

Sternwartstraße 8
96049 Bamberg
Tel.: 0951-54887

ÖFFNUNGSZEITEN

Täglich ab 15 Uhr
So und Feiertage ab 10 Uhr
Montag Ruhetag
Ganzjährig geöffnet (Betriebsurlaub Ende Sep./Anfang Okt.)

DB Bus 989 Schranne, Bamberg

Wilde Rose-Keller

www.wilde-rose-keller.de **Tipp: Käse vom Rad**

BIER

Eigene Biere: Keller, Pils, helles Weißbier (alles vom Fass). Keesmann/Bamberg: Bamberger Herren Pils (vom Fass). Schlenkerla/Bamberg: Rauchbier (vom Fass). Franziskaner: Alkoholfreies Weissbier. Löwenbräu/München: Alkoholfreies.

KÜCHE

Fränkische Brotzeiten. Täglich kleine Karte mit warmen Gerichten. Spezialitäten: Emmentaler vom Rad, Knöchla (Mo, Mi, Fr), Rauchfleisch (Di), Leberkäse (Do).

PLÄTZE (außen/regensicher)

1300/200

ANSCHRIFT

Oberer Stephansberg 49
96049 Bamberg
Tel.: 0951-57691

ÖFFNUNGSZEITEN

Täglich ab 16 Uhr
Sa, So und Feiertage ab 15 Uhr
Bei schlechtem Wetter geschlossen

DAS WOHNZIMMER BAMBERGS

Der absolute Klassiker in Bamberg. Eher ein Familienkeller für Einheimische, weil groß und ruhig ohne Aussicht, dafür so etwas wie das Wohnzimmer für die meisten Domstädter. An der Essensausgabe ist man fränkisch-ruppig, was aber irgendwie schon Kultcharakter hat. Das Bier wird nach einem alten Hausrezept extra für den Bierkeller gebraut.

928 Oberer Stephansberg, Bamberg Bus

Zum Bockser - Englischer Garten

www.bier.by

Tipp: Tellersülze mit Bratkartoffeln (Fr)

DEN LEBENSABEND GENIESSEN

Für viele Ur-Bamberger der älteren Generation die ideale Alternative zum (Aus-)Ruhestand, aber auch für Familien und Liebhaber der ruhigen Atmosphäre ein wunderschöner Ort mit guter Hausmannskost und ausgesprochen netten Wirtsleuten. Probiert haben sollte man im „Bockser", wie der Garten von den Einheimischen genannt wird, auf jeden Fall mal ein Schnitzel, die werden nämlich noch ohne Friteuse in der Pfanne gebraten.

BIER

Fässla/Bamberg: Zwergla, Pils (beides vom Fass), Weizla. Schlenkerla/Bamberg: Rauchbier. Erdinger: Alkoholfreies Weizen. Löwenbräu/München: Alkoholfreies.

KÜCHE

Hausmacher Brotzeiten. Täglich kleine Karte mit warmen Gerichten. So und Feiertage fränkischer Mittagstisch. Spezialitäten: Saisonale Gerichte, Pfannenschnitzel mit Bratkartoffeln, Tellersülze mit Bratkartoffeln (Fr), Salat Pute, Zander, Steaks.

PLÄTZE (außen/regensicher)

180/80

ANSCHRIFT

Schweinfurter Straße 1
96049 Bamberg
Tel.: 0951-61470

ÖFFNUNGSZEITEN

Täglich 11 bis 14 und ab 16 Uhr
Dienstag Ruhetag

Zum Sternla

www.sternla.de

Tipp: Schäuferla

BIER

Keesmann/Bamberg: Pils (vom Fass), Sternla. Mahr´s/Bamberg: Ungespundetes (vom Fass). Spezial/Bamberg: Rauchbier (vom Fass). Tucher/Fürth: Hefeweizen (vom Fass). Schlenkerla/Bamberg: Rauchbier.

KÜCHE

Fränkische Brotzeiten. Täglich große Karte mit warmen Gerichten. Spezialitäten: Schweinsschniddsl, Schäuferla, Hausmachäbladdn, Sauerbraten.

PLÄTZE (außen/regensicher)

100/160

ANSCHRIFT

Lange Straße 46
96047 Bamberg
Tel.: 0951-28750

ÖFFNUNGSZEITEN

Täglich ab 10 Uhr

BAMBERGS ÄLTESTES WIRTSHAUS

1380 - diese Zahl sollte man ruhig nochmals lesen - 1380 eröffnete Albrecht Wagenknecht mit dem Sternla das älteste Gasthaus in Bamberg. Viele Hundert Jahre lang floss hier das Bier an die Gäste aller Art - vom Kutscher über den Glaser bis zum Geistlichen - alle sind sie hier eingekehrt. Im Biergarten kann man auch Bambergs Hauptstraße vergessen und in Ruhe wieder etwas nach oder zwischen dem Stadtbummel auftanken. Inhaber Uwe Steinmetz bemüht sich übrigens sehr, auf regionale Anbieter und Bio-Landwirte zurückzugreifen.

989 Willy-Lessing-Str., Bamberg Bus

Sandkerwa

www.sandkerwa.de

Über 60 Mal haben die Bamberger sie schon begangen, die Kirchweih der St. Elisabeth Kirche im Sandgebiet. Aus einer eher kleinen Kirchweih, im Jahre 1951 nach den Kriegswirren wiederbelebt, ist nun mit der Sandkerwa das größte Volksfest Oberfrankens mit vielen Hunderttausend Besuchern geworden.

Touristen und Bamberger geben sich die Bierkrüge in die Hand – gerade für alle ehemaligen Bamberger bietet sich gegen Ende August eine gute Gelegenheit für ein Wiedersehen mit alten Bekannten und Verwandten. Die genaue terminliche Festlegung hat übrigens schon viele Konfusionen hervorgerufen. An dieser Stelle mal eine Erklärung: Der 24. August (St. Bartholomäus) soll mit in die Kirchweih eingebunden werden. Diese aber währt immer von Donnerstag bis Montag. Fällt der 24. also auf einen Dienstag oder Mittwoch, ergibt sich ein Problem. Doch die kreativen Bamberger nehmen die Sperrstunde einfach mit ins Boot, weswegen ein Bartholomäus-Dienstag zumindest eine Stunde in den letzten Sandkerwatag (Montag) integriert werden kann (dann ist vom 19. – 23.8. Kerwa). Sollte der Tag auf einen Mittwoch fallen, muss die Sandkerwa danach beginnen (vom 25.8 – 29.8.). Ist der Termin also erstmal klar, entwickelt sich in Bamberg ein Ausnahmezustand ohnegleichen. Am Donnerstag eher noch ein Fest für die Bürger, bildet sich Freitag bis Sonntag ein Multi-Kulti-Bierfeldzug durch die Altstadt (mittlerweile sind sogar die Lange Straße und das Mühlenviertel mit Geyerswörth integriert worden).

Die Highlights sind das traditionelle Fischerstechen am Sonntag und das Hochfeuerwerk am Montag. Dann klingt die Feierlichkeit wieder eher gemütlich mit den Einheimischen aus, ein Kerwa-Kehraus folgt dem anderen. Wenn Sie also nicht das Glück haben, sowieso in der Domstadt zu leben, sollten Sie nach oben beschriebenem Modus immer fünf Tage im August für einen Besuch einplanen.

Vogelsgarten

www.vogels-garten.de

Tipp: Flammkuchen aus dem Holzbackofen

BIER

Aktien/Bayreuth: Aktien Orginal, Aktien Zwickl, Aktien Landbier (alles vom Fass). Maisel/Bayreuth: Hefeweizen Orginal (vom Fass), Hefeweizen light, Hefeweizen alkoholfrei.

KÜCHE

Fränkische Brotzeiten. Täglich kleine Karte mit warmen Gerichten. Spezialitäten: Flammkuchen aus dem Holzofen, hausgemachter Obatzda, Kaiserschmarrn, Sülze mit Bratkartoffeln.

PLÄTZE (außen/regensicher)

320/140

ANSCHRIFT

Friedrichstraße 13
95444 Bayreuth
Tel.: 0921-50709426

ÖFFNUNGSZEITEN

Bei schönem Wetter täglich ab 16 Uhr. Bei schlechtem Wetter Di-Sa ab 18 Uhr Lamperie geöffnet

AN DER PRACHTSTRASSE

So bezeichnen die Bayreuther ihre Friedrichstraße, deren Ruhepol schon immer der Vogelsgarten war. Der Name rührt allerdings nicht von kleinen Piepmätzen her, sondern von den ehemaligen Besitzern, der Familie Vogel, die hier auch eine Brauerei betrieb. Nach vielen Besitzerwechseln kehrte nun Ruhe ein, und Sie können sich auf die guten Brotzeiten von Oliver Hauffe und seinem Team freuen.

314 Bayreuth Stadthalle Bus

Fußgängerzone Bayreuth

Brauerei Gaststätte Becher

www.becherbraeu.de **Tipp: Presssack**

GRAD AN

Für Nichtfranken: „Geradlinig" - So kann man die Seele des Inhabers Hacker bezeichnen. Für ihn braucht es weder Spielplatz („Des ganze Haus is a Spielplatz") noch Kuchen („Da schenk ich doch lieber a Bier aus"), und auch die Qualitäten seines Hauses schätzt er klar ein: „Bäume im Garten brauch ich net, die Leut kommen eh erst abends!" - „Unser Wirtshaus is net schö, es gibt schönere!". Doch wie viele Franken untertreibt der Chef dabei: Die drei hauseigenen Biersorten alleine machen jeden Gedanken an Kaffee & Co. vergessen, und wer braucht schon Kuchen bei solchen Hausmacher Brotzeiten?

BIER

Eigene Brauerei: Unfiltriertes Pils (Kräusen), Original, Dunkles (alles vom Fass).

KÜCHE

Hausmacher Brotzeiten.
Täglich große Karte mit warmen Gerichten. Spezialitäten: Haxen, Presssack, Bratwürste, Schnitzel.

PLÄTZE (außen/regensicher)

100/120

ANSCHRIFT

St. Nikolausstraße 25
95445 Bayreuth
Tel.: 0921-68993

ÖFFNUNGSZEITEN

Täglich ab 9 Uhr
Dienstag Ruhetag

305 Bayreuth Geseeser Weg Bus

Gasthaus Biergarten Schlehenberg

www.bier.by

Tipp: Brotzeitteller

BAYREUTH-KLASSIKER

Schon seit mehr als 40 Jahren ist der Schlehenberg eine traditionelle Ausflugsadresse für die Bayreuther. Bevor oder nachdem sie entlang der vielen Wanderwege flaniert sind, erholen sich die Gäste gerne unter den großen Kastanien und Linden des Biergartens. Gerda Stadler führt ihn immer noch streng in der Tradition ihrer Großeltern mit vielen guten Brotzeiten vom Hausmetzger um die Ecke. Wer es nicht ganz so schattig mag, kann sich übrigens auf die Sonnenterrasse begeben - besser als das Solarium ...

BIER

Kulmbacher: EKU Pils (vom Fass). Hönicka/Wunsiedel: Wonnesud (dunkles Bier). Maisel/Bayreuth: Maisel´s Weiße, leichtes Weizen, alkoholfreies Weizen.

KÜCHE

Fränkische Brotzeiten. Täglich kleine Karte mit warmen Gerichten. So Mittagstisch. Spezialitäten: Schaschlik, Bratwürste, Brotzeitteller, Rouladen (So), Schäuferle (So), Schweinebraten (So).

PLÄTZE (außen/regensicher)

150/70

ANSCHRIFT

Schlehenbergstraße 51
95448 Bayreuth
Tel.: 09209-226

ÖFFNUNGSZEITEN

Täglich ab 9.30 Uhr
Donnerstag Ruhetag

Gaststätte Porsch

www.bier.by

Tipp: Hausmacher Brotzeiten

BIER

Stöckel/Hintergereuth: Pils, Helles, dunkles Landbier (alles vom Fass), helles Weizen. Kulmbacher: Kapuziner Weizen dunkel, Champagner-Weizen.

KÜCHE

Hausmacher Brotzeiten. Täglich große Karte mit warmen Gerichten. Spezialitäten: Saisongerichte, z. B. Spargel, Pfifferlinge, Fisch und Wild.

PLÄTZE (außen/regensicher)

80/70

ANSCHRIFT

Maximilianstraße 63
95444 Bayreuth
Tel.: 0921-64649

ÖFFNUNGSZEITEN

Mo bis Fr ab 9 Uhr, Sa ab 8 Uhr
So und Feiertage ab 11 Uhr

AUCH MAL ZWISCHENDURCH

Beim Porsch in Bayreuth geben die Frauen ihre Männer ab - die zischen gemütlich das eine oder andere dunkle Landbier, während Frau mit Kreditkarte und Scheckbuch die umliegenden Geschäfte der Innenstadt abklappert. Natürlich ist das nicht die Regel in einem der ältesten Gasthäuser Oberfrankens, wo schon über 300 Jahre lang Gäste bewirtet werden. Eine neue Gästegruppe bilden die Radler, die am Rotmaintal-Radweg entlang hier vorbeikommen.

301 Rotmainhalle, Bayreuth Bus

Glenk's Saal mit Biergarten

www.glenks-biergarten.de **Tipp: Verschiedene Bratenspezialitäten**

BAYREUTHER RIESE

An die 600 Gäste finden in Glenk´s Biergarten Platz - und die müssen sich auch keine Sorgen über Nachschubprobleme machen. Gebraut wird heute zwar nicht mehr in der eigenen Brauerei gegenüber, dafür aber mit eigenen Braumeistern bei der Brauerei Stöckel in Hintergereuth. Gebraut wurde in der eigenen Brauerei seit 1852. Glenk Bräu war damals eine der ersten Privatbrauereien, ansonsten gab es fast ausschließlich Kommunbrauereien in der Gegend. Linden, Kastanien und ein großer Kinderspielplatz komplettieren einen der ältesten Biergärten der Stadt.

BIER

Eigenes Bier: Altstadtbier dunkel, Altstadt Zwickl. Glenk/Bayreuth: Pils, Radlerpils (beides vom Fass).

KÜCHE

Fränkische Brotzeiten. Täglich mittelgroße Karte mit warmen Gerichten. Spezialitäten: Verschiedene fränkische Braten, deftige fränkische Brotzeiten.

PLÄTZE (außen/regensicher)

600/150

ANSCHRIFT

Eichelweg 12
95445 Bayreuth
Tel.: 0921-15137316

ÖFFNUNGSZEITEN

Apr. bis Okt.
Täglich ab 16 Uhr
So und Feiertage ab 11 Uhr
Okt. bis Apr.
Do bis Sa ab 17 Uhr
So und Feiertage ab 11 Uhr
Mo, Di und Mi Ruhetag
(nach Anmeldung auch außerhalb dieser Zeiten geöffnet)

Maisel's Brauerei- & Büttnerei-Museum

Website: www.maisel.com

Das zinnengeschmückte Stammhaus der Brauerei Gebr. Maisel aus dem 19. Jahrhundert beherbergt heute auf über 2400 m² ein weltweit einzigartiges Biermuseum. Bereits 1988 erfolgte der Eintrag in das Guinness-Buch der Rekorde.

Während der einstündigen Führung durch 20 Räume bestaunen die Besucher die Brauanlagen noch an den originalen Wirkungsstätten. Seit der Eröffnung besuchten bereits über 500.000 Gäste die Bayreuther Bier-Erlebniswelt, die sich besonders bei Vereinen und Betriebsausflügen großer Beliebtheit erfreut. Highlights des Museums sind neben der komplett erhaltenen historischen Brauerei zwei Räume mit 400 seltenen Emailleschildern verschiedener Brauereien und Biermarken. Ebenfalls ein Glanzpunkt: In zwei großen Vitrinengewölben werden über 5400 Biergläser und Krüge sowie eine Bierdeckelsammlung kunstvoll in Szene gesetzt. Nachdem in den tiefen Lagerkellern die letzten Geheimnisse der Braukunst gelüftet wurden, endet die Tour in der „Alten Abfüllerei" bei einer frischen Maisel's Weisse.

Maisel's Brauerei- &
Büttnerei-Museum
Kulmbacher Straße 40
D-95445 Bayreuth
Telefon: 0921 / 40 12 34
Telefax: 0921 / 40 12 33
brauereimuseum@maisel.com

Maisel's Brauerei & Büttnerei Museum

Katakomben der Bayreuther AKTIEN-Brauerei

Website: www.bayreuther-bier.de

Die kühlen Felsenkeller werden in Franken seit alters her zum Lagern der einzigartigen Bierspezialitäten verwendet. Während auf dem Lande viele kleinere Gewölbe zu finden sind, können viele Städte kilometerlange Katakomben aufweisen. In Bayreuths beeindruckender Unterwelt liegt der Ursprung der handwerklichen Brautradition begründet.

So bietet sich dem Besucher in den Katakomben der AKTIEN-Brauerei eine ganz besondere Bier- Tour. Hier unten erfährt er viel über die Brauereigeschichte und die Stadtgeschichte. Ab dem 16. Jahrhundert wurden die verwinkelten Gänge in den Sandstein getrieben. Warum, weiß bis heute niemand so genau. Waren es vielleicht Schutz- und Fluchtanlagen? Nur eines steht fest: Es waren die besten und kühlsten Keller im ausgehenden 19. Jahrhundert und damit die ideale Lagerstätte für die AKTIEN-Bierspezialitäten, die nach der einstündigen Führung auch auf die Besucher warten. Im gemütlichen Bräustüberl mit der original Wirtshausatmosphäre aus der guten alten Zeit schmeckt das AKTIEN Original 1857, das Zwick'l Kellerbier oder das AKTIEN Landbier besonders gut.

Feiern lässt es sich im Keller der Feste. Im angrenzenden AKTIEN-Keller ist von der Familienfeier im kleinen Kreis bis zu kompletten Veranstaltungskonzepten alles möglich, was das Herz begehrt.

Anschrift & Kontakt

AKTIEN-Katakomben
Kulmbacher Straße 60
95445 Bayreuth
Tel: 0921/401-234
www.bayreuther-bier.de

BAYREUTHER KATAKOMBEN

Herzogkeller

www.herzogkeller.de

Tipp: Grillhaxen

BAYREUTHS BIERGARTEN

Er verweist alle anderen in der Stadt auf die Plätze: Der Herzogkeller. Mit über 1.000 Plätzen und einer ehrwürdigen Historie (seit 1888) steht er für die Bierkultur in der Markgrafenstadt. Das Seidla kostete damals noch zehn Pfennig, mit dem ersten Weltkrieg allerdings endete der erste Teil der Geschichte. Nach der Wiedereröffnung im Juli 1990 sitzen die Bayreuther aber wieder gerne wie einst Kronprinz Ludwig über den alten Felsgewölben und lassen sich das Bier der Bayreuther Bierbrauerei schmecken.

BIER

Eigene Brauerei: Aktien Pils, Bayreuther HELL, Aktien Landbier, Aktien Zwick´l, Aktien Original (alles vom Fass). Maisel/Bayreuth: Maisel´s Weisse Original (vom Fass), Maisel´s Weisse alkoholfrei, Maisel´s Weisse light, Maisel´s Weisse dunkel, Maisel´s Weisse Kristall, Bayreuther HEFE-WEISSBIER, Bayreuther Bio-Weiße, Edelhopfen Extra - kohlenhydratreduziert, Kritzenthaler Alkoholfreies.

KÜCHE

Fränkische Brotzeiten. Täglich kleine Karte mit warmen Gerichten. Spezialitäten: Grillhaxen, Dosengöttinger und Dosenfleisch aus der Region.

PLÄTZE (außen/regensicher)

800/400

ANSCHRIFT

Hindenburgstraße 9
95445 Bayreuth
Tel.: 0921-43419

ÖFFNUNGSZEITEN

Ende April bis Mitte Sep.
Täglich ab 16 Uhr

301 Rotmainhalle, Bayreuth Bus

Hotel Restaurant Lohmühle

www.hotel-lohmuehle.de

Tipp: Frischer Waller

EDLER BIERGENUSS AM MÜHLBACH

Das einzige Fachwerkhotel Bayreuths hat gleich zwei kleine Biergärten zu bieten. Einer befindet sich direkt vor dem Haus, der zweite besonders idyllisch dahinter unter großen Weiden, direkt am Mühlbach, der hier sehr hübsch anzusehen über eine Staustufe fließt. Das Hotel gehobener Klasse gibt es seit 1979, 1999 hat es Martina Groh-Walter übernommen. Die sehr hochwertige Küche glänzt mit frischen saisonalen Speisen und vor allem herausragenden heimischen Fischspezialitäten. Aber auch die typisch fränkische Brotzeit ist zu empfehlen. Besonders stolz ist man hier auf das breite Angebot regionaler Schnäpse aus Franken und aus Erbendorf in der Oberpfalz. Das alles, kombiniert mit den sehr stilvoll eingerichteten Hotelzimmern, eignet sich hervorragend für Familienfeste aller Art oder als Basis für Festspiel-Aufenthalte.

BIER

Kulmbacher: Edelherb (vom Fass). Aktien/Bayreuth: Pilsener, Dunkles (beides vom Fass), Zwickl. Maisel/ Bayreuth: Verschiedene Weizenbiere, Kritzentaler alkoholfreies.

KÜCHE

Fränkische Brotzeiten. Täglich große Karte mit warmen Gerichten. Spezialitäten: Frische Fischspezialitäten aus dem Bassin, Waller, wechselnde saisonale Besonderheiten (z. B. Spargel, Wild).

PLÄTZE (außen/regensicher)

50/100

ANSCHRIFT

Badstraße 37
95444 Bayreuth
Tel.: 0921-53060

ÖFFNUNGSZEITEN

Jan. bis Apr., Sep. und Okt.
Mo bis Fr ab 18 Uhr
Sa 12 bis 14 Uhr und ab 18 Uhr
So und Feiertage 12 bis 14 Uhr
Mai bis Aug., Nov. und Dez.
Täglich 12 bis 14 und ab 18 Uhr
So und Feiertage 12 bis 14 Uhr

Oskar - Das Wirtshaus am Markt

www.oskar-bayreuth.de Tipp: In Dunkel-Bier geschmortes Schäuferle m. Brezenknödel

BIER

Maisel/Bayreuth: Landbier, Zwickl (beides vom Fass).

KÜCHE

Fränkische Brotzeiten. Täglich große Karte mit warmen Gerichten. Spezialitäten: Schweinebraten, geröstete Klöße, Grillhaxe.

PLÄTZE (außen/regensicher)

120/300

ANSCHRIFT

Maximilianstraße 33
95444 Bayreuth
Tel.: 0921-5160553

ÖFFNUNGSZEITEN

Täglich ab 8 Uhr
So ab 9 Uhr

ZENTRAL GELEGEN

Mitten am Markt in Bayreuth befindet sich das Oskar, früher einmal Rathaus, dann Polizeiwache, jetzt ein Gasthaus mit spannender Geschichte. Die verschiedenen Räumlichkeiten sind mit liebevoll zusammen getragenen Kleinigkeiten geschmückt und auch das Biergärtchen vor dem Haus lädt herzlich ein. Und so vergisst man schnell, dass man mitten in einer Beamten-Metropole gelandet ist. Die Küche bietet typisch Fränkisches mit vielen regionalen Produkten - auch für verwöhnte Gaumen.

Bayreuth Hbf

Landhotel-Gasthaus Frankengold

www.hotel-frankengold.de **Tipp: Forelle blau**

AUSGEZEICHNET IM VIERTÄLERORT

Das schmucke Hotel mitten in der Fränkischen Schweiz liegt in einem der „Canyons" am dichtbewaldeten Hang. Schon ein halbes Jahrhundert bietet Familie Luger beste fränkische Küche nach uralten Rezepten, deren Geheimnisse streng gehütet werden. Dafür gab es schon viele Auszeichnungen als beste Bayerische Küche und als umweltbewusster Hotel- und Gaststättenbetrieb. Wer das Besondere liebt, kann hier auch Fliegen fischen und Golf spielen oder einen der vielen (Rad-)Wanderwege einschlagen.

BIER

Tucher/Fürth: Tucher Pils, Grüner Helles, Zirndorfer Kellerbier, Tucher Weizen (im Sommer) (alles vom Fass), Weizen.

KÜCHE

Fränkische Brotzeiten. Täglich mittelgroße Karte mit warmen Gerichten. Spezialitäten: Forellen und Saiblinge, Schweineschäuferla, Behringersmühle-Schnitzel mit Pfiff.

PLÄTZE (außen/regensicher)

70/110

ANSCHRIFT

Behringersmühle 29
91327 Gößweinstein
Tel.: 09242-1505

ÖFFNUNGSZEITEN

Täglich ab 8 Uhr
Donnerstag Ruhetag (an Feiertagen geöffnet)

Waldgasthof Reuthof

www.reuthof.de

Tipp: Heißer Stein

BIER

Veldensteiner: Pils, Helles, Weißbier, Veldensteiner Landbier (alles vom Fass), Weizen, erstes Laufer Weißbier, Alkoholfreies.

KÜCHE

Fränkische Brotzeiten. Täglich große Karte mit warmen Gerichten. Spezialitäten: Diverse Steaks vom heißen Stein, verschiedene Bräten (So), hausgebackene Kuchen.

PLÄTZE (außen/regensicher)

130/150

ANSCHRIFT

Reuthof 11
91282 Betzenstein
Tel.: 09244-310

ÖFFNUNGSZEITEN

Täglich ab 10 Uhr
Freitag Ruhetag

STEIN REUTHOF

Wunderschön malerisch liegt das Fachwerkgebäude des Reuthof mit seiner großen Terrasse in der Fränkischen Schweiz, drumrum Natur, Tiergehege und ein klasse Spielplatz. Die kulinarische Überraschung bleibt 40 Minuten heiß und macht auch fast genauso lange Spaß: Der heiße Stein vom Reuthof. Hier erhält man sein eigenes Sortiment aus Schwein, Pute und Rind, kann es sich selbst zubereiten und Schnitt für Schnitt genießen. Wir sagen: Eine tolle Idee, die schmeckt und ein bisschen Grillromantik an den Tisch bringt.

386 Klausberg, Betzenstein Bus

Gaststätte Auf der Theta

www.bier.by

Tipp: Frischer gegrillter Fisch u. Zwiebelkuchen (freitags)

BIER

Eigenes Bier (nach eigener Rezeptur in Hochstahl gebraut): Bier (vom Fass).

KÜCHE

Fränkische Brotzeiten. Täglich mittelgroße Karte mit warmen Gerichten. Spezialitäten: Zwiebelkuchen (Fr), gegrillter Fisch aus der schwarzen Küche (Fr), Schäuferle (Mi ab 17 Uhr), Haxen (Sa ab 12 Uhr), verschiedene Braten und Brotzeiten.

PLÄTZE (außen/regensicher)

70/50

ANSCHRIFT

Hochtheta 6
95463 Bindlach
Tel.: 09208-65361

ÖFFNUNGSZEITEN

Mitte März bis Ende Dez.
Mo bis Fr ab 14 Uhr
Sa, So und Feiertage ab 10 Uhr
Dienstag Ruhetag
Anfang Januar bis Mitte März Winterpause

DIE ANDERE WELT

Hat man die Gaststätte „Auf der Theta" erstmal gefunden (gar nicht so einfach), dann ist sie der Übergang zu einer anderen Welt, einer Welt der Ruhe und des Friedens. Der mit Blumen umsäumte Innenhof liegt im Schatten zweier Nussbäume, die deutlich gereiften Gebäude sind von Wein und anderen Pflanzen um- und berankt, und auf den Tischen und Bänken sitzen die unterschiedlichsten Menschen: Arbeiter und Bauern aus der Umgebung, ausländische Gäste der vielen umgebenden Firmen und zünftige Stammtische. Gruppen gönnen sich oft das legendäre Spanferkel (gibt's nur auf Bestellung). Eine besondere Attraktion für Kinder: Die hauseigenen Gänse und die Leihschafe, die hier statt eines Rasenmähers das Grün kurz halten.

Bindlach Bahnhof

Opels Sonnenhof

www.opels-sonnenhof.de

Tipp: Sonnenhofschnitzel, Sonnenhofbrotzeit

BIER

Veldensteiner: Landbier, Lager, Pils, Weizen (alles vom Fass), Zwickel, alkoholfreies Hefeweizen, Simon Bräu Spezial Vollbier. Maisel/Bayreuth: Maisel´s Weisse Original, Maisel´s Weisse light, Maisel´s Weisse Kristall, Maisel´s Weisse alkoholfrei.

KÜCHE

Fränkische Brotzeiten. Täglich große Karte mit warmen Gerichten. Spezialitäten: Verschiedene Bräten, Wildgerichte, Pfannenschnitzel mit hausgemachtem Kartoffelsalat.

PLÄTZE (außen/regensicher)

300/300

ANSCHRIFT

Pferch 8
95463 Bindlach
Tel.: 09208-65820

ÖFFNUNGSZEITEN

Täglich ab 11 Uhr
Montag Ruhetag

DAS BIERGARTEN-WUNSCHKONZERT

Hier können Sie wirklich alle möglichen Sitzplatzoptionen eines Biergartens durchprobieren, im Freien, auf der Wiese, Bierbank, Gartentisch, unter der Pergola, unterm Zeltdach, usw ... Gleiches gilt fürs Essen: Durchgehend warme Küche, die wirklich alle Wünsche erfüllt. Gelenkt wird der Sonnenhof seit 1. April 2011 von Manuela und Udo Hagel. 2007 konnte der Familienbetrieb schon sein 40jähriges Jubiläum feiern, was vor allem auch Manuela Hagels Eltern Inge und Werner Opel zuzuschreiben ist, die den Sonnenhof die letzten Jahrzehnte erfolgreich geführt haben. Die vierte Generation arbeitet mit Sohn Benny bereits fleißig im Betrieb mit. Besonders auf ihre Kosten kommen alle Fußballfreunde, der betriebseigene Bolzplatz ist eigentlich immer bevölkert, mal heißt es Schnitzelesser gegen Salatfreunde, mal FC Obatzer gegen Spvgg Sauerbraten.

Schuhmann's Keller

www.schuhmannskeller.jimdo.de

Tipp: Gerupfter

BIER

Eigene Brauerei (Sonne/Bischberg): Helles, Hefeweizen (beides vom Fass). Prostel: Alkoholfreies. Erdinger: Alkoholfreies Weizen.

KÜCHE

Fränkische Brotzeiten. Fränkische Bratwürste. Spezialitäten: Selbst gemachter Gerupfter, selbst gemachter Ziebeleskäse, selbst gemachter Kochkäse, hausgebackene Kuchen.

PLÄTZE (außen/regensicher)

250/30

ANSCHRIFT

Rothofweg
96120 Bischberg
Tel.: 0160-7818120 und
0160-91943961

ÖFFNUNGSZEITEN

Täglich ab 16 Uhr
Bei schlechtem Wetter geschlossen

DAS KLEINOD AM STADTRAND

Die kreative Mischung aus Biergarten und Abhang ist ein richtig uriger Bierkeller, wie es nur noch wenige in der Gegend gibt. Sowohl Bier als auch Brotzeiten sind von hervorragender Qualität und die Atmosphäre unübertroffen! Seit April 2012 haben Bernd Reschke und sein Kellerteam nun den Schuhmann´s Keller übernommen. Sie sorgen für frischen Wind auf dem Klassiker vor den Toren der Weltkulturerbestadt.

Bus 906, 995 Röthelbach, Bischberg

Landgasthof Benker

www.landgasthof-benker.de — Tipp: Schweinshaxen (Sa ab 18 Uhr)

BIER

Aktien/Bayreuth: Pils, Bayreuther Hell, Bier des Monats (wechselnd) (alles vom Fass). Maisel/Bayreuth: Weizen (vom Fass), leichtes Weizen, alkoholfreies Weizen.

KÜCHE

Verschiedene Salate. Täglich mittelgroße Karte mit warmen Gerichten. Spezialitäten: Ofenfrische Schweinshaxen (Sa ab 18 Uhr), knusprige Gänsebrust, verschiedene Saisongerichte.

PLÄTZE (außen/regensicher)

45/40

ANSCHRIFT

Kirchenring 2
95493 Bischofsgrün
Tel.: 09276-650

ÖFFNUNGSZEITEN

Täglich 10.30 bis 14 u. ab 17.30 Uhr
Di ab 18 Uhr, So 10.30 bis 14.30 Uhr
Montag Ruhetag

IDYLLE AM MARKTPLATZ

Den Landgasthof Benker gibt es seit 1984 - seitdem ist er im Besitz der Familie Benker. Nach wie vor kümmert sich hier die Chefin selbst um die Gäste. Für den Bierliebhaber wird frisches Bier der Brauerei Maisel und der Aktienbrauerei aus Bayreuth ausgeschenkt - immerhin vier Sorten direkt vom Fass. In Sachen Essen hat sich der Gasthof auf warme Gerichte spezialisiert, typisch fränkische Brotzeiten gibt es nur wenige. Der kulinarisch interessierte Gast sollte sich auf jeden Fall den Samstag Abend vormerken, hier gibt es leckere ofenfrische Schweinshaxen. Gemütliche Zimmer laden außerdem zum Übernachten ein.

329, 369 Rathaus, Bischofsgrün Bus

Landhotel Jägerhof

www.jaegerhof-bischofsgruen.de

Tipp: Brotzeit mit Live-Musik

HIER SPIELT DIE MUSIK

Mitten im fränkischen Luftkurort Bischofsgrün gelegen, bietet das Landhotel Jägerhof die optimale Anlaufstelle für Wanderer und Freunde fränkischer Gastlichkeit. Mitten am Marktplatz des Ortes findet sich der großzügig angelegte Biergarten mit eigener Hütte, wo selbst gebackene Kuchen, Brotzeiten, Eisbecher und frisch gezapftes Bier auf hungrige und durstige Gäste warten. An manchen Sommerabenden wird hier auch Musik gespielt. Im Gasthof selbst ist das kurzfristig bei schönem Wetter auch immer wieder der Fall, im familiengeführten Hotel gehört Live-Musik einfach dazu. Dermaßen körperlich und seelisch gestärkt kann nun guten Gewissens auch die Wanderung auf die höchsten Berge des Fichtelgebirges, den Schneeberg oder den Ochsenkopf gestartet werden.

BIER

Kulmbacher: Pils, Helles, Kapuziner Weizen, Mönchshof Schwarzbier (alles vom Fass), Kellerbier, Kapuziner alkoholfreies Weizen, Kulmbacher Alkoholfreies.

KÜCHE

Fränkische Brotzeiten. Täglich große Karte mit warmen Gerichten. Spezialitäten: Presssack, Pfefferhaxen, Stadtwurst mit Musik, Bratwürste, angemachter Käse.

PLÄTZE (außen/regensicher)

150/100

ANSCHRIFT

Hauptstraße 12
95493 Bischofsgrün
Tel.: 09276-257

ÖFFNUNGSZEITEN

Täglich ab 10 Uhr
Donnerstag Ruhetag

Bus 329, 369 Rathaus, Bischofsgrün

Gasthof-Pension Bischofsmühle

www.gasthof-bischofsmuehle.de Tipp: Wanderung zum Biergarten

IDYLL MITTEN IM WALD

Jedem der hier nicht heimisch ist, sei empfohlen eine genaue Karte zu Rate zu ziehen, will er die Bischofsmühle nahe Helmbrechts aufsuchen. Mitten im Wald gelegen und nur über Waldwege zu erreichen, ist es hier dementsprechend ruhig und idyllisch. Perfekt für alle, die gerne wandern - nicht nur wegen der Anreise, sondern auch aufgrund diverser Sehenswürdigkeiten abseits der üblichen Touristenziele. Als weitere Stationen unterwegs bieten sich hier zum Beispiel die historische Flößerei oder Burg Radeck an. Die Bischofsmühle an sich ist wunderschön renoviert und wartet in anspruchsvollem Ambiente mit regionalen Köstlichkeiten aller Art auf. Auch für größere Festlichkeiten bestens geeignet.

BIER

Kulmbacher: Mönchshof Kellerbier, Mönchshof Pils, Kapuziner Hefeweissbier (alles vom Fass).

KÜCHE

Hausmacher Brotzeiten. Täglich große Karte mit warmen Gerichten. Spezialitäten: Selbst gezüchtete Forellen, Wild aus heimischer Jagd, Hausgebäck.

PLÄTZE (außen/regensicher)

140/180

ANSCHRIFT

Bischofsmühle 1
95233 Helmbrechts
Tel.: 09289-367

ÖFFNUNGSZEITEN

Täglich ab 8 Uhr
Montag und Dienstag Ruhetag

Gasthof Spitzberg

www.gasthof-spitzberg.de

Tipp: Fränkische Trüffelsuppe

DER CHEF KOCHT SELBST

Der Gasthof Spitzberg ist eine der Top-Adressen im Einzugsgebiet des Bayerischen Staatsbades Bad Steben. Hier sorgt der Chef Helmut Völkel persönlich für das leibliche Wohl der Gäste und steht auch als Experte in Sachen Erlebnisse in der Region gerne Rede und Antwort. Kulinarisch orientiert sich der Spitzberg an der fränkischen Küche, gerne wird hier und da aber auch mal experimentiert - eine umfangreiche Mittagskarte steht jeden Tag zur Verfügung. Der Biergarten ist klein, aber fein und mit viel Liebe dekoriert. Hier lässt sich von der kleinen Fahrradpause bis hin zum Festessen alles verwirklichen.

BIER

Frankenwälder Bürgerbräu/ Naila: Weizen, Pils (beides vom Fass). Köstritzer: Schwarzbier. Radeberger: Pils.

KÜCHE

Hausmacher Brotzeiten. Täglich große Karte mit warmen Gerichten. Spezialitäten: Saisonale Gerichte, Brotzeitteller, Angus-Steak, knusprig gebratene Gänsebrust, Rahmsauerbraten, Rinderbrust mit Meerrettich.

PLÄTZE (außen/regensicher)

80/100

ANSCHRIFT

Dorfstraße 43
95138 Bad Steben-Bobengrün
Tel.: 09288-313

ÖFFNUNGSZEITEN

Täglich ab 10 Uhr
Montag und Dienstag Ruhetag

Brauhaus Binkert

www.mainseidla.de | Tipp: Amber Spezial

BIER

Eigene Brauerei: Original, Weizen, Amber Spezial, Porter, Kellerbier (alles vom Fass).

KÜCHE

Fränkische Brotzeiten.
Warme Gerichte nur auf Bestellung. Spezialitäten: Brauerplatte, hausgemachter Gerupfter.

PLÄTZE (außen/regensicher)

160/40

ANSCHRIFT

Westring 5
96149 Breitengüßbach
Tel.: 09544-9848857

ÖFFNUNGSZEITEN

Mi bis Sa 9 bis 12 und 15 bis 20 Uhr
Mai bis Sep.: So ab 15 Uhr Biergarten geöffnet
Montag und Dienstag Ruhetag

VOM KLEINEN AN DEN GROSSEN HERD

Nach vielen Jahren als Speditionskauffrau und der Erziehung von drei Kindern konzentriert sich Anja Binkert nun auf die Bewirtung der Gäste im eigenen Brauhaus mit seinem schönen Biergarten am Mainradweg. Bei Bier und/oder Brotzeit hat man die Brauerei immer im Blick, oft zaubert Anja auch kleine kulinarische Überraschungen, was besonders die Stammgäste freut. Ab und zu spielt hochwertige Blasmusik, einmal im Jahr steigen das Hopfenzupferfest (Ende August) und später ein zünftiger Bockbieranstich mit Craft-Bockbier und genau darauf abgestimmten Speisen. Am Sudkessel steht Ehemann Jörg, der beruflich schon in der ganzen Welt Brauereien geplant und aufgebaut hat - mit dem eigenen Brauhaus konnte er sich nun seinen Lebenstraum verwirklichen.

Helmut's Hofschänke

www.gutleimershof.de

Tipp: Pizza aus dem Steinofen

BIERGARTEN MIT REITHALLE UND LAGERFEUER

Einige besuchen die Hofschänke wegen des ständig wechselnden regionalen Bierangebotes, andere kommen wegen des Reitstalles. Man sieht: Jeder kommt auf seine Kosten, insbesondere Familien, denn das Gut Leimershof liegt abseits der Straße und verfügt über einen großen Spielplatz und ein eigenes Kinderangebot. Bierfans sollten den Leimershofer Seelen-Drösdä versuchen, der exklusiv für die Hofschänke gebraut wird.

BIER

„Leimershofer Seelen-Drösdä"-Rauchbier (vom Fass), LSD helles und dunkles Lager. Fässla/Bamberg: Lager, Zwergla (beides vom Fass). Leikeim/Altenkunstadt: Weizen (vom Fass). Binkert/Breitengüßbach: Amber (vom Fass). Bitburger: Pils (vom Fass). Wechselnde Brauereien: Immer ein Fassbier aus der Umgebung.

KÜCHE

Fränkische Brotzeiten. Täglich große Karte mit warmen Gerichten. So und Feiertage Mittagstisch. Spezialitäten: Schäuferla auf der Schaufel (Mi und ab und zu So), Leimer, Steinofenpizza in verschiedenen Variationen, Smoker-Tag (u. a. mit Spareribs, jeden Do).

PLÄTZE (außen/regensicher)

200/150

ANSCHRIFT

Gut Leimershof
96149 Breitengüßbach
Tel.: 09547-5457

ÖFFNUNGSZEITEN

Di bis Fr ab 17 Uhr, Sa ab 15 Uhr
So und Feiertage ab 12 Uhr
Montag Ruhetag

Brauereigasthof Konrad Krug

www.krug-braeu.de **Tipp: Pfannenschnitzel**

BIER

Eigene Brauerei: Dunkles Lagerbier, Pils, Keller, Bock (saisonal), Weißbier (alles vom Fass). Maisel/Bayreuth: Weizen light, alkoholfreies Weißbier. Krombacher: Alkoholfreies.

KÜCHE

Hausmacher Brotzeiten. Täglich mittelgroße Karte mit warmen Gerichten. So und Feiertage Mittagstisch. Spezialitäten: Pfannenschnitzel, Bierbraten mit Wirsing, Schäuferla.

PLÄTZE (außen/regensicher)

300/90

ANSCHRIFT

Breitenlesau 1b
91344 Waischenfeld
Tel.: 09202-835

ÖFFNUNGSZEITEN

Täglich ab 9 Uhr
Montag und Dienstag Ruhetag

EIN BIER ZUM VERLIEBEN

Ganz ohne Werbung hat die Brauerei Krug aus Breitenlesau mittlerweile Liebhaber in ganz Europa. Sogar in der Toskana und in Dänemark trinkt man das dunkle Lagerbier. Kein Wunder, hat man einmal davon gekostet, lässt es einen in der Regel nicht wieder los. Brauereibesitzer Konrad „Conny" Krug sollte dafür geadelt werden (Das Töchterchen hat seine Ausbildung zur Brauerin mit Bravour bestanden - die Kontinuität ist also gewahrt). Nicht minder qualitätvoll übrigens die deftigen Brotzeiten! Noch ein Unikat: Die Brauerei hat ihren eigenen „Tanzsaal": Hier erklingen jedes Wochenende die Gitarren, meist von der härteren Gangart ...

Zum Paul

www.bier.by **Tipp: Alle Wildgerichte, Krenhaxe, fränkische Hausbrände**

LIEBENSWERTER GEHEIMTIPP

Wenige Biergärten zaubern einem schon beim ersten Anblick ein Lächeln auf die Lippen. Beim „Paul" ist dieser Effekt garantiert. Versteckt im Wald, am Ende einer kleinen Seitenstraße gelegen, finden wirklich nur die Kenner zu dem Kleinod. Doch die werden mit dem ersten Besuch schon zum Stammgast. Schattig und auch bei größter Hitze angenehm kühl präsentiert sich der Biergarten und wartet noch mit einem traumhaften Blick auf ein altes Schloß der Grafen von Giech auf. Das Gasthaus selbst hat seinen Namen vom vorletzten Betreiber, der rundum als „Paul" bekannt, geliebt und geschätzt war. Nach seinem plötzlichen Ableben 1990 folgten einige schlechte Jahre, bis Alfons und Birgit Kraus sich 2003 der Sache annahmen. Besonders empfehlenswert sind die Wildgerichte, Alfons ist nämlich nicht nur Koch, sondern auch gelernter Jäger und weiß genau, was wann wie am besten schmeckt!

BIER

Kulmbacher: Pils, Kellerbier, Weizen, Bock (saisonal) (alles vom Fass), restliches Flaschenbiersortiment.

KÜCHE

Fränkische Brotzeiten. Täglich mittelgroße Karte mit warmen Gerichten. Spezialitäten: Wild aus der Region (saisonal), fränkische Küche, Brotzeiten.

PLÄTZE (außen/regensicher)

100/170

ANSCHRIFT

Buchau 15
95336 Mainleus
Tel.: 09229-8152

ÖFFNUNGSZEITEN

Täglich ab 16 Uhr, So ab 10 Uhr
Mai bis Sep.
Sa bereits ab 11 Uhr geöffnet
Montag Ruhetag

Hirschenkeller

www.goldener-hirsch-burgebrach.de Tipp: Hausgemachte Pizza

BIER

Kundmüller/Weiher: Kellerbier, Weizen (beides vom Fass), Rauchbier. Kaiser/Neuhaus: Alkoholfreies Bier, alkoholfreies Weizen.

KÜCHE

Fränkische Brotzeiten. Täglich kleine Karte mit warmen Gerichten. Spezialitäten: Spareribs, Zwiebelkuchen, wechselnde Schmankerl (z. B. Schäuferla, Hähnchen, Pfefferhaxen).

PLÄTZE (außen/regensicher)

100/25

ANSCHRIFT

Kellerberg 2
96138 Burgebrach
Tel.: 09546-921138 o. 0171-8907575

ÖFFNUNGSZEITEN

Mo bis Do und Sa ab 16 Uhr
So und Feiertage ab 15 Uhr
Freitag Ruhetag
Bei schlechtem Wetter geschlossen, aber Hofbetrieb in der Gaststätte (Hauptstraße 14)

SPARERIBS & „HIRSCHBUA"

Schon vor über 90 Jahren bewirtete Fritz Butterhof seine Gäste am Burgebracher Kellerberg. Auch heutzutage sind noch Führungen durch die Stollen möglich, die im Zweiten Weltkrieg als Luftschutzbunker dienten. Genießer können danach den „Hirschbua" probieren, einen besonderen Schnaps, den es nur vor Ort zu kosten gibt. Abwechslungsreich zusammengestellte Kellerbrotzeiten und ein wechselndes Angebot an warmen Gerichten stillen den Hunger der Kellerbesucher. Inzwischen bewirtet die Familie Butterhof den Hirschenkeller bereits in der dritten Generation.

991 Steigerwaldklinik, Burgebrach Bus

Schwanakeller

www.schwanawirt.de Tipp: Geräucherter Fisch

FELSENKELLER AUF ZWEI ETAGEN

Auf dem Schwanakeller ist Tradition angesagt: Klassische Selbstbedienung, eigenes Essen erlaubt, ausgewählte fränkische Spezialitäten und ein richtiger Bierkeller auf Naturboden. Imposante alte Bäume und ein großer Spielplatz komplettieren das Angebot. Wer also den (kellertypischen) kleinen Anstieg erklommen hat, kann sich auf Bierkultur in Reinform und eigenes frisches Bier vom Fass, zumeist vom Wirt höchstselbst gezapft, freuen.

BIER

Eigene Brauerei: Kellerbier (vom Fass), Weizen, Urhell.

KÜCHE

Fränkische Brotzeiten. Täglich kleine Karte mit warmen Gerichten. Ab dem So nach Muttertag So und Feiertage Mittagstisch. Spezialitäten: Knöchla, Fischgerichte, Schäuferla, Bratwürste, Wurst mit Musik, Limburger mit Musik, Gerupfter.

PLÄTZE (außen/regensicher)

220/100

ANSCHRIFT

Kellerberg 5
96138 Burgebrach
Tel.: 09546-306

ÖFFNUNGSZEITEN

Täglich ab 15 Uhr
Ab dem So nach Muttertag: So und Feiertage ab 11 Uhr
Bei günstiger Witterung geöffnet

Schloss Burgellern

www.burgellern.de

Tipp: Wildgerichte je nach Ergebnis der örtlichen Jäger

DEN FÜRSTBISCHOF MARKIEREN

Die ehemalige Sommerresidenz der Bamberger Domherren (erbaut um 1750) lädt heute zu ganz besonders feinen Streifzügen durch die Genusswelt ein. Schließlich scheuen Joachim Kastner und seine Frau seit der Eröffnung 2005 keine Kosten und Mühen, um aus dem ehemaligen Sanatorium ein Franken-Juwel zu machen. Dass das gelungen ist, sieht man nicht nur an der Auswahl als eines von zwölf Sightsleeping-Hotels (Schlafen für Augenmenschen) durch den bayerischen Tourismus-Verband, sondern auch an den vielen hochkarätigen Veranstaltungen und noblen Hochzeiten, die hier im Hause schon stattfanden. Dabei bleiben die Preise auf der Speisekarte moderat genug, damit auch Lieschen Müller mal einen erlebnis- und genussreichen Ausflug nach Burgellern unternehmen kann.

BIER

Schloßbrauerei/Reckendorf: Keller, Pils (vom Fass), Weizen. Maisel/Bayreuth: Weizen dunkel, Weizen light, Weizen alkoholfrei, Kritzenthaler alkoholfreies.

KÜCHE

Fränkische Brotzeiten. Täglich große Karte mit warmen Gerichten. Spezialitäten: Schlossplatte, Lammkrone, Schäuferla.

PLÄTZE (außen/regensicher)

100/60

ANSCHRIFT

Kirchplatz 1
96110 Scheßlitz-Burgellern
Tel.: 09542-774750

ÖFFNUNGSZEITEN

Täglich ab 14 Uhr
So und Feiertage ab 11 Uhr

968 Abzw. Burgellern, Scheßlitz Bus

Brauerei-Gasthof Löwenbräu

www.loewenbraeu-buttenheim.de **Tipp: Bohnenkerne mit Kloß**

DER ÜNTER

Der Buttenheimer Bier-Dualismus zieht sich durch den gesamten Ort. Vor vielen Jahren gründete der Urgroßvater des heutigen Besitzers Johann Modschiedler die Löwenbräu, sein Bruder übernahm die Georgenbräu ein Haus weiter. Durch die Generationen verstand man sich mal besser, mal schlechter, die Buttenheimer freut's - führte die Familienrivalität doch zu stets hochwertiger Qualität bei Bier und Speisen. So ist die Löwenbräu-Gaststätte mit ihrem kleinen Biergarten vor dem Haus (Der „Ünter" genannt) weit über die Landkreisgrenzen hinaus für das hervorragende Essen bekannt und beliebt.

BIER

Eigene Brauerei: Lager (vom Fass), Bartholomäus-Festmärzen, Pils, Weizen, Hefeweizen, Leichtes, Bockbier (saisonal), Annafest-Bier (saisonal), Weihnachtsfestbier (saisonal).

KÜCHE

Fränkische Brotzeiten. Täglich mittelgroße Karte mit warmen Gerichten. Spezialitäten: Spargelgerichte (saisonal), Karpfen (saisonal), Wildgerichte, Bohnenkerne mit Kloß.

PLÄTZE (außen/regensicher)

60/100

ANSCHRIFT

Marktstraße 8
96155 Buttenheim
Tel.: 09545-332

ÖFFNUNGSZEITEN

Täglich ab 9 Uhr
Montag Ruhetag

Löwenbräukeller

www.loewenbraeu-keller-buttenheim.de **Tipp: Kellerplatte**

GROSSER KELLER MIT GROSSEM PROGRAMM

An die 700 Plätze hat der Löwenbräukeller in Buttenheim zu bieten, dazu eine breite Palette an fränkischem Allerlei: Schäuferla, Sauerbraten, Wildgerichte, zahlreiche Brotzeiten, selbst gebrautes Bier vom Keller bis zum Alkoholfreien. Aus einer umgestürzten alten Eiche machte man einen Riesen-Kletterbaum für den Kinderspielplatz und der Kerwa-Termin liegt praktischerweise genau an dem der Bamberger Sandkerwa. Viele Gründe, warum man bei Inhaber Manfred Modschiedler immer einen Zwischenstopp einplanen sollte. Besonders gern tun das übrigens die Erlanger Siemens-Mitarbeiter zum Mittagessen und die Radler und Motorradfahrer auf dem Weg in die oder aus der Fränkischen Schweiz.

BIER

Eigene Brauerei: Keller (vom Fass), Weizen, Pils, dunkles Weizen, Bartholomäus Festmärzen, leichtes Weizen, leichtes Keller, Alkoholfreies.

KÜCHE

Hausmacher Brotzeiten. Täglich große Karte mit warmen Gerichten. Spezialitäten: Kellerplatte, Schäuferla, Wildgerichte, Bohnenkerne mit Dörrfleisch (Do), verschiedene Salate.

PLÄTZE (außen/regensicher)

600/340

ANSCHRIFT

Eremitage 1
96155 Buttenheim
Tel.: 09545-509346

ÖFFNUNGSZEITEN

Täglich ab 11 Uhr, So ab 10 Uhr
Mai bis Aug. Dienstag Ruhetag
Sep. bis Apr. Di und Mi Ruhetag

980 Buttenheim Ortsmitte Bus

St. GeorgenBräu Keller

www.kellerbier.de **Tipp: Hauseigener Kellerbierbrand**

OBERFRANKENS SCHÖNSTER SONNENUNTERGANG

Anscheinend ist es in Buttenheim Tradition: Kleine Biergärten baut man nicht. Dennoch kann man auch auf dem St. GeorgenBräu-Bierkeller die Seele gemütlich baumeln lassen. Denn die vielen Plätze sind großzügig verteilt. Einmalig ist der Ausblick von der lindenbewachsenen Anhöhe auf den Sonnenuntergang über Bamberg, Kinder begeistert der neu angelegte Kinderspielplatz. Fischfreunde sollten sich den Besuch hier am klassischen Fischtag Freitag vormerken, dann gibt es Makrelen und Heringe vom Buchenholzgrill.

BIER

Eigene Brauerei: Kellerbier, Helles, Weißbier (alles vom Fass).

KÜCHE

Fränkische Brotzeiten. Täglich kleine Karte mit warmen Gerichten. Spezialitäten: Schäuferla, Haxen, selbst gebackene Brezen, Bohnakern und Dörrfleisch, Makrelen und Heringe vom Buchenholzgrill (jeden Fr ab 15 Uhr), hausgebackene Kuchen, Bauernbrot und Wurstspezialitäten aus der Region.

PLÄTZE (außen/regensicher)

800/200

ANSCHRIFT

Kellerstraße
96155 Buttenheim
Tel.: 09545-44670

ÖFFNUNGSZEITEN

Täglich ab 14 Uhr
So und Feiertage ab 11 Uhr
Nur bei schönem Wetter geöffnet

St. GeorgenBräu – auch ein Schluck Heimat

www.kellerbier.de

„Die Qualität unserer Buttenheimer Bierspezialitäten hängt unmittelbar von der Qualität unserer Rohstoffe ab. Für die Beschaffung unserer Braugerste bauen wir auch dieses Jahr unsere Zusammenarbeit mit zahlreichen heimischen Landwirten aus und sichern uns für die Zukunft beste fränkische Gersten-Qualität". So Norbert Kramer Geschäftsführer der St. GeorgenBräu.

Bereits im 2. Jahr engagiert sich die St. GeorgenBräu in Buttenheim in jeder Hinsicht vorbildlich und wird ihrer Unternehmensphilosophie gerecht: „Produktqualität mit ökologischem Verantwortungsbewusstsein und Liebe zur Region". Die St. GeorgenBräu festigt mit ihren Anbauverträgen eine Win-win-Situation.

Auf der einen Seite profitieren die hiesigen Bauern durch langfristige Abnahmeverträge und wirtschaftliche Handlungssicherheit, auf der anderen Seite sichert sich die Brauerei qualitätvolle Braugerste **MADE IN FRANKEN.**

Mittlerweile sind über 11 Bauern stolze Lieferanten für die St. GeorgenBräu:
Peter Brehm (Teuchatz), Markus Schick (Teuchatz), Helmut Möhrlein (Teuchatz), Rainer Mann (Hochstall), Georg Dicker (Oberngrub), Georg Bittel (Oberngrub), Friedrich Stöcklein (Teuchatz), Ottmar Weiß (Tiefenhöchstadt), Josef Nüßlein (Teuchatz), Joachim Brehm (Oberngrub), Magdalena Möhrlein (Teuchatz);

St. GeorgenBräu Stübla

www.kellerbier.de

Tipp: Sauerbraten mit Biersoße

BIER

Eigene Brauerei: Kellerbier, Helles, helles Weizen, Pils, verschiedene saisonale Biere (alles vom Fass), dunkles Weizen, leichtes Weizen, Landbier, Bockbier (saisonal), Annafest-Bier (saisonal), Hopfenzupfer (saisonal - mit Hopfen aus dem eigenen Hopfengarten), Alkoholfreies.

KÜCHE

Fränkische Brotzeiten. Täglich große Karte mit warmen Gerichten. Spezialitäten: Schäuferla mit Biersoße, Sauerbraten mit Biersoße, Pfannenschnitzel, saisonale Gerichte.

PLÄTZE (außen/regensicher)

30/85

ANSCHRIFT

Marktstraße 12
96155 Buttenheim
Tel.: 09545-44670

ÖFFNUNGSZEITEN

Täglich ab 10.30 Uhr
Dienstag Ruhetag

ZUM ABSCHLUSS EIN KELLERBIERBRAND

Natürlich gibt es im „Öber", dem älteren der beiden Buttenheimer Braugasthöfe gute fränksiche Küche und eine nicht minder gute Brotzeitpalette. Mit der Übernahme durch Norbert Kramer kam eine erfrischende Komplettrenovierung, die die etwas angemoderte Wirtschaft in ein respektables Brauereigaststübla verwandelt hat. Mit Küchenchef Jürgen Zeilmann hat sich der neue Inhaber auch die nötige Fachkompetenz ins Haus geholt, um den Gästen einerseits die klassische gute Fränkische Küche, aber andererseits auch etwas Pepp zu bieten, den man nach so vielen Hundert Jahren Tradition einfach mal braucht. Das Finish eines jeden Mahles kann hier ein ganz besonderes sein, der Kellerbierbrand.

980 Buttenheim Ortsmitte Bus

Biergarten Rögener Hütte

www.roegener-huette.de Tipp: Bräten u. Coburger Klöße an Sonn- u. Feiertagen

SCHNITZEL-JAGD IM WALD

Die Rögener Hütte liegt etwas außerhalb von Coburg wunderschön in einem kleinen Waldabschnitt. Zu kühlen Kulmbacher- oder Tucher-Bieren können hier fränkische Brotzeiten und eine ausgedehnte Karte mit warmen Gerichten, vor allem die leckeren Schnitzel- und Steakvariationen, genossen werden. Kaffeefreunde erwarten frisch gebackene Kuchen. Durch die sehr ruhige Lage im Grünen eignet sich die Lokalität auch wunderbar für Feste und Feiern aller Art.

BIER

Kulmbacher: Pils, Kapuziner Hefeweizen, Mönchshof Kellerbier (alles vom Fass), dunkles Weizen, alkoholfreies Weizen, Alkoholfreies. Tucher/Fürth: Zirndorfer Landbier.

KÜCHE

Fränkische Brotzeiten. Täglich große Karte mit warmen Gerichten. Spezialitäten: Putensteaks mit Salat und Kräuterquark, kleines Rumpsteak mit Bratkartoffeln, Schinkennudeln, Brotzeitplatte, hausgebackene Kuchen, Kaffeespezialitäten.

PLÄTZE (außen/regensicher)

120/70

ANSCHRIFT

Löbelsteiner Straße 81
96450 Coburg
Tel.: 09561-794242

ÖFFNUNGSZEITEN

Mi bis Sa ab 17 Uhr
So und Feiertage ab 11.30 Uhr
Montag und Dienstag Ruhetag

ED's Braustüble

www.bier.by Tipp: Salzfleisch

BIER

Eigene Brauerei: Hausbräu (vom Fass). Löwenbräu/Buttenheim: Kellerbier (vom Fass). Veltins: Pils (vom Fass). Riedenburger: Hefeweißbier (vom Fass). Erdinger: Alkoholfreies Weizen. Becks: Alkoholfreies.

KÜCHE

Hausmacher Brotzeiten. Warme Kleinigkeiten. Spezialitäten: Salzfleisch, Dosenfleisch.

PLÄTZE (außen/regensicher)

300/60

ANSCHRIFT

Adami-Straße 2a
96450 Coburg
Tel.: 09561-34580

ÖFFNUNGSZEITEN

Di, Do und Fr ab 17 Uhr
Bei schönem Wetter Biergarten
Di bis Fr ab 16.30 Uhr
Montag, Mittwoch, Samstag, So- und Feiertage Ruhetag

DER LIEBENSWÜRDIGSTE BIERGARTEN DER WELT

Hobbybrauer Ed (Edmund Sauerbrey) ist schon über 70 und sein Bräustüble nebst großem Biergarten (früher Brauerei Flinzberg - „Rizzibräu") sind ein Teil von ihm geworden. Mit viel Liebe und persönlichem Engagement betreibt der Braumeister auch seine Kleinstbrauerei und schenkt auch noch persönlich aus - der Haustrunk hat immer eine eigene Note. Die zwei Variationen, die wir bisher testen durften, waren spitze! Kein Wunder, dass der überaus sympathische Ed eine richtige Fangemeinde hat, die bei jedem sommerlichen Sonnenstrahl zur Kultstätte, dem Biergarten mit den über 100-jährigen Bäumen, pilgert.

Ernstfarm Handwerkerstuben

www.ernstfarm-coburg.de Tipp: Strammer Max

BIER

Tucher/Fürth: Grüner Pils, Zirndorfer Kellerbier (beides vom Fass), Zirndorfer Hefeweizen.

KÜCHE

Fränkische Brotzeiten. Täglich kleine Karte mit warmen Gerichten. So und Feiertage Mittagstisch. Spezialitäten: Fränkische Dabbas, Folienkartoffeln mit hausgemachtem Quark, verschiedene Schnitzel, Brotzeitplatte, hausgemachte Spareribs.

PLÄTZE (außen/regensicher)

100/70

ANSCHRIFT

Kürengrund 80
96450 Coburg
Tel.: 09561-853147

ÖFFNUNGSZEITEN

Mo bis Fr ab 16 Uhr, Sa ab 14 Uhr
So und Feiertage ab 11 Uhr

DIE MUSTERFARM

Was ernst klingt, entpuppt sich als ökonomisches Musterstück aus dem 19. Jahrhundert. Das der englischen Tradition sehr verbundene Coburger Herrscherhaus gestaltete in Person von Herzog Ernst II. mit der Ernstfarm ein Hofgut nach dem Vorbild der Agriculture-Bewegung. Hier züchtete man neue Nutztiersorten oder auch Getreidevarianten, brannte Schnapskreationen und versuchte, die Landwirtschaft zu rationalisieren. Heute ist davon vor allem ein wunderschöner Biergarten erhalten - und jede Menge Pferde und andere Tiere, die sich über einen kurzen Besuch freuen.

Gasthaus Goldenes Kreuz

www.goldenes-kreuz-coburg.de Tipp: Gedöns (Bratwurst, Bratkartoffeln u. Spiegelei)

BIER

Hartmann/Würgau: Kreuztrunk, Edelpils (beides vom Fass), leichtes Hefeweizen, alkoholfreies Hefeweizen. Brauhaus Schweinfurt: Alkoholfreies.

KÜCHE

Fränkische Brotzeiten. Täglich mittelgroße Karte mit warmen Gerichten. Spezialitäten: Traditionelle, regionale Küche mit Pfiff, Tafelspitz, fränkischer Sauerbraten mit Coburger Klößen.

PLÄTZE (außen/regensicher)

80/110

ANSCHRIFT

Herrngasse 1
96450 Coburg
Tel.: 09561-513407

ÖFFNUNGSZEITEN

Täglich 11.30 bis 14 u. ab 17.30 Uhr
So 11.30 bis 14 Uhr

ÄLTER ALS AMERIKA

Zumindest für Europäer - das Gebäude datiert aus dem Jahr 1477 und ist damit eines der ältesten in ganz Coburg. Der Thüringer Herzog verlieh einst das Schankrecht, als Kaufleute und Fuhrknechte die Hauptkundschaft des Hauses stellten. Später war es auch Heimat der Reichspost und gilt heute als ältestes Gasthaus der Stadt. Die letzte der vielen Renovierungen endete 2005 mit der Wiedereröffnung. Seitdem geht es steil bergauf am Coburger Marktplatz - und im Biergarten dahinter. 2010 wurde das Goldene Kreuz als eines der schönsten Gasthäuser Deutschlands ausgezeichnet.

Coburg Stadthaus

Restaurant Loreley Coburg

www.bier.by

Tipp: Verschiedene Edelbrände

BIER

Paulaner/München: Dunkles, Helles, Kellerbier, helles Hefeweizen (alles vom Fass), dunkles Hefeweizen, alkoholfreies Weizen, Alkoholfreies. Gampert/Weißenbrunn: Pils.

KÜCHE

Fränkische Brotzeiten und Salate. Täglich große Karte mit warmen Gerichten. Spezialitäten: Original Coburger Klöße (selbst gemacht) zu fränkischen Braten, verschiedene Fischgerichte (saisonal).

PLÄTZE (außen/regensicher)

70/110

ANSCHRIFT

Herrngasse 14
96450 Coburg
Tel.: 09561-7958242

ÖFFNUNGSZEITEN

Mo ab 17.30 Uhr
Di bis So ab 11.30 Uhr

DIE ALTE DAME

Das Coburger Traditionslokal datiert bis ins Jahr 1600, als es erst Bäckerei (Herrenbeck), dann fürstliche Trinkstube war. Mitte des 19. Jahrhunderts avancierte die Gaststätte zum Mittelpunkt der Künstlerszene, darunter auch die Gebrüder Brückner. Vielleicht weil gerade der nötige Groschen fehlte, malten die beiden den Hausflur des Lokals mit einer Darstellung der „Schönen Maid vom Rhein" aus - daher der Name Loreley. Bei der nötigen Kernsanierung in 1995 ging die Malerei allerdings leider verloren. Es folgte ein weiterer Umbau 1999/2000. Seitdem setzt man auf die Fortführung der erfolgreichen Geschichte.

Brauerei-Gasthof Müller

www.debringer-bier.de Tipp: Hausmacher Brotzeiten (eigene Hausschlachtung)

LAUSCHIG IM HINTERHOF

Der Beginn der Brautradition in der kleinen Brauerei datiert auf's Jahr 1699. Seit nunmehr über fünf Generationen werkelt Familie Müller am Ortsausgang von Debring - und das sehr erfolgreich. Neben Pils und dunklem Vollbier bietet die Brauerei nun auch das „Michala", ein natürtrübes, sehr süffiges Bier. Abgerundet wird das Angebot mit Hausmacher Brotzeiten aus eigener Schlachtung und je nach Jagdglück mit frischem Wild. Das angebotene 5-Liter-Fass zum Mitnehmen ist erfreulicherweise kein Blechdöschen, sondern ein ordentliches Mehrwegfass - vorbildlich!

BIER

Eigene Brauerei: Pils, Dunkles, Michala (naturtrüb), Weissbier, Weihnachtsbock (saisonal) (alles vom Fass). Löwenbräu/München: Alkoholfreies.

KÜCHE

Hausmacher Brotzeiten. Täglich große Karte mit warmen Gerichten. Spezialitäten: Karpfen, Pfannenschnitzel, Hausmacher Brotzeiten, Wild aus heimischer Jagd.

PLÄTZE (außen/regensicher)

60/125

ANSCHRIFT

Würzburger Straße 1
96135 Debring
Tel.: 0951-29191

ÖFFNUNGSZEITEN

Täglich ab 11 Uhr, Do ab 16.30 Uhr
So und Feiertage ab 9.30 Uhr
Montag Ruhetag (wenn Montag Feiertag, dann Dienstag Ruhetag)

Bus 912, 989 Debring Schule

Naturfreundehaus Demmelsdorf

www.naturfreundehaus-demmelsdorf.de **Tipp: Selbst gemachter Ziebeleskäse und Gerupfter**

BIER

Fässla/Bamberg: Lager, Pils (beides vom Fass). Spezial/Bamberg: Lager Rauchbier, Hefeweizen. Maisel/Bayreuth: Alkoholfreies Hefeweizen. Clausthaler: Alkoholfreies.

KÜCHE

Fränkische Brotzeiten. Spezialitäten: Selbst gemachter Gerupfter, selbst gemachter Ziebeleskäse, Brotzeitplatte, Kuchen und Kaffeespezialitäten (Sa, So und Feiertage).

PLÄTZE (außen/regensicher)

150/80

ANSCHRIFT

Rabensteinweg 23
96110 Scheßlitz-Demmelsdorf
Tel.: 09542-8776

ÖFFNUNGSZEITEN

Bei schönem Wetter
Täglich ab 15 Uhr
So und Feiertage ab 10 Uhr

FÜR NATURFREUNDE

Hier lohnt sich das Kommen. Schließlich ist man hier programmgemäß mitten in der zauberhaften Natur der Fränkischen Schweiz und kann die Einrichtungen vom Spielplatz bis zum großen Steingrill nutzen. Übernachten kann man dabei entweder direkt im Haus oder auf dem Zeltplatz. Zu trinken gibt's unter anderem Biere der Brauerei Fässla aus Bamberg und dazu solide Bierkellerkost. Außerdem kann man sich für sämtliche Familienfeiern vom hauseigenen Catering-Service verwöhnen lassen.

970, 972 Zeckendorf Talstraße, Scheßlitz Bus

Privatbrauerei & Gaststätte Alt

www.brauerei-alt.de

Tipp: Sülze

BIER

Eigene Brauerei: Vollbier hell, Vollbier dunkel (beides vom Fass).

KÜCHE

Fränkische Brotzeiten. Mi, Fr und So kleine Karte mit warmen Gerichten. Spezialitäten: Schäuferla, hausgemachte Sülze, Obatzter.

PLÄTZE (außen/regensicher)

100/57

ANSCHRIFT

Dietzhof 42
91359 Leutenbach
Tel.: 09199-267

ÖFFNUNGSZEITEN

Di bis Fr ab 17 Uhr
Sa ab 16 Uhr, So ab 11.30 Uhr
Montag Ruhetag

BIER WIRD BEIM ALT NICHT ALT

Über 150 Jahre wird in der Brauerei Alt bereits das Vollbier hergestellt. Besonders die dunkle Variante verdient unsere Erwähnung, hat der Gerstensaft doch eine sehr eigene, fast fruchtige Note. Allerdings sollte es immer frisch getrunken werden – die Haltbarkeit ist begrenzt. Mittlerweile haben auch die Erlanger Studenten den Biergarten entdeckt und geben sich mit den Einheimischen und den Ausflüglern aus Nürnberg die Klinke in die Hand.

Gasthaus Synderhauf

www.gasthaus-synderhauf.de.vu | Tipp: Appetitbrot „Döbraberg"

MEHR ALS EIN APPETITBROT

Unweit von Schwarzenbach am Wald, im Dörfchen Döbra, findet sich das Gasthaus Synderhauf. Wer mit allzu viel Schwung in den Ort hinein kommt, ist schon so gut wie vorbeigefahren. Zwar liegt der Biergarten vor der Wirtschaft direkt an der Straße, doch der relativ wenige Verkehr stört hier kaum. Kulinarisch geht es hier noch richtig schön fränkisch zünftig zu. Versucht werden sollte auf jeden Fall der Klassiker, das Appetitbrot „Döbraberg", von dem nicht einmal manche Angestellte wissen „was da genau drauf ist". Anschließend darf dann zur Verdauung auch gerne eben jener Berg bewandert werden.

BIER

Kulmbacher: Pils, Hefeweizen, Dunkles (alles vom Fass), Hefeweizen dunkel, Hefeweizen leicht, Kellerbier, Diätbier, Kapuziner alkoholfreies.

KÜCHE

Fränkische Brotzeiten. Täglich mittelgroße Karte mit warmen Gerichten. Spezialitäten: Frankenwaldschnitzel, Döbrabergschnitzel, Weberkammsteak, Appetitbrot „Döbraberg", hausgemachte Sülze.

PLÄTZE (außen/regensicher)

60/150

ANSCHRIFT

Schwarzenbacherstraße 15
95131 Döbra
Tel.: 09289-1650

ÖFFNUNGSZEITEN

Täglich 9 Uhr
Montag und Dienstag Ruhetag

6346 Parkplatz, Schwarzenbach a. Wald-Döbra Bus

Ausflugsgaststätte Dörflas

www.bier.by

Tipp: Currywurst, Ausgestreifte (So)

IM KREISE VON FREUNDEN

Stephan Preßlein führt die über 100-jährige Familientradition der Dörflaser Ausflugsgaststätte eisern weiter, auch wenn es für ihn eher Hobby als Geschäft ist. Bei ihm treffen sich vor allem die Einwohner aus wenigen Kilometern Umkreis, dafür fast vollständig und regelmäßig. Unter dem Schatten der riesigen alten Linde werden sämtliche Vorkommnisse der letzten Zeit durchdiskutiert und echte Männerprobleme gewälzt ... Mit welchem Schraubenschlüssel krieg ich meinen Kühlschrank wieder dicht? ... Ein absoluter Geheimtipp! Schauen Sie vorbei und helfen sie, dass dieses Kleinod nicht verschwindet!

BIER

Schnupp/Neudrossenfeld: Vollbier (vom Fass), Dunkles, Leichtes.
Maisel/Bayreuth: Weizen, leichtes Weizen.

KÜCHE

Fränkische Brotzeiten. Spezialitäten: Brotzeitplatte, Currywurst, verschiedene Baguettes.

PLÄTZE (außen/regensicher)

40/40

ANSCHRIFT

Dörflas 1
95463 Bindlach
Tel.: 09208-655537

ÖFFNUNGSZEITEN

So ab 10 Uhr, Di und Fr ab 20 Uhr
Montag, Mittwoch, Donnerstag und Samstag Ruhetag

Brauerei Eichhorn

www.brauerei-eichhorn.de **Tipp: Zwetschgenbames**

BIER

Eigene Brauerei: Keller, Weizen, Pils, Bock (alles vom Fass). Löwenbräu/ München: Alkoholfreies.

KÜCHE

Hausmacher Brotzeiten. Täglich kleine Karte mit warmen Gerichten. Spezialitäten: Zwetschgenbames, Göttinger angebraten mit Ei und Zwiebeln.

PLÄTZE (außen/regensicher)

150/65

ANSCHRIFT

Dörfleinser Straße 43
96103 Hallstadt
Tel.: 0951-75660

ÖFFNUNGSZEITEN

Täglich ab 9 Uhr, Do 9 bis 19 Uhr
Sa 9 bis 20 Uhr, Montag Ruhetag

WO DER HAUSSEGEN NIE SCHIEF HÄNGEN SOLLTE

Eine Ehe, wie sie auf dem fränkischen Land sein sollte: Alfons Eichhorn braut das Bier und seine Gattin Angelika besorgt die Hausschlachtung. Dass dabei nicht nur wirklich gutes Bier, sondern auch hervorragende Hausmacher Brotzeiten, wie z. B. Zwetschgenbames oder Presssack herauskommen, versteht sich fast von selbst.

904, 952 Dörfleins Mitte, Hallstadt Bus

Diller-Keller

www.bier.by

Tipp: Überraschungsplatte

BIER

Hönig/Tiefenellern: Lager (vom Fass), Weizen, alkoholfreies Weizen, Alkoholfreies.

KÜCHE

Fränkische Brotzeiten. Täglich kleine Karte mit warmen Gerichten. Spezialitäten: Gerupfter, Kellerplatte, Dosenfleisch, Kaiserfleisch mit Kartoffelsalat, Salzheringe und Makrelen vom Grill (Fr), XXL-Fleischspieße vom Grill (Sa).

PLÄTZE (außen/regensicher)

200/25

ANSCHRIFT

Am Kreuzberg 1
96103 Dörfleins
Tel.: 0175-5280071

ÖFFNUNGSZEITEN

Täglich ab 15 Uhr
Sa, So und Feiertage ab 14 Uhr

WO AUCH DER KUCHEN SCHMECKT

Auf dem Diller-Keller sitzt man auf drei Ebenen und kann wahlweise die guten Brotzeiten oder Kaffee und Kuchen genießen – der Blick auf Hallstadt verwöhnt dabei die Augen. Für die Kleinen gibt es eine große Wiese, einen kleinen Spielplatz und natürlich den umliegenden Wald. Der sorgt übrigens dafür, dass es hier immer wohl temperiert ist.

Waldschänke Rabenhorst

www.bier.by

Tipp: Selbst gebackene Kuchen

BIER

Schloßbrauerei/Reckendorf: Kellerbier (vom Fass), Pils, Dunkles, Weizen, Hefeweizen. Löwenbräu/ München: Alkoholfreies.

KÜCHE

Hausmacher Brotzeiten. Täglich ein warmes Gericht. Spezialitäten: Hähnchen, Quark, Currywurst, selbst gebackene Kuchen.

PLÄTZE (außen/regensicher)

100/60

ANSCHRIFT

Weißer Graben 1
96103 Hallstadt-Dörfleins
Tel.: 0951-75505

ÖFFNUNGSZEITEN

Mi und So ab 14 Uhr
Mo, Di und Do bis Sa geschlossen
(für Gruppen auf Anfrage auch außerhalb dieser Zeiten geöffnet)

BIER ZU WASSER

Die Waldschänke Rabenhorst liegt nicht nur fernab der Zivilisation mitten im Wald zwischen Kemmern und Dörfleins, sondern auch nur 100 Meter vom Mainufer entfernt und ist deshalb gern besuchtes Ziel von Bootsfahrern aller Art. Und nachdem es ja zu Wasser bekanntlich keine Promillegrenze gibt, probieren die meisten auch alle vier Reckendorfer Biere durch. Zu essen dann eher Allerwelts-Food wie Hähnchen und Currywurst, aber auch Hausmacher Brotzeiten aus eigener Herstellung.

Brauerei-Gasthof Göller

www.goeller-brauerei.de **Tipp: Frisch gebackener Leberkäse**

HAUSGEMACHT IST TRUMPF

Ein Bierkeller im Zeichen des Do-it-Yourself: Mit den verschiedenen Saisonbieren - vom Görgla über das Schwarze bis zum Rauchbier - gibt es hier das ganze Jahr über immer wieder etwas Besonderes. Damit das Bier sich im Magen nicht so alleine fühlt, kann man die feinen Brotzeiten aus der Hausschlachtung oder einmal im Monat die Schlachtschüssel genießen.

BIER

Eigene Brauerei: Lager, Görgla (saisonal), Urstoff (saisonal), Höpfla (saisonal), Schwarzes (saisonal), Rauchbier (saisonal), Festbier (saisonal) (alles vom Fass).

KÜCHE

Hausmacher Brotzeiten. Täglich mittelgroße Karte mit warmen Gerichten. Spezialitäten: Auswahlreicher Mittags- und Abendtisch.

PLÄTZE (außen/regensicher)

250/360

ANSCHRIFT

Scheßlitzer Straße 7
96117 Memmelsdorf-Drosendorf
Tel.: 09505-1745

ÖFFNUNGSZEITEN

Täglich ab 9 Uhr
Montag Ruhetag (wenn Montag Feiertag, dann Dienstag Ruhetag)
Biergarten: Anfang Mai bis Ende Sep.: Täglich ab 14.30 Uhr
Montag Ruhetag (wenn Montag Feiertag, dann Dienstag Ruhetag)
Bei schlechtem Wetter geschlossen

DB VGN Bus 907, 963 Drosendorf Staatsstr., Memmelsdorf

Kropfeld Keller

www.bier.by — Tipp: Selbst gebackenes Bauernbrot, hausgebrannte Schnäpse

BIER

Löwenbräu/Buttenheim: Ungespundetes Lagerbier (vom Fass), Weizen.

KÜCHE

Fränkische Brotzeiten. Keine warmen Gerichte. Spezialitäten: Kellerplatte, selbst gebackenes Holzofenbrot.

PLÄTZE (außen/regensicher)

150/120

ANSCHRIFT

Feuersteinstraße 1
91330 Eggolsheim-Drosendorf
Tel.: 09545-5992

ÖFFNUNGSZEITEN

Mo bis Fr ab 16 Uhr
Sa, So und Feiertage ab 14 Uhr
Bei schlechtem Wetter geschlossen

WENN ICH NICHT MEHR WEITER WEISS ...

... gründ ich einen Arbeitskreis. So hat vor über 100 Jahren Georg Kropfeld, genannt „Wirtsgörg", gedacht, als man im Dorf unbedingt auch im Sommer ein frisches kühles Bier trinken wollte. So wurde kurzerhand ein Steilhang zum Kellerberg umfunktioniert und fortan der Drosendorfer „Wirtskeller" betrieben. Anfangs nur Lagerkeller, entwickelte sich bald auch hier die bekannte Kellerkultur und Drosendorf hatte seine Attraktion.

Engelhardt's Keller

www.engelhardts-keller.de Tipp: Kellerliebe

BIER MIT LIEBE

Hier ist man gerade bei den Biernamen sehr kreativ: Die Kellerliebe, ein eher liebliches Bier – vielleicht mal eine Versuchung für die bierabgeneigten Damen unter der Leserschaft – und das dunkle Adam Riese laden zum genüsslichen Schlucken ein. Für die Gemütlichkeit gibt's dann auch ab und zu Abende mit der Kellerkapelle. Wer alles auf einmal haben will, sollte zum jährlichen Kellerfest kommen.

BIER

Eigene Brauerei: Kellerliebe (vom Fass), Adam Riese. Kulmbacher: Kapuziner Weizen (vom Fass), Kapuziner alkoholfreies Weizen, Alkoholfreies.

KÜCHE

Fränkische Brotzeiten. Täglich kleine Karte mit warmen Gerichten. Spezialitäten: Kellerplatte, Pfannenschnitzel, Steaks, gegrillte Makrelen (So, bei schönem Wetter).

PLÄTZE (außen/regensicher)

250/60

ANSCHRIFT

Kellerstraße 52
96250 Ebensfeld
Tel.: 09573-1543

ÖFFNUNGSZEITEN

Täglich ab 16 Uhr
So und Feiertage ab 10 Uhr
Bei schlechtem Wetter Di Ruhetag

Nitsche Keller

www.bier.by | Tipp: Wurstsalat

BIER

Schlossbrauerei/Reckendorf: Kellerbier (vom Fass), Hefeweizen.

KÜCHE

Hausmacher Brotzeiten. Keine warmen Gerichte. Spezialitäten: Wurstsalat, Obatzter, Ziebeleskäse.

PLÄTZE (außen/regensicher)

200/0

ANSCHRIFT

Schottenberg 8
91320 Ebermannstadt
Tel.: 09194-9190

ÖFFNUNGSZEITEN

Täglich ab 16 Uhr (bei Temperaturen ab 20 Grad)
Bei schlechtem Wetter geschlossen

NICHT NUR FÜR PHILOSOPHEN

Friedrich Nietzsche hat einmal Gottfried Keller brieflich angeredet als „Herzerfreuer" – dieser echte Naturkeller unter uralten Linden, direkt an Wanderweg und Naturlehrpfad mitten im Wald, ist zwar zwei Buchstaben entfernt, die Herzen erfreut er aber doch, insbesondere mit den Hausmacher Brotzeiten aus eigener Schlachtung. Im zweiten Weltkrieg wurde das Gemäuer übrigens als Luftschutzbunker zweckentfremdet.

Schwanenbräu-Keller

www.schwanenbraeu.de

Tipp: Hausgebrannte Schnäpse

VIELE WEGE FÜHREN ZU SCHNAPS UND BIER

Egal ob man mit dem Fahrrad, dem Kanu, dem Auto, zu Fuß oder gar per Dampflok anreisen möchte, beim Schwanenbräu in Ebermannstadt ist alles möglich. Bei Helga Dotterweich ist auch jeder dieser Gäste gleich gern gesehen, auch wenn manche wegen ihrer Montur „komisch aussehen". Verwöhnt werden die Ankömmlinge mit Hausmacher Brotzeiten und Getränken aus eigener Herstellung – sowohl dunklem Lagerbier und hellem und dunklem Weizen vom Fass, als auch selbst gebrannten Schnäpsen.

BIER

Eigene Brauerei: Dunkles Lager, helles Weizen, dunkles Weizen (alles vom Fass), Pils. Tucher/Fürth: Hefeweizen alkoholfrei. Maisel/Bayreuth: Kritzenthaler alkoholfreies.

KÜCHE

Hausmacher Brotzeiten. Keine warmen Gerichte. Spezialitäten: Brauhausplatte, hausgemachter roher Schinken.

PLÄTZE (außen/regensicher)

200/0

ANSCHRIFT

Mühlenstraße 1
91320 Ebermannstadt
Tel.: 09194-209

ÖFFNUNGSZEITEN

Mo bis Fr ab 17 Uhr
Sa und So ab 15 Uhr

Bus 222 Unterweilersbach Annaberg, Weilersbach

Wiesent-Garten

www.wiesent-garten.de

Tipp: Grillspezialitäten

BIER

Krug/Breitenlesau: Helles Kellerbier (vom Fass), Hefeweizen.

KÜCHE

Fränkische Brotzeiten. Täglich ein warmes Gericht. Spezialitäten: Verschiedene Grillspezialitäten, Wiesent-Teller, Makrelen und Forellen vom Grill (Fr).

PLÄTZE (außen/regensicher)

120/30

ANSCHRIFT

Am Kirchenwehr 10
91320 Ebermannstadt
Tel.: 0170-3529133

ÖFFNUNGSZEITEN

Bei schönem Wetter
Mo bis Sa ab 15 Uhr
So und Feiertage ab 14 Uhr

GENUSS UND GEMÜTLICHKEIT

So könnte man die Eigenschaften des Wiesent-Biergartens zusammenfassen, der im Sommer 2009 das Licht der Welt erblickte. Passend zum idyllischen Ambiente direkt an dem Frankenflüsschen gehört auch die Palette an klassischen Grillgerichten vom Rippchen bis zum Steak (genauso wie die Brotzeiten von der Metzgerei Sponsel aus Wohlmuthshüll), die einmal pro Woche um Fisch ergänzt wird.

Bier und Brauereien erwandern

www.vgn.de

Viele Adelsgeschlechter haben die zwei Seitentäler der Wiesent, das Leinleiter- und das Aufseßtal, kulturell geprägt und ihre Spuren hinterlassen. Etwas ab von den großen Touristenrouten der Fränkischen Schweiz haben sich die beiden Täler viel von ihrer Ursprünglichkeit und Romantik bewahrt. Erwandern Sie sich typisch fränkische Ortschaften mit neun Brauereien auf drei unterschiedlichen Brauereiwanderungen.

Auch, wenn viele die Fränkische Schweiz am liebsten mit dem Motorrad erkunden, so sind VGN-Ticket und Wanderstab doch auch eine gute Alternative. Auf den liebevoll erarbeiteten Wanderungen können Sie neben den Gerstensäften vor allem auch die Schönheit der Natur genießen, abseits vom großen Trubel in ihrer ganzen Ruhe und Pracht. Gerade das Leinleitertal mit seinen vielen Mühlrädern und den Ausblicken auf die Burgen entlang der Strecke begeistert Wanderer immer wieder aufs Neue. In Sachen Bier legen wir Ihnen ans Herz, vielleicht auch eine Brauereibesichtigung oder auch ein Bierseminar mit in das Programm einzubeziehen, wie es beispielsweise die Aufsesser Brauerei der Familie Rothenbach anbietet. Wer gut zu Fuß ist, sollte auch den Ausflug nach Sanspareil mit einbeziehen. Denn dieses historische Felsentheater ist – wie zur Zeit seiner Erbauung – immer noch „ohne Gleichen“.

Mehr Infos auf www.vgn.de

Ostermaier's Waldeck Restaurant und Hotel

www.ostermaiers-waldeck.de — Tipp: Holzfällerschmaus für 2 Personen

BIER
Kulmbacher: Ostermaier's Lager (vom Fass). Erdinger: Weissbier (vom Fass), alkoholfreies Weizen. Radeberger: Pils (vom Fass). Köstritzer: Schwarzbier (vom Fass).

KÜCHE
Fränkische Brotzeiten. Täglich große Karte mit warmen Gerichten. Spezialitäten: Argentinische Steaks vom Grill, Gänsebrust nach Omas Art, frischer Tatar.

PLÄTZE (außen/regensicher)
150/150

ANSCHRIFT
Edlendorf 12
95233 Helmbrechts
Tel.: 09252-7273

ÖFFNUNGSZEITEN
Täglich ab 7 Uhr

FRÄNKISCHER EDELBIERGARTEN

Die Ostermaiers bieten in Edlendorf einen Biergarten der besonderen Art. Im mediterran gehaltenen Garten darf es an Annehmlichkeiten nicht fehlen - von beheizbaren Außenplätzen bis zur gehobenen Küche und kostbaren Weinen ist alles geboten, um auch den verwöhntesten Biergartenbesucher glücklich zu machen. Für Feierlichkeiten aller Art ist man hier also bestens gerüstet, auch die anspruchsvoll eingerichteten Gästezimmer wissen in diesem Zusammenhang zu überzeugen. Bei all dem Luxus werden jedoch die fränkischen Wurzeln nicht vergessen. Dafür sorgen zum Beispiel ein durch die Kulmbacher Brauerei eigens gebrautes Ostermaier's Lager oder die vorhandenen fränkischen Brotzeiten.

Schwarzes Kreuz Keller

www.bier.by

Tipp: Kühles Schlöbberla im Baumschatten

FAST 500 JAHRE AUF DEM BUCKEL

Seit 1524 braute man in Eggolsheim das beliebte süffige Vollbier – dazu gibt es schon immer leckere Brotzeiten. Seit kurzem allerdings braut man nicht mehr selbst und schenkt dafür jetzt das Schlöbberla der Brauerei Greif aus Forchheim aus. Der schöne alte Baumbestand spendet selbst bei der größten Hitze angenehmen Schatten.

BIER

Greif/Forchheim: Schlöbberla (vom Fass). Maisel/Bayreuth: Kritzenthaler alkoholfreies. Erdinger: Alkoholfreies Weizen.

KÜCHE

Fränkische Brotzeiten. Täglich kleine Karte mit warmen Gerichten. So und Feiertage Mittagstisch. Spezialitäten: Hausgemachte Sülze, selbst gemachter Gerupfter, Blut- und Leberwurst, Schnitzel.

PLÄTZE (außen/regensicher)

200/70

ANSCHRIFT

Bammersdorfer Straße 1
91330 Eggolsheim
Tel.: 0176-21315446

ÖFFNUNGSZEITEN

Täglich ab 15 Uhr
So und Feiertage ab 10 Uhr
Bei schlechtem Wetter geschlossen

Bus 266 Bammersdorfer Str., Eggolsheim

Schlehenmühle

www.gasthof-schlehenmuehle.de **Tipp: Mi. ab 17.30 Uhr Grillabend mit Salatbuffet**

MIT DEM WIRT ABHEBEN

Ein weiterer Vorzeige-Familienbetrieb und Vorzeige-Biergarten. Es sitzt sich aber auch auf der Terrasse sehr schön. Das Essen aus der eigenen Schlachtung, regelmäßige Grillabende im Garten und 100%iger Einsatz der Inhaber sprechen für sich. Ob hinter dem Herd die Chefin oder im Cockpit der Chef. Sie haben richtig gelesen: Hier kann man zum Rundflug über die fränkische Schweiz abheben! Bei soviel Engagement fehlen uns die Worte. Bleibt der Tipp: Fahren Sie hin und lassen Sie es sich so richtig gut gehen!

BIER

Grasser/Huppendorf: Dunkles (vom Fass). Kaiser/Neuhaus: Weizen, Dunkles, Pils (alles vom Fass).

KÜCHE

Hausmacher Brotzeiten. Täglich mittelgroße Karte mit warmen Gerichten. Spezialitäten: Forellen aus eigenem Bassin, Schäuferle, Saisongerichte (z. B. Meerrettich-, Spargel-, Wildgerichte), hausgebackene Kuchen.

PLÄTZE (außen/regensicher)

Biergarten: 80/0
Gasthof: 120/120

ANSCHRIFT

Schlehenmühle 1
91349 Egloffstein
Tel.: 09197-291

ÖFFNUNGSZEITEN

Täglich ab 9 Uhr
Donnerstag Ruhetag
(Kleiner Biergarten am Berg kann für geschlossene Gesellschaften gemietet werden)

Begegnungen der besonderen Art

www.vgn.de

Scheue Wildtiere, zottelige Wisente, imposante Elche mit ihren Jungtieren, Gämsen und Steinböcke an den Felshängen, Waschbären und Hausschweine - das alles und noch viel mehr erwartet Sie im Wildpark Hundshaupten.

Hier begegnen sich Mensch und Tier hautnah. Im Unterschied zu herkömmlichen Zoos wird hier das Wild nicht nur innerhalb kleinerer Umzäunungen gezeigt, sondern großflächig, gewissermaßen wie in einem Safari-Park oder eben freier Natur. Die Haupttierart des Wildparks ist das Rot- und Damwild.

Daneben gibt es Wildtierarten, denen die besonderen Geländeeigenheiten des Wildparks, die felsigen Steilhänge, gut zusagen: Mufflons, Steinböcke und Gämsen. Die größte und imposanteste Tierart des Wildparks aber ist das Wisent. Drei Rundwege in unterschiedlicher Länge (35–60 Minuten) führen Sie zu verschiedenen Aussichtspunkten und Tierarten.

Mehr Infos auf www.vgn.de

Dorfgasthof Gerstacker

www.dorfgasthof-gerstacker.de.tl

Tipp: Kalbsschäuferle

BIER

Kitzmann/Erlangen: Helles, Dunkles, Pils, Hefeweizen (alles vom Fass), Keller, dunkles Weizen, leichtes Weizen, alkoholfreies Weizen, Alkoholfreies.

KÜCHE

Hausmacher Brotzeiten. Täglich kleine Karte mit warmen Gerichten. Spezialitäten: Schäuferle, Ripple, Kalbshaxen, Kalbsschäuferle, Hausmacher Bratwürste, Tellersülze mit Bratkartoffeln.

PLÄTZE (außen/regensicher)

50/120

ANSCHRIFT

Eichenstruth 6
91282 Betzenstein
Tel.: 09152-396

ÖFFNUNGSZEITEN

Di bis Fr nur nach Anmeldung geöffnet
Sa, So und Feiertage ab 10 Uhr
Montag Ruhetag

EIN TRAUM AM ENDE DER WELT

Zugegeben, die Anfahrt verlangt auch dem versierten Autofahrer ein bisschen Können ab, aber wenn man dann im kleinen Eichenstruth gelandet ist, entschädigt der Besuch beim Kultklassiker Gerstacker für alle Mühen. Fast wie im Urlaub sitzen Sie im liebevoll gestalteten Biergarten oder in der Gaststube, die im Winter durch den Kachelofen wohlig warm ist. Dazu gibt es die feinen Dinge aus der hauseigenen Metzgerei, die in die Gaststube integriert und damit natürlich auch am Wochenende geöffnet ist. Hausschlachtung und eigene Schweinezucht bürgen für Qualität, was man dann auch bei jeder der vielen Spezialitäten schmeckt, die hier auf dem Teller landen.

386 Eichenstruth Ort, Betzenstein Bus

Landgasthof Sternbräu

www.landgasthof-sternbraeu.de

Tipp: Schweinelendchen in Pfefferrahm

LECKERES BIER IN ALTEN GEMÄUERN

Der erst vor kurzem komplett sanierte Landgasthof kann auf eine lange Tradition zurückblicken. Im Gegensatz zu vielen anderen konnte die eigene Brauerei sehr lange erhalten werden. Seit Mitte 2013 jedoch werden die feinen Biere von der Brauerei Friedel aus Zentbechhofen für die Sternbräu gebraut. Man kann also immer noch das unfiltrierte trübe Zwickel nebst Vollbier und dunklem Kellerbier genießen. Auf der umfangreichen Speisekarte stehen unter anderem ein feiner Hirschbraten und vegetarische Gerichte vom Bratling bis zur Dinkelsuppe. Unbedingt die hausgebrannten Obstschnäpse probieren!

BIER

Friedel/Zentbechhofen: Helles Vollbier, Zwickel, dunkles Kellerbier, Bock (Christi Himmelfahrt), Weihnachtsbier (alles vom Fass). Paulaner/München: Alkoholfreies.

KÜCHE

Hausmacher Brotzeiten. Täglich große Karte mit warmen Gerichten. Spezialitäten: Pfannenschnitzel, Lendchen, Rumpsteak, vegetarische Gerichte, selbst gebackenes Brot, verschiedene Gerichte nach Hildegard von Bingen.

PLÄTZE (außen/regensicher)

50/120

ANSCHRIFT

Braugasse 2
96132 Schlüsselfeld-Elsendorf
Tel.: 09552-310

ÖFFNUNGSZEITEN

Mo bis Fr ab 17 Uhr, Sa ab 10.30 Uhr
So und Feiertage ab 9 Uhr
Dienstag Ruhetag
(nach Absprache auch außerhalb dieser Zeiten geöffnet)

Bus 207, 978 Elsendorf Kreuzung, Schlüsselfeld

Landgasthof „Schwarzer Adler"

www.schwarzer-adler-landgasthof.de Tipp: Kräuterforelle vom Grill

AUSGEZEICHNET ESSEN AM STAFFELBERG

Der Landgasthof in End sammelt insbesondere Auszeichnungen für die hervorragenden Fischspezialitäten des Hauses. Gerade einheimische Fischsorten werden täglich frisch zubereitet (freitags auch vom Grill). Für die Fischverächter bieten sich Haxen und Schäuferla oder donnerstags die Schlachtschüssel an. In einigen Jahren feiert man übrigens 500-jähriges Jubiläum.

BIER

Eigenes Bier: Das Adlerbräu („Unser Hausbräu", dunkel, spritzig, nach altem Hausrezept) (vom Fass). Hetzel/ Frauendorf: Landbier (vom Fass). Leikeim/Altenkunstadt: Pils, Diätbier, Leichtes, Alkoholfreies. Kulmbacher: Kapuziner dunkles Weißbier, Kapuziner leichtes Weißbier, Kapuziner alkoholfreies Weißbier.

KÜCHE

Fränkische Brotzeiten. Täglich große Karte mit warmen Gerichten. Spezialitäten: Fisch (aus heimischen Gewässern), Haxen, Schäuferle, Schlachtschüssel (Do), Hausmacher Schaschlik (Mi), jeden Freitag Fischtag.

PLÄTZE (außen/regensicher)

150/150

ANSCHRIFT

End 13
96231 Bad Staffelstein
Tel.: 09573-22260

ÖFFNUNGSZEITEN

Täglich ab 9 Uhr

Erlauer Biergarten

www.kiessling-erlau.de Tipp: Schäuferla

KIRCHWEIH OHNE KIRCHE

Der Erlauer Biergarten erholt sich gerade von vielen Jahren des Niedergangs. Seit 2004 ist nun Erich Weigant am Steuer und bemüht sich erfolgreich um eine Renaissance des großen Klassikers an der Frankenstraße. Bei den Einheimischen muss er zwar noch Überzeugungsarbeit leisten, dafür haben gerade die Bamberger die Hausmannskost für sich entdeckt. Die ist auch oftmals spektakulär, 2006 gab's zum Beispiel Meter-Bratwurst oder ein ganzes Spanferkel vom Grill. Mangels Kirche hat man hier übrigens kurzerhand den Feuerwehrturm (mit Glocke) zum Kirchturm erklärt und feiert auf dem Erlauer Keller jedes Jahr am zweiten Oktoberwochenende Kerwa.

BIER

Kundmüller/Weiher: Lager, Pils (beides vom Fass), Rauchbier, Weizen, Keller, Bock, Urstöffla, Landbier. Löwenbräu/München: Alkoholfreies. Kapuziner: Alkoholfreies Weizen.

KÜCHE

Fränkische Brotzeiten. Täglich mittelgroße Karte mit warmen Gerichten. So und Feiertage Mittagstisch. Spezialitäten: Wöchentliche Events mit wechselnden zusätzlichen Gerichten, z. B. Schäuferla, Haxen, Spanferkel, Schaschlik, Gögerla aus dem Backofen, Burger.

PLÄTZE (außen/regensicher)

250/150

ANSCHRIFT

Lange Straße 27
96194 Walsdorf-Erlau
Tel.: 09549-987971

ÖFFNUNGSZEITEN

Mai bis Sep.: Täglich ab 14 Uhr
So und Feiertage ab 9 Uhr
Okt. bis Apr.: Täglich ab 16 Uhr
So und Feiertage ab 9 Uhr
Dienstag Ruhetag

DB VGN Bus 989 Erlau Gh. Kießling, Walsdorf (Oberfranken)

Landgasthof Braukeller

www.braukeller-fattigau.com **Tipp: Rittertrunk und Bierhaxe**

BIER

Eigene Brauerei: Pils, Zoigl, Hefeweizen, Rittertrunk (alles vom Fass), Doppelhopfen.

KÜCHE

Hausmacher Brotzeiten. Täglich große Karte mit warmen Gerichten. Spezialitäten: Bierhaxe, Braumeisterschnitzel, Sülze mit Bratkartoffeln, beckenfrische Forellen.

PLÄTZE (außen/regensicher)

250/120

ANSCHRIFT

Hauptstraße 9
95145 Fattigau
Tel.: 09286-95020

ÖFFNUNGSZEITEN

Täglich ab 10 Uhr
Dienstag Ruhetag

BIERKULTUR IN REINFORM

Der Braukeller der Schlossbrauerei Stelzer aus Fattigau wurde um 1900 erbaut und 1996 erst aufwändig modernisiert und renoviert. Dabei wurde geschickt auf den Erhalt der Kultur geachtet, im Gasthaus finden sich zum Beispiel in regelmäßigen Abständen Ecken mit altem Brauzubehör. Auf der Rückseite des Hotels - direkt an Saale und Saale-Radweg - befindet sich der schöne Biergarten mit eigenem Grillhüttchen. Für die Ausrichtung von Festen wird ein Ritterkeller angeboten. Unbedingt versucht haben sollte man den Rittertrunk und die Bierhaxe. Die noch nach alter Brautradition arbeitende Schlossbrauerei ist bei rechtzeitiger Anmeldung auch für Besichtigungen offen.

6341 Fattigau, Oberkotzau Bus

DB

Fattigsmühle

www.fattigsmuehle.de **Tipp: Kanutouren auf der Saale**

DAS BESTE VOM BESTEN

Gar nicht weit von Hof entfernt - direkt am Jean-Paul-Wanderweg - versteckt sich ein Biergartenpaket, wie es eindrucksvoller kaum geschnürt sein könnte. Wildromantisch an Felsen, Mühle und Flüsschen gelegen haben Stefan Langheinrich und Markus Benkert einen Hof geschaffen, auf dem vom glücklichen Schwein (artgerechte Haltung) bis zum glücklichen Gast der natürlichste und kürzeste Weg verwirklicht wird. Beim Direktvermarkter ist die Frische der angebotenen Speisen Ehrensache. An die Fleischwaren wird mit urigem Bauernbrot aus dem Holzbackofen und hausgebackenen Kuchen angeknüpft. Dazu selbstverständlich Fassbiere und Schnäpse aus der Heimat. Wer sich in dieser wunderschönen Umgebung nicht wohlfühlt, der sollte ernsthaft über einen länger angelegten Urlaub nachdenken.

BIER

Püls/Weismain: Premium Pils, Landbier, Kellertrunk, Weiße (alles vom Fass), Hopfengold, Urhell, Feinherb, leichte Weiße, Weismainer Radler. Meinel/Hof: Pils (vom Fass). Erdinger: Hefeweizen dunkel, Alkoholfreies. Löwenbräu/ München: Alkoholfreies.

KÜCHE

Hausmacher Brotzeiten. Täglich mittelgroße Karte mit warmen Gerichten. Spezialitäten: Eisbein in Aspik, Krustenbraten, Spanferkel, selbst gebackenes Bauernbrot aus dem Holzbackofen, hausgebackene Kuchen und Torten.

PLÄTZE (außen/regensicher)

300/340

ANSCHRIFT

Fattigsmuehle 34
95183 Töpen
Tel.: 09295-521

ÖFFNUNGSZEITEN

Mai bis Sep.: Mo und Di ab 15 Uhr
Mi bis So ab 11 Uhr
Okt. bis Apr.: Täglich ab 11 Uhr
Montag und Dienstag Ruhetag

Gasthof Fels

www.gasthoffels.de Tipp: Haxen, Allgäuer Schnitzelpfanne

DER FELS IN DER BRANDUNG

Seit über 150 Jahren thront der Gasthof Fels über dem „Dreiländereck". Das Gebäude selbst liegt noch auf Kulmbacher Grund, der Parkplatz gehört allerdings bereits zum Landkreis Hof. Und nur einige Meter weiter nördlich befindet man sich auf Kronacher Gebiet. Von all dem wussten die heutigen Betreiber Pia Engelhardt und Frank Weißmann noch nichts, als sie um die Jahrtausendwende noch das Kurhaus in Bad Wildungen bewirtschafteten. Doch die gebürtige Fränkin konnte ihren Mann schließlich überreden, wieder in die Heimat zu ziehen und zu den Herren des Felsens zu werden. Selbstbewusst nennen sie sich zu Recht „Die Profis", wie die lange Liste von jährlich vorbeikommenden Stammgästen belegt. Geblieben ist bei der Übernahme 2002 übrigens die Zwergenfamilie samt Schneewittchen, die immer noch gehegt und gepflegt wird - wie auch die Tanten der Familie - sie sind nämlich abwechselnd jedes Wochenende für das Kuchen- und Tortenangebot zuständig.

BIER

Kulmbacher: Kulmbacher Pils, Kapuziner Hefeweizen (beides vom Fass), Kellerbier, Mönchshof Kloster Schwarzbier, dunkles Weizen, leichtes Weizen, Kristallweizen, alkoholfreies Weizen, Alkoholfreies.

KÜCHE

Fränkische Brotzeiten. Täglich große Karte mit warmen Gerichten. Spezialitäten: Grillhaxe, gekochtes Eisbein, fangfrische Forellen aus eigenem Bassin, Allgäuer Schnitzelpfanne.

PLÄTZE (außen/regensicher)

75/90

ANSCHRIFT

Fels 42
95131 Schwarzenbach am Wald
Tel.: 09289-369

ÖFFNUNGSZEITEN

Täglich ab 9.30 Uhr
Mittwoch Ruhetag

Eichhorn-Keller

www.bier.by **Tipp: Enten und Hähnchen vom Spießgrill**

DIE OASE AM BERG

Wenn man in Forchheim mal mit der Familie oder Freunden ein schönes Picknick im Grünen veranstalten will, ist das „Achhörnla" die erste Adresse. Früher als Kapuziner-Wirt bekannt und Treffpunkt für alle, die etwas auf sich hielten, nun ein immer gut besuchter, schlichter Keller, der bei jedem Forchheimer ein Synonym für die besten Hähnchen der Stadt ist.

BIER

Eigene Brauerei: Vollbier hell (vom Fass), brauns Achhörnla. Erdinger: Weißbier. Wechselnde Brauerei: Alkoholfreies.

KÜCHE

Fränkische Brotzeiten. Täglich mittelgroße Karte mit warmen Gerichten. So und Feiertage fränkischer Mittagstisch. Spezialitäten: Enten (So und Feiertage), Haxen (So und Feiertage) und Hähnchen (Sa) vom Spießgrill, Rippchen (Fr), Schäuferle (So und Feiertage), Schweinebraten (So und Feiertage), Rouladen (So mittags), hausgemachte Sülze, Matjes mit Bratkartoffeln.

PLÄTZE (außen/regensicher)

700/0

ANSCHRIFT

Auf den Kellern 17
91301 Forchheim
Tel.: 09191-60626 o. 0174-9346894

ÖFFNUNGSZEITEN

Täglich ab 16 Uhr
So und Feiertage ab 9 Uhr
Bei schlechtem Wetter geschlossen

Glocken-Keller

www.bier.by | Tipp: Krenfleisch

BIER
Wolfshöher/Neunkirchen am Sand: Pils (vom Fass), Schwarzbier, Weizen, Keller, Leichtbier, Alkoholfreies.

KÜCHE
Fränkische Brotzeiten. Täglich mittelgroße Karte mit warmen Gerichten. Sa, So und Feiertage Mittagstisch. Spezialitäten: Schäuferla, Krenfleisch, hausgebackene Kuchen.

PLÄTZE (außen/regensicher)
300/152

ANSCHRIFT
Auf den oberen Kellern 36
91301 Forchheim
Tel.: 09191-14035

ÖFFNUNGSZEITEN
Mo bis Fr ab 14 Uhr, Sa ab 11 Uhr
So und Feiertage ab 9.30 Uhr
Dienstag Ruhetag

DIE ANNAFEST-ZENTRALE

Wer gerne im Mittelpunkt steht und das noch bei einem der größten Feste des Landes, der sollte zu Annafest-Zeiten sein Quartier im Glocken-Keller aufschlagen. Gut bedient ist man bei diesem Familienbetrieb von Mutter und Kindern sowieso immer bestens. Sogar auf diverse Sonderwünsche wird immer gerne eingegangen. Sowohl die günstigen Preise, als auch die Freundlichkeit werden von allen Gästen betont.

Greif's Keller

www.bier.by

Tipp: Adlerhaxe mit Schlöbberla

REVOLUTION IM KAPUZINERWIRT

Im Revolutionsjahr 1848 schlug die Geburtsstunde der Brauerei Greif, die im Kapuzinerwirt, wie das Haus Nummer 18 in der Sattlertorstraße von den Forchheimern genannt wurde, entstand. In der über 150-jährigen Geschichte spielte natürlich auch der zugehörige Keller auf dem Kellerberg eine wichtige Rolle. Braumeister Christian Schuster hat eine breite Palette unterschiedlicher Biere aufgelegt, die hier im Kellerwald auch mit den passenden Brotzeiten bestens verkostet werden können. Gönnen Sie sich vor allem mal ein Schlöbberla - so muss ein Landbier schmecken!

BIER

Eigene Brauerei: Helles (vom Fass), Weizen, Leichtbier, Alkoholfreies, Schlöbberla.

KÜCHE

Hausmacher Brotzeiten.
Täglich mittelgroße Karte mit warmen Gerichten. Spezialitäten: Schaschlik, Hähnchen, Schäuferla, Adlerhaxe, Schweinskopfsülze.

PLÄTZE (außen/regensicher)

800/336

ANSCHRIFT

Auf den Kellern 9
91301 Forchheim
Tel.: 09191-14735

ÖFFNUNGSZEITEN

Täglich ab 14 Uhr
So und Feiertage ab 9 Uhr

R Forchheim (Oberfr.)

Hebendanz Keller

www.bier.by

Tipp: Kellerplatte

BIER

Eigene Brauerei: Export (vom Fass), Hefeweizen.

KÜCHE

Fränkische Brotzeiten. Täglich kleine Karte mit warmen Gerichten. Spezialitäten: Kellerplatte, Produkte vom Landmetzger.

PLÄTZE (außen/regensicher)

320/0

ANSCHRIFT

Auf den Kellern 22
91301 Forchheim
Tel.: 0160-90251346

ÖFFNUNGSZEITEN

Täglich ab 15 Uhr, Sa ab 14 Uhr
So und Feiertage ab 11 Uhr
Bei schlechtem Wetter geschlossen

JETZT GEHT ES AUFWÄRTS!

Der urtraditionelle Bierkeller erlebte in den letzten Jahren einiges Auf und Ab. Doch nun soll mit einer Qualitätsoffensive die Gunst der Einheimischen wieder gewonnen werden. Alles wirkt nun neuer und gepflegter, auch Küche und Sanitäranlagen wurden frisch renoviert. Mit den leckeren Spezialitäten vom fränkischen Landmetzger wird man hier sicher auch den Genuss der Gäste schnell wieder wecken. Und das frische Hebendanz-Bier rundet die ganze Sache ab.

Kaiser Keller

www.stadtlockal.de | Tipp: Bratwürste

KELLER AUF DEM VORMARSCH

Der Kaiser Keller ist (gemeinsam mit dem Nürnberger-Tor-Keller) im wahrsten Sinne des Wortes auf dem Vormarsch: Der Druck des Kellerberges schiebt den Kellergrund nach und nach bergab. Aber keine Angst, es wird noch lange dauern, bis man das Annafest auf dem Rathausplatz feiern kann.

BIER

Wolfshöher/Neunkirchen am Sand: Helles, Weizen (beides vom Fass), Kellerbier.

KÜCHE

Fränkische Brotzeiten. Täglich kleine Karte mit warmen Gerichten. Spezialitäten: Bratwürste, Sülze.

PLÄTZE (außen/regensicher)

220/160

ANSCHRIFT

Auf den Kellern 8
91301 Forchheim
Tel.: 0160-2123756

ÖFFNUNGSZEITEN

Fr, Sa und Mo ab 17.30 Uhr
So ab 11 Uhr
Di bis Do geschlossen

Forchheim (Oberfr.)

Neder-Keller

www.bier.by

Tipp: Schweizer Wurstsalat

BIER

Eigene Brauerei: Export (vom Fass), Anna Weiße, Schwarze Anna, Pils, Braunbier.

KÜCHE

Fränkische Brotzeiten. Täglich große Karte mit warmen Gerichten. Spezialitäten: Magere Sülze mit Bratkartoffeln, Bierbraten (So), Schäuferle (So), Schnitzeltag (Di).

PLÄTZE (außen/regensicher)

2000/150

ANSCHRIFT

Auf den Kellern 25
91301 Forchheim
Tel.: 09191-2885

ÖFFNUNGSZEITEN

Täglich ab 11 Uhr
Mittwoch Ruhetag

DER GIGANT AM KELLERBERG

Wenn Bierkeller Fußballstadien wären, dann würde das Eröffnungsspiel einer Weltmeisterschaft auf dem Neder-Keller stattfinden. Ganz so eng wie im Frankenstadion sitzt man hier allerdings nicht, zudem gibt es in Nürnberg auch keinen Koch und Metzger, der einem stets mit vielen Köstlichkeiten zu Diensten ist. Schluss jedoch mit dem Fußballvergleich: Die Gemütlichkeit kommt auch bei der Größe des Kellers unter den vielen alten Eichen nicht zu kurz. Außerhalb des Annafestes schrumpft er zudem auf ein überschaubares Maß.

Das Annafest

www.annafest-forchheim.de

Ein weiteres hier im Buch erwähntes großes fränkisches Bier- und Volksfest ist das Forchheimer Annafest. Und genauso wie in Bamberg mit der Sandkerwa und in Erlangen mit der Bergkerwa beginnt für alle Einwohner eine fünfte Jahreszeit, immer in der Woche um den 26. Juli.

Die Entstehung geht ursprünglich auf eine Rast der Wallfahrer auf dem Rückweg von der St.- Anna-Kirche in Weilersbach zurück. Der schattige Kellerberg, später auch Schießstätte des ältesten Vereins der Stadt, der Königlich Privilegierten Schützengesellschaft, bot für einen Zwischenstopp ideale Bedingungen. Daraus entstand vor mehr als 160 Jahren ein Volksfest – für die Forchheimer und die mehr als 500.000 Besucher schlicht das Annafest.

In einem Festzug marschieren jeweils am Samstag vor dem 26. Juli Vereine, Politiker und andere mehr oder weniger Wichtige bzw. Beteiligte vom Rathausplatz zum Kellerberg, um dort nach dem offiziellen Anstich durch den Oberbürgermeister von Keller zu Keller zur Bierprobe zu ziehen. Bei den bis zu zehn verschiedenen Brauereien kann das durchaus anstrengend werden.

Gebraut wird Bier in Forchheim übrigens seit dem Jahr 1300, zumindest sind seitdem die ersten Streitigkeiten um den Bierpreis schriftlich fixiert. Bis zum Ersten Weltkrieg baute man hier sogar den Hopfen selbst an, dann allerdings waren Getreidefelder wichtiger. Die Bedeutung als Hopfenhandelsstadt verlor Forchheim dadurch jedoch nicht. Wie vielerorts ging die Brauereivielfalt allerdings von mehr als 20 um 1900 auf heutzutage noch vier zurück.

Der Kellerberg an sich ist ein Unikat. Mit derzeit über 20 historischen Felsenkellern, von denen einige ganzjährig bewirtschaftet werden, besteht theoretisch die Möglichkeit, über die Hälfte der Gesamtbevölkerung der Stadt gleichzeitig zu bewirten (es gibt ca. 16.000 Sitzplätze am Kellerberg). Dieser Superlativ bleibt ebenfalls weltweit unübertroffen. Dementsprechend sollten auch Sie nicht fehlen, wenn am Kellerberg wieder die Schüsse zur Kirchweiheröffnung ertönen.

Rappen-Keller

www.rappenkeller.de **Tipp: Hausgemachter Obatzter**

HAUSMANNSKOST VOM FEINSTEN

Der Rappenkeller – geprägt von dem malerischen Häuschen gegenüber dem Schaufel-Keller – gehört zu den unteren Kellern. Interessierte können hier auch an einer Kellerführung teilnehmen. Man hat die Einrichtung aus den guten alten Tagen mit viel Liebe 1:1 erhalten. Kulinarisch gibt´s eine große Palette von Rettich über Obatzten bis hin zur Rappenkellerplatte und Steaks. Auf jeden Fall Hunger mitbringen!

BIER

Löwenbräu/Buttenheim: Ungespundetes Kellerbier (vom Fass), Pils, helles Weizen, dunkles Weizen, Alkoholfreies.

KÜCHE

Fränkische Brotzeiten. Täglich mittelgroße Karte mit warmen Gerichten. So und Feiertage Mittagstisch. Spezialitäten: Hausgemachter Obatzter, Schäuferla, Rappentoast, Spanferkel (auf Vorbestellung).

PLÄTZE (außen/regensicher)

200/70

ANSCHRIFT

Auf den Kellern 14
91301 Forchheim
Tel.: 09191-704756

ÖFFNUNGSZEITEN

Anfang Mai bis Ende Okt.
Täglich ab 11 Uhr
Montag Ruhetag
Ende Okt. bis Anfang Mai
Täglich ab 16 Uhr
So und Feiertage ab 11 Uhr
Montag Ruhetag

Schaufel-Keller

www.bier.by — Tipp: Sülze mit Bratkartoffeln

URGEMÜTLICHER GANZJAHRESKELLER

Gerade im Winter ist hier ein Besuch etwas Besonderes: Der kleine Gastraum in dem alten Sandsteinbau fasst gerade einmal 25 Personen (im Sommer ist natürlich Platz für wesentlich mehr) – dafür sind es in den kalten Monaten fast immer die gleichen 25. Wirt Georg Schaufel ist sehr zuvorkommend und bietet seit nun über 25 Jahren feine Speisen und Buttenheimer Bier auf dem eigentlichen Löwenbräu-Keller an.

BIER

Löwenbräu/Buttenheim: Ungespundetes Lagerbier (vom Fass), Keller leicht, Weizen, Alkoholfreies.

KÜCHE

Fränkische Brotzeiten. Täglich kleine Karte mit warmen Gerichten. Spezialitäten: Sülze mit Bratkartoffeln, Bratwürste, Quark mit Bratkartoffeln.

PLÄTZE (außen/regensicher)

250/125

ANSCHRIFT

Auf den unteren Kellern 12
91301 Forchheim
Tel.: 09191-66582

ÖFFNUNGSZEITEN

Do bis So ab 17 Uhr
Mo, Di und Mi Ruhetag

Schlößla Keller

www.schloessla-keller.de Tipp: Schnitzel und Bratkartoffeln aus der Gusseisen-Pfanne

BEIM STARKEN FRITZ

Gerade der älteste Keller auf dem Forchheimer Kellerberg hat sich zum größten Treffpunkt der Jugend auf dem Annafest entwickelt. Von den zahlreichen Plätzen bleibt in diesen Tagen keiner unbesetzt, egal zu welcher Uhrzeit. Einige sollen sogar auf ihrem Platz wieder aufgewacht sein, um – im wahrsten Sinne des Wortes – dort weiterzumachen, wo sie am Vortag aufgehört hatten.

BIER

Hebendanz/Forchheim: Export (vom Fass), Hefeweizen. Clausthaler: Alkoholfreies.

KÜCHE

Fränkische Brotzeiten. Täglich große Karte mit warmen Gerichten. Spezialitäten: Pfannenschnitzel, Bratkartoffeln mit Quark, Currywurst, selbst gemachter Obatzter, Bio-Kartoffeln aus eigenem Anbau.

PLÄTZE (außen/regensicher)

500/100

ANSCHRIFT

Auf den Kellern 13
91301 Forchheim
Tel.: 0172-8440343

ÖFFNUNGSZEITEN

Täglich ab 16.30 Uhr, So ab 15 Uhr
Bei schlechtem Wetter geschlossen

Forchheim (Oberfr.)

Kellerführung Forchheim

Schweizer Keller mit Hubertusstube

www.schweizer-keller.de **Tipp: Saiblinge und Forellen aus eigener Zucht**

ECHTE HANDARBEIT

Die Gewölbe dieses Kellers sind in der Familientradition etwas ganz Besonderes: Die Familienmitglieder haben sie um 1900 selbst aus der Wand gehauen. Unter Kennern gilt der Schweizer Keller als einer der schönsten überhaupt, wohl einer der Gründe, warum er sich trotz der Lage eher abseits vom Kellerberg so gut halten konnte.

BIER

St. GeorgenBräu/Buttenheim: Keller, Helles, Weizen (alles vom Fass), Pils. Lindenbräu/Gräfenberg: Vollbier (vom Fass). Schlenkerla/Bamberg: Rauchbier (vom Fass). Erdinger: Alkoholfreies Weizen.

KÜCHE

Fränkische Brotzeiten. Täglich mittelgroße Karte mit warmen Gerichten. Spezialitäten: Schaschlik (Mi), Haxen (Do), Fisch vom Grill (Fr, bei schönem Wetter), verschiedene Bräten (So), Wild aus eigenem Revier (saisonal), saisonale Gerichte, Kellerplatte.

PLÄTZE (außen/regensicher)

600/160

ANSCHRIFT

Am Schwedengraben 7
91301 Forchheim-Reuth
Tel.: 09191-621821

ÖFFNUNGSZEITEN

Anfang Apr. bis Ende Sep.
Täglich ab 11.30 Uhr
Montag Ruhetag
Anfang Okt. bis Ende März
Mi bis Fr ab 17 Uhr
Sa, So und Feiertage ab 11.30 Uhr
Montag und Dienstag Ruhetag

222, 223; 262 Reuth Sparkasse, Forchheim (Oberfranken) Bus

Stäffala-Keller

www.bier.by — Tipp: Böhmische Küche

SEIT SIE DENKEN KANN ...

... bedient Susanne Cejpek in der Gastronomie und hat diesen Beruf wahrhaft lieben gelernt. Genauso wie ihren Mann Christian, mit dem sich sich 2013 an ein neues eigenes Projekt gewagt hat: Den Stäffala-Keller - immerhin der zweitälteste auf dem Kellerberg (1761 gebaut) und vor allem Hort der Forchheimer in mitten des Kellerbergtrubels. Dank ihrer böhmischen Wurzeln verwöhnen die beiden ihre Gäste jedoch nicht nur mit den üblichen Franken-Klassikern, sondern bieten auch allerlei Feines aus der tschechischen Küche.

BIER

Wolfshöher/Neunkirchen am Sand: Helles, Weizen, Annafest-Bier (saisonal) (alles vom Fass), dunkles Weizen, leichtes Weizen, alkoholfreies Weizen, Alkoholfreies.

KÜCHE

Fränkische Brotzeiten. Täglich mittelgroße Karte mit warmen Gerichten. Spezialitäten: Böhmische Gerichte, ofenfrische Fleischspieße, verschiedene frische Salate.

PLÄTZE (außen/regensicher)

200/100

ANSCHRIFT

Auf den Kellern 15
91301 Forchheim
Tel.: 0171-6220875

ÖFFNUNGSZEITEN

Täglich ab 16 Uhr, Sa ab 14 Uhr
So und Feiertage ab 10 Uhr

Weiss-Tauben-Keller

www.weisstaubenkeller.de

Tipp: Haxen aus dem Holzbackofen

BIER

Rittmayer/Hallerndorf: Keller, Weizen, helles Landbier (alles vom Fass), Rauchbier, leichtes Landbier, leichtes Weizen, alkoholfreies Weizen.

KÜCHE

Fränkische Brotzeiten. Täglich mittelgroße Karte mit warmen Gerichten. So und Feiertage Mittagstisch. Spezialitäten: Schäuferle, Haxen und verschiedene Braten aus dem Holzbackofen, wechselnde Tagesgerichte.

PLÄTZE (außen/regensicher)

650/250

ANSCHRIFT

Auf den Kellern 19
91301 Forchheim
Tel.: 09191-975001

ÖFFNUNGSZEITEN

Täglich ab 11 Uhr
Sa, So und Feiertage ab 10 Uhr
Montag Ruhetag

CANDLE-LIGHT-FEELING

Der Weiss-Tauben-Keller ist die fränkische Variante für die griechische Taverne am Meer. Allabendlich wird die heimelige Beleuchtung angeschaltet und alle Romantiker kommen auf ihre Kosten. Wer den rechten Lebenspartner trotzdem nicht findet, wird zumindest auf der reichhaltigen Speisekarte sicher fündig. Wir wünschen den einsamen Herzen dabei an dieser Stelle viel Glück!

Winterbauerkeller

www.winterbauer-keller.de **Tipp: Dunkelbiergulasch**

KELLER MIT MUSIK

Der Winterbauerkeller ist einer von etwa sieben Kellern, die jedes Jahr zum Annafest mit einem eigenen Musikpodium antreten. Das bedeutet dann ab ca. 17 Uhr Musik für jeden Geschmack durch Kapellen mit manchmal etwas eigentümlichen Namen (z. B. Kellermountain Blues Band, Los Chicolores, Audio Gun). Wer dem Ohren- lieber einen Gaumenschmaus vorzieht, sollte an einem der anderen Tage im Jahr kommen – das Essen ist vorzüglich, alles hausgemacht und immer frisch zubereitet.

BIER

St. Georgen-Bräu/Buttenheim: Kellerbier, Weizen, Helles (alles vom Fass), Annafest-Bier (saisonal), Alkoholfreies.

KÜCHE

Fränkische Brotzeiten. Täglich große Karte mit warmen Gerichten. Spezialitäten: Dunkelbiergulasch, Schäuferle, Pfefferbraten, hausgemachte Bratensülze mit Bratkartoffeln.

PLÄTZE (außen/regensicher)

250/255

ANSCHRIFT

Auf den Kellern 7
91301 Forchheim
Tel.: 09191-6254389

ÖFFNUNGSZEITEN

Forchheim (Oberfr.)

Landgasthof Pickel

www.landgasthof-pickel.de

Tipp: Argentinische Steaks

BIER

Friedel/Zentbechhofen: Vollbier (vom Fass). Zehendner/Mönchsambach: Kellerbier (vom Fass), Hefeweizen. Keesmann/Bamberg: Herren Pils (vom Fass). Spezial/Bamberg: Rauchbier. Schneider/Kelheim: Weisse.

KÜCHE

Fränkische Brotzeiten. Täglich große Karte mit warmen Gerichten. Spezialitäten: Steigerwälder Lammcarré, verschiedene argentinische Steaks, saisonale Gerichte (Spargel, Pfifferlinge, Karpfen).

PLÄTZE (außen/regensicher)

150/170

ANSCHRIFT

Marktplatz 5
96158 Frensdorf
Tel.: 09502-334

ÖFFNUNGSZEITEN

Täglich 11 bis 14.30 u. ab 16.30 Uhr
Mi ab 17 Uhr, Dienstag Ruhetag

FEINSCHMECKER-BIERGARTEN MIT STORCH AUF DEM DACH

Der Storch auf dem Dach hat das einzig Richtige getan – sich dauerhaft beim „Pickel" niedergelassen. Seit mehr als zehn Jahren steht der Landgasthof bereits ununterbrochen im Feinschmeckerführer. Inhaber Josef Pickel ist berufenes Mitglied im „Maître de la Table". Man kann sich also entweder als „normaler" Biergartengast auf die vielen unterschiedlichen lokalen Biersorten und Schinken- oder Käseplatte stürzen, oder aber man kostet als eher ambitionierter Gast das Angus-Rind und den umfangreichen Weinkeller.

978, 983 Reundorferstraße, Frensdorf Bus

Museumsgasthof Schmaus

www.museumsgasthof-schmaus.de **Tipp: Pfefferhähnchen**

DER AUFSTEIGENDE AST

Die Wandlung vom kleinen Ortsmuseum zum Bauernmuseum Bamberger Land hat dem Gehöft in Frensdorf schon zu allerlei Popularität verholfen. Mit viel Engagement und professioneller Einstellung konnte hier ein echtes Vorzeigemuseum entstehen, das auch in gastronomischer Hinsicht Verstärkung bekommen hat. Ingo Singer machte seine Bamberger Kneipe zu und bewirtet nun vor den Toren der Weltkulturerbestadt die Museumsgäste und alle anderen, die es in den ehemaligen Gasthof der Familie Schmaus zieht. Der Name der Vorbesitzer ist geblieben, und auch in Sachen Speisenangebot setzt der gelernte Koch und Metzger Ingo Singer voll auf Tradition. So gibt es beispielsweise viele Gerichte nach historischen Rezepten mit Kräutern aus dem Museumsgarten zubereitet.

BIER

Zehendner/Mönchsambach: Lager (vom Fass), Hefeweizen. Keesmann/Bamberg: Herren Pils (vom Fass). Kundmüller/Weiher: Rauchbier.

KÜCHE

Hausmacher Brotzeiten. Täglich große Karte mit warmen Gerichten. So und Feiertage Mittagstisch. Spezialitäten: Fränkische und wechselnde saisonale Gerichte, Grill- und Pfefferhähnchen (Fr, Sa und So), fränkische Braten mit Klößen (So und Feiertage).

PLÄTZE (außen/regensicher)

120/60

ANSCHRIFT

Hauptstraße 3
96158 Frensdorf
Tel.: 09502-490550

ÖFFNUNGSZEITEN

Mi bis Sa ab 16 Uhr
So und Feiertage ab 11 Uhr
Montag und Dienstag Ruhetag

Gasthof Hammerschmiede

www.hammerschmiede-bischofsgruen.de Tipp: Die Basis für den Urlaub in Franken

BIER

Maisel/Bayreuth: Aktienbier, Aktienpilsener (beides vom Fass), Hefeweizen, Weisse Original, Kristallweizen, dunkles Weizen, leichtes Weizen, alkoholfreies Weizen, Aktien Dunkel, Aktien Landbier, Kritzenthaler alkoholfreies.

KÜCHE

Fränkische Brotzeiten. Täglich mittelgroße Karte mit warmen Gerichten. Spezialitäten: Zander, Fichtelgebirgssaibling und -forelle, hausgemachte Kesselfleischsülze, saisonale Gerichte (z.B. Spargel-, Wild- und Pilzgerichte).

PLÄTZE (außen/regensicher)

80/100

ANSCHRIFT

Fröbershammer 8
95493 Bischofsgrün
Tel.: 09276-310

ÖFFNUNGSZEITEN

Täglich ab 10 Uhr
Dienstag und Mittwoch Ruhetag (an Feiertagen geöffnet)

FÜNF GENERATIONEN FAMILIENFREUNDLICHKEIT

Im Gasthof Hammerschmiede kann sich niederlassen, wer Bischofsgrün mit der ganzen Familie erkunden und genießen will. Seit über 135 Jahren in Familienbesitz hat das Haus eine Tradition, die in zwei Worten zusammengefasst werden kann: Qualität und Familie. Das Haus hat schon mehrere Preise wie die Fischurkunde und im Wettbewerb Bayerische Küche 2010 die Bronzeauszeichnung erhalten und nennt zwei Sterne in der Deutschen Klassifizierung für Gästehäuser sein eigen. Der großzügige und grüne Biergarten mit großer Spielwiese für Kinder liegt direkt am Haus. Für ausgedehntere Aktivitäten bieten sich direkt vor der Haustür liegende Wanderwege an - Seilschwebebahn zum Ochsenkopf und Sommerrodelbahn sind nur etwa 300 Meter entfernt. Dank großzügiger Räumlichkeiten eignet sich der Gasthof auch gut für Familienfeste aller Art. Eine neue Attraktion gibt es seit 2009 - ein eigenes Wallaby-Kängurugehege unmittelbar am Eingang zum Naturpark.

Gasthof-Pension Forellenhof

www.forellenhof-gefrees.de | Tipp: Forelle nach Art des Hauses

DER HAMMER AN DER HANDELSSTRASSE

Die erste Erwähnung des Gutes datiert ins Jahr 1536, als für den Besitzer des Eisenhammers, Hans Knopf, seine Kriegsdienste festgelegt wurden. Seit 1905 im Besitz der Familie Dittmar, schlummern seit etwa 50 Jahren die Pensionsgäste im Herrenhaus. Ein weniger geruhsames Leben haben die Forellen in den umliegenden Teichen und die Lämmer der eigenen Zucht, die um die Teiche herum stehen. Beides sind absolute Spezialitäten des Hauses und werden von den vielen Gästen mit Genuss verzehrt. Inhaber Volker Dittmar steht als Koch noch selbst hinter dem Kochtopf, gemeinsam mit seiner Mutter Inge. Genaueres zur Familiengeschichte kann man auch in einem Winkel in der Gaststube nachlesen - dort sind die Vorfahren und die Geschichte des Hauses zu bewundern.

BIER

Kulmbacher: EKU Pils (vom Fass), Mönchshof Schwarzbier, Mönchshof Kellerbier, diverse Kapuziner Weizenbiere.

KÜCHE

Fränkische Brotzeiten. Täglich große Karte mit warmen Gerichten. Spezialitäten: Lammbraten, hausgemachter Kartoffelsalat, geräucherte Forellen, selbst gebackene Kuchen, z. B. Ameisenkuchen.

PLÄTZE (außen/regensicher)

50/50

ANSCHRIFT

Gut Knopfhammer 1
95482 Gefrees
Tel.: 09254-336

ÖFFNUNGSZEITEN

Täglich ab 11 Uhr
Dienstag und Mittwoch Ruhetag

Landgasthof Entenmühle

www.gasthof-pension-entenmuehle.de **Tipp: Lamm aus eigener Aufzucht**

ALLES FRISCH AUF DEN TISCH

Sie ist nicht ganz so einfach zu finden, doch die kleine Reise durch die Bayreuther Landschaft lohnt sich auf jeden Fall. Die Entenmühle zu Gefrees weiß dabei nicht nur mit ihrer - sehr schön zum Wandern geeigneten - Lage mitten in der Natur zu überzeugen. Die auf der schönen großen Terrasse einnehmbaren Speisen werden vom Seniorchef (Metzger und Koch) und vom Junior (Bäcker) ganz frisch zubereitet. Hier stechen vor allem der heißgeräucherte Schinken, Forelle und das Brot heraus. Lämmer und Fische werden sogar selbst gezüchtet und landen ohne große Umwege auf dem Teller.

BIER

Gampert/Weissenbrunn: Pils, Weizen, Dunkles (alles vom Fass). Maisel/Bayreuth: Dunkles Weizen, helles Weizen, leichtes Weizen, alkoholfreies Weizen. Veldensteiner: Landbier.

KÜCHE

Hausmacher Brotzeiten. Täglich mittelgroße Karte mit warmen Gerichten. Spezialitäten: Frische Forellen aus eigener Aufzucht, heißgeräucherter Schinken, Lamm aus eigener Aufzucht und Wildschwein vom Grill (saisonal).

PLÄTZE (außen/regensicher)

60/120

ANSCHRIFT

Entenmühle 6
95482 Gefrees
Tel.: 09254-260

ÖFFNUNGSZEITEN

Täglich ab 10 Uhr
Montag Ruhetag

367, 368 Lützenreuth, Gefrees Bus

Griess-Keller

www.griess-keller.de **Tipp: Kalter Braten**

LIVE-MUSIK UND FISCH VOM GRILL

Ein für einen Bierkeller eher seltenes Motto, freitags gibt es immer entweder Musik (von Country über Griechisch bis zur Samba- Nacht) oder Forellen, Makrelen und Heringe vom Grill. Allein schon der Duft zieht dann die zahlreichen Fans regelmäßig auf die Anhöhe. Doch auch an „normalen" Tagen gilt die Lokalität als eine der schönsten der Region. Das Angebot wird durch ein kräftiges Kellerbier und delikate kalte Platten abgerundet. Dabei setzt Pächterin Gabi Schmidtlein auf eine kleine Laibaröser Landmetzgerei.

BIER

Eigene Brauerei: Kellerbier (vom Fass). Wechselnde Brauereien: Alkoholfreies.

KÜCHE

Fränkische Brotzeiten. Täglich warme Kleinigkeiten. Spezialitäten: Gebackener Schafskäse, Gerupfter, frischer Fisch vom Grill.

PLÄTZE (außen/regensicher)

200/0

ANSCHRIFT

Kellerweg 9
96129 Geisfeld
Tel.: 0171-7927315

ÖFFNUNGSZEITEN

Täglich ab 16.30 Uhr
So und Feiertage ab 14 Uhr
Bei schlechtem Wetter geschlossen

DB VGN Bus 970, 972 Geisfeld Ort, Strullendorf

Hotel-Gasthof Büttel

www.gasthof-buettel.de

Tipp: Gebratene Leber mit Bratkartoffeln

BIER

St. GeorgenBräu/Buttenheim: Keller, Pils (beides vom Fass), dunkles Weizen, leichtes Weizen, alkoholfreies Weizen. Grasser/Huppendorf: Vollbier, Weizen (beides vom Fass). Schlenkerla/Bamberg: Rauchbier. Erdinger: Alkoholfreies Weizen.

KÜCHE

Fränkische Brotzeiten. Täglich große Karte mit warmen Gerichten. Spezialitäten: Sauerbraten, Gänsebrust, gebratene Leber mit Bratkartoffeln, hausgemachte Kuchen.

PLÄTZE (außen/regensicher)

90/250

ANSCHRIFT

Litzendorferstraße 3
96129 Geisfeld
Tel.: 09505-8067-0

ÖFFNUNGSZEITEN

Täglich ab 9 Uhr
Montag Ruhetag

GROSSMUTTERS REZEPTE

Gleich drei Damen-Generationen halten derzeit die Büttel-Tradition in Geisfeld hoch: Senior-Chefin Elli bringt die Erfahrung und die leckeren Rezepte ein, Chefin Heidi managed das Hotel und zeichnet verantwortlich für die umfangreichen Renovierungsmaßnahmen in den letzten Jahren, Junior-Chefin Pia schließlich bringt frischen Wind in den Laden. So garantieren die drei den optimalen Mix zwischen Tradition und Innovation und eine breite Palette an Leckereien!

Regnitztaler Alm

www.bier.by — Tipp: Selbst gebackene Kuchen

BIER

Schloßbrauerei/Reckendorf: Pils (vom Fass), Kellerbier, Weizen, Weißbier, alkoholfreies Weizen, Alkoholfreies.

KÜCHE

Fränkische Brotzeiten. Kleine Karte mit warmen Gerichten. Spezialitäten: Dosenfleisch, Hüttenplatte, selbst gebackene Kuchen.

PLÄTZE (außen/regensicher)

150/100

ANSCHRIFT

Geisfelder Straße
96129 Strullendorf-Geisfeld
Tel.: 0951-16994

ÖFFNUNGSZEITEN

Sa ab 14 Uhr
So und Feiertage ab 9 Uhr
Montag bis Freitag geschlossen

DER VEREINSBIERGARTEN

Auf der Alm regiert der Verein „Die Regnitztaler e.V.", der sich der Pflege der fränkischen Traditionen verschrieben hat. Dementsprechend gibt es zweimal im Jahr ein rauschendes Waldfest, zu dem immer weit über 1000 Besucher kommen. Ansonsten kümmern sich die Vereinsmitglieder liebevoll um jeden, der einen Zwischenstopp auf der Alm einlegen möchte. Alle Speisen sind selbst gemacht, insbesondere die Kuchen sind immer wieder eine Überraschung.

Bus 911 Siemensstraße

Wirtshaus Gläßl im Gut

www.wirtshausimgut.de

Tipp: Fische aus eigener Zucht

ANGELN FÜR DUMMIES

Beim Gläßl in Göpfersgrün ist der Fisch so frisch wie nur irgend möglich. Direkt neben dem Kochtopf endet ein Fischbecken, dessen andere Seite vom Gastraum aus zu sehen ist. So kann man sich sein Mittagessen direkt aussuchen - einmalig in der Region. Das Wirtshaus zählt im Übrigen zu den zehn besten Bayerns, sagt zumindest ein Wettbewerb aus 2007 und aus 2010 der bayerischen Küche mit über 700 Teilnehmern. Und die Goldmedaille hat sich Roland Gläßl auch redlich verdient - testen Sie, und Sie werden es bestätigen!

BIER

Hönicka/Wunsiedel: Landbier (vom Fass), leichtes Weißbier. Kulmbacher: Kapuziner Weiße, Kloster Schwarzbier, Pils (alles vom Fass), Kapuziner dunkles Weißbier, Kapuziner Kristallweizen, Kapuziner alkoholfreies Weißbier, Alkoholfreies.

KÜCHE

Hausmacher Brotzeiten. Täglich große Karte mit warmen Gerichten. Spezialitäten: Forelle und Bachsaibling, Karpfen und Waller mit fränkischer Lebkuchen-Butter-Soße und Knödel (saisonal), Kronfleisch (Mi).

PLÄTZE (außen/regensicher)

60/140

ANSCHRIFT

Göpfersgrün 2
95632 Wunsiedel
Tel.: 09232-917767

ÖFFNUNGSZEITEN

Mo 11 bis 14 Uhr
Mi bis Sa 11 bis 14 und ab 17 Uhr
So und Feiertage ab 11 Uhr
Dienstag Ruhetag

7602, 7619 Göpfersgrün, Wunsiedel Bus DB

Hotel Gasthof Stern

www.hotelgasthofstern.de Tipp: Rinderroulade

ALLES, WAS MAN BRAUCHT

Schon bei der Anfahrt macht der Gasthof einfach ein schönes Bild: Das Fachwerkhaus, davor viel Grün, dahinter ein ganzes Wäldchen - einfach idyllisch. Vor Ort entdeckt man noch den zweiten Biergarten hinter dem Haus und einen schönen Spielplatz mit Sandkasten und Ritterburg. Dazu noch Fassbiere von Leikeim und Löwenbräu Buttenheim und eine gute Fränkische Küche mit feinem Fischeinschlag - wir waren begeistert!

BIER

Leikeim/Altenkunstadt: Pils, Landbier, Kellerbier (alles vom Fass), restliches Flaschenbier-Sortiment. Löwenbräu/Buttenheim: Kellerbier (vom Fass). Schlenkerla/Bamberg: Rauchbier.

KÜCHE

Fränkische Brotzeiten. Täglich große Karte mit warmen Gerichten. Spezialitäten: Forellenfilet im Blätterteig, Schäuferla, Rinderroulade, fränkischer Brotzeitteller.

PLÄTZE (außen/regensicher)

200/260

ANSCHRIFT

Pezoldstraße 5
91327 Gößweinstein
Tel.: 09242-98765

ÖFFNUNGSZEITEN

Täglich ab 8 Uhr
Ab Ostern bis Ende Okt.
Kein Ruhetag
Anfang Nov. bis Ostern
Mittwoch Ruhetag

DB VGN Bus 222, 389 Spielzeugmuseum, Gößweinstein

Sachsenmühle

www.bier.by

Tipp: Kanufahrt vor dem Bier

BIER

Ott/Oberleinleiter: Pils, Dunkles (beides vom Fass), Weizen, Export. Veldensteiner: Dunkles Landbier, Zwickl.

KÜCHE

Fränkische Brotzeiten. Keine warmen Gerichte. Spezialitäten: Wurstsalat, hausgemachter Obatzter, hausgemachter Ziebeleskäse.

PLÄTZE (außen/regensicher)

150/0

ANSCHRIFT

Sachsenmühle 1
91327 Gößweinstein
Tel.: 09242-740660

ÖFFNUNGSZEITEN

Ende Apr. bis Ende Sep.
Täglich ab 11 Uhr
geöffnet bei fast jedem Wetter

WAS FÜR EINE LAGE

Fährt man von Westen Richtung Pottenstein oder Gößweinstein stößt man quasi automatisch auf sie - die Sachsenmühle. Aber nicht nur deswegen liegt sie perfekt. Denn hier führen auch mehrere Wanderwege vorbei und für alle Kanu-Fans bietet sich die perfekte Einstiegsgelegenheit. An der Mühle gibt es dann bei herrlichstem Fränkische-Schweiz-Panorama zur Stärkung fränkische Brotzeiten und Bier der Brauerei Ott aus Oberleinleiter.

389 Sachsenmühle, Gößweinstein Bus

Quer durch die Fränkische Schweiz

www.vgn.de

Im Wiesenttal offenbart sich die Fränkische Schweiz in ihrer ganzen Vielfalt. Auf 78 Kilometern Länge schlängelt sich der Hauptfluss der Region durch das Land. Tief eingeschnittene Täler, bizarre Felsformationen, uralte Höhlen, wilde Bäche und historische Dörfer laden ein, hier die Seele baumeln zu lassen. Folgen Sie dem Fluss von Ebermannstadt bis Gößweinstein, und gehen Sie anschließend bis zur Pegnitzquelle in Pegnitz.

Auf verschiedenen Wanderstrecken erleben Sie die urige Natur der Fränkischen Schweiz von ihrer schönsten Seite und haben dabei Gelegenheit zu sensationellen Abstechern, wie beispielsweise in die Teufels- oder Binghöhle in Pottenstein bzw. Streitberg. Spannend ist auch der Aufstieg zur Burgruine Neideck, deren Gemäuer zu so etwas wie dem Wahrzeichen der Region geworden ist. Mit etwas Glück treffen Sie hier auch noch Archäologen bei der Arbeit an und können ein bisschen mehr über die lange Geschichte der Burg erfahren.

In Streitberg lohnt zudem noch der Abstecher in eine der beiden Brennereien des Ortes, die jeweils ihre Version des Streitberger Bitters herstellen, ein bekannter Kräuterlikör, der schon so manchem Touristen nach einem Schäuferla zu neuen Kräften verholfen hat.

Mehr Infos auf www.vgn.de

Scheffel-Gasthof

www.scheffel-gasthof.de

Tipp: 100/120

BIER

Leikeim/Altenkunstadt: Pils, Landbier, Weizen (alles vom Fass), Schwarzbier, Kellerbier, Alkoholfreies. Held/Oberailsfeld: Gößweinsteiner Wallfahrtsbier (vom Fass), Bauernbier. Maisel/Bayreuth: Leichtes Weizen, alkoholfreies Weizen.

KÜCHE

Fränkische Brotzeiten. Täglich große Karte mit warmen Gerichten. Spezialitäten: Frische Forellen (aus eigenem Bassin), fränkischer Sauerbraten, Schäuferla, Wildgerichte, Saisongerichte.

PLÄTZE (außen/regensicher)

100/120

ANSCHRIFT

Balthasar-Neumann-Straße 6
91327 Gößweinstein
Tel.: 09242-201

ÖFFNUNGSZEITEN

Täglich ab 9 Uhr
Montag Ruhetag

VIEL ZU ERZÄHLEN

Der Gasthof Scheffel hat viele Geschichten zu erzählen. So zum Beispiel die des Eintrags von Frankendichter Joseph Viktor von Scheffel (1826-1886 „Wohlauf die Luft geht frisch und rein ..."), der vor über 100 Jahren mehrmals zu Gast war. Die Seite mit der Widmung war eines Tages plötzlich verschwunden und kam erst einige Zeit später anonym über kuriose Wege wieder zurück. Heute hängt sie in der Scheffel-Stube des Gasthauses. Auch über die Familie gäbe es noch viel zu sagen, dieser Teil folgt dann in der nächsten Ausgabe.

Biergarten zum Bergschlösschen

www.brauerei-friedmann.de **Tipp: Wunderschöne Aussicht**

SAGENHAFTER BLICK

Über Gräfenberg thront das terrassenförmig angelegte Bergschlösschen der Brauerei Friedmann. Bei einem selbst gemachten Ziebeleskäs und einem frischen Lagerbier von Sigi ist hier ist die Welt noch in Ordnung. Der Biergarten ist (noch) ein absoluter Geheimtipp, vor allem weil er unterhalb vom Kriegerdenkmal relativ schwer zu finden ist. Bei schönem Wetter wird man dann aber mit einem herrlichen Weitblick teilweise bis nach Nürnberg belohnt. Für Wanderer am 5-Seidla-Steig eine Pflicht-Einkehr!

BIER

Eigene Brauerei: Pils (vom Fass), Sigi's Lager, Ritter-Wirnt-Trunk, Weizen.

KÜCHE

Fränkische Brotzeiten. Ein warmes Gericht. Spezialitäten: Wurstsalat, Zwetschgenbames, selbst gemachter Ziebeleskäse, geräucherte Forelle.

PLÄTZE (außen/regensicher)

100/35

ANSCHRIFT

Jägersberg 16
91322 Gräfenberg
Tel.: 0162-5890690

ÖFFNUNGSZEITEN

Fr 16 bis 22 Uhr
Sa, So und Feiertage 14 bis 22 Uhr
Mo bis Do geschlossen

Gasthof Maintal

www.gasthof-maintal.de

Tipp: Gemüsestrudel

BIER

St. GeorgenBräu/Buttenheim: Kellerbier, Pils, helles Bier, Hefeweizen (alles vom Fass), leichtes Bier, Alkoholfreies.

KÜCHE

Fränkische Brotzeiten. Täglich große Karte mit warmen Gerichten. Spezialitäten: Kümmelbraten, Poulardenbrüstchen, Lammrückenfilet, hausgemachter Gemüsestrudel, Steinbeisser (saisonal).

PLÄTZE (außen/regensicher)

70/190

ANSCHRIFT

Alte Bundesstraße 5
96231 Bad Staffelstein-Grundfeld
Tel.: 09571-3166

ÖFFNUNGSZEITEN

Di bis Sa ab 10.30 Uhr
So 9.30 bis 14 Uhr
Montag Ruhetag

DIE GROSSE FAMILIE

Bei Familie Zipfel zählt vor allem eines: Die Gäste kommen immer wieder. Solche Wiederholungstäter müssen ja ihre Gründe haben, schließlich ist die (auch im vorliegenden Buch dokumentierte) gastronomische Vielfalt in der Region relativ groß. Wir haben also nachgefragt. Für die einen liegt es am Kümmelbraten, für die anderen an der liebenswürdigen Art der Wirtsleute, wieder andere kennen die Tradition, bei Zipfels einzukehren, schon aus den Tagen ihrer Kindheit. Sagen Sie also nicht, wir hätten nicht gewarnt, Sie werden kommen, um zu bleiben ...

960 Grundfeld Hauptstr., Bad Staffelstein Bus

DB

Felsenkeller Senftenberg

www.bier.by **Tipp: Holzofenbrot**

BIER UNTER DEM SEGEN DES HEILIGEN ST. GEORG

Bis ins 19. Jahrhundert war der Senftenberg Ziel für St. Georgs-Wallfahrten. Diese Tradition wurde Anfang der 50er Jahre erfolgreich wiederbelebt, und so findet nun jedes Jahr um den Georgstag Ende April der „Georgiritt" statt. Pferde, Gespanne, Kutschen und ein Wallfahrertross machen sich auf den Weg zur Kapelle auf dem Berg. Danach ist die Einkehr im imposanten Felsenkeller quasi Pflicht. Das legendäre hier gebackene Holzofenbrot und die Brotzeiten schmecken nicht nur den Pilgern. Wahlfreiheit gibt es dabei übrigens für alle Gäste: Der Inhalt der Hausplatte kann selbst kombiniert werden. Für Liebhaber sei das „Schlückla" – ein Rauchbier der Brauerei Sauer aus Gunzendorf – erwähnt.

BIER

Gunzendorfer Bier: Lager (vom Fass), Weizen, Schlückla (Rauchbier).

KÜCHE

Fränkische Brotzeiten. Täglich kleine Karte mit warmen Gericht. Spezialitäten: Selbst gemachter Ziebeleskäse, selbst gebackenes Holzofenbrot, Bratwürste.

PLÄTZE (außen/regensicher)

750/150

ANSCHRIFT

Senftenberg 1
96155 Buttenheim-Gunzendorf
Tel.: 09545-70693

ÖFFNUNGSZEITEN

Anfang Mai bis Ende Sep.
Mo bis Fr ab 16.30 Uhr
bei schlechtem Wetter geschlossen
Sa, So und Feiertage ab 13 Uhr
auch bei schlechtem Wetter geöffnet
Anfang Okt. bis Ende Nov. und Anfang Jan. bis Ende Apr.
Sa ab 15 Uhr
So und Feiertage ab 13.30 Uhr
Montag bis Freitag geschlossen
Anfang bis Ende Dez. komplett geschlossen

Landgasthaus zum Jäger

www.zum-jaeger-haarth.com

Tipp: Coburger Pizzatasche

COBURGER PIZZATASCHE

Stefan Fink hat neben Braten mit Coburger Klößen, verschiedenen Schnitzeln und Brotzeiten auch eine interessante Eigenkreation auf der Speisekarte: die oben erwähnte Coburger Pizzatasche. Hierbei handelt es sich um eine Coburger Bratwurst im Pizzateig - ungewöhnlich, aber sehr fein! Merken sollten sich Familien, dass an Feiertagen Kloß und Soß für Kinder unter sieben Jahren gratis sind, und Bierfans, dass Mitte Juli immer das Brunnenfest mit Weißbierbrunnen stattfindet.

BIER

Coburger Brauerei: Kellerbier (vom Fass). Kulmbacher: Kapuziner Hefeweizen (vom Fass), Kapuziner alkoholfreies Weizen. Gambert/Kronach: Pils, Dunkles (beides vom Fass).

KÜCHE

Fränkische Brotzeiten. Täglich große Karte mit warmen Gerichten. Spezialitäten: Hausmacher Platte, Braten mit Coburger Klößen, Schweineschäuferle mit Coburger Klößen, Braumeisterschnitzel, Haarther Schnitzel mit Merrettichsoße, Bauernente vom Grill.

PLÄTZE (außen/regensicher)

95/226

ANSCHRIFT

Triebsdorfer Straße 11
96253 Untersiemau-Haarth
Tel.: 09565-1592

ÖFFNUNGSZEITEN

Mo, Di u. Do 10 bis 14 und ab 16 Uhr
Fr, Sa, So und Feiertage ab 9 Uhr
Mittwoch Ruhetag

Landgasthof Detsch

www.landgasthof-detsch-haig.de

Tipp: Alles mit Kräutern

KRÄUTERZUCHT

Bei Familie Detsch ist man selbstbewusst und weiß um die Schönheit des eigenen Biergartens. Und natürlich um die Qualität der angebotenen Speisen - eigene Schweinezucht, eigene Angusrinder-Zucht mit Weide- und Muttertierhaltung, Kartoffelacker und ein ausgedehntes Kräuterbeet mitten zwischen den Gästen im Garten. So kann es also passieren, dass nach der Bestellung erstmal geerntet wird. Nachdem auch seltene Kräuter angebaut werden, ist der Besuch durchaus auch lehrreich - Barbara Detsch erklärt auch gerne etwas zum Grün im Bauerngarten.

BIER

Kulmbacher: Pils, Kapuziner Hefeweizen (beides vom Fass), Helles, Kellerbier, Kloster Dunkel, Kapuziner Hefeweizen leicht, Kapuziner Hefeweizen alkoholfrei, alkoholfreies Bier.

KÜCHE

Hausmacher Brotzeiten. Täglich mittelgroße Karte mit warmen Gerichten. Spezialitäten: Gerichte vom Angusrind und von schwäbisch-hällischen Schweinen aus eigener Zucht und Aufzucht.

PLÄTZE (außen/regensicher)

30/120

ANSCHRIFT

Coburger Straße 9
96342 Stockheim-Haig
Tel.: 09261-62490

ÖFFNUNGSZEITEN

Täglich ab 18 Uhr
So 11.30 Uhr bis 15 Uhr
Montag Ruhetag

DB Bus 716 Coburger Str., Stockheim (Oberfranken) Haig

Brauhaus am Kreuzberg

www.brauhaus-am-kreuzberg.de Tipp: Schäuferla

BIER

Eigene Brauerei: Zwickel, Hopfengold (Pils), Hefeweizen, Schlotfegerla (leichte Rauchnote), gesegneter Kreuzberger Pilgertrunk, Roggenbier, Whiskeybier, Kreuzbergator, Whiskeybock, viele saisonale Biere (alles vom Fass).

KÜCHE

Hausmacher Brotzeiten. Täglich mittelgroße Karte mit warmen Gerichten. Spezialitäten: Schäuferla, Krustenbraten, Bohnenkerne, Biergerichte.

PLÄTZE (außen/regensicher)

500/350

ANSCHRIFT

Schnaid 10
91352 Hallerndorf
Tel.: 09545-4736 o. 09543-850625

ÖFFNUNGSZEITEN

Apr. bis Okt.: Täglich ab 10 Uhr
Nov. bis März: Fr, Sa, So und Feiertage ab 11 Uhr
Mo bis Do auf Bestellung geöffnet

WALLFAHRT MIT SCHUSS

Als im 16. Jahrhundert der Kreuzberg zum Wallfahrtsort avancierte, kam man bei Familie Friedel, die mindestens seit 1461 die Gaststätte in Schnaid betreibt, auf die Idee, eine „Imbissstation" für die Gläubigen einzurichten. Der Friedel's Keller war geboren. Heute ist die große Anlage im Wald immer noch ein Besuchermagnet. Kein Wunder, denn die feinen Speisen aus der Küche von Koch und Metzger Norbert Winkelmann sowie die genialen Biere, die er im Sudhaus zaubert, überzeugten bisher noch jeden Gast. Spätestens beim Abschluss-Schnaps (hier hat man aus über 100 selbst gebrannten Edelbränden die Wahl) gibt es nur noch eines: Glückliches Lächeln!

265 Schnaid, Hallerndorf Bus

Deutschlands beste Brennerei

www.brauhausamkreuzberg.de

Dieses Label hat sich Norbert Winkelmann in den letzten zehn Jahren redlich verdient, unter anderem viermal mit dem Bundesehrenpreis, 2010 in Silber, 2011, 2012 und 2013 in Gold. Allerdings steht er nicht nur seinen Mann an der Brennblase, sondern ist als Brauer, Metzger, Koch und Hotelbetriebswirt der Hansdampf in allen Gassen des Brauhauses am Kreuzberg – mitten im Zentrum der fränkischen Bierkultur.

Dass da nebenbei noch Zeit für derart edle Brände bleibt, liegt wohl einerseits daran, dass der Familienbetrieb mit Großeltern und vier Kindern einfach rundum perfekt organisiert ist, andererseits hat der Bierkeller jedes Jahr im Januar und Februar geschlossen, was Norbert die Zeit für die Brennerei verschafft. Zu den über 100 verschiedenen Sorten gehören hochdekorierte Klassiker wie Waldhimbeere und Haselnuss, aber auch Spezialitäten wie gemeiner Schneeball und Vogelbeere oder Exoten wie Banane, Mango und Ananas. Und auch die Whisky-Auswahl kann sich sehen lassen, von den Likören ganz zu schweigen. Sie sehen: Hier muss man einfach mal gewesen sein!

SORTIMENT

Brände, Geiste, Liköre

PRÄMIERUNGEN

u.a. Bundesehrenpreis der DLG in Gold (2011, 2012 und 2013), bester bayerischer Brenner 2012

ANSCHRIFT/KONTAKT

Kreuzberg 1
91352 Hallerndorf-Schnaid
Tel.: 09545-4736

ÖFFNUNGSZEITEN

Brauhaus am Kreuzberg: April bis Ende Okt. täglich ab 11 Uhr, kein Ruhetag, Mitte Nov. Bis Ende März Fr, Sa und So ab 11 Uhr, ansonsten werktags auf Vorbestellung

Kreuzbergkeller Lieberth

www.bier.by

Tipp: Schaschlik (selbst gemacht)

KLEIN UND FEIN IN DER MITTE

„Der zweite links" – Das ist die Antwort, wenn man Einheimische auf dem Weg zum Lieberth´s Keller nach dem Weg fragt – zumindest, wenn man aus Richtung Hallerndorf kommt. Mit dem Auto ist dann trotzdem bald Schluss, eine kleine Wanderung zum Berg ist angesagt. Die allerdings lohnt sich – das naturtrübe Kellerbier verlangt nach einem tiefen Schluck für jeden gelaufenen Meter.

BIER

Eigene Brauerei: Kellerbier (vom Fass). Püls/Weismain: Weizen. Kaiser/Neuhaus: Alkoholfreies.

KÜCHE

Hausmacher Brotzeiten. Täglich kleine Karte mit warmen Gerichten. So und Feiertage Mittagstisch. Spezialitäten: Schaschlik, Spareribs, Kellerplatte.

PLÄTZE (außen/regensicher)

300/45

ANSCHRIFT

Kreuzberg
91352 Hallerndorf
Tel.: 09545-70746

ÖFFNUNGSZEITEN

Anfang Mai bis Ende Okt.
Täglich ab 15 Uhr, So und Feiertage ab 11.30 Uhr
Anfang Dez. bis Ende Apr.
Fr und Sa ab 16 Uhr, So und Feiertage ab 11.30 Uhr
Montag bis Donnerstag geschlossen
Anfang bis Ende November komplett geschlossen

Dorfkeller Lieberth

www.bier.by

Tipp: Kümmelbraten, Gerupfter

ÄLTER ALS DIE BÄUME

Es ist schwer zu sagen, ob die Bäume um den Keller der Brauerei Lieberth oder der Keller selbst den Altersvergleich gewinnen – bereits seit weit über 200 Jahren schenkt man hier jedenfalls das feine Kellerbier aus. Der Abschluss der Kellersaison wird jedes Jahr mit einem Fest und Livemusik begangen, der Termin dafür wird immer kurzfristig angekündigt. Tipp: Freitags Makrelen und Heringe vom Holzkohlengrill (bei schönem Wetter).

BIER

Eigene Brauerei: Naturtrübes Kellerbier (vom Fass).

KÜCHE

Hausmacher Brotzeiten. Täglich kleine Karte mit warmen Gerichten. So und Feiertage Mittagstisch. Spezialitäten: Kümmelbraten, Brotzeiten, selbst gemachter Obatzter, täglich ein wechselndes Gericht (z. B. saure Lunge, Salzknöchla, Schaschlik).

PLÄTZE (außen/regensicher)

400/40

ANSCHRIFT

Kreuzbergstraße 17
91352 Hallerndorf
Tel.: 09545-4437373

ÖFFNUNGSZEITEN

Mo bis Fr ab 15.30 Uhr
Sa ab 15 Uhr
So und Feiertage ab 10 Uhr
Bei schlechtem Wetter geschlossen

Bus 265 Hallerndorf Sparkasse

Rittmayer-Keller

www.rittmayer-keller.de **Tipp: Rifferla (Fr)**

BIER

Eigene Brauerei: Landbier, Weißbier, Kellerbier, Räucherla (alles vom Fass), Bock (saisonal), leichtes Weizen, Winterhefeweizen (saisonal), leichtes Landbier, alkoholfreies Weizen.

KÜCHE

Fränkische Brotzeiten. Täglich mittelgroße Karte mit warmen Gerichten. Spezialitäten: Schäuferla, Bohnenkerne, Sülze mit Bratkartoffeln (Di), Rifferla (Fr), gegrillte Heringe und Makrelen (Fr und So).

PLÄTZE (außen/regensicher)

350/160

ANSCHRIFT

Kreuzberg 18
91352 Hallerndorf
Tel.: 09545-4554

ÖFFNUNGSZEITEN

Anfang Mai bis Ende Sep.: Di bis So ab 11.05 Uhr, Mo ab 15.05 Uhr
Bei schönem Wetter geöffnet
Anfang Okt. bis Ende Apr.: So und Feiertage ab 11.05 Uhr
Montag bis Samstag geschlossen (nach Vereinbarung auch außerhalb dieser Zeiten geöffnet)
Mitte Nov. bis 25. Dez. Betriebsferien
26. Dez. bis 1. Jan. täglich ab 11.05 Uhr

HALLERNDORF PUR

An dieser Stelle muss es einmal vermerkt werden: Hallerndorf ist sogar im fränkischen Vergleich ein Unikat: Auf nicht einmal 4000 Einwohner kommen ein Kellerberg, sechs Brauereien und zahlreiche Wirtschaften und Bierkeller – darauf ist wohl auch der Spitzname als heimliches Mekka der Biertrinker zurückzuführen. Beim Rittmayer ist vor allem das Räucherla hervorzuheben, genauso wie das helle, süffige Landbier.

Keller-Paradies rund um den Kreuzberg

www.vgn.de

Bierland Franken heißt auch automatisch Kellerland Franken. Früher zum Kühlen des Bieres der zahlreichen Brauereien in Franken benötigt, haben diese spätestens nach Erfindung der Kühlschränke zumindest diese Bedeutung verloren. Schon früher wurde bei den Kellern aber meistens auch ein Schankbetrieb eingerichtet. Neben dem Burgberg in Erlangen und dem Kellerberg in Forchheim ist der Kreuzberg bei Hallerndorf wohl einer der bekanntesten „Kellerberge" in Franken.

Außerdem hat der Ort mit seinen sieben Brauereien und über 50 Bieren die größte Biervielfalt der Welt zu bieten, mit der Brauerei Rittmayer eine der modernsten Brauereien Frankens und mit dem Brauhaus am Kreuzberg zudem auch die wohl beste Brennerei Deutschlands. Immerhin hat Norbert Winkelmann den begehrten Bundesehrenpreis des Landwirtschaftsministeriums schon dreimal in Serie in Gold gewonnen.

Entdecken Sie diese hochinteressante – und teils hochprozentige – Landschaft doch am besten zu Fuß, und begeben Sie sich auf eine der Wanderungen rund um den Kreuzberg. Wer etwas mehr Ausdauer hat, kann schon in Buttenheim starten und auf dem Weg noch weitere gute Einkehrstationen besuchen. Echte Kleinodien am Weg sind beispielsweise der Wald-Felsenkeller Utz in Weppersdorf oder der Fischers-Keller in Zentbechhofen, wo die Kinder im großen Holzfass spielen können.

Mehr Infos auf www.vgn.de

Schäferstuben Häusles

www.haeusles.de Tipp: Schäferschnitzel, Spanferkel (auf Bestellung)

BIER

Püls/Weismain: Hefeweizen, Kellertrunk (beides vom Fass). Franken Bräu/Neundorf: Pils (vom Fass).

KÜCHE

Hausmacher Brotzeiten. Täglich kleine Karte mit warmen Gerichten. So und Feiertage Mittagstisch. Spezialitäten: Schäferplatte, Hausmacher Platte, Lammeintopf auf Bestellung (Schafe aus eigener Zucht), Dammwild-Braten (saisonal), Lammbraten, Schäferschnitzel.

PLÄTZE (außen/regensicher)

50/80

ANSCHRIFT

Häusles 3
96268 Mitwitz
Tel.: 09266-413

ÖFFNUNGSZEITEN

Täglich ab 16 Uhr
Sa, So und Feiertage ab 11 Uhr
Mi und Do Ruhetag
(für Gruppen auf Anmeldung auch außerhalb dieser Zeiten geöffnet)

WASSER, BEWEGUNG, ERNÄHRUNG, KRÄUTER UND LEBENSORDNUNG

Das sind die fünf Elemente der Kneippschen Lehre, die hier auf dem Hof von Sigrun Hofmann auch gelebt werden - und gelebt werden können. Schließlich gibt es ein Wassertretbecken, jede Menge Bewegungsraum, feine Lammgerichte aus eigener Zucht und die Möglichkeit, selbst vieles mitzuerleben. Beispielsweise die Schaffütterung, die man auch mitmachen kann, oder die Führung durch das Damwildgehege, bei der man dem mittlerweile legendären Hirsch Anton begegnet, der allen Kindern aus der Hand frisst. Wer dann immer noch nicht ausgelastet ist, kann dann auch noch Erntehelfer spielen.

8306, 8331 Leutendorf, Mitwitz Bus

Kathi Bräu

www.bier.by

Tipp: Käsekuchen

DA, WO DAS BIKE WOHNT

Am ehemaligen Schloss finden sich vor allem die Motorrad fahrenden Fränkische-Schweiz-Touristen. Und die kommen nicht nur wegen des Guinness-Buch-Eintrags von Aufseß (höchste Brauereidichte pro Kopf: 4/1500), sondern weil Kathi Bräu sich seit den Tagen von Brauerin Kathi Meyer zu einem regelrechten Motorrad-Mekka entwickelt hat. Hier trifft man sich und plauscht und kann sich sicher sein, dass immer Gleichgesinnte da sind. Ein Auto hingegen ist quasi ein unbekanntes Objekt auf dem Hof. Man braut für sein Publikum zudem extra ein leichtes Bier, damit die Biker auch heil wieder aus der Fränkischen hinausfinden.

BIER

Eigene Brauerei: Dunkles Lager, Leichtes, Bock (März und April) (alles vom Fass).

KÜCHE

Fränkische Brotzeiten. Täglich kleine Karte mit warmen Gerichten. Spezialitäten: Schaschlik (Fr), selbst gebackene Kuchen.

PLÄTZE (außen/regensicher)

300/190

ANSCHRIFT

Heckenhof 1
91347 Aufseß-Heckenhof
Tel.: 09198-277

ÖFFNUNGSZEITEN

Täglich ab 9 Uhr

DB VGN Bus 975 Aufseß Brücke

Heiligenstadter Hof

www.hotel-heiligenstadter-hof.de Tipp: Forelle Müllerin Art

BIER

Kulmbacher: Mönchshof Pils, Kapuziner Weizen (beides vom Fass), Kapuziner leichtes Weizen, Kapuziner alkoholfreies Weizen, Kristallweizen, Kapuziner dunkles Weizen, Mönchshof Schwarzbier. Löwenbräu/Buttenheim: Lager (vom Fass). Leikeim/Altenkunstadt: Premium Pils, Alkoholfreies. Schlenkerla/Bamberg: Rauchbier.

KÜCHE

Fränkische Brotzeiten. Täglich mittelgroße Karte mit warmen Gerichten. Spezialitäten: Rehbraten, Forelle Müllerin Art, blaue Zipfel, Schäuferla.

PLÄTZE (außen/regensicher)

120/200

ANSCHRIFT

Marktplatz 9
91332 Heiligenstadt
Tel.: 09198-782 oder -781

ÖFFNUNGSZEITEN

Täglich ab 7 Uhr

PERFEKTER HALT FÜR FRANKENWEG-PILGER

Mitten im Ort liegt der Heiligenstädter Hof, der demnächst seinen 20. Geburtstag begehen kann. Johannes Harrer und seine Familie bieten ihren Gästen eine reichhaltige Bier- und Speisekarte, auf der man eine kleine Frankenreise unternehmen kann. Übrigens hat der Ortsname nicht mit einem Heiligen zu tun, sondern schrieb sich bei der ersten Erwähnung 1365 noch Haldenstat (= Stadt an der Halde, am Hang) und später dann (lutherisches) Hallstadt.

221 Heiligenstadt Raiffeisenstraße, Heiligenstadt i. OFr. Bus

Restaurant Kastaniengarten

www.restaurant-kastaniengarten.de Tipp: Gegrilltes am Fr (bei schönem Wetter ab 17.30 Uhr)

KASTANIENDACH DER WELT

Es gibt in ganz Oberfranken wohl kaum einen schöneren „Kastaniengarten" als hier. So gesehen ist der Name also durchaus gerechtfertigt. Dass unter diesen prachtvollen Bäumen auch noch so gut gegessen werden kann, verdanken die Gäste Jochen Gruber, der das Haus 1998 übernahm. Schnell krempelte dieser das zuvor einfache „Wirtshaus" um und besticht inzwischen mit Küche auf hohem Niveau, kombiniert mit gut bürgerlichen fränkischen Spezialitäten zum Wochenend-Mittagstisch. Zwischendurch gibt es auf der Speisekarte auch mal Kängurukeule oder Straußen- bzw. Krokodilfleisch. Bei schönem Wetter wird jeden Freitag gegrillt, ein ganz besonderer Tipp, denn Fisch wie Fleisch schmecken gleich noch einmal so gut, wenn schon vor dem Verkosten die Düfte in der Luft liegen. Die Räumlichkeiten des Restaurants eignen sich übrigens hervorragend für Feste und Feiern aller Art.

BIER

Bayreuther Bierbrauerei: Pilsener, Landbier (beides vom Fass), Zwickel, Aktien Original. Maisel/Bayreuth: Verschiedene Weizenbiere.

KÜCHE

Fränkische Brotzeiten. Täglich große Karte mit warmen Gerichten. Sa, So und Feiertage Mittagstisch. Spezialitäten: Saisonale Gerichte, z. B. Spargel- oder Pfifferlingsgerichte.

PLÄTZE (außen/regensicher)

150/200

ANSCHRIFT

Cottenbacher Strasse 1
95500 Heinersreuth
Tel.: 0921 - 480886

ÖFFNUNGSZEITEN

Di bis Fr ab 17.30 Uhr
Sa, So und Feiertage 11 bis 14 und ab 17.30 Uhr
Montag Ruhetag

Landgasthof Haueis Hermes

www.landgut-hermes.de

Tipp: Saure Forelle, selbstgeräucherter Schinken

BIER

Kulmbacher: EKU Pils, Kapuziner Hefeweizen, Mönchshof Kellerbier (alles vom Fass). Maisel/Bayreuth: Leichtes Weizen. Schlenkerla/Bamberg: Rauchbier. Schierlinger: Roggen. Schneider/Kelheim: Weiße. Weltenburger: Dunkel.

KÜCHE

Fränkische Brotzeiten. Täglich große Karte mit warmen Gerichten. Spezialitäten: Forellen und Karpfen (saisonal) aus eigener Zucht, Forellenleber, Haxen, Angussteaks, Wildkräutergerichte, Reh und Wildschwein aus eigener Jagd (saisonal).

PLÄTZE (außen/regensicher)

80/180

ANSCHRIFT

Hermes 1
95352 Marktleugast
Tel.: 09255-245

ÖFFNUNGSZEITEN

Mo und Di ab 17 Uhr
Mi bis So und Feiertage ab 7 Uhr
Anfang bis Ende Feb. und erste Woche im Nov. geschlossen

IDYLLISCHER GEHEIMTIPP IM WALD

Lange Zeit besaß der 25-Einwohner-Ort Hermes nicht einmal ein eigenes Ortsschild, schon immer aber steht der Landgasthof Haueis für feinste Küche und erholsame Stunden abseits der großen Verkehrsrouten. Schon vor dem 30-jährigen Krieg datiert die Geschichte der Hermeser Familie Haueis, seit 1924 betreibt sie die Gaststätte. Markenzeichen: Die Fische aus eigener Zucht. Um die Teiche herum führen übrigens zahlreiche Wanderwege, die alle am Gasthaus starten. Doch auch das Wild und das Angus-Fleisch stammen aus dem Ort bzw. seiner direkten Umgebung. Die vielen Stammgäste lieben die familiäre Atmosphäre im Haus. Familie heißt hier nicht nur Haueis, sondern auch Mitarbeiter und Gast. Nicht zuletzt deswegen ist der Gasthof ein beliebter Ort für Hochzeiten, Geburtstage und Feierlichkeiten aller Art.

Brauerei Barnikel

www.brauerei-barnikel.de

Tipp: Cordon Bleu, Steaks

KULT-KLASSIKER

„Zu Barnikels" - das ist absoluter Kult in Bamberg und Umgebung. Die kleine Brauerei, die schon seit 1366 besteht und mindestens seit 1600 in Familienbesitz ist, hat etwas von einem Franken-Reservat. Hier trifft man noch die klassische regionale Kultur in und aus der Küche an (überall sind noch echte Barnikels am werkeln). Besonders beliebt: Fischgerichte, Steaks und der Zwiebelkuchen. Notieren sollten Sie sich den Bockbieranstich (erster Samstag im November). Nach jeder Mahlzeit empfiehlt sich einer der selbst gebrannten Schnäpse, auch die zählen zu den Spezialitäten in Herrnsdorf.

BIER

Eigene Brauerei: Lager (vom Fass), Rauchbier, Dunkles, Weizen.

KÜCHE

Fränkische Brotzeiten. Täglich große Karte mit warmen Gerichten. So Mittagstisch. Spezialitäten: Karpfen (saisonal), Zwiebelkuchen, verschiedene Bräten (So).

PLÄTZE (außen/regensicher)

70/70

ANSCHRIFT

Dorfstraße 5
96158 Frensdorf-Herrnsdorf
Tel.: 09502-293

ÖFFNUNGSZEITEN

Täglich ab 10 Uhr
Mittwoch Ruhetag

Gasthaus Herrmann

www.bier.by

Tipp: Ente

BIER

Rittmayer/Hallerndorf: Dunkles, Landbier hell, Weizen (alles vom Fass), Kellerbier, dunkles Weizen, leichtes Weizen.

KÜCHE

Hausmacher Brotzeiten. Täglich mittelgroße Karte mit warmen Gerichten. Spezialitäten: Karpfen (saisonal), Karpfenfilet, verschiedene Schnitzelvariationen, Hausplatte.

PLÄTZE (außen/regensicher)

90/120

ANSCHRIFT

Zentbechhofener Straße 14
96158 Frensdorf-Herrnsdorf
Tel.: 09502-396 oder -8104

ÖFFNUNGSZEITEN

Fr und Sa ab 16 Uhr
So und Feiertage ab 11.30 Uhr
Montag bis Donnerstag Ruhetag

DER NEULING

Familie Herrmann betreibt schon über 50 Jahre das kleine Gasthaus in Herrnsdorf. Doch den Entschluss, auch einen Biergarten zu eröffnen, fasste Clanchef Peter Herrmann erst 1997. Seitdem können die Gäste in dem wunderschönen Garten auch im Freien die Spezialitäten Ente und Bratwürste genießen. Zudem sind Sohn Stefan und Frau Annette persönlich immer um ihr Wohl bemüht. Insbesondere Familien schätzen das Gasthaus, weil man weit ab von der Straße sitzt und die Kleinen einen einladenden Spielplatz zur Verfügung haben.

978, 983 Abzw. Frensdorf, Frensdorf-Herrnsdorf Bus

Brauereigasthof Penning-Zeissler

www.bier.by **Tipp: Bratwürste**

VIEL BIER, VIEL EHR

Familie Penning kann auf eine sehr lange Familientradition zurückblicken: Seit 1620 hat sie es geschafft, die Brauerei immer im Familienbesitz zu halten und bis heute zu erhalten. Und das mit viel Kreativität – neben den Klassikern wie dem Dunklen (sehr süffig vom Fass), Pils und Lager gibt es zum Beispiel Maibock und Festbier zum Frühling und zu Weihnachten. Also reichlich Grund, regelmäßig zu testen …

BIER

Eigene Brauerei: Dunkles (vom Fass), Pils, unfiltriertes Lager, Leichtbier, Maibock (saisonal), Festbier (saisonal), Hefeweizen.

KÜCHE

Fränkische Brotzeiten. Täglich kleine Karte mit warmen Gerichten. So Mittagstisch. Spezialitäten: Schnitzel, Bratwürste, verschiedene Bräten (So), Karpfen (saisonal).

PLÄTZE (außen/regensicher)

80/90

ANSCHRIFT

Hetzelsdorf 9
91362 Pretzfeld
Tel.: 09194-252

ÖFFNUNGSZEITEN

Mi bis Fr ab 16 Uhr
Sa, So und Feiertage ab 9 Uhr
Montag und Dienstag Ruhetag

Waldschänke am Streitbaum

www.waldschaenke-weber.de | Tipp: Streitbaumplatte, ofenfrische Rippchen

BIER

Vasold & Schmitt/Neuenkirchen am Brand: Pils (vom Fass). Kuchlbauer/Abensberg: Weizen. Erdinger: Weizen. Schlenkerla/Bamberg: Rauchbier.

KÜCHE

Fränkische Brotzeiten. Kleine Karte mit warmen Gerichten. Spezialitäten: Bratwürste, ofenfrische Rippchen, Schäuferla, Streitbaumplatte.

PLÄTZE (außen/regensicher)

300/160

ANSCHRIFT

Bergweg 22
91077 Hetzles
Tel.: 09134-1327 oder -1245

ÖFFNUNGSZEITEN

So und Feiertage ab 10 Uhr
Sa nur auf Bestellung geöffnet
Montag bis Freitag geschlossen

DAS WOHNZIMMER IM WALD

Bereits seit 1950 betreibt Familie Weber die Waldschänke in Hetzles. Hat man sie einmal gefunden, möchte man nicht mehr gehen - für die Einheimischen hat die Schänke Wohnzimmercharakter. Auf dem Gelände liegt der Streitbaum, der ehedem die Grenze zwischen Hetzles und Pommer markierte und schon diverse Streitigkeiten erlebte. Vor allem Stammgäste sind bei den netten Wirtsleuten anzutreffen, insbesondere am Sonntag mit Grill und Live-Musik.

Landgaststätte Herold

www.landgaststaette-herold.de Tipp: Wildgerichte (So), mittwochs Grillabend

EIN ECHTES KLEINOD

Liebenswürdig ohne Ende - so kommt die Landgaststätte Herold rüber, insbesondere natürlich Chef Heinz und Ehefrau Gisela. Mit viel Liebe und Engagement wurde 1956 aus einer kleinen Schankwirtschaft erst eine Kneipe mit 19 Sitzplätzen und nach weiteren Um- und Anbauten 1972 und 1993 ein echter Klassiker, der viele Jahrzehnte den Mittelpunkt der Gegend bildete. Auch heute kümmern sich die Inhaber mit Hingabe um Ihre Gäste und schöpfen dabei aus dem Vollen. Zum Beispiel jeden Mittwoch, wenn der original amerikanische Barbecue-Smoker angeschürt wird. Dann gibt's Giant Burger (339 g!) und „Diäthaxen" (ca. 1 kg). Je nach Laune des Chefs und den Wünschen der Gäste kommt immer noch eine weitere Grillspezialität hinzu, wie etwa Fisch oder Geflügel - ein echter Genuss! Übrigens: Die Landgaststätte Herold ist das dem geologischen Mittelpunkt Oberfrankens am nächsten gelegene Wirtshaus.

BIER

Hübner/Wattendorf: Keller (vom Fass, ab ca. 20 Gästen) Leikeim/Altenkunstadt: Pils, Radler, Hefeweizen. Maisel/Bayreuth: Zwickel, verschiedene Weizenbiere, leichtes Weizen, Bio-Weizen.

KÜCHE

Fränkische Brotzeiten. Täglich mittelgroße Karte mit warmen Gerichten. Spezialitäten: Verschiedene Steaks und Schnitzel, verschiedene Bräten (So), Wildgerichte (So).

PLÄTZE (außen/regensicher)

40/130

ANSCHRIFT

Heubsch 21
95359 Kasendorf
Tel.: 09228-499

ÖFFNUNGSZEITEN

Täglich ab 8 Uhr
Donnerstag Ruhetag

Fichtelgebirgshof

www.fichtelgebirgshof.de

Tipp: Dirndl-Flugtag

BIER

Kulmbacher: Kulmbacher Pils, Kellerbier, Mönchshof Original (alles vom Fass), Kulmbacher Alkoholfreies. Maisel/Bayreuth: Maisels Weisse (vom Fass), leichtes Weizen, dunkles Weizen, Maisels Weisse alkoholfrei.

KÜCHE

Fränkische Brotzeiten. Täglich große Karte mit warmen Gerichten. Spezialitäten: Fichtelgebirgshof-Platte (für 2 oder mehr Personen), Barbecue vom Buffet (kurzfristig, ab und zu), Bayern-Tapas.

PLÄTZE (außen/regensicher)

250/350

ANSCHRIFT

Frankenring 1
95502 Himmelkron
Tel.: 09273-9900

ÖFFNUNGSZEITEN

Täglich ab 9 Uhr

ZWISCHEN DEN WELTEN

Der Fichtelgebirgshof, das sind eigentlich sechs im wahrsten Sinne des Wortes ausgezeichnete Restaurants in einem ... in einem was? Man könnte Autobahnrasthof dazu sagen, das würde dem Ambiente allerdings nicht gerecht werden. Was Werner und Irene Kauper da an der A9 geschaffen haben, ist so etwas wie ein kulinarisches Gesamtkunstwerk. Es wird sowohl den Zwischenstoppern von der Autobahn wie auch den gezielt anreisenden Gourmets gerecht. Absolutes Highlight ist der eigens angelegte See - der „kleine Südsee". Hier kann an fast 5000 qm Wasserfläche im Liegestuhl unter Palmen in weißem Sand relaxed sitzen. Viel mehr braucht man eigentlich nicht dazu zu sagen, kommen Sie selbst und staunen Sie ...

Brauerei-Gasthof Kraus

www.brauerei-kraus.de

Tipp: Hirschentrunk

GUTE FAMILIENTRADITION

Über viele Jahre bzw. Jahrhunderte schon ist der Brauerei-Gasthof Kraus Zentrum des Hirschaider Lebens. Im Familienbesitz ist die Brauerei (1664 erstmals erwähnt) seit 1845. Zwischendurch stellte man sogar den Bürgermeister. Heute ist Hilde Kraus allgegenwärtige Chefin und geachtetes Mitglied der Gemeinde. Sie organisiert Benefizaktionen und ist immer Ansprechpartnerin für die Hirschaider. Seit 2006 gibt's das Bier sogar in Bügelflaschen, dem Krausenbügel. Empfohlen sei der Hirschentrunk und für Experimentierfreudige das Lapland Saunabier.

BIER

Eigene Brauerei: Lager, Pils, Hefeweißbier, Hirschtrunk (alles vom Fass), Festbier (saisonal), Bockbier (saisonal).

KÜCHE

Hausmacher Brotzeiten. Täglich mittelgroße Karte mit warmen Gerichten. Spezialitäten: Hausplatte, Schäuferla, Knöchla, ofenfrischer Leberkäse, Wildgerichte, verschiedene Steaks.

PLÄTZE (außen/regensicher)

500/430

ANSCHRIFT

Luitpoldstraße 11
96114 Hirschaid
Tel.: 09543-84440

ÖFFNUNGSZEITEN

Täglich ab 8 Uhr
Dienstag Ruhetag im Gasthof
(Bei schönem Wetter Biergarten geöffnet)

DB

Bus 978 Luitpoldstraße, Hirschaid

Häschaadä Keller

www.bier.by

Tipp: Presssack

KELLER OHNE FRITEUSE

Der Häschaadä Keller ist für die Hirschaider so etwas wie der Neubert. Hat man gerade Zeit und will mit der Familie etwas unternehmen, dann geht man eben dorthin. Zu dem einen zum Möbelgucken, zu dem anderen eben auf ein gutes Bier mit Brotzeit. Insbesondere ist der Presssack einen Test wert – er wird noch selbst hergestellt und hat immer wieder eine eigene Note. Offen ist übrigens eigentlich immer, sogar öfter als beim großen Bruder mit den Möbeln …

BIER

Mahr´s/Bamberg: Kellerbier (vom Fass). Kraus/Hirschaid: Lager (vom Fass). Gutmann/Titting: Weizen. Jever: Alkoholfreies.

KÜCHE

Hausmacher Brotzeiten. Täglich kleine Karte mit warmen Gerichten. Spezialitäten: Hausmacher Sülze, Presssack, Göttinger, selbst gemachter Gerupfter.

PLÄTZE (außen/regensicher)

400/0

ANSCHRIFT

Maximilianstraße gegenüber der Autobahnmeisterei
96114 Hirschaid
Tel.: 09543-3758

ÖFFNUNGSZEITEN

Mai bis Okt.: Täglich ab 15 Uhr
Bei schlechtem Wetter geschlossen
Nov. bis Apr.: Mi bis Fr und So ab 16 Uhr, Mo und Di Ruhetag
Sa nach Reservierung für Familienfeiern geöffnet

Im Steigerwald

www.vgn.de

Der Steigerwald, im Westen von Bamberg gelegen, ist geprägt durch seinen Reichtum an Buchen und Mischwäldern. Nicht umsonst wird er auch das grüne Herz Frankens genannt. Darüber hinaus finden sich aber auch gut erhaltene mittelalterliche Städtchen, imposante Schlösser und alte Klosteranlagen, die von fränkischen Herrscherhäusern und Bischöfen erbaut wurden.

Inmitten der oberfränkischen Brauereienvielfalt kommen in dieser Region, reich an Karpfenteichen und Wildbestand, die Feinschmecker, aber auch die Anhänger leckerer Brotzeiten auf ihre Kosten.

Hier erleben Sie Franken in seiner gesamten Bandbreite. Vom urigen Brauerei-Wirtshaus der Barnickels in Herrnsdorf über das herrschaftliche Schönbornschloss in Pommersfelden bis zur kleinsten Brauerei Frankens, der Braumanufaktur Hertl in Schlüsselfeld. Und überall sollte man einmal gewesen sein! Mit dem Steigerwald-Express geht das sehr einfach, lassen Sie sich einfach zu den einzelnen Stationen kutschieren. Sehenswert ist natürlich auch das Kloster Ebrach, das jahrhundertelang an der Grenze der beiden Bistümer Bamberg und Würzburg lag. Deswegen finden Sie hier auch neben gutem Bier echten Frankenwein, den man gerne auch einmal zwischendurch genießen kann.

Mehr Infos auf www.vgn.de

Gasthof Einhorn

www.bier.by Tipp: Grillspezialitäten vom Holzkohlenrost (im Sommer)

BIER

Hönicka/Wunsiedel: Dunkles, Weizen, Pilsner (alles vom Fass).

KÜCHE

Hausmacher Brotzeiten. Täglich kleine Karte mit warmen Gerichten. Spezialitäten: Reichhaltige Brotzeiten, verschiedene Schnitzel, Schlachtschüssel (von Sep. bis Apr. jeden 1. Mi im Monat).

PLÄTZE (außen/regensicher)

60/50

ANSCHRIFT

Hauptstraße 55
95186 Höchstädt
Tel.: 09235-230

ÖFFNUNGSZEITEN

Täglich ab 8 Uhr
Dienstag Ruhetag
1. Mai bis Ende Sep.
Biergarten bei schönem Wetter täglich geöffnet

FEINES VOM ROST

Das Einhorn ist schon immer im Familienbesitz der Dürings. Neben den Gasträumen schließt sich der Verkaufsraum der hauseigenen Metzgerei an, aus der auch noch die guten Brotzeiten des Hauses stammen. Vom 1. Mai bis Ende September hat der Biergarten bei schönem Wetter täglich geöffnet, und ab 17 Uhr gibt es dann immer Bratwürste und andere Spezialitäten vom Holzkohlengrill. Die eigene Metzgerei beinhaltet außerdem einen Partyservice, und für Familienfeiern bis 40 Personen sind Fritz Düring und seine Frau auch bestens gerüstet.

Landgasthof Reichsadler

www.gasthof-reichsadler.de **Tipp: Süß-saueres Geschlinge**

BIERGARTEN-PERLE

Der Reichsadler in Höchstädt hat sich zum Edel-Biergarten gemausert und ist dabei mit den Preisen am Boden geblieben. Unter der Ägide von Inhaberin Dunja Wendler präsentiert sich das Traditionshaus in komplett neuem Gewand, innen wie außen. Die erste Erwähnung datiert ins Jahr 1500. Die eigene Metzgerei produziert seit einigen Jahren nur noch für den Hausgebrauch und den Partyservice, der ebenfalls zum Geheimtipp geworden ist. Im Biergarten bereitet Thomas Wendler ab 17 Uhr auf Holzkohlen echte Leckereien, darunter auch fangfrische Forellen aus der Fischzucht des Onkels. Besser bekannt ist der Reichsadler übrigens unter dem Hausnamen „Houng" (Hagen, alter Familienname der Besitzer) und wegen des hauseigenen Tanzlokals „Bugatti". Hier gibt's im Winter an jedem Wochenende Live-Musik. Früher beherbergte das Haus auch noch ein Motorradmuseum, das Prominente wie Franz-Josef Strauß anzog. Für Freaks: Jeden ersten Mittwoch ist Musikantenstammtisch (auch der Chef spielt mit der Tuba mit!).

BIER

Kulmbacher: Pils, Hefeweizen (beides vom Fass), Landbier, Kellerbier, Kapuziner leichtes Weizen, Kapuziner dunkles Weizen, Kapuziner Kristallweizen, Kapuziner alkoholfreies Weizen, Mönchshof Schwarzbier.

KÜCHE

Hausmacher Brotzeiten. Täglich große Karte mit warmen Gerichten. Spezialitäten: Schlachtfrische Forellen und Karpfen (saisonal), gebackenes Blut (jeden ersten Mo im Monat), Hausmacher Sülze, Schlachtschüssel (Di).

PLÄTZE (außen/regensicher)

180/130

ANSCHRIFT

Hauptstraße 53
95186 Höchstädt
Tel.: 09235-254

ÖFFNUNGSZEITEN

Täglich 11 bis 14 und ab 17 Uhr
Donnerstag Ruhetag

Brauerei-Gasthof Reichold

www.reichold.de | Tipp: Wildgerichte

BIER

Eigene Brauerei: Lagerbier, Zwick´l-Bier, Weizen, Dunkelbier (alles vom Fass).

KÜCHE

Hausmacher Brotzeiten. Täglich mittelgroße Karte mit warmen Gerichten. Spezialitäten: Schäuferla, Rinderrahmbraten mit Wirsing, Wild (aus eigener Jagd, saisonal).

PLÄTZE (außen/regensicher)

100/150

ANSCHRIFT

Hochstahl 24
91347 Aufsess
Tel.: 09204-271

ÖFFNUNGSZEITEN

Apr. bis Okt.: Mi bis So ab 8 Uhr
Mo und Di ab 17 Uhr
Nov. bis März: Täglich ab 8 Uhr
Montag und Dienstag Ruhetag

DER VIERTE IM BUNDE

Seit 2001 listet das Guinness-Buch der Rekode die Gemeinde Aufsess. Grund: Die Brauereidichte. Mit 375 Einwohnern pro Brauerei liegt hier der Himmel für Bierfans. Die Biertische ranken sich rund um das Brauereigemäuer und laden zum Sonnenhopping ein, während man sich durch die selbstgebrauten Biere trinkt. Wir waren besonders begeistert vom Zwickel. Das Fleisch stammt aus eigener Schlachtung bzw. eigener Jagd und die Rezepte stammen - so wird behauptet - noch aus den uralten Wälzern von Großmutter Reichold.

231 Hochstahl, Aufseß Bus

Biergarten Theresienstein

www.biergarten-theresienstein.de — Tipp: Musik

DER VOLLPROFI-BIERGARTEN

Die prachtvolle Jugendstil-Villa im Hofer Stadtpark wird wie der Park drumrum „Theresienstein" genannt. Adlige Häupter gab es in Hof kaum, also haben sich die Bürgerinnen und Bürger der Stadt um die vorletzte Jahrhundertwende hier selbst etwas Prächtiges geschaffen. Dieses eindrucksvolle Ambiente beherbergt nun einen der größten Biergärten Frankens. Hier ist alles bestens organisiert, um auch einmal bis zu 1000 Gäste gleichzeitig bewirten zu können. Aber gerade an weniger „vollen" Tagen können die teilweise hausgemachten Spezialitäten der Familie Schelle wirklich genossen werden. Sehr schön auch der Blick auf die Hofer Altstadt.

BIER

Meinel/Hof: Pils, Radler, Zwickel (alles vom Fass). Scherdel/Hof: Weizen, Pils, Schwarzbier (alles vom Fass), Weizen leicht, Alkoholfreies. Kulmbacher: Mönchshof Kellerbier (vom Fass). Erdinger: Alkoholfreies Weizen.

KÜCHE

Fränkische Brotzeiten. Täglich mittelgroße Karte mit warmen Gerichten. Spezialitäten: Hausgemachter Obatzter, hausgemachte Pizza.

PLÄTZE (außen/regensicher)

900/70

ANSCHRIFT

Theresienstein 1
95028 Hof
Tel.: 09281-839790

ÖFFNUNGSZEITEN

Mai bis Sep.: Täglich 10 bis 22 Uhr
Okt. bis Apr.: Mi bis Sa 14 bis 22 Uhr, So 11 bis 22 Uhr
Montag und Dienstag Ruhetag

Hotel Falter Brauereigasthof

www.hotelfalter.de **Tipp: Wild und Lamm aus eigenem Gehege**

BIER

Scherdel/Hof: Pils, Weizen, Lager (alles vom Fass), alkoholfreies Weizen, Alkoholfreies. Weltenburger: Kloster Barock Dunkel (vom Fass). Kulmbacher: Kapuziner alkoholfreies Weißbier.

KÜCHE

Fränkische Brotzeiten. Täglich große Karte mit warmen Gerichten. Spezialitäten: Hausgeräucherter Schinken, Wild- und Schafgerichte aus eigener Zucht, hausgebackene Kuchen.

PLÄTZE (außen/regensicher)

200/200

ANSCHRIFT

Hirschbergerstraße 6
95030 Hof
Tel.: 09281-76750

ÖFFNUNGSZEITEN

Täglich ab 7 Uhr

GUT ESSEN UND GUT SCHLAFEN

Nach der Schließung der Brauerei Falter führt die Familie hier weiter das schöne Hotel mit Brauereigasthof. Der Biergarten ist schön grün bepflanzt und interessant in mehrere Bereiche unterteilt. So gibt es einen extra Spielbereich und einen kleinen für Feiern extra abtrennbaren Außenbereich. Bayerisch-fränkische Küche wird auf hohem Niveau geboten, Fische werden frisch gefangen. Selbst Wild und Lamm zieht man im eigenen Gehege groß. Überzeugte Gäste können dank edel eingerichteter Hotelzimmer gerne auch mehrere Tage verweilen.

Meinels Bas

www.meinels-bas.eu **Tipp: Bockbierparfait und Bierschnaps**

VIELEN DANK FRAU MEINEL

Die Gaststätte ist der traditionelle Ausschank der Brauerei Meinel - benannt nach Kunigunde Barbara Meinel. Sie ließ 1861 das Haus von einer Schankwirtschaft in eine Speisegaststätte umbauen. Wegen ihrer Herzensgüte sehr beliebt, wurde sie im Volksmund die „Meinels Bas" genannt. Heute findet sich hier auch einer der schönsten Biergärten der Region. Neben den Mitarbeitern der Brauerei relaxt ein bunt gemischtes Publikum bei feinen fränkischen Speisen und extrem frisch gezapftem Meinel Bier. Der vorbildliche und sicher gelegene Spielplatz sowie eine Auswahl an Gerichten für die Kleinen unterstreichen überdurchschnittliche Kinderfreundlichkeit.

BIER

Eigene Brauerei: Pils, Weizen, Zwickl, Dark-Lager (alles vom Fass), Märzen, heller Doppelbock (Okt. bis Jan.), Absolvinator (zur Fastenzeit), Mephisto.

KÜCHE

Fränkische Brotzeiten. Täglich mittelgroße Karte mit warmen Gerichten. Spezialitäten: Obatzter, Sülze mit Bratkartoffeln, Chef-Salat, Bierspeisen.

PLÄTZE (außen/regensicher)

480/160

ANSCHRIFT

Vorstadt 13
95028 Hof
Tel.: 09281-141366

ÖFFNUNGSZEITEN

Täglich ab 9 Uhr

Sommergaststätte Untreusee

www.untreusee.net

Tipp: Badeanzug mitnehmen!

BIER

Scherdel/Hof: Weissbier, Pils (beides vom Fass), Alkoholfreies. Stelzer/Fattigau: Dunkles (vom Fass).

KÜCHE

Fränkische Brotzeiten. Täglich mittelgroße Karte mit warmen Gerichten. Spezialitäten: Bratwurst mit Sauerkraut, selbst gebackene Kuchen.

PLÄTZE (außen/regensicher)

1000/360

ANSCHRIFT

Am Untreusee
95032 Hof
Tel.: 09281-58261

ÖFFNUNGSZEITEN

Anfang März bis Ende Okt.
Täglich ab 10 Uhr
Bei schlechtem Wetter geschlossen

WASSERPARADIES IN STADTNÄHE

Der Untreusee in Hof ist einer von Frankens großen Badeseen. Und wo sonst kann - direkt nach dem Stadtbummel - in nur 10 Minuten mit dem Fahrrad ein großer, sport- und erholungstauglicher See erreicht werden. Da soll auch ein schöner Biergarten nicht fehlen, der freilich so angelegt ist, auch an schönen Sommertagen der hungrigen Massen Herr zu werden. Trotz vieler Pommes Frites und Eis essender Kinder hat die Sommergaststätte auch ein paar fränkische Brotzeitschmankerl und leckeres Hofer Bier in Angebot. So können die Energiereserven nach der Partie Minigolf, dem Segeln, Treetboot fahren, Angeln oder Radeln schnell wieder aufgefüllt werden.

Gasthaus Melber

www.bier.by

Tipp: Schaschlik, Höfener Schnitzel, Melbi

BROTZEIT VOM ERZENGEL

Der Melber in Höfen ist ein echter Bamberger Klassiker. Leicht durch den Bruderwald oder vom Campingplatz Bug zu erreichen, ist der von 13 großen Kastanien und Linden bewachsene Biergarten ein wirkliches Highlight. Schon in der fünften Generation betreibt Matthias Melber das Gasthaus, die Schwester des Inhabers und Kochs, Gabriele nennen die Stammgäste nur „Erzengel". Von der Gründung 1885 bis ins Jahr 1940 braute man hier in Höfen noch selbst, seitdem liefern die Bamberger Brauereien den Stoff zum selig werden. Erwähnt sei noch, dass hier die Schnitzel aus der Pfanne (sehr lecker: Das Höfener Schnitzel!), Wurst und Kuchen selbst gemacht und einfach irgendwie das urige Flair eines Traditionsbiergartens erhalten sind - eine echte grüne Biergartenlunge am Rande der Weltkulturerbestadt. Kleiner Nachtischtipp: Der Melbi ...

BIER

Keesmann/Bamberg: Herren Pils, Weiße (beides vom Fass). Hartmann/Würgau: Keller, Felsentrunk, Erbschänk (alles vom Fass). Spezial/Bamberg: Rauchbier (vom Fass). Erdinger: Hefeweizen (vom Fass).

KÜCHE

Fränkische Brotzeiten. Täglich große Karte mit warmen Gerichten. So und Feiertage Mittagstisch. Spezialitäten: Selbst gespießte Schaschlik, hausgemachte Bratwürste, Sülze mit Röstkartoffeln, Höfener Schnitzel aus der Pfanne, hausgemachte Salate, hausgemachte Melbertorte.

PLÄTZE (außen/regensicher)

350/170

ANSCHRIFT

Höfener Hauptstraße 18
96135 Stegaurach-Höfen
Tel.: 0951-29127

ÖFFNUNGSZEITEN

Di bis Fr ab 14 Uhr (bei schönem Wetter ab 12 Uhr), Sa, So und Feiertage ab 10 Uhr, Montag Ruhetag

Bus 978, 983 Höfen (b. Stegaurach), Stegaurach

Gasthof Ritterschänke

www.bier.by

Tipp: Hausgemachtes Knoblauchbrot

BIER

Kulmbacher: Helles, Kapuziner Weiße (beides vom Fass), Schwarzbier, Pils, dunkles Weizen, leichtes Weizen.

KÜCHE

Täglich große Karte mit warmen Gerichten. Spezialitäten: Deutsch-böhmische Küche, Germknödel.

PLÄTZE (außen/regensicher)

40/70

ANSCHRIFT

Schirndinger Straße 1
95691 Hohenberg an der Eger
Tel.: 09233-716545

ÖFFNUNGSZEITEN

Täglich ab 10 Uhr
Donnerstag Ruhetag

PALATSCHINKEN UND KNOBLAUCHBROT

Einen Vorgeschmack auf die nahegelegene tschechische Küche bekommt man bei Jiri Pospisil, einem typischen Tschechen, der seit 1. Januar 2013 die Ritterschänke betreibt. Das Haus selbst steht seit mehr als 300 Jahren und ist seitdem ungebrochen einer der kulturellen Mittelpunkte des Ortes. Viele Vereine treffen sich regelmäßig, unter anderem auch der offene Stammtisch, zu dem jeder jederzeit dazu stoßen kann.

Gasthof zur Burg

www.gasthofzurburg.de Tipp: Lammbratwürste

DER WINTER-BIER-GARTEN

Eigentlich hat der Gasthof zur Burg keinen richtigen Biergarten mehr, andererseits wurde der seit Jahrzehnten bestehende 1999 nur dauerhaft überdacht und ist fast vollständig zu öffnen. In diesem Zwiespalt gefangen, entschieden wir uns für die Aufnahme in unseren Guide, denn das Angebot überzeugt. Mehr als 100 Jahre schon betreibt Familie Geiger das Haus direkt neben der stolzen ca. 800-jährigen Burg. Eine eigene Fisch- und Schafszucht, sowie die eigene Wurstherstellung sorgen für jede Menge Highlights, auch für verwöhnte Gaumen. Von April bis August kann man übrigens die Störche auf der Burg bei der Aufzucht ihrer Jungen beobachten.

BIER

Bischofshof/Regensburg: Pils, Export, Weizen (alles vom Fass), dunkles Weizen, leichtes Weizen, Kristallweizen, Asam-Bock, Weltenburger Dunkel, alkoholfreies Weizen.

KÜCHE

Hausmacher Brotzeiten. Täglich große Karte mit warmen Gerichten. Spezialitäten: Lamm und Fisch aus eigener Zucht, fränkische Küche, Wurst aus eigener Herstellung, hausgebackene Kuchen.

PLÄTZE (außen/regensicher)

40/75

ANSCHRIFT

Burgplatz 5
95691 Hohenberg an der Eger
Tel.: 09233-9404

ÖFFNUNGSZEITEN

Täglich ab 10 Uhr
Mittwoch Ruhetag

DB Bus 7606 Hohenberg a.d. Eger Markt

Brauerei Gasthof Hofmann-Nendwig

www.brauerei-hofmann.de

Tipp: Hofmanns Tropfen

BIER

Eigene Brauerei: Hofmanns Tropfen (vom Fass).

KÜCHE

Hausmacher Brotzeiten. Täglich kleine Karte mit warmen Gerichten. Sa und So Mittagstisch. Spezialitäten: Obatzter, Bratwürste.

PLÄTZE (außen/regensicher)

100/100

ANSCHRIFT

Hohenschwärz 16
91322 Gräfenberg
Tel.: 09192-251

ÖFFNUNGSZEITEN

Mo ab 15 Uhr, Mi bis So ab 10 Uhr
Dienstag Ruhetag

STETER TROPFEN HÖHLT DEN GEIST

Das süffige Bier, Dunkles vom Fass, wird sinnigerweise Hofmanns Tropfen genannt, aber eher in Halbliterform als tropfenweise genossen. Der Sudkessel wird noch mit Holz und Kohle befeuert. Hergestellt wird das Bier übrigens von Braumeisterin Elfriede Hofmann – in Gräfenberg war Bierbrauen an sich fest in Frauenhand: In allen drei Brauereien schwangen sie das Zepter. Seit neuestem bricht die Elch-Bräu in Thuisbrunn jedoch den Bann.

Wirtshaus Moritz

www.moritz-hollfeld.de **Tipp: Edelbrände aus der eigenen Brennerei**

MA(H)LZEIT FÜR DIE SINNE

Für alle, die den Biergarten mit Anspruch suchen. Sowohl die Küche, als auch die Umgebung schreien geradezu nach Interpretation - denn Chefkoch wie Künstler sorgen bei jedem Besuch für neue Sinnesgenüsse und Gedankenanstöße. Im liebevoll-durchdachten Wirtshaus mit mehreren Außenebenen kann aus einer reichhaltigen Karte gewählt werden. Von fränkischen Brotzeiten bis zu internationalen Köstlichkeiten ist hier alles präsent - dabei bitte unbedingt den Fisch aus der integrierten Räucherei und die Pizza aus dem Holzbackofen (freitags im Sommer) versuchen! Alles in allem also ein Biergarten-Besuch, zu dem gerne ein wenig mehr Zeit und Appetit mitgebracht werden darf. Für Feierlichkeiten bis 32 Personen kann zudem das Moritzhäusla in der ersten Etage gebucht werden.

BIER

Maisel/Bayreuth: Moritz-Bier (nach eigenem Rezept) (vom Fass), Weisse Original, Weizen dunkel, Kristallweizen, Bio-Weizen. Aktien/Bayreuth: Pils.

KÜCHE

Fränkische Brotzeiten. Täglich große Karte mit warmen Gerichten. So Mittagstisch. Spezialitäten: Internationale Küche, Räucherfisch, frische Pizza aus dem Holzbackofen (freitags im Sommer), Fisch aus eigener Zucht.

PLÄTZE (außen/regensicher)

120/50

ANSCHRIFT

Eiergasse 10
96142 Hollfeld
Tel.: 09274-909019

ÖFFNUNGSZEITEN

1. Mai bis 30. Sep.: Di bis Fr ab 17 Uhr, Sa ab 15 Uhr, So und Feiertage ab 11.30 Uhr
Montag Ruhetag
1. Okt. bis 30. Apr.: Mi bis Sa ab 17 Uhr, So und Feiertage ab 11.30 Uhr
Montag und Dienstag Ruhetag

Gasthof-Pension „Alte Mühle"

www.gasthof-alte-muehle.de Tipp: Flammkuchen

BIER

Hübner/Steinfeld: Kellerbier (vom Fass). Trunk/Vierzehnheiligen: Nothelfertrunk (vom Fass). Hetzel/Frauendorf: Pils (vom Fass).

KÜCHE

Fränkische Brotzeiten. Täglich große Karte mit warmen Gerichten. So und Feiertage Mittagstisch. Spezialitäten: Pfannengerichte, Flammkuchen, vegetarische Gerichte, fangfrische Bachforellen.

PLÄTZE (außen/regensicher)

110/78

ANSCHRIFT

Horsdorf 10
96231 Bad Staffelstein
Tel.: 09573-34774

ÖFFNUNGSZEITEN

Täglich ab 16 Uhr, So und Feiertage 11 bis 14 und ab 16 Uhr
Dienstag Ruhetag

LECKERES ZWISCHEN ZWEI BÄCHEN

Nach der Zeit als Mühle vor weit mehr als 100 Jahren diente das Haus als Heimstatt für die Spielzeugherstellung, brannte dann aber in den 60er Jahren ab und konnte erst 1980 wieder aufgebaut werden. Die neuen Pächter Sabine und Wolfgang Zeis bemühen sich sehr erfolgreich, den Charme des alten Gebälks zu erhalten und trotzdem eine florierende Gaststätte mit einem wunderschönen Garten (und altem Mühlrad) zu führen. Das gelingt ihnen unter anderem wegen der qualitativ hochwertigen und geschmackvollen Speisen frei von Konservierungsstoffen und Geschmacksverstärkern mehr als gut, weshalb die „Alte Mühle" zu einem unserer Geheimtipps avanciert.

Gasthof Bayer

www.gasthof-bayer.de **Tipp: Hausgebäck**

HAUSGEBÄCK IN HÜHNERLOH

Es führt ein Weg nach nirgendwo ... und endet dann in Hühnerloh. Zugegeben, kein wirklich guter Reim, aber der Inhalt stimmt. Ist man aber erst einmal bei Petra Hauptmann und ihrer Familie angekommen, will man am liebsten nicht mehr zurück. Idyllisch gelegen, umgeben vom Wald, kann man hier richtig gut essen und ein frisches Bier genießen. Für Übernachtungsgäste bieten sich noch Sauna und Liegewiese und die vielen Wandermöglichkeiten zu den Burgen und Schlössern der fränkischen Schweiz an.

BIER

Kulmbacher: Mönchshof Pils, Mönchshof Schwarzbier (beides vom Fass), Kapuziner leichtes Hefeweizen, Kapuziner dunkles Hefeweizen, Kapuziner helles Hefeweizen, Kapuziner alkoholfreies Hefeweizen. Tucher/Fürth: Dunkles. Reichelbräu/Kulmbach: Alkoholfreies.

KÜCHE

Fränkische Brotzeiten. Täglich mittelgroße Karte mit warmen Gerichten. Spezialitäten: Forellen, Schäuferle (So), Rouladen, grobe Bratwürste, Brotzeitplatte.

PLÄTZE (außen/regensicher)

90/80

ANSCHRIFT

Hühnerloh 21
91327 Gößweinstein
Tel.: 09242-831

ÖFFNUNGSZEITEN

Fr ab 15 Uhr
Sa, So und Feiertage ab 11 Uhr
Mo bis Do geschlossen

Bus 389, 397 Abzw. Hühnerloh, Gößweinstein

Brauerei Gaststätte Grasser

www.huppendorfer-bier.de **Tipp: Spezialwurst mit Pommes**

BIER

Eigene Brauerei: Dunkles Vollbier, Weizen, Pils (alles vom Fass), Zwickel, Bockbier (saisonal). Maisel/ Bayreuth: Alkoholfreies Weißbier. Clausthaler: Alkoholfreies.

KÜCHE

Hausmacher Brotzeiten. Täglich kleine Karte mit warmen Gerichten. So und Feiertage Mittagstisch. Spezialitäten: Schweinsbraten (aus eigener Aufzucht), Wild (aus eigener Jagd), fränkische Schlachtplatte.

PLÄTZE (außen/regensicher)

100/100

ANSCHRIFT

Huppendorf 25
96167 Königsfeld
Tel.: 09207-270

ÖFFNUNGSZEITEN

Täglich ab 9 Uhr
Dienstag Ruhetag

WO DAS BIER EINFACH SCHMECKT!

Beim „Grasser" wird das gemütliche Einkehren zum Kult. Chef Johannes Grasser ist ein Vorzeigebrauer, wie er auch in diesem Buch nicht besser stehen könnte. Gerne führt er durch die Brauerei, zeigt und erklärt seine neuesten Bierkreationen und gibt anschließend eine Runde Bierschnaps aus. Lediglich bei selbst mitgebrachtem Essen muss man darauf gefasst sein, dass er sich selbst zum Vorkoster ernennt. Wer diese Prüfung umgehen möchte, kann die umfangreiche warme und kalte Küche (teils aus Hausschlachtung) kosten.

970, 975, 976 Huppendorf, Königsfeld (Oberfranken) Bus

Forsthaus Kamerun

www.kamerun.de

Tipp: Frischer Fisch

KAMERUNER WALDSPEZIALITÄTEN

Ja, Kamerun liegt südlich von Bayreuth mitten im Wald. Im sehr großzügig angelegten Biergarten ist vor allem für Kinder viel Platz zum Rumtoben, weit weg von der nächsten Durchgangsstraße. Die Küche bietet saisonale italienische Spezialitäten (das Ciabatta wird aus reinem Sauerteig selbst gebacken), letztendlich sollte für jeden etwas dabei sein. Dazu gibt es die leckeren Biere der Bayreuther Brauereien. Überhaupt muss man sagen, dass man sich hier eher mit Bayreuth identifiziert - und nicht, wie die Postanschrift vermuten lässt, mit Creußen.

BIER

Veltins: Pils (vom Fass). Aktien/Bayreuth: Landbier, Zwickl, Aktien Original. Maisel/Bayreuth: Maisel`s Weisse Original, Maisel`s Weisse Kristall, Maisel`s Weisse hell, Maisel`s Weisse light, Maisel`s Weisse alkoholfrei, Bayreuther Bio-Weisse.

KÜCHE

Fränkische Brotzeiten (bei schönem Wetter). Täglich große Karte mit warmen Gerichten. Spezialitäten: Frischer Fisch, verschiedene Pizzen, Salate, fränkische Brotzeiten mit hausgebackenem Landbierbrot (im Biergarten).

PLÄTZE (außen/regensicher)

150/90

ANSCHRIFT

Ottmannsreuth 7
95473 Creußen-Kamerun
Tel.: 09209-330

ÖFFNUNGSZEITEN

Tägl. 11.30 bis 14 und ab 17 Uhr
So und Feiertage ab 11.30 Uhr
Mai bis Aug.: kein Ruhetag
Sep. bis Apr.: Di und Mi Ruhetag
November und Februar komplett geschlossen

Brauerei Wagner

www.brauerei-wagner.de **Tipp: Wurst mit Musik**

NICHT OHNE DIE PASSENDE FRAU

So beantwortet Hubert Wagner die Frage, wie man es seit 1788 geschafft hat, einen Familienbetrieb von Generation zu Generation weiterzugeben. Das Wasser für das erfrischende Bier (vor allem das Schwarzbier vom Fass ist eine echte Versuchung für Bierkenner) kommt aus einem Tiefbrunnen viele Meter unterhalb der Brauerei und ist mitverantwortlich für den individuellen Geschmack der Biere.

BIER

Eigene Brauerei: Pils, ungespundetes Lager, Kuckuck (Rauchbier), Weizen (alles vom Fass), Festbier, Märzen, Schwarzbier, Zwilling (saisonal), Bock (saisonal).

KÜCHE

Fränkische Brotzeiten. Täglich kleine Karte mit warmen Gerichten. Spezialitäten: Hausplatte, Schnitzel mit Bratkartoffeln, Bratwürste mit Sauerkraut, Cordon bleu.

PLÄTZE (außen/regensicher)

100/100

ANSCHRIFT

Hauptstraße 15
96164 Kemmern
Tel.: 09544-6746

ÖFFNUNGSZEITEN

Täglich ab 15 Uhr
So 10 bis 12 Uhr und ab 15 Uhr
Dienstag Ruhetag
Anfang Mai bis Ende Sep.:
Mi und Sa ab 12 Uhr

DB VGN Bus 953 Haupstraße 35, Kemmern

Leicht's Keller

www.bier.by **Tipp: Hausgemachter Gerupfter**

BIER

Schloßbrauerei/Reckendorf: Keller, Pils, Weizen, Radler (vom Fass), Dunkles. Löwenbräu/ München: Alkoholfreies. Erdinger: Alkoholfreies Weizen.

KÜCHE

Fränkische Brotzeiten. Täglich kleine Karte mit warmen Gerichten. So und Feiertage Mittagstisch. Spezialitäten: Currywurst mit hausgemachter Soße, Thüringer Bratwürste, hausgemachter Gerupfter, Kochkäse, Ziebeleskäse, Wurstplatte aus privater Kleinmetzgerei, reines Natursauerteigbrot.

PLÄTZE (außen/regensicher)

300/130

ANSCHRIFT

Im Kessel
96164 Kemmern
Tel.: 0152-09895754

ÖFFNUNGSZEITEN

Täglich ab 14 Uhr
So und Feiertage ab 10 Uhr
Donnerstag Ruhetag

EIN TOLLES TEAM AM WALDESRAND

Mit Kerstin und Rudi Hofmann steht seit dem 1. April 2009 ein neues Team im hinteren der beiden Kemmerner Keller. Grundsätzlich bleiben die Kosmetikerin und der Zimmermann dem klassischen Motto treu und setzen auf die Biergartengerichte rund um Bratwürste und Ziebeleskäse. Hervorheben möchten wir das sehr gute Brot, das von einer kleinen Bäckerei aus der Gegend bezogen wird und für jede Brotzeitplatte eine super Grundlage darstellt.

940 Kemmern Schule Bus

Wagner-Bräu Keller

www.bier.by **Tipp: Platte mit Musik**

KELLER OPEN END

„Geöffnet? Naja, bis niemand mehr da is!" – Das ist die lapidare Antwort von Walter Will auf die Frage nach den Öffnungszeiten seines Kellers. Und es kann des öfteren auch mal später werden, schließlich liegt der Keller mitten im Wald, und es muss ein kleiner Berg erklommen werden, um sich dem fränkischen Müßiggang hingeben zu können. Überwiegend handelt es sich hier aber um einen Familienkeller, dank des schönen Spielplatzes und der ruhigen Lage.

BIER

Eigene Brauerei: Lager, Pils, Keller, Weizen (alles vom Fass). Wechselnde Brauerei: Alkoholfreies.

KÜCHE

Hausmacher Brotzeiten. Täglich mittelgroße Karte mit warmen Gerichten. So und Feiertage Mittagstisch. Spezialitäten: Kellerplatte, Pfannenschnitzel, selbst gebackene Kuchen.

PLÄTZE (außen/regensicher)

400/140

ANSCHRIFT

Mainstraße 7
96164 Kemmern
Tel.: 0170-9136003

ÖFFNUNGSZEITEN

Täglich ab 15 Uhr
Sa ab 13 Uhr, So ab 9.30 Uhr
Montag Ruhetag

Bus 953 Kemmern Kirche

Gasthaus Kramer

www.gasthaus-kramer.de **Tipp: Schottisches Hochlandrind**

BIER
St. Georgen-Bräu/Buttenheim: Keller, Pils, Vollbier, Weizen (alles vom Fass), Alkoholfreies.

KÜCHE
Hausmacher Brotzeiten. Nur mittwochs ein warmes Gericht. Spezialitäten: Kellerplatte, selbst gebackenes Brot, Streuselkuchen.

PLÄTZE (außen/regensicher)
250/120

ANSCHRIFT
Ketschendorf 19
96155 Buttenheim
Tel.: 09545-7432

ÖFFNUNGSZEITEN
Di, Do und Fr ab 16 Uhr
Mi, Sa und So ganztags
Montag Ruhetag

BIERGARTEN FÜR HIGHLANDER

Am Rande der fränkischen Schweiz führt die Familie Kramer nunmehr in der fünften Generation einen Biergarten unter dem Schatten alter Lindenbäume. Die üblichen Biergarten-Klassiker (komplett aus Eigenproduktion!) können zu Buttenheimer St. Georgen-Bräu an der Theke bestellt werden. Für die Liebhaber des Besonderen stehen echte schottische Hochlandrinder auf der Weide nebenan, deren Fleisch eine absolute Spezialität darstellt. Jeden Mittwoch gibt's übrigens auch warme Küche (online nachzulesen). Geheimtipp: Der Senf, der nach eigener Rezeptur verfeinert wird, für den die Gäste sogar aus Nürnberg anreisen.

980 Ketschendorf, Buttenheim Bus

Lindenkeller

www.gasthaus-sponsel.de **Tipp: Kellerplatte**

IDYLLE AM WALBERLA

Wie der Name schon vermuten lässt: Man hat es unter anderem mit Bäumen zu tun – der Lindenkeller liegt am Waldrand, am Fuß des Walberla – einem der heiligen Hügel der Franken. Eine Fahne zeigt von weitem an, ob geöffnet ist. Manchmal werden in dem ehemaligen Bierlager sogar ganze Schweine gegrillt. Doch auch wer dieses atavistische Ritual (gibt's auf Bestellung) verpasst, wird von den Hausmacher Brotzeiten verwöhnt, das Brot wird selbst gebacken.

BIER

Winkler/Lengenfeld: Kupfer spezial (vom Fass). Leikeim/Altenkunstadt: Pils, Weizen (beides vom Fass), Alkoholfreies. Drei Kronen/Memmelsdorf: Rauchbier.

KÜCHE

Hausmacher Brotzeiten. Täglich ein wechselndes warmes Gericht.
Sa, So und Feiertage Mittagstisch.
Spezialitäten: Kellerplatte mit selbst gebackenem Brot, Spanferkel (auf Bestellung), Grillspezialitäten (auf Bestellung), Haxen (auf Bestellung).

PLÄTZE (außen/regensicher)

400/30

ANSCHRIFT

Hauptstraße 45
91356 Kirchehrenbach
Tel.: 09191-94448

ÖFFNUNGSZEITEN

Mo bis Fr ab 16 Uhr
Sa, So und Feiertage ab 12 Uhr
Bei schlechtem Wetter geschlossen

Landgasthof Zöllner

www.gasthof-zoellner.de — Tipp: Gefüllte Windbeutel

VON JURALÄMMERN UND WINDBEUTELN

Der Gasthof Zöllner blieb über die vielen Jahrhunderte seines Bestehens immer in Familienhand und wuchs von der kleinen Wirtsstube bis zum stattlichen Fachwerk-Landgasthof, in dem aber trotzdem der Chef noch selbst hinter dem Herd steht. Vielleicht ist gerade das ein kleines Erfolgsgeheimnis, denn viele Rezepte findet man eben nur hier. Neben den guten fränkischen Klassikern auf der Mittags- und Abendkarte locken vor allem auch die Kuchen, die ebenfalls selbst gebacken werden, wie zum Beispiel die leckeren Windbeutel.

BIER

Püls/Weismain: Kellerbier, Weizen, Pils (alles vom Fass), Alkoholfreies. Erdinger: Dunkles Weizen.

KÜCHE

Fränkische Brotzeiten. Täglich mittelgroße Karte mit warmen Gerichten. Spezialitäten: Frische Forellen und Saiblinge, Juralamm-Gerichte, Windbeutel mit Sauerkirschen und Eis gefüllt.

PLÄTZE (außen/regensicher)

80/90

ANSCHRIFT

Kleinziegenfeld 41 1/2
96260 Weismain
Tel.: 09504-266

ÖFFNUNGSZEITEN

Täglich ab 10.30 Uhr
Mittwoch Ruhetag

Freizeitanlage Steinberg

www.bier.by

Tipp: Verschiedene Burger

BADEN, GRILLEN, GENIESSEN

Das ist das Programm auf der Freizeitanlage Steinberg, zu der auch ein maximal 1,90 Meter tiefer Badesee gehört - und ein großer Grill, den man mit eigenem Grillgut (und Getränken vom Kiosk) benutzen kann. Für Kinder gibt es einen gut ausgestatteten Spielplatz und den nahe gelegenen Zauberwald, in dem schon über 70 Holzskulpturen des Zimmermanns und Künstlers Heinz Spindler stehen. Verständlich, dass man bei diesem Ambiente auch gemütlich ein Bierchen trinken kann, die Speisepalette hält sich in Grenzen, aber erfüllt bestens ihren Zweck.

BIER

Kulmbacher: Kapuziner Weisse, Kapuziner leichte Weisse, Kapuziner alkoholfreie Weisse. Scherdel/Hof: Pils, Radler, Alkoholfreies Pils. Meinel/Hof: Pils.

KÜCHE

Fränkische Brotzeiten. Täglich kleine Karte mit warmen Gerichten. Spezialitäten: Currywurst, Putenschnitzel, Fisch- und Lachsbrötchen, Salatteller.

PLÄTZE (außen/regensicher)

75/30

ANSCHRIFT

Silberbacher Straße 44
95176 Konradsreuth
Tel.: 09292-977656

ÖFFNUNGSZEITEN

Täglich 9 bis 21 Uhr
Bei schönem Wetter geöffnet

Bastion Marie

www.bastion-marie.de Tipp: Brotzeit-Etagere „von allem a weng wos“

BIER

Kaiserhof/Kronach: Pils, Schmäußbräu, Weizen, Radler (alles vom Fass), Lucas Cranach, Schwarzer Kaiser, Schwedentrunk. Kulmbacher: Kapuziner leichtes Weizen, Kapuziner alkoholfreies Weizen.

KÜCHE

Fränkische Brotzeiten. Täglich große Karte mit warmen Gerichten. Spezialitäten: Brotzeit-Etagere „von allem a weng wos“, Limburger mit Musik, Matjes á la Christine mit Bauernbrot, Rumpsteak, Zanderfilet auf Zwiebel-Tomaten-Gemüse.

PLÄTZE (außen/regensicher)

100/95

ANSCHRIFT

Festung 1
96317 Kronach
Tel.: 09261-500700

ÖFFNUNGSZEITEN

Täglich ab 10 Uhr
Montag Ruhetag

DIE PANORAMAGARANTIE

Hat man sie erst einmal bestiegen, lockt die Kronacher Festung mit einem Blick der seinesgleichen sucht. Was will man dann noch mehr, als es sich bei einem Bierchen der Brauerei Kaiserhof und einer fränkischen Brotzeit gutgehen zu lassen. Im wunderschönen Biergarten der Bastion Marie gibt es das und noch vieles mehr. Hier kann der Gast dann auch aus einer sehr umfangreichen Karte mit außergewöhnlichen Kreationen wählen, immerhin muss ja auch genügend Kraft für den „Abstieg“ gesammelt werden.

Brauerei 's Antla

www.antla.de **Tipp: Gegrillte Ente**

IN KRONACH GEHT'S BERGAUF

Und das nicht nur, wenn man auf die Veste steigen will und dabei durch die fast komplett renovierte Altstadt schlendern kann, sondern auch in Sachen Bier- und Brauereikultur. Mit der Gasthausbrauerei ´s Antla kann man nun auch hier in jeder Hinsicht mit anderen Frankenstädten mithalten. Die Namensgeber landen jeden Abend auf einem speziellen Entengrill und anschließend in den Mägen der stets zufriedenen Gäste. Im Biergarten steht eine weitere Fleischbratfeuerstelle, von der dann Bratwürste und Steaks gereicht werden.

BIER

Eigene Brauerei: Antla E1ns, Flößer, Kellerweizen, monatlich ein wechselndes Spezialbier (alles vom Fass).

KÜCHE

Fränkische Brotzeiten. Täglich große Karte mit warmen Gerichten. Spezialitäten: 1/4 Bauernente mit hausgemachtem Kloß, Braumeisterroulade mit Kartoffelrösti und Pfeffersoße, Biergulasch mit Semmelknödeln, Brotzeitplatte.

PLÄTZE (außen/regensicher)

180/90

ANSCHRIFT

Amtsgerichtsstraße 21
96317 Kronach
Tel.: 09261-5045950

ÖFFNUNGSZEITEN

Mo ab 17 Uhr
Di bis Fr 10 bis 14 und ab 17 Uhr
Sa, So und Feiertage ab 10 Uhr

Gaststätte Kaiserhof

www.kaiserhofbraeu.de

Tipp: Bierhaxe

BIER

Eigene Brauerei: Pilsener, Weißer Kaiser (helles Hefe), Kellerbier, unfiltriertes Pilsener, Schmäusbräu (alles vom Fass), Schwedentrunk (dunkles Spezial), Schwarzer Kaiser (dunkles Hefe), Lucas Cranach, Keller-Äffle.

KÜCHE

Fränkische Brotzeiten. Täglich große Karte mit warmen Gerichten. Spezialitäten: Bierhaxe, stolzer Heinrich, saisonale Gerichte (z. B. Spargel, Pfifferlinge).

PLÄTZE (außen/regensicher)

50/120

ANSCHRIFT

Friesener Straße 1
96317 Kronach
Tel.: 09261-1048

ÖFFNUNGSZEITEN

Täglich 11 bis 14 und ab 17 Uhr
Montag Ruhetag

IM HERZEN DER STADT

An stressigen Tagen findet man die Kronacher meist im kleinen „Kaiserhöfer". Der Betrieb liegt nun schon in der vierten Generation in den Händen der Familie Kaiser, und die hat Sinn für Humor. Das zeigt sich schon in den Namen der Biere: Die Weizenbiere heißen Weißer und Schwarzer Kaiser, das Dunkle ist der Schwedentrunk. 2002 pflanzte das Brüderpaar Thomas und Ulrich Kaiser sogar eigens eine Kastanie im Biergarten.

Otti's Brotzeitstube

www.bier.by | **Tipp: Hausmacher Teller**

BIER

Scherdel/Hof: Pils (vom Fass), Weizen, Dunkles, Diät, Alkoholfreies.

KÜCHE

Fränkische Brotzeiten. Täglich kleine Karte mit warmen Gerichten. Spezialitäten: Hausmacher Teller, Hering mit Kartoffeln.

PLÄTZE (außen/regensicher)

70/95

ANSCHRIFT

Haingasse 18
96317 Kronach
Tel.: 09261-93880

ÖFFNUNGSZEITEN

Täglich ab 14 Uhr
Sa, So und Feiertage ab 9 Uhr
Montag Ruhetag

VOM BAUM IN DEN MUND

Der Biergarten von Ottlilie Blinzler am Kronacher Stadtrand - ideal für die Rast vor oder nach dem Festungs-Besuch - ist mit Obstbäumen und Weinstöcken durchwachsen, die die Gäste regelmäßig plündern. Die übrig gebliebenen Früchte finden sich dann auf den beliebten selbst gebackenen Kuchen, die die Dame jeden Sonntag anbietet. Sehenswert auch die schottischen Hochlandrinder auf dem Bauernhof.

Wirtshaus zum Fröschbrunna

www.froeschbrunna.de **Tipp: Mufflon-Gerichte**

BIER

Gampert/Weissenbrunn: Pils, Dunkles (beides vom Fass), dunkles Hefeweizen. Püls/Weismain: Weizen (vom Fass), leichtes Weizen, naturtrübes Radler. Kaiserhof/Kronach: Schmäusbräu (vom Fass). Kulmbacher: Kapuziner alkoholfreies Weizen.

KÜCHE

Fränkische Brotzeiten. Täglich mittelgroße Karte mit warmen Gerichten. Spezialitäten: Bauernpfanne, Mufflongerichte (aus dem eigenen Gehege).

PLÄTZE (außen/regensicher)

80/85

ANSCHRIFT

Fröschbrunn 3
96317 Kronach
Tel.: 09261-91203

ÖFFNUNGSZEITEN

Täglich ab 10.30 Uhr
Mittwoch Ruhetag

AN DER ALTEN CRANACH

Wo vor wenigen Jahren die Landesgartenschau endete, steht mit dem Wirtshaus zum Fröschbrunna ein kleiner Erlebnispark für die Freunde guter Freizeitgestaltung bereit. Denn die Rodelbahn namens „Fröschbrunna-Coaster" und ein eigener Reiterhof bieten für die nötige Abwechslung zwischen den Mahlzeiten im Biergarten. Der wartet mit großen Bäumen und vielen Spezialitäten aus der Region auf. Dazu gehören beispielsweise die Mufflongerichte. Diese speziellen Wildschafe stehen übrigens in einem eigenen Gehege auf dem Fröschbrunna-Gelände, mittlerweile haben sich auch Lamas dazu gesellt.

Kommunbräu

www.kommunbraeu.de

Tipp: Schwarzfleisch mit Klößen

EULEN NACH ATHEN?!

Eine Brauerei in der selbsternannten Bierhauptstadt zu gründen - dazu gehört Mut. Doch die Idee - am Stammtisch geboren - reifte, und vier Jahre nach Gründung der Genossenschaft konnten die Anteilseigner den ersten eigenen Gerstensaft probieren. Das war 1994 und seitdem sind es über 400 Genossenschaftler, die mit ihrem Einsatz die kleine Braustätte im Herzen der Bierwelt am Leben erhalten. An Ideen mangelt es übrigens auch nach mehr als zehn Jahren nicht: Innovativ und kreativ lesen sich in der Hauszeitung „Milchbänkla" aktuelle News und Angebote. Ach ja: Es gibt jeden Monat ein wechselndes Bier: Anstich ist am ersten Mittwoch im Monat, dann gibt´s a Gratis-Versucherla.

BIER

Eigene Brauerei: Helles, Bernstein (beides vom Fass), jeden Monat ein wechselndes Bier. Kulmbacher: Alkoholfreies.

KÜCHE

Fränkische Brotzeiten. Täglich große Karte mit warmen Gerichten. Spezialitäten: Kulmbacher Bierzwiebel, Schwarzfleisch mit Klößen.

PLÄTZE (außen/regensicher)

100/250

ANSCHRIFT

Grünwehr 17
95326 Kulmbach
Tel.: 09221-84490

ÖFFNUNGSZEITEN

Täglich ab 10 Uhr

Mönchshof Bräuhaus Biergarten

www.kulmbacher-moenchshof.de Tipp: Kulmb. Bratwurstpfännchen, Kulmb. Pfefferhaxe

BIER

Eigene Brauerei: Museumsbier (unfiltriertes Export), saisonale Biere (alles vom Fass). Kulmbacher: Mönchshof Original, Kapuziner Weißbier, Mönchshof Pils, Mönchshof Schwarzbier, Mönchshof Kellerbier (alles vom Fass).

KÜCHE

Fränkische Brotzeiten. Täglich mittelgroße Karte mit warmen Gerichten. Spezialitäten: Kulmbacher Bierfleisch, Kulmbacher Pfefferhaxe, Brauerbrotzeit.

PLÄTZE (außen/regensicher)

2000/500

ANSCHRIFT

Hofer Straße 20
95326 Kulmbach
Tel.: 09221-80514

ÖFFNUNGSZEITEN

Täglich ab 10 Uhr
Montag Ruhetag
Biergarten:
Bei schönem Wetter
Täglich ab 16 Uhr
Sa, So und Feiertage ab 14 Uhr

MIT HÜTTCHEN UND PAVILLON

Ein großer Biergarten mit alten Kastanien lädt zum gemütlichen Verweilen ein. Auf alle kleinen Gäste wartet ein Spielplatz, der die Zeit schnell vergessen lässt. Die frühere Klosterbrauerei gehört heute zur Kulmbacher Brauerei und beherbergt unter anderem das Bayerische Brauereimuseum, das Bayerische Bäckereimuseum und den riesigen Mönchshof-Biergarten. Man braut zwei sehr feine und beliebte eigene Biere in der kleinen Museums-Brauerei. Hier kann dem Braumeister bei seiner Arbeit an den Brautagen über die Schulter gesehen werden. Er ist gerne bereit, Sie die Früchte seiner Arbeit probieren zu lassen. Für die Brotzeiten wurde eigens ein Casting potentieller Leckereien aus dem Umland durchgeführt - Gaumenschmaus garantiert!

8352, 8353 Blaich, Kulmbach Bus DB

Schweizerhof

www.der-schweizerhof.de Tipp: Pfefferhaxe

KULMBACH-KLASSIKER

Seit über 100 Jahren pilgern die Kulmbacher in den Stadtteil Ziegelhütten, wo die Welt noch ein bisschen mehr in Ordnung ist als auf der anderen Seite der B289. Dort steht der Schweizerhof mit seinem weißen Zäunchen und den großen Linden dahinter. Eigentümer Wolfgang Zettner steht selbst noch in der Küche, wo er einer breiten Speisenpalette zu feinem Geschmack verhilft. Zu Trinken gibt's - natürlich - Kulmbacher, frisch vom Fass.

BIER

Kulmbacher: Pils, Kellerbier, Hefeweißbier (alles vom Fass), Kapuziner Hefeweizen alkoholfrei, Alkoholfreies.

KÜCHE

Fränkische Brotzeiten und Salate. Täglich große Karte mit warmen Gerichten. Spezialitäten: Pfefferhaxe, gegrillte Haxe, Schwammerlgerichte (saisonal), Spargelgerichte (saisonal).

PLÄTZE (außen/regensicher)

130/110

ANSCHRIFT

Ziegelhüttener Straße 38
95326 Kulmbach
Tel.: 09221-92830

ÖFFNUNGSZEITEN

Täglich ab 9 Uhr
Mittwoch Ruhetag

Kulmbacher Bierwoche

www.kulmbacher.de/de/biwo/

Kulmbach nimmt für sich den Titel „heimliche Hauptstadt des Bieres" in Anspruch - teils zu Recht. Steht doch sogar im Duden: „Kulmbacher, das;-s (ein Bier)".

Der Ruf fußt auf den alten Tagen vor mehr als 100 Jahren, als Kulmbach noch mit C geschrieben wurde. Bereits damals war das Bier ein Exportschlager: 733000 Hektoliter gingen im Jahr 1900 in alle Welt. In der namibischen Wüste werden heute noch Flaschen aus dieser Zeit gefunden. Diese Tradition muss gefeiert werden: in der Bierwoche!

An jedem letzten Samstag im Juli vollzieht sich in der Bierstadt Kulmbach ein „heiliger Akt": Der Oberbürgermeister der Stadt Kulmbach bringt mit gezielten Hammerschlägen das Festbier zum Fließen – neun Tage lang versetzt die Kulmbacher Bierwoche die Markgrafenstadt am Fuße der Plassenburg in einen fröhlichen Ausnahmezustand. Und mehr als 100 000 Gäste feiern mit. Ziel aller Bierfreunde ist der legendäre Kulmbacher Bierstadl im Herzen der Stadt, wo ein Top-Programm geboten wird. Heimische Musikvereine sorgen bereits ab Mittag für Feierlaune im Stadl, während am Abend bekannte Stimmungskapellen das Zelt zum Beben bringen. Ein besonderer Höhepunkt ist der „Tag der Fanclubs" am ersten Bierfestsonntag: Hier ziehen Freunde des Kulmbacher Biers aus ganz Deutschland in einem Festzug mit originellen Wagen durch die Kulmbacher Innenstadt zum Kulmbacher Bierstadl, wo die schönsten Gefährten und Standarten prämiert werden.

Bier.BY
BIERKULTUR ERLEBEN

Bayerisches Brauereimuseum mit Gläserner Brauerei

Gründung: 1994 | Brauer: Robert Boser

„Kultur und Genuss unter einem Dach" ist das Motto des Kulmbacher Mönchshofs, in dem das Bayerische Brauereimuseum, das Bayerische Bäckereimuseum, das Museumspädagogische Zentrum und die Brauereigaststätte „Zum Mönchshof-Bräuhaus" mit Biergarten beheimatet sind.

„HEUTE BACK' ICH,
MORGEN BRAU' ICH"

Auf über 3.000 m² Ausstellungsfläche nimmt sich das Bayerische Brauereimuseum gekonnt des Spektrums Bier an und beleuchtet eindrucksvoll die herausragende Bedeutung, die das „flüssige Gold" in Bayern, Franken und speziell in Oberfranken spielt. Mit vielen interaktiven Stationen wird der Museumsbesuch zu einem unvergesslichen Erlebnis. Von der Kunst des handwerklichen „Bierbrauens um 1900" führt die Ausstellung zum technisierten und computergesteuerten „Bierbrauen heute". Die Themen „Bierkultur im Wandel der Zeit", „Bier und Werbung", sowie „Brauereiarchitektur" werden ebenso behandelt, wie auch die kleinen Fragen des Alltags beantwortet werden: „Ist Bier gesund?" oder „Macht Bier dick?". Wertvolle Exponate, wie eine 3000 Jahre alte Bieramphore, wundervolle alte Bierkrüge, Sudhäuser und bibliophile Kleinodien runden die eindrucksvoll inszenierten Themenbereiche stimmungsvoll ab.

Biersorten

Museumsbier

Saisonal

Heller Bock - ab 05. Januar
Gartenweizen - ab 01. Mai
Erntedankbier - ab Ende Sept.
Lebkuchenbier - ab Ende Nov.

Der Klassiker

Naturtrübes Museumsbier

Mönchshof Bräuhaus

BRAUEREI MUSEUM

Anschrift & Kontakt

Hofer Straße 20
95326 Kulmbach
Telefon: 09221/ 805-14
Fax: 09221/ 805-15
www.kulmbacher-moenchshof.de
Kulmbacher-Moenchshof@
kulmbacher.de

Öffnungszeiten Museum

Di bis So 10-17 Uhr
und nach Vereinbarung
Montag Ruhetag

MÖNCHSHOF-BRÄUHAUS MIT TERRASSE & BIERGARTEN

Öffnungszeiten Gasthaus

Di bis So ab 10 Uhr
durchgehend
Montag Ruhetag

Spezialitäten

Kulmbacher Pfefferhaxe,
Mönchshof-Bierfleisch,
Fränk. Bratwurstpfännchen

Höhepunkt des Besuches ist der abschließende Gang durch die „Gläserne Brauerei" mit ihren durchscheinenden Sudkesseln und den glänzenden Kupferhauben. Hier schauen Sie Braumeister Robert Boser direkt über die Schultern und können ihn nach Herzenslust zu seiner Arbeit in der Kleinbrauerei befragen. Gerne lässt er Sie hier das vollmundige, goldgelbe Museumsbier aus dem Lagertank probieren.

Oder wollen Sie einmal einen ganzen Tag in die Welt des Bieres eintauchen? Dann wäre ein Bierseminar bei Robert Boser in der Gläsernen Brauerei genau das Richtige für Sie. Die Termine erhalten Sie gerne auf Anfrage.

Im urigen Wirtshaus, dem Mönchshof-Bräuhaus, kann dann nach all der Theorie zur Praxis übergegangen werden. Eine große Biersortenvielfalt und typisch fränkische Köstlichkeiten in klösterlichen Gewölben warten auf Sie. Der schöne Biergarten mit den großen, uralten Kastanien und der weitläufige Abenteuerkinderspielplatz laden an sonnigen Tagen gerne zum Verweilen und Entspannen ein. Genießen Sie fränkische Lebensart und: „Kommen´s amal vorbei"!

Waldstübla

www.waldstübla.de

Tipp: Geschnittene Hasen

BIER

Löwenbräu/Buttenheim: Hauslager (vom Fass), Alkoholfreies. Ott/Oberleinleiter: Weizen, Dunkles (beides vom Fass), Pils.

KÜCHE

Fränkische Brotzeiten. Täglich mittelgroße Karte mit warmen Gerichten. Spezialitäten: Schnitzelsandwich, selbst gebackene Kuchen, geschnittene Hasen.

PLÄTZE (außen/regensicher)

500/120

ANSCHRIFT

zwischen Geisfeld und Leesten
Tel.: 09505-1240

ÖFFNUNGSZEITEN

Tägl. ab 15 Uhr (bei schönem Wetter)
So und Feiertage ab 10.30 Uhr

PURE NATUR

Zwischen Leesten und Geisfeld liegt am Waldrand ein kleines Häuschen. Bei genauerem Hinsehen entdeckt man einen urgemütlichen Biergarten mit einem Streichelzoo. Ponys, Ziegen, Meerschweinchen, Tauben, Hasen, Fasane und weitere Vierbeiner warten auf Streicheleinheiten und lassen sich auch gerne füttern. Für die Zweibeiner gibt's neben den Kellerklassikern auch Hamburger.

Gasthaus Friedrich-Wilhelm-Stollen

www.friedrich-wilhelm-stollen.de **Tipp: Das Bier nach der Führung**

LETZTER STOPP VOR DEM BERGWERK

Der Friedrich-Wilhelm-Stollen nahe Lichtenberg ist ein beliebtes Ausflugsziel im nördlichen Oberfranken. Doch während die Kinder die dunklen Höhlen entdecken, haben viele der mitreisenden Erwachsenen inzwischen ein anderes Ziel - die zugehörige Wirtschaft. Nicht, dass der Stollen uninterressant wäre, aber wer sehnt sich nicht nach leckeren fränkischen Köstlichkeiten und frischem Raubritter-Bier der Brauerei Sonnenbräu. All das darf hier auch noch in einem sonnig gelegenen Biergarten eingenommen werden. So wird der Stollen-Ausflug zum Spaß für die ganze Familie. Aber Vorsicht, nicht die festgelegten Führungszeiten vergessen!

BIER

Scherdel/Hof: Pils (vom Fass). Kulmbacher: Pils. Sonnenbräu/ Lichtenberg: Dunkles, helles Weizen, dunkles Weizen, Raubritter. Erdinger: Weißbier, Leichtes Weizen, Kristallweizen, alkoholfreies Weizen.

KÜCHE

Hausmacher Brotzeiten. Täglich mittelgroße Karte mit warmen Gerichten. Spezialitäten: Raubritterplatte, Riesen-Currywurst, verschiedene Kaffeevariationen, selbst gebackene Kuchen.

PLÄTZE (außen/regensicher)

50/80

ANSCHRIFT

Friedrich-Wilhelm-Stollen 1
95192 Lichtenberg
Tel.: 09288-216

ÖFFNUNGSZEITEN

Täglich ab 8.30 Uhr
Mi und Do Ruhetag

Brauerei und Gasthof Kürzdörfer

www.landgasthof-kuerzdoerfer.eu

Tipp: Landbier und eingewecktes Fleisch

BIER

Eigene Brauerei: Vollbier, Landbier dunkel, Bock (Mitte Nov.) (alles vom Fass).

KÜCHE

Hausmacher Brotzeiten. Täglich kleine Karte mit warmen Gerichten. So Mittagstisch. Spezialitäten: Flammkuchen, Knoblauchwürste, eingewecktes Fleisch, Braumeisterplatte, Schnitzel.

PLÄTZE (außen/regensicher)

90/90

ANSCHRIFT

Brauhausgasse 5
95473 Creußen-Lindenhardt
Tel.: 09246-221

ÖFFNUNGSZEITEN

Täglich ab 11 Uhr
So und Feiertage ab 10 Uhr
Montag Ruhetag

GANZE BÄUME FÜR GANZE KERLE

Erst einmal im kleinen Lindenhardt angekommen führt kein Weg an der Brauerei Kürzdörfer vorbei. Deren Bierkeller ist eigentlich eine Blockhütte und liegt buchstäblich in der Brauhausgasse. Nicht nur das ganz frisch gezapfte Bier ist hier aus erster Hand, auch die leckeren Brotzeiten werden frisch aus der Familie geliefert (der Sohn ist Metzger). Wenn Gasthaus und Biergarten geöffnet haben, sind Gast und Wirt unter dem Schatten der großen Bäume rund um das Holzhaus vereint. Ein echter Bierkeller mit kleiner Brauerei und frischen Brotzeiten - was will der Kulinarfranke mehr?

Brauerei-Wirtshaus Bräustübl

www.staffelberg-braeu.de — Tipp: Krenfleisch

ACHT BIERE UND EINE METZGEREI

Karl-Heinz Wehrfritz, einer der Chefs des Hauses, ist ein richtiger Alleskönner, Metzgermeister und Braumeister. Das ist wohl einer der Gründe, warum man im Umfeld der Brauerei besonders die Beständigkeit der Qualität lobt. Immerhin betreibt die Familie den Betrieb seit 1856. Ein anderer Grund ist die Innovationsfreudigkeit des Hauses. Seit 2005 wird das Bier im umweltfreundlichen Schonkochverfahren hergestellt und damit viel Energie eingespart. Dass Bier und Brotzeiten schmecken, versteht sich bei dem Drumherum von selbst …

BIER

Eigene Brauerei: Dunkles, Pils, Hefeweizen (alles vom Fass), alkoholfreies Weizen, alkoholfreies Pils.

KÜCHE

Hausmacher Brotzeiten. Täglich große Karte mit warmen Gerichten. Spezialitäten: Knusprige Schäuferle, Wild aus heimischer Jagd.

PLÄTZE (außen/regensicher)

60/100

ANSCHRIFT

Mühlteich 7
96231 Bad Staffelstein-Loffeld
Tel.: 09573-5925

ÖFFNUNGSZEITEN

Täglich ab 10 Uhr
Montag Ruhetag

Brauerei Hölzlein

www.bier.by

Tipp: Warme Bräten an den Feiertagen

BIER

Eigene Brauerei: Helles Vollbier, Bockbier (saisonal) (beides vom Fass). Grasser/Huppendorf: Hefeweizen.

KÜCHE

Hausmacher Brotzeiten. Täglich kleine Karte mit warmen Gerichten. So und Feiertage Mittagstisch. Spezialitäten: Feuervogel, Cordon Bleu aus der Pfanne, Pfannenschnitzel, Schweinebraten (So).

PLÄTZE (außen/regensicher)

200/145

ANSCHRIFT

Ellertalstraße 13
96123 Litzendorf-Lohndorf
Tel.: 09505-357

ÖFFNUNGSZEITEN

Mo bis Fr ab 15 Uhr, Sa ab 12 Uhr
So und Feiertage ab 10 Uhr
Dienstag Ruhetag

DIE SIEBTE GENERATION TROTZT DEM ABERGLAUBEN

Eigentlich hätten die Vorfahren auf der Hausnummer 15 bestehen sollen, so Inhaber Heinrich Hölzlein, aber so lebe man nun mit der zweifelhaften Hausnummer 13, die nach der Gebietsreform der Brauerei Hölzlein zugeteilt worden war. Und im Grunde lebt man ganz gut damit, schließlich befindet sich das Geschäft seit nunmehr 225 Jahren ununterbrochen in Familienbesitz. Etwas puristisch mutet allerdings das Angebot an: Vollbier vom Fass und hausgemachte Brotzeiten aus Hausschlachtung in überschaubarer Auswahl. Die geringe Quantität mindert aber bei weitem nicht die Qualität des Dargebotenen. So probiert man sich gerne durch und vergisst dabei, dass man eh nichts zu essen hätte mitbringen dürfen.

970, 976 Lohndorf, Litzendorf Bus

Wanderhütte Kleinrehmühle

www.kleinrehmuehle.de **Tipp: geräucherte Forelle (nach uraltem Rezept)**

DAS FAMILIENPARADIES

Mitten im Wald liegt die Kleinrehmühle, die von Familie Wagner in ein echtes Kinderparadies verwandelt worden ist. Früher einfach nur Zwischenstation für Wanderer, leben hier nun jede Menge Streicheltiere: Schafe, Ziegen, Hühner, Hasen, Meerschweinchen, Enten usw. laufen alle frei herum und machen den Gästen viel Freude. Ein weiteres Highlight ist der Kinderspielplatz - als Palisadenburg unter anderem mit einem Trampolin ausgestattet. Dazwischen verläuft malerisch der kleine Bach, in dem sich Hunderte Forellen tummeln.

BIER

Püls/Weismain: Pils, Keller. Krug/Breitenlesau: Lager. Scherdel/Hof: Pils. Tucher/Fürth: Zirndorfer Landbier. Huber/Freising: Weiße.

KÜCHE

Fränkische Brotzeiten. Keine warmen Gerichte. Spezialitäten: Geräucherte Forellen, selbst gebackene Kuchen.

PLÄTZE (außen/regensicher)

150/50

ANSCHRIFT

Kleinrehmuehle
95352 Marktleugast
Tel.: 09255-413

ÖFFNUNGSZEITEN

Täglich ab 9 Uhr
Montag und Dienstag Ruhetag

Brauereigaststätte am Strand

www.bier.by

Tipp: Brotzeitteller

BIER

Eigene Brauerei: Zwickel, Aloisius, Rawetzer Weißbier, Pils, Helles (alles vom Fass), Rawetzer Zoigl, dunkles Weizen, leichtes Weizen, Nothhaft leichtes. Erdinger: Kristallweizen, alkoholfreies Weizen.

KÜCHE

Fränkische Brotzeiten. Täglich große Karte mit warmen Gerichten. Spezialitäten: Saisonale Gerichte (z. B. Pfifferlinge, Wildgerichte, Spargel, etc.), Brotzeitteller.

PLÄTZE (außen/regensicher)

30/60

ANSCHRIFT

Ottostraße 32
95615 Marktredwitz
Tel.: 09231-2985

ÖFFNUNGSZEITEN

Täglich 10 bis 14 und ab 17 Uhr
Montag und Dienstag Ruhetag

AUF DER SONNENSEITE

Am Strand fühlt man sich wirklich wie im Urlaub - die Terrasse im Grünen, frisches gutes Bier direkt aus der Brauerei und fränkische Schmankerl - was wünscht sich der Franke mehr? Seit Juni 2011 führt Nicole Regnet die Brauereigaststätte am Strand und wird dabei von ihrer Familie tatkräftig unterstützt. Nothhaft-Bier gibt es erst seit 1882, als Otto Nothhaft Haus und Kommunbraurecht erwarb. Immerhin 12 Biersorten produziert der kleine mittelständische Betrieb - und jedes kann man sich absolut schmecken lassen!

Gaststätte Forsthaus

www.bier.by **Tipp: Schwäbischer Zwiebelrostbraten mit Bratkartoffeln**

BIER

Nothhaft/Marktredwitz: Weizen, Helles, Pils, Zoigl (alles vom Fass), Dunkles (Aloisius), dunkles Weizen, leichtes Schankbier.

KÜCHE

Fränkische Brotzeiten. Täglich große Karte mit warmen Gerichten. Spezialitäten: Verschiedene Bräten, z. B. Sauerbraten oder Schweinebraten, Sulze mit Bratkartoffeln, Schmankerlaktion (Do).

PLÄTZE (außen/regensicher)

72/75

ANSCHRIFT

Putzenreuthstraße 49
95615 Marktredwitz
Tel.: 09231-82736

ÖFFNUNGSZEITEN

Täglich ab 11 Uhr
So und Feiertage ab 9.30 Uhr
Mittwoch Ruhetag

AUF DER ALM

Gefeiert wird am Forsthaus, solange man denken kann. War hier doch früher der legendäre Startpunkt für den Geißauftrieb, der viele Jahre noch mit dem „Goaßalmfest" begangen wurde. Direkt am Waldrand in der Nähe der Klinik gelegen, ist das Forsthaus ein echtes Allroundziel für Jung und Alt. Ebenso ist die Wirtschaft Ausgangs- und Endpunkt vieler Wanderungen, z. B. Richtung Sichersreuth oder Luisenburg auf dem Quellenweg. Betreiberin Christa Herff hat 2008 hier gestartet und ihr Konzept erfolgreich umgesetzt.

Meister Bär - Hotel Fichtelgebirge

www.mb-hotel.de

Tipp: Selbst gemachter Ziebeleskäs

BIER

Püls/Weismain: Export, Pils, Kellertrunk, Weizen (alles vom Fass).

KÜCHE

Fränkische Brotzeiten. Täglich große Karte mit warmen Gerichten. Spezialitäten: Forellen zum Selberfischen, Bratwurstspieß, Krustenbraten mit Kloß und Kraut, fränkischer Brotzeitteller.

PLÄTZE (außen/regensicher)

200/250

ANSCHRIFT

Bahnhofsplatz 10
95615 Marktredwitz
Tel.: 09231-9560

ÖFFNUNGSZEITEN

Täglich ab 6.30 Uhr

DIE BIERGARTEN-BURG

Hinter einer eher unscheinbaren Hotelfassade versteckt sich eine Biergarten-Sensation! Inhaber Heiner Bär hat keine Kosten und Mühen gescheut, um ein einzigartiges Ambiente zu schaffen. Im Hinterhof findet der Gast einen liebevoll angelegten wunderschönen Biergarten mit Streichelzoo und vielen mittelalterlich angehauchten Spielmöglichkeiten. Vom Garten führen zahlreiche Gänge in ein Labyrinth, durch das man in die Räume der Ritterburg gelangt. Vom Verlies über den Raum für Ritteressen und Gelage bis hin zur 1001-Nacht-Saunalandschaft ist alles vorhanden. Hier muss man einfach mal gewesen sein! Absolut einmalig übrigens auch: Hier kann der Gast seine Forelle noch selbst fangen (!), die anschließend für ihn auf dem Grill zubereitet wird.

Hof Untreusee

Kreuzbergklause

www.kreuzbergklause.eu **Tipp: Pfannenschnitzel mit Schmäußbräu**

BIERGARTEN MIT HUND

Wer nicht gerne allein sein will, sollte hier vorbeischauen. Um die Ecke ist nämlich das Tierheim, das sich freut, wenn Garten-Gäste die Vierbeiner zum kleinen Spaziergang ausführen. Und wer schon seinen Traumpartner gefunden hat, der kann direkt neben dem Biergarten in der über 200 Jahre alten Kreuzbergkapelle heiraten. Traumhochzeit für Bierkellerfans! Buchen kann man das beim Eigentümer Pfarramt St. Johannes Kronach oder direkt bei Pächter Marcel Brozek vor Ort. Seit 2013 heißt die Kreuzbergklause auch Restaurant, weswegen es nun auch eine sehr ausführliche und wohlschmeckende Speisekarte gibt.

BIER

Kaiserhof/Kronach: Schmäußbräu, Pils (beides vom Fass), dunkles Hefeweizen, helles Hefeweizen. Maisel/Bayreuth: Alkoholfreies Weißbier.

KÜCHE

Fränkische Brotzeiten. Täglich große Karte mit warmen Gerichten. Spezialitäten: Fisch- und Fleischspezialitäten, vegetarische Gerichte, z. B. Grillgemüse mit Gartenkräuterquark und Rosmarinkartoffeln, verschiedene Kuchen und Torten.

PLÄTZE (außen/regensicher)

180/110

ANSCHRIFT

Kreuzbergklause 1 (zwischen Kronach und Marktrodach, Richtung Tierheim)
96364 Marktrodach
Tel.: 0172-2645769

ÖFFNUNGSZEITEN

Fr ab 16.30 Uhr
Sa ab 13.30 Uhr, So ab 11 Uhr
Mo bis Do geschlossen

Gasthaus Hoh

www.gasthaus-hoh.de Tipp: Kalter Schweinebraten

ENTE MIT RAUCHBIER

Weit ab von der Straße unter dem Schatten vieler alter Bäume findet man einen Familienbiergarten der besonderen Art. Mitten in Meedensdorf schaut man trotzdem weit ins umgebende Frankenland, große Bäume beschatten fast jeden Platz und einmal im Jahr landet bei fast jedem Gast der legendäre Entenbraten auf dem Teller. Der ist so bekannt, dass es jedes Jahr zur Kirchweih eine lange Vorbestellungsliste für das traditionelle Entenessen gibt. Damit die Ente auch eine Unterlage hat, empfiehlt sich das Rauch- oder Kellerbier der Brauerei Hummel aus Merkendorf, das vom Fass ausgeschenkt wird.

BIER

Hummel/Merkendorf: Räucherla, Keller (beides vom Fass), dunkles Weizen, Schwarzbier. Püls Weismain: Pils, Weizen (beides vom Fass), Dunkles. Löwenbräu/ München: Alkoholfreies. Maisel/ Bayreuth: Alkoholfreies Weizen.

KÜCHE

Hausmacher Brotzeiten. Täglich mittelgroße Karte mit warmen Gerichten. Spezialitäten: Kellerplatte, kalter Schweinebraten, selbst gemachte Pizza.

PLÄTZE (außen/regensicher)

300/70

ANSCHRIFT

Kapellenplatz 5
96117 Meedensdorf
Tel.: 09505-1443

ÖFFNUNGSZEITEN

Di bis Sa ab 16 Uhr,
So und Feiertage ab 14 Uhr
Mai bis Sep. Montag Ruhetag
(wenn Montag Feiertag, dann Dienstag Ruhetag)
Okt. bis Apr.: Mo und Di Ruhetag

Brauerei Winkler

www.brauerei-winkler.onlinehome.de

Tipp: Forelle

BIER

Eigene Brauerei: Dunkles Vollbier (vom Fass). Reh/Lohndorf: Weizen. Clausthaler: Alkoholfreies.

KÜCHE

Hausmacher Brotzeiten. Täglich mittelgroße Karte mit warmen Gerichten. So und Feiertage Mittagstisch. Spezialitäten: Selbst geräucherter Schinken, Zwetschgenbames, Hähnchen, Forellen (aus eigenem Gewässer).

PLÄTZE (außen/regensicher)

120/155

ANSCHRIFT

Otterbachstraße 13
96123 Litzendorf-Melkendorf
Tel.: 09505-224

ÖFFNUNGSZEITEN

Mo bis Do ab 16 Uhr
Fr bis So ab 10 Uhr
Dienstag Ruhetag

DIE BIERTERRASSE UNTER DEN KELLERN

Kein typischer Bierkeller, zudem noch mit Forellenteich und Kegelbahn – so präsentiert sich „der Winkler" am Fuße des Geisbergs. Das allerdings seit mehr als 110 Jahren. Wenn Sie als Leser einmal einen ungewöhnlichen Ort für den nächsten Geburtstag oder die (nächste) Hochzeit suchen, ist Ihre Anfrage in Melkendorf gerne gesehen. Für etwas Verwirrung könnten die Bügelflaschen sorgen, das fehlende Etikett vermisst man allerdings nur die ersten zwei bis drei Flaschen…

970, 972 Melkendorf, Litzendorf Bus

Brauerei-Gasthof Drei Kronen

www.drei-kronen.de **Tipp: Braumeisterschnitzel mit Bierbrotbröseln**

IM ZEICHEN DER „DREI"

Erstmals an Dreikönig im Jahr 1457 erwähnt, steht der Braugasthof in Memmelsdorf für die perfekte Mischung aus Tradition und Innovation: In der dritten Generation, mit drei Kindern, drei Häusern und drei Geschäftszweigen sieht man die 3 als Symbol. Dementsprechend gibt es drei Sorten Bier, ein feines Einsteiger-Rauchbier namens „Stöffla", ein Kellerpils und ein vollmundiges Lager. Zu Dreikönig wechseln sich im Jahresrhythmus Balthasar (hell), Melchior (schwarz) und Caspar (bernstein) ab. Interessant ist auch die Küche mit einer Vorzeige-Kinderkarte und jeder Menge Gerichten mit Bier-Touch (z.B. Schnitzel oder Karpfen im Rauchbierbrotbröselmantel).

BIER

Eigene Brauerei: Stöffla (Rauchbier), Lager, Kellerpils, Hefeweizen (Sommer), Bockbier (saisonal), weitere Sorten wechselnd (alles vom Fass). Maisel/Bayreuth: Alkoholfreies Weizen, Alkoholfreies.

KÜCHE

Fränkische Brotzeiten. Täglich große Karte mit warmen Gerichten. Spezialitäten: Brauherrenspieß, Jungrinderleber, Stöfflabrot, Biergerichte.

PLÄTZE (außen/regensicher)

90/85

ANSCHRIFT

Hauptstraße 19
96117 Memmelsdorf
Tel.: 0951-944330

ÖFFNUNGSZEITEN

Täglich ab 11 Uhr
So 11 bis 15 Uhr, Mo ab 17 Uhr

Brauerei-Gasthof Höhn

www.gasthof-hoehn.de

Tipp: „Görchla"-Brand

BIER

Eigene Brauerei: Görchla-Bier, Görchla-Bock (saisonal) (beides vom Fass).

KÜCHE

Fränkische Brotzeiten. Täglich große Karte mit warmen Gerichten. Spezialitäten: Pfannengerichte, Schalander-Brotzeit, Bierbratwürste, Frappas, saisonale Spezialitäten.

PLÄTZE (außen/regensicher)

80/180

ANSCHRIFT

Memmelsdorfer Hauptstraße 11
96117 Memmelsdorf
Tel.: 0951-406140

ÖFFNUNGSZEITEN

Täglich ab 7.30 Uhr
Dienstag Ruhetag

DIE WIRTSCHAFT IM ZEICHEN DES „GÖRCHLA"

Das „Görchla" begegnet einem beim Höhn sowohl in Form eines unfiltrierten hefetrüben Landbieres als auch als „Görchla"-Brand – ein feiner Bierschnaps. Die gehobene Küche wartet mit Karpfen, Spargel, Wild und Pfifferlingen auf. Doch auch wer es urig mag, kommt auf seine Kosten. So kann man zum Beispiel bei einer Brauereiführung live erleben, wie der alte Sudkessel noch heute mit Holz und Kohlen befeuert wird. Danach gibt's Memmelsdorfer Bierhax'n mit Bierschnaps und Truck.

Höhnskeller

www.bier.by

Tipp: Ziebeleskäse

KELLERBIER, SPIRITUOSEN UND BENEFIZ

Der Höhnskeller ist seit 2011 wieder unter der Ägide der Brauerei. Setzten die vorigen Pächter interessanterweise auch auf eine breite Weinpalette, laden nun wieder eher die frisch gezapften Höhn-Biere zum Verkosten unter den alten Bäumen ein. Die werden nach wie vor traditionell unter Holzbefeuerung und mit Offengärung in Memmelsdorf gebraut. Als „Absacker" sollte man nicht den sonst üblichen Schnitt, sondern eher einen der edlen Brände (z. B. den Görchlabrand) genießen. Überhaupt sitzt es sich hier einfach schön. Einmal im Jahr gibt es Jazz zugunsten eines indischen Hilfsprojektes. Außerdem gibt es monatlich immer ein besonderes Event.

BIER

Eigene Brauerei: Görchla (vom Fass). Erdinger: Urweisse, alkoholfreies Weizen.

KÜCHE

Fränkische Brotzeiten. Wechselnde Tagesgerichte. Spezialitäten: Kalter Schweinebraten, hausgemachter Gerupfter, verschiedene Flammkuchen.

PLÄTZE (außen/regensicher)

250/50

ANSCHRIFT

Meedensdorfer Straße
96117 Memmelsdorf
Tel.: 0171-1552122

ÖFFNUNGSZEITEN

Täglich ab 16 Uhr
Bei schlechtem Wetter geschlossen

Restaurant-Café Schloss Seehof

www.schlossseehof.de **Tipp: Frühstück im Biergarten**

BIER

Keesmann/Bamberg: Herren Pils (vom Fass). Spezial/Bamberg: Rauchbier. St. GeorgenBräu/Buttenheim: Keller. Erdinger: Weißbier, dunkles Weißbier, alkoholfreies Weißbier. Maisel/Bayreuth: Kritzenthaler alkoholfreies.

KÜCHE

Salatvariationen. Täglich mittelgroße Karte mit warmen Gerichten. Spezialitäten: Sauerbraten, Zanderfilet, Salat mit Putenbruststreifen, verschiedene Frühstücke, selbst gebackene Kuchen.

PLÄTZE (außen/regensicher)

200/90

ANSCHRIFT

Schloss Seehof 14
96117 Memmelsdorf
Tel.: 0951-4071640

ÖFFNUNGSZEITEN

Täglich 9 bis ca. 18 Uhr
24. Dez. bis Mitte Jan. geschlossen

DER FEINKOST-BIERGARTEN

Auch wenn Schloss Seehof zu Memmelsdorf gehört, ist es für die Bamberger gefühltes Stadtgebiet, besonders wenn sie nach dem Platz für die Hochzeitsfeier suchen. Der Biergarten liegt nicht im eigentlichen Schloss, sondern zwischen ihm und den Nebengebäuden mit der Orangerie. Dort bewahrten die Fürstbischöfe seit Friedrich Karl von Schönborn edle Gewächse und kostbares Obst wie Ananas und Feigen auf. Ganz profan die Nutzung heute - es sitzt sich trotzdem fürstlich und ist es allein deshalb wert, hier aufgenommen zu werden. Die Zugehörigkeit zum Bamberger „Delikatess-Müller" verspricht zudem hohe Qualität der Speisen. Bier ist in Franken sowieso Delikatesse, deswegen kann man da nichts falsch machen ...

907, 927, 963 Memmelsdorf Markt Bus

Brauerei Hummel

www.brauerei-hummel.de **Tipp: Fleischspieß mit Räucherla**

RAUCHBIER MIT FANGEMEINDE

Mindestens vier frische eigene Biere vom Fass, darunter ein vollmundiges Rauchbier, erklären die große Beliebtheit vom „Hummel" in Merkendorf. Besonders empfehlenswert aus der Küche: Die Brotzeiten aus eigener Hausschlachtung - Leberwurst, Dörrfleisch, Rotwurst und besonders die bekannten Fleischspieße haben eine große Fangemeinde. Und für die ist eines der gebrauten Biere immer das Richtige.

BIER

Eigene Brauerei: Pils, Keller, Räucherla, Cowboy Schwarzbier, helles Hefe, Jubiläumsfestbier „1162", zusätzlich wechselnd ein saisonales Bier (alles vom Fass), dunkles Hefe, Märzen, Maibock (saisonal), Festbier (saisonal), Weizenbock (saisonal), Weihnachtsbock hell und dunkel (saisonal).

KÜCHE

Hausmacher Brotzeiten. Täglich mittelgroße Karte mit warmen Gerichten. Spezialitäten: Brotzeiten, Schnitzel, Hausmacher Bratwürste, selbst gemachte Fleischspieße.

PLÄTZE (außen/regensicher)

150/100

ANSCHRIFT

Lindenstraße 9
96117 Memmelsdorf-Merkendorf
Tel.: 09542-1247

ÖFFNUNGSZEITEN

Täglich ab 9 Uhr, So und Feiertage 9 bis 12 und ab 15 Uhr
So und Feiertage Mittagstisch auf Anfrage
Dienstag Ruhetag

917, 953 Merkendorf Sportplatz, Memmelsdorf Bus

Brauerei Wagner GmbH Memmelsdorf-Merkendorf

www.wagner-merkendorf.de Tipp: Wildgerichte

BIERGARTEN FÜR WILD-FANS

Der „Wagner" in Merkendorf bietet nicht nur traditionelle fränkische Küche, sondern auch frisches Wild aus heimischen Gefilden. Mitten im Brauereihof, also quasi direkt an der Quelle, findet man schon ab neun Uhr morgens ein schönes Plätzchen für den richtigen Start in den Tag. Jährliches Highlight für die Freunde des über 200-jährigen Traditionskellers ist der Bockbieranstich am Freitag vor dem Buß- und Bettag.

BIER

Eigene Brauerei: Ungespundetes Lager, Weißbier, Märzen, Pils, Richard-Wagner-Dunkel, Jubiläumsbier 850 Jahre Merkendorf (alles vom Fass), Festbier (saisonal), heller und dunkler Bock (saisonal im Winter). Werner/Poppenhausen: Alkoholfreies.

KÜCHE

Hausmacher Brotzeiten. Täglich kleine Karte mit warmen Gerichten. Spezialitäten: Schweinebraten, Sauerbraten, Wild, Geflügel.

PLÄTZE (außen/regensicher)

150/85

ANSCHRIFT

Pointstraße 1
96117 Memmelsdorf-Merkendorf
Tel.: 09542-620

ÖFFNUNGSZEITEN

Täglich ab 9 Uhr
Montag Ruhetag
Die ersten drei August-Wochen sind wegen Urlaub geschlossen

DB VGN Bus 917, 953 Merkendorf Kirche, Memmelsdorf

Hummels Keller

www.bier.by

Tipp: Eingelegter Schafskäse

DIE EICHE UNTER DEN BIERKELLERN

Wo hat man schon einen Bierkeller, von dessen Baumbestand es allein zwei Bäume zusammen auf fast 500 Jahre bringen? Einer davon, eine 300-jährige Eiche hat einen Großteil der Familientradition in Merkendorf miterlebt, auf die die heutige Pächterin Maria Hummel auch mächtig stolz ist. Neben der eigenen Hausschlachtung setzt man auch auf Salate (u. a. mit Thunfisch) und weitere eher vegetarische Kellergerichte vom Ziebeleskäs über Limburger bis zum Gerupften. Bei schönem Wetter gibt es freitags marinierte Heringe mit Kartoffeln.

BIER

Eigene Brauerei: Keller, Weizen, Rauchbier (alles vom Fass).
Kulmbacher: Alkoholfreies.

KÜCHE

Hausmacher Brotzeiten.
Täglich kleine Karte mit warmen Gerichten. Spezialitäten: Heißer Schinken, marinierte Heringe (Fr), Salate, eingelegter Schafskäse.

PLÄTZE (außen/regensicher)

120/40

ANSCHRIFT

Austraße 12
96117 Memmelsdorf-Merkendorf
Tel.: 09542-7992

ÖFFNUNGSZEITEN

Mo, Di, Do und Fr ab 17 Uhr
So und Feiertage ab 15 Uhr
Mittwoch und Samstag Ruhetag
Bei schlechtem Wetter geschlossen

917, 953 Merkendorf Kirche, Memmelsdorf Bus

Landhotel-Wirtshaus Schwärzhof

www.schwaerzhof.de Tipp: Rippla mit Kraut und Klößen

BIERCHEN AUF DEM PFERDEHOF

Der Schwärzhof ist ein 200 Jahre alter umgebauter Bauernhof mit einer Pferdezucht (reinrassige ägyptische Araber) und einem Wirtshaus mit Biergarten. Im Grunde steht hier alles im Zeichen der Pferde - sie können im Hotel übernachten, und manchmal nimmt Inhaber Gunter Bayer sogar mal einen Hengst mit zum Bier und den Gästen. Diese sind - vor allem nach Feiern - oft so begeistert, dass sie gleich fürs nächste Mal reservieren.

BIER

Kommunbräu Kulmbach: Helles (ungespundetes) (vom Fass). Kulmbacher: Pils (vom Fass). Klosterbrauerei Weltenburg: Barock Dunkel. Püls/Weismain: Hefeweizen.

KÜCHE

Fränkische Brotzeiten. Täglich kleine Karte mit warmen Gerichten. Spezialitäten: Rippla mit Kraut und Klößen, Schlachtschüssel.

PLÄTZE (außen/regensicher)

150/40

ANSCHRIFT

Am Gründlein - an der Leithen 1
95326 Kulmbach-Metzdorf
Tel.: 09221-3574 o. 0177-4629803

ÖFFNUNGSZEITEN

Täglich ab 17 Uhr
Samstag Ruhetag

Gasthof Finkenhof

www.finkenhof-michelau.de

Tipp: Pfefferhaxe mit Kloß nach Thüringer Art

HAUSGEMACHTER KLOSS NACH THÜRINGER ART IN PERFEKTION

Es gibt sie zwar „nur“ Freitag Abend und Sonntag Mittag, aber alleine wegen der sensationellen Klöße nach Thüringer Art lohnt sich schon ein Besuch des Finkenhofs in Michelau. Der relativ unscheinbar direkt an der Straße gelegene Gasthof von Volker Gagel überzeugt allgemein mit seiner sehr hochwertigen und typischen fränkischen Küche - immerhin kommt das Fleisch direkt von der eigenen Metzgerei. Auch ohne die Highlight-Klöße findet sich also für jeden Freund von Braten und Hausmacher Brotzeiten das richtige Gericht. Der kleine aber feine Biergarten kann trotz Straßennähe mit rustikalen Holzgarnituren und gemütlichem Flair überzeugen. Optimal als Zwischenstopp für eine Radtour - der nahe gelegene Rudufersee und das Deutsche Korbmuseum in Michelau bieten sich als weitere Stationen an.

BIER

Püls/Weismain: Hefeweizen, Pils, Kellertrunk (alles vom Fass), restliches Flaschenbier-Sortiment.

KÜCHE

Hausmacher Brotzeiten. Täglich mittelgroße Karte mit warmen Gerichten. Spezialitäten: Klöße nach Thüringer Art (Fr abends und So mittags), Bierkrustenbraten, eigene Metzgerei.

PLÄTZE (außen/regensicher)

50/80

ANSCHRIFT

Bahnhofstraße 22
96247 Michelau
Tel.: 09571-8270

ÖFFNUNGSZEITEN

Mo bis Do 8 bis 15 Uhr
Fr, Sa, So und Feiertage ab 10 Uhr

Der Lichtenfelser Korbmarkt

www.korbmarkt.de

Der Lichtenfelser Korbmarkt fand zum ersten Mal im Oktober 1980 statt – damals als gezielte Werbeidee für Lichtenfels – hatte die Stadt sich doch Anfang des 20. Jahrhunderts zum Zentrum der Korbmacherei entwickelt. 1906 öffnete eine Korbfachschule ihre Pforten. Heute allerdings ist die Ware der verbliebenen Korbhändler zum überwiegenden Teil importiert.

Nichtsdestotrotz bildet die neu erfundene Korbschau den Höhepunkt des Lichtenfelser Jahreskreises. Zudem hat sich mittlerweile ein Volksfestcharakter entwickelt, weswegen der Korbmarkt eigentlich ein großes Altstadtfest geworden ist. Natürlich können Sie Korbwaren kaufen - vom Einkaufskorb bis zum Designersessel - dazu gibt's dann auch noch Livemusik, Kinderflohmarkt, Flechtvorführungen, Showeinlagen auf den Freilichtbühnen, Jazz-, Pop- und Oldies, Champagner und Fassbier sowie regionale kulinarische Spezialitäten.

Termin:

Wochenende zum dritten Sonntag im September.

Kellerwirtschaft

www.kellerwirtschaft.com Tipp: XXL-Schaschlik

BIER

Leikeim/Altenkunstadt: Landbier, Pils, Steinweizen, Kellerbier (alles vom Fass), Steinbier, Schwarzbier, Alkoholfreies.

KÜCHE

Fränkische Brotzeiten. Täglich mittelgroße Karte mit warmen Gerichten. So und Feiertage Mittagstisch. Spezialitäten: Jeden Freitag ein wechselndes, besonderes Gericht, z. B. XXL-Schaschlik, Grillente, Pfefferhaxe, etc.

PLÄTZE (außen/regensicher)

300/90

ANSCHRIFT

Kellerfuhre 1
96247 Michelau
Tel.: 09571-896886

ÖFFNUNGSZEITEN

Di bis Sa ab 13.30 Uhr
So und Feiertage ab 9.30 Uhr
Montag Ruhetag

SCHASCHLIK XXL

Mitten in Michelau und trotzdem halb im Wald liegt der über 100 Jahre alte historische Bierkeller, der allerdings nicht mehr als solcher genutzt wird. Die vielen Bäume und der schöne, jenseits jeder Durchgangsstraße gelegene Spielplatz ziehen besonders Familien mit Kindern an - für Papa gibt's freitags auch die große Portion - Schaschlik XXL, aber auch andere Spezialitäten. Mama und Oma dürfen die feinen selbst gebackenen Kuchen genießen.

Zum Steinernen Löwen

www.steinerner-loewe.de Tipp: Bratwürste auf Sauerkraut

DER LÖWE MACHTS

Majestätisch thront er am Wirtshaus zum steinernen Löwen, der oft gerühmte König der Tiere. Lieber wäre er jedoch sicher noch im schönen Biergarten des Hauses. Leckeres Kellerbier von Franken Bräu und die hervorragenden Brotzeiten schmecken hier besonders gut. Aber auch zum Beispiel die bekannten Schaschlik (mittwochs) erfreuen das kulinarische Herz - also den Magen. Die Parkplätze finden sich übrigens hinter dem Haus, oft wird das mit etwas unangenehmen Folgen übersehen.

BIER

Franken Bräu/Neundorf: 5-Sterne Premium Pils, Kellerbier, Hefeweißbier, Kellergold (alles vom Fass). Maisel/Bayreuth: Alkoholfreies Weizen, Kritzenthaler alkoholfreies.

KÜCHE

Fränkische Brotzeiten. Täglich mittelgroße Karte mit warmen Gerichten. Spezialitäten: Haxen in Dunkelbiersoße, Schaschlik (Mi), hausgemachte Sülze in Zwiebeltunke, Bratwürste auf Sauerkraut.

PLÄTZE (außen/regensicher)

120/70

ANSCHRIFT

Kronacher Straße 2
96268 Mitwitz
Tel.: 09266-992905

ÖFFNUNGSZEITEN

Täglich ab 10 Uhr
Dienstag Ruhetag

DB Bus 8306, 8331 Kronacher Straße, Mitwitz

Brauerei-Gasthof Zehendner

www.moenchsambacher.de

Tipp: Bratwürste

BIER

Eigene Brauerei: Ungespundetes Lager, Export (beides vom Fass), Hefeweizen. Maisel/Bayreuth: Alkoholfreies Weizen, Kritzenthaler alkoholfreies.

KÜCHE

Hausmacher Brotzeiten. Spezialitäten: Selbst gemachte Sülze, Strammer Max, Gerupfter, Ziebeleskäse (vom Bio-Bauern), selbst gebackenes Brot.

PLÄTZE (außen/regensicher)

70/50

ANSCHRIFT

Haus Nr. 18
96138 Mönchsambach
Tel.: 09546-380

ÖFFNUNGSZEITEN

Di bis Do ab 14 Uhr
Fr, Sa und So ab 10 Uhr
Montag Ruhetag

HEUTE BACK ICH, MORGEN BRAU ICH

Beim „Zehendner" wird diese alte Brauer-Weisheit noch gelebt - dort teilen sich Bier und selbst gebackenes Brot den guten Ruf. Und das zu Recht. Am besten allerdings, so schwören die Kenner und Stammkunden, schmeckt beides zusammen. Zum Beispiel mit der berühmten Hausmacher Bratwurst und Senf oder für die Vegetarier mit Ziebeleskäse vom Biobauern. Kinder können sich auf dem kleinen Kinderspielplatz austoben, für die Väter kann nach telefonischer Anmeldung auch eine Brauereiführung organisiert werden. Weinkenner sollten auch die guten Frankenweine kosten.

991 Mönchsambach, Burgebrach Bus

Landgasthof Werner

www.landgasthof-werner.de Tipp: Muckenreuther Dunkel vom Fass

GESELLIGE BIERGARTEN-WIRTSCHAFT MIT SPIELPLATZ

Besonders gemütlich wird es hier, wenn der große Sandsteingrill angeschürt und saftige Steaks gebraten werden. Das passiert allerdings nur auf Voranmeldung für Gruppen. Ansonsten sitzt es sich sehr schön, sowohl in der einen Hälfte des Biergartens, wo große Bäume stehen, als auch auf der anderen Seite unter den Sonnenschirmen. Ein Muss - gerade für Kinder - ist der große Spielplatz mit Kletterturm, Schaukel, Rutsche, ...

BIER

Eigenes Bier: Muckenreuther Dunkel (vom Fass), Muckenzwickel. Kulmbacher: Reichelbräu Pils, Mönchshof Kellerbier (beides vom Fass), Schwarzbier, Landbier, Reichelbräu Alkoholfreies, Kulmbacher Leichtes, Kulmbacher Alkoholfreies. Maisel/Bayreuth: Weizen (vom Fass), Dunkles, Kristallweizen, Kristallweizen light, alkoholfreies Weizen.

KÜCHE

Fränkische Brotzeiten. Täglich große Karte mit warmen Gerichten. Spezialitäten: Obatzter, gemischter Brotzeitteller, Schnitzel.

PLÄTZE (außen/regensicher)

150/175

ANSCHRIFT

Muckenreuth 11
95512 Neudrossenfeld
Tel.: 09203-272

ÖFFNUNGSZEITEN

Täglich ab 11 Uhr
Di ab 17 Uhr
Montag Ruhetag

Kohlmannsgarten

www.kohlmannsgarten.de Tipp: Sauerbraten

BIER

Glossner/Neumarkt: Pils, Dunkles, Weizen (alles vom Fass). Leikeim/ Altenkunstadt: Premium Pils. Maisel/Bayreuth: Kritzenthaler alkoholfreies.

KÜCHE

Fränkische Brotzeiten. Täglich mittelgroße Karte mit warmen Gerichten. Spezialitäten: Schweinebraten, Sauerbraten, selbst gebackene Kuchen.

PLÄTZE (außen/regensicher)

60/80

ANSCHRIFT

Lindenberg 2
91346 Wiesenttal-Muggendorf
Tel.: 09196-201

ÖFFNUNGSZEITEN

Täglich ab 8 Uhr
Di 8 bis 14 und ab 18 Uhr

UNTER DER RICHARD-WAGNER-LINDE

Auf den hohen Besuch aus Bayreuth ist man in Muggendorf heute noch stolz und zeigt gerne die Linde, unter der der Komponist an seinem Ring und anderen Werken arbeitete. Der Kohlmannsgarten weiß auch immer noch gut zu überzeugen, weniger mit einem eigenen Bier, dafür aber mit verschiedenen Braten und hausgebackenen Kuchen.

389 Muggendorf Gh. Kohlmann, Wiesenttal Bus

Mühlenbräu-Keller

www.bier.by | Tipp: Zwetschgenbames

EIN WIEDERERWECKTER KLASSIKER

In langer Familientradition der Familie Merklein war der Mühlenbräu-Keller schon vor Jahrzehnten ein beliebtes Ziel für Wanderer und Radfahrer, dann für einige Zeit geschlossen, und nun ist er seit 1991 wieder geöffnet. Direkt an der Aurach schmecken das Bier aus eigener Brauerei (Mühlenbräu Hell vom Fass) und die Brotzeiten aus Hausschlachtung besonders gut. Mit Liebe selbst gemacht wird auch der Gerupfte.

BIER

Eigene Brauerei: Mühlenbräu Hell (vom Fass).

KÜCHE

Hausmacher Brotzeiten. Spezialitäten: Hausgemachter Zwetschgenbames, selbst gemachter Gerupfter, Hausplatte.

PLÄTZE (außen/regensicher)

120/0

ANSCHRIFT

Neukreuthstraße 7
96135 Mühlendorf
Tel.: 0951-29119

ÖFFNUNGSZEITEN

Anfang Mai bis Ende Aug.
Täglich ab 16 Uhr
So und Feiertage ab 15 Uhr
Bei schlechtem Wetter geschlossen

Sonnenbräu Mürsbach

www.gasthaus-schmitt.de Tipp: Schaschlik

BIER

Eigene Brauerei: Kellerbier, Hefeweizen, Bock (saisonal) (alles vom Fass). Kulmbacher: Kapuziner Hefeweizen alkoholfrei, Alkoholfreies.

KÜCHE

Hausmacher Brotzeiten. Täglich mittelgroße Karte mit warmen Gerichten. Spezialitäten: Hähnchen, Schaschlik, hausgemachter Kochkäse.

PLÄTZE (außen/regensicher)

150/180

ANSCHRIFT

Zaugendorfer Straße 4
96179 Mürsbach
Tel.: 09533-981017

ÖFFNUNGSZEITEN

Täglich ab 11 Uhr
Montag Ruhetag

GENUSS FÜR GROSS UND KLEIN

Bereits in der fünften Generation ist der familienfreundliche Biergarten in der Hand der Familie Schmitt. Bier und Brotzeiten (Kochkäse!) aus eigener Produktion (wenn man Glück hat und gerade gebraut wird, darf man zusehen), sowie liebevoll benannte Kindergerichte prägen das Angebot. Allerdings sind auch kernige Gerichte wie Schaschlik dabei. Die sechste Generation steht übrigens bereits in den Startlöchern, damit die Tradition auch weitergeht.

957, Agilis Bhf. Rentweinsdorf Bus

Zur Kösseine

www.bier.by

Tipp: Hausgemachtes Gelinge

BIER

Scherdel/Hof: Lager (vom Fass), Pils, Dunkles, Weizen, Schwarzbier, dunkles Weizen, leichtes Weizen.

KÜCHE

Fränkische Brotzeiten. Täglich mittelgroße Karte mit warmen Gerichten. Spezialitäten: Wirtshauspfanne, fränkische Gerichte und Bräten, verschiedene wechselnde Schmankerl (z. B. Haxen, hausgemachtes Gelinge).

PLÄTZE (außen/regensicher)

25/90

ANSCHRIFT

Kösseinestraße 10
95697 Nagel
Tel.: 09236-202

ÖFFNUNGSZEITEN

Täglich ab 9 Uhr
Sa 9 bis 19 Uhr
Dienstag Ruhetag

AM BACHLAUF

Hildegard Medick führt seit vielen Jahren das Gasthaus „Zur Kösseine". Mehr als 100 Jahre hat es schon auf dem Buckel - immer in Familienbesitz. Direkt an dem kleinen Biergarten führt ein kleiner Bachlauf entlang, wichtig vor allem für Eltern von wasserspielfreudigem Nachwuchs. Das Wirtshaus liegt gerade noch in Oberfranken, das Stimmgewirr im Gastraum wirkt eher babylonisch: Viele Touristen und Wanderer kommen auf Ihren Wegen gerne bei Medicks vorbei und stärken sich vor oder nach dem Aufstieg.

Mitropa-Speisewagen Dampflokomotivmuseum

www.dampflokmuseum.de

Tipp: Brotzeit-Teller

BIER

Kulmbacher: Kapuziner Hefeweizen, Mönchshof Pils, Schwarzbier, Kapuziner Hefeweizen leicht, Kulmbacher Alkoholfreies.

KÜCHE

Fränkische Brotzeiten. Täglich kleine Karte mit warmen Gerichten. Spezialitäten: Schnitzel, Brotzeit-Teller, Currywurst.

PLÄTZE (außen/regensicher)

50/42

ANSCHRIFT

Birkenstraße 5
95339 Neuenmarkt
Tel.: 09227-5700 o. 09227-94150

ÖFFNUNGSZEITEN

Anfang Mai bis Ende Okt.
Täglich 11 bis 17 Uhr
Montag Ruhetag
Anfang Nov. bis Ende Apr. geschlossen

ESSEN IM 80JÄHRIGEN SPEISEWAGEN

1916 als Mitteleuropäische Schlafwagen- und Speisewagen Aktiengesellschaft gegründet, entwickelte sich die MITROPA zum Synomym für rollende Gastlichkeit. 1945 wurde die Gesellschaft geteilt und blieb in der DDR unter altem Namen erhalten. Auf dem Gelände des Deutschen Dampflokomotiv-Museums Neuenmarkt steht ein Relikt aus dem Jahr 1935, in dem 42 Gäste Geschichte spüren können. Darumherum sitzt es sich in einem netten Biergarten, der nicht nur den Museumsgästen offensteht und den Kindern vor allem das Vergnügen einer Spielplatzlokomotive und der Gelegenheit zu einer Fahrt bietet. Verantwortlich zeichnet das Team aus der Gastwirtschaft und Metzgerei Friedrich in Trebgast - echte Garanten für feines Essen!

Deutsches Dampflokmuseum

www.dampflokmuseum.de

Da schlagen die Herzen aller Eisenbahnfans höher: Im Deutschen Dampflokmuseum Neuenmarkt (direkt am Bahnhof, Adresse: Birkenstraße 5) stehen mehr als 30 der alten Stahlrösser, die man hautnah bewundern und einigen sogar unter den Bauch kriechen kann. Zentrum des Museums ist der alte Lokschuppen mit der charakteristischen Drehscheibe, über die die Züge aus ihren jeweiligen Häuschen auf die Gleise gezogen wurden.

Zu diversen Jubiläen findet hier auch ein Schaulaufen der unterschiedlichsten Dampfloks statt, die dann aus ganz Deutschland, Österreich und dem Lokschuppen angereist kommen und die Schiefe Ebene hinauf und hinter fahren. Ansonsten verkehrt auch noch die Museumsbahn vom Dampflokmuseum zum Kulmbacher Brauereimuseum und zurück, unter dem Motto „Vom Eisenbahnerhimmel ins Bierparadies", Haltestelle direkt an der Mönchshof Bräu in Kulmbach.

Öffnungszeiten:
Sommermonate (16.03–01.11.)
Dienstag-Sonntag 10:00–17:00 Uhr
Wintermonate* (02.11.–15.03.)
Dienstag-Sonntag 10:00–15:00 Uhr

*Ausgenommen sind die bayerischen Herbst- und Weihnachtsferien – hier gelten die Öffnungszeiten der Sommermonate. Am 24./25., 31.12., 01.01. und Faschingsdienstags ist das Museum geschlossen.

Gasthof-Brennerei Steinlein

www.gasthof-steinlein.de **Tipp: Edelobstbrände**

DIE BESTEN BRÄNDE DER WELT

Auch wenn es hier um Biergärten geht, bei Herbert Steinlein steht der Edelobstbrand im Mittelpunkt. Liebevoll hegt und pflegt er seine kleine Streuobstwiese mit den unterschiedlichsten Obstsorten. Das Ergebnis verwandelt er dann in seiner kleinen Hexenküche zu teuflisch guten Bränden - für uns und seine Stammgäste aus aller Welt die besten, die es gibt. Außer ihm ist übrigens nur die Natur am werkeln, selbst die Gärung erfolgt auf rein natürlichem Wege - und das schmeckt man eben. Unbedingt erwähnt werden muss natürlich noch der Ort des Genusses: Im wunderschönen Bauerngarten sitzt man auf vielen verschiedenen Ebenen äußerst individuell - kleine Blockhüttchen wechseln sich ab mit Liegestühlen und klassischen Bierbänken - wirklich sensationell! Im Winter darf dann auch in den Hütten gefeiert werden - ein echtes Erlebnis. Außerdem erwähnenswert - die beiden eigenen Tennisplätze.

BIER

Scherdel/Hof: Pils (vom Fass), Landbier, Schwarzes, Hefeweizen, Light, Alkoholfreies.

KÜCHE

Fränkische Brotzeiten. So Mittagstisch. Spezialitäten: Bauernplatte, Stadtwurst mit Musik, fränkisches Mittagessen mit Klößen (Wochenende).

PLÄTZE (außen/regensicher)

50/130

ANSCHRIFT

Neufang 2
95339 Wirsberg
Tel.: 09227-73275

ÖFFNUNGSZEITEN

Täglich ab 14 Uhr
Dienstag Ruhetag

Gasthof-Pension Neumühle

www.gasthof-pension-neumuehle.de

Tipp: Lammgerichte

IM AILSBACHTAL

Schon vor 175 Jahren zog es die Wandervögel hier in eines der schönsten Täler der Fränkischen Schweiz. Nach einer Besichtigung von Burg Rabenstein oder der Sophienhöhle bietet sich der kulinarische Halt in der Neumühle an. Besonders gern gesehen ist Inhaber Hans Hösch, wenn er mit einem frisch gezapften Bauernbier zum Tisch der Gäste kommt, in der anderen Hand ein feines Stück Lamm aus der eigenen Zucht.

BIER

Held/Oberailsfeld: Dunkles Bauernbier (vom Fass). Kaiser/ Neuhaus: Helles Pils (vom Fass), Hefeweizen, Alkoholfreies.

KÜCHE

Fränkische Brotzeiten. Täglich mittelgroße Karte mit warmen Gerichten. Spezialitäten: Diverse Lammgerichte aus eigener Zucht, Forellen, Pfefferrahmsteak.

PLÄTZE (außen/regensicher)

30/120

ANSCHRIFT

Neumühle 31
95491 Ahorntal
Tel.: 09202-228

ÖFFNUNGSZEITEN

Täglich ab 8 Uhr
Dienstag Ruhetag

DB VGN Bus 396 Schweinzmühle, Ahorntal

Weißer Bär

www.bier.by

Tipp: Bärensteak

DER BÄR IST LOS

In Neustadt beim weißen Bär findet sich hinter der eher biederen Fassade ein wunderschön mit Liebe gestalteter Garten, sogar mit einem kleinen Teich, auf den man von einer kleinen, höher gelegenen Terrasse auch einen guten Blick hat. So kann man aus einem Hinterhof einen richtigen Vorzeige-Biergarten machen!

BIER

Kulmbacher: Mönchshof Pils, Hefeweizen (beides vom Fass), Landbier, Kellerbier, Schwarzbier, Kristallweizen, leichtes Weizen, alkoholfreies Weizen.

KÜCHE

Brotzeiten, Salate. Täglich große Karte mit warmen Gerichten. Spezialität: Bärensteak.

PLÄTZE (außen/regensicher)

100/60

ANSCHRIFT

Ernststraße 13
96465 Neustadt bei Coburg
Tel.: 09568-5625

ÖFFNUNGSZEITEN

Täglich ab 16 Uhr
So 10 bis 14 Uhr und ab 17 Uhr
Montag Ruhetag

Beckenhaus

www.beckenhaus.de

Tipp: All-you-can-eat-Buffet (jeden Di)

BIER

Franken Bräu/Neundorf: Pils, helles Weizen, Dunkles (alles vom Fass), dunkles Weizen, Alkoholfreies, Malzbier.

KÜCHE

Hausmacher Brotzeiten. Täglich große Karte mit warmen Gerichten. Spezialitäten: Sauerbraten, Gänsebrust, All-you-can-eat-Buffet (Di).

PLÄTZE (außen/regensicher)

60/280

ANSCHRIFT

Uferstraße 1
96489 Niederfüllbach
Tel.: 09565-92250

ÖFFNUNGSZEITEN

Täglich ab 6 Uhr
Montag 6 bis 14 und ab 17 Uhr

BEI MARIECHEN UND KLAUS

Wunderschön idyllisch am Flüsschen gelegen lädt das Beckenhaus insbesondere Biker aller Art zu einer ausführlichen Rast ein. Sowohl die Radler als auch die Motorradfahrer, zu denen auch Inhaber Klaus Gehde als begeisterter Vertreter gehört, kommen auf ihre Kosten. Unter dem Schatten der großen Kastanienbäume schmeckt so ein frisch gezapftes Bierchen natürlich auch besonders gut. Spätestens gegen Abend finden sich dann auch die Nachwuchsbiergartler des Ortes ein, für die das Beckenhaus ein idealer Platz für die ersten Flirtversuche geworden ist.

Brauerei-Gasthaus Held-Bräu

www.held-braeu.de **Tipp: Heißgeräucherter Schinken**

HELDEN SEIT ZEHN GENERATIONEN

Die Helden kommen aus der Fränkischen Schweiz, vom Fuß einer der klassischen felsgeschmückten Anhöhen - dort liest man schon von weitem den Schriftzug „Held-Bräu". Seit 1680 fließt der Gerstensaft in Oberailsfeld - und erfreute sich immer großer Beliebtheit. Trotzdem hat es bis zum Jahr 2007 gedauert, bis das erste Brauereifest am letzten Aprilwochenende gefeiert wurde. Besonders das dunkle Bauernbier muss der Kenner einfach verkosten. Das kann bei Gefallen dann auch gleich im Partyfässchen mitgenommen werden.

BIER

Eigene Brauerei: Helles, Dunkles, Weizen (im Sommer) (alles vom Fass), Zwickel (saisonal), Bock (saisonal), Weizenbock (Adventszeit).

KÜCHE

Hausmacher Brotzeiten. Sa, So und Feiertage kleine Karte mit warmen Gerichten. Spezialitäten: Sülze mit Bratkartoffeln, heißgeräucherter Schinken.

PLÄTZE (außen/regensicher)

50/120

ANSCHRIFT

Oberailsfeld 19
94591 Ahorntal
Tel.: 09242-295

ÖFFNUNGSZEITEN

Täglich ab 10 Uhr
Mittwoch Ruhetag

Landhaus Oberbrumberg

www.landhaus-oberbrumberg.de

Tipp: Schlemmerplatte

BIER

Püls/Weismain: Pils, Weizen, Kellertrunk, Landbier (alles vom Fass), Abt Knauer-Bock. Köstritzer: Schwarzbier.

KÜCHE

Fränkische Brotzeiten. Täglich große Karte mit warmen Gerichten. Spezialitäten: Landhaus-Ente (1/2 Bauernente), Landhaus-Steak, Schlemmerplatte, saisonale Gerichte.

PLÄTZE (außen/regensicher)

90/180

ANSCHRIFT

Oberbrumberg 6
95233 Helmbrechts
Tel.: 09222-990030

ÖFFNUNGSZEITEN

Mo bis Fr ab 16 Uhr
Sa, So und Feiertage ab 11 Uhr

SINGENDE SPEZIALITÄTEN

Der Oberbrumberg liegt einsam und fast verlassen in der Landschaft westlich der Stadt Helmbrechts. Über diverse schöne Wanderwege zu erreichen, erwartet den Gast hier eine ganz besondere Küche und ein wunderschönes Ambiente, sowohl im Biergarten (mit Bachlauf und Teichoase), als auch im Restaurant selbst. Außergewöhnliche Spezialitäten, wie Mufflon oder Langusten sowie internationale Weinabende mit speziell abgestimmten Menüs verdeutlichen den hohen Anspruch, den man sich hier selbst setzt. Je nach Stimmungslage klingen auch hier und da schöne Töne aus der Küche - der Chef ist passionierter Karaoke-Sänger.

8353 Enchenreuth Ortseingang, Helmbrechts Bus

DB

Gasthaus und Pension Sponsel

www.bier.by **Tipp: Kren-Steak**

TAFEL-STEAK

Bei Familie Sponsel dreht sich seit 1780 und fünf Generationen alles um den Gast. Mit viel Liebe und stetigem Um- und Anbau folgte der Gasthof immer den Erfordernissen der Zeit und blieb immer einer der wichtigen Treffpunkte im Ort. Zeugnis von Stetigkeit und Wandel sind die beiden Linden vor dem Haus - die eine mit mehr als 200 Jahren auf dem Buckel hat wohl noch die Gründung des Hauses erlebt, die andere steht gerade einmal zwei Jahrzehnte hier und gehört somit zur neuesten Generation. Ein Beispiel für die Experimentierfreudigkeit der prinzipiell bodenständigen Küche ist das Angus-Steak mit Krensoße, quasi ein Tafel-Steak...

BIER

Leikeim/Altenkunstadt: Pils (vom Fass), restliches Flaschenbiersortiment.

KÜCHE

Hausmacher Brotzeiten. Täglich große Karte mit warmen Gerichten. Spezialitäten: Südamerikanisches Angus-Rumpsteak (medium gebraten) mit Krensoße, fränkische Kartoffelbackers mit buntem Gemüse, Spaghetti mit gebratenen Meeresfrüchten, Hausmacherplatte.

PLÄTZE (außen/regensicher)

40/90

ANSCHRIFT

Oberfellendorf 2
91346 Wiesenttal
Tel.: 09196-269

ÖFFNUNGSZEITEN

Täglich ab 9 Uhr
Dienstag Ruhetag
Nov. bis Ostern Di und Mi Ruhetag

Hannla Keller

www.brauereiwagneroberhaid.de

Tipp: Hannla-Platte

BIER

Eigene Brauerei: Pils (vom Fass), Kellerbier, Jubiläumsbier. Kulmbacher: Scherdel Alkoholfreies.

KÜCHE

Hausmacher Brotzeiten. Spezialitäten: Hannla-Platte, Käseplatte.

PLÄTZE (außen/regensicher)

200/0

ANSCHRIFT

An der Hauptstraße zwischen Oberhaid und Dörfleins
96173 Oberhaid
Tel.: 09503-8758 oder -229

ÖFFNUNGSZEITEN

Täglich ab 14 Uhr
Bei schlechtem Wetter geschlossen

DAS MAINTAL IM BLICK

Vom Hannla Keller hat man einen absolut genialen Ausblick auf das Maintal. Gerade an heißen Tagen sitzt es sich unter den großen Bäumen besonders schön. Kulinarisch ein Bierkeller wie er im Buche steht (tut er ja auch...): Kalte Gerichte aus Hausschlachtung, Wagner Pils und ein ordentlicher Kinderspielplatz. Der Hannla Keller ist auch eine gute Anlaufstation für durstige Radfahrer.

952, 953 Dr.-Hau-Platz, Oberhaid (Oberfranken) Bus DB

Kraft-Keller

www.bier.by **Tipp: Makrele vom Grill**

DER LEINWAND-KELLER

Sport-Liebhaber kommen beim Kraft-Keller regelmäßig auf ihre Kosten. Fußball zur EM und WM ist über der Theke oder unter einer kleinen Überdachung zu sehen. An sich ist man dabei in der Natur und kann bei schlechter eigener Versorgungslage auch kulinarisch einen Boxenstopp mit Brotzeiten einlegen. Erwähnt werden muss auch der große Spielplatz und die gute Lage weit ab von der Straße.

BIER

Eichhorn/Dörfleins: Kellerbier (vom Fass), Weizen. Erdinger: Alkoholfreies Weizen. Löwenbräu/München: Alkoholfreies.

KÜCHE

Fränkische Brotzeiten. Täglich kleine Karte mit warmen Gerichten. Spezialitäten: Knoblauchbrot, Steaks, Makrele vom Grill.

PLÄTZE (außen/regensicher)

350/40

ANSCHRIFT

Richtung Johannishof
96173 Oberhaid
Tel.: 0151-12336153

ÖFFNUNGSZEITEN

Täglich ab 15 Uhr
So und Feiertage ab 13 Uhr
Bei schlechtem Wetter geschlossen

Vereinsgaststätte Friedrichsruh

www.bier.by

Tipp: Hausgemachter Kochkäse

BIER

Scherdel/Hof: Pils, Weizen (beides vom Fass), Lager, Schwarzes, Alkoholfreies. Kulmbacher: Kapuziner alkoholfreies Weizen.

KÜCHE

Fränkische Brotzeiten. Täglich kleine Karte mit warmen Gerichten. Spezialitäten: Fleischwurst mit Sauerkraut, gebratene Göttinger mit Bratkartoffeln, Brotzeitplatte, hausgemachter Kochkäse.

PLÄTZE (außen/regensicher)

70/100

ANSCHRIFT

Reuthstrasse 25
95145 Oberkotzau
Tel.: 09286-6212

ÖFFNUNGSZEITEN

Täglich ab 14 Uhr, So ab 10 Uhr
Montag Ruhetag

DER NATUR VERSCHRIEBEN

Wahrscheinlich eine der schönsten „Vereinsgaststätten" Frankens findet sich in Oberkotzau. Der zugehörige, richtig traditionell im Wald und auf Naturboden gelegene Biergarten gehört aber keinem Sportverein, sondern dem ortsansässigen Verschönerungsverein. Dessen Aufgaben finden sich vor allem im gemeinnützigen Bereich, der Kultur und im Erhalt des vereinseigenen Naherholungsgebiets „Veita". Das klassisch-fränkische Waldwirtshaus wurde 1930 erbaut und in den 60er und 80er Jahren jeweils erweitert. In unregelmäßigen Abständen finden inzwischen auch Open Air-Konzerte einheimischer Bands statt. Besonders für Radler und Wanderer bietet sich hier eine optimale Einkehrmöglichkeit, da an verschiedenen Rad- und Wanderwegen gelegen. Unbedingt versuchen sollten Sie den frisch zubereiteten Kochkäse.

Dorfgasthof Dinkel „Zum Löwen“

www.dorfgasthof.de

Tipp: Schäuferla

HEIMAT DES MONSTER-SCHÄUFERLA

Alfred und Sonja Dinkel führen den Gasthof nun schon in der vierten Generation, doch ist hier Gasthof auch Bauernhof und Streichelzoo. Also ein idealer Platz für Urlauber und Familien, die einfach mal ein bisschen ausspannen wollen. Alle Tiere werden selbst gezüchtet und geschlachtet, fast wäre man hier Kandidat für Wetten dass... ? gewesen. Denn angeblich kennt Alfred den Geburtstag von jedem Rind persönlich - wie aber wollte man das Gegenteil beweisen? Auf jeden Fall lohnt der Besuch in jeder Hinsicht, Vielfraße sollten sich das Riesenschäuferla mit mindestens 600 Gramm bestellen. Für für besondere Anlässe gibt es außerdem noch die Gartenhütte, die für bis zu 25 Personen jederzeit gemietet werden kann.

BIER

Hetzel/Frauendorf: Frauendorfer Landbier (vom Fass). Kulmbacher: Kapuziner Weißbier, Kellerbier, Schwarzbier, Original Pils (alles vom Fass), Kapuziner alkoholfreies Hefeweizen, Alkoholfreies. Maisel/Bayreuth: Alkoholfreies Hefeweizen. Tucher/Fürth: Alkoholfreies Reifbräu.

KÜCHE

Hausmacher Brotzeiten. Täglich kleine Karte mit warmen Gerichten. Spezialitäten: Frankenwaldschnitzel, Schäuferla (á ca. 600 g), fränkischer Sauerbraten.

PLÄTZE (außen/regensicher)

80/225

ANSCHRIFT

Ützinger Straße 1
96215 Lichtenfels-Oberlangheim
Tel.: 09576-378

ÖFFNUNGSZEITEN

Täglich ab 10 Uhr
Montag Ruhetag

Gasthof Juraschenke

www.gasthof-juraschenke.de — Tipp: Fränkisches Buffet (fast jeden Do)

BIER

Püls/Weismain: Pils, Hefeweißbier, Landbier, Kellertrunk (alles vom Fass). Ott/Oberleinleiter: Oberlaadara Dunkles (vom Fass). Maisel/Bayreuth: Kristallweizen, alkoholfreies Weizen. Erdinger: Dunkles Weizen. Tucher/Fürth: Reifbräu Alkoholfreies. Beck´s: Alkoholfreies.

KÜCHE

Hausmacher Brotzeiten. Täglich große Karte mit warmen Gerichten. Spezialitäten: Grillteller, verschiedene Schnitzel und Steaks, kalter Schweinebraten, verschiedene Bra#ten, Dosenfleisch, weißer Käs, fränkisches Buffet (fast jeden Do).

PLÄTZE (außen/regensicher)

60/160

ANSCHRIFT

Ützinger Straße 2
96215 Lichtenfels-Oberlangheim
Tel.: 09576-920200

ÖFFNUNGSZEITEN

Täglich ab 10 Uhr
Mittwoch Ruhetag

SINGEN UND KARTLN

Gleich hinter Vierzehnheiligen liegt idyllisch im Tal Oberlangheim. Hier finden Sie die Traditionsgaststätte Juraschenke von Jochen Hofmann. Die Spezialitäten des jungen Küchenmeisters und seines Teams sind breit gefächert und reichen von der Hausmacher Brotzeit über den beliebten Krustenbraten bis hin zu den saftigen Steaks. Das kulinarische Highlight der Juraschenke sind die Fischtage, die weit über die Landkreisgrenzen hinaus bekannt sind (zweimal im Jahr). Hier lässt der Chef seiner Fisch-Phantasie freien Lauf - und das schon in der siebten Generation!

Ratsstube Stegner

www.bier.by Tipp: Schaschlik

BIERGARTEN MIT STADEL

Seit 1972 hat Familie Stegner in der Ratsstube wieder das Ruder übernommen und bietet eine feine Auswahl an fränkischen (und italienischen) Köstlichkeiten, ab und zu auch als Buffet. Früher besaß das fast 300 Jahre alte Anwesen auch noch eine Brauerei, die allerdings wegen Baufälligkeit abgerissen werden musste. Besonders schön sitzt es sich im Biergarten bei einem der ab und zu stattfindenden Live-Konzerte oder bei schlechterem Wetter im urigen Stadel.

BIER

Kulmbacher Brauerei: Mönchshof Original, Kapuziner Weißbier, Kellerbier (alles vom Fass).

KÜCHE

Hausmacher Brotzeiten.
Täglich kleine Karte mit warmen Gerichten. Spezialitäten: Selbst gemachtes Schaschlik, fränkische und italienische Buffets, selbst gemachte Flammkuchen.

PLÄTZE (außen/regensicher)

120/150

ANSCHRIFT

Kulmbacher Straße 10
96364 Marktrodach-Oberrodach
Tel.: 09261-2640

ÖFFNUNGSZEITEN

Täglich ab 11 Uhr
Montag und Samstag Ruhetag

DB Bus 8341 Oberrodach Ortsmitte, Marktrodach

Brauerei Gasthof Wichert

www.bier.by

Tipp: Kalter Schweinebraten

BIER

Eigene Brauerei: Pils, Dunkles (beides vom Fass).

KÜCHE

Fränkische Brotzeiten. Täglich große Karte mit warmen Gerichten (in der Gaststätte). Spezialitäten: Kalter Schweinebraten, gemischte Platte, Göttinger, Gerupfter.

PLÄTZE (außen/regensicher)

200/190

ANSCHRIFT

Alte Reichsstraße 50
96215 Lichtenfels-Oberwallenstadt
Tel.: 09571-3317

ÖFFNUNGSZEITEN

Täglich ab 17 Uhr
So und Feiertage ab 14.30 Uhr
Montag Ruhetag (wenn Montag Feiertag, dann Dienstag Ruhetag)

FÜR KEGELBRÜDER

Ausgestattet mit einer Doppelkegelbahn und der Betonung auf dem Wort „Behaglichkeit" ist der Biergarten der Brauerei Wichert in Lichtenfels zu finden. Bekannt ist man zwar eher für das „Wichert Pils", im Garten schmeckt das ungespundete Kellerbier den meisten allerdings besser. Im Schatten der alten Kastanien lässt es sich hier auch im heißesten Hochsommer gut aushalten.

Hotel Gasthof Schneider

www.gasthofschneider.de **Tipp: Blut- und Leberwürste (nach Ankündigung)**

AUS DEM STALL AN DIE THEKE

Der Gasthof Schneider war etwa 100 Jahre eher ein Nebenprodukt des Hofes der Familie. Früh molk man noch die Kühe, dann fütterte man die Schweine und bestellte die Felder, um dann abends für die 200-Seelengemeinde noch den Wirt zu geben. Daran hat sich mittlerweile einiges geändert, die Hausschlachtung (ab und zu gibt es Schlachtplatte und Stechbrühe) aber ist geblieben.

BIER

Löwenbräu/Buttenheim: Keller (vom Fass). Först/Drügendorf: Dunkles (vom Fass).

KÜCHE

Hausmacher Brotzeiten. Täglich große Karte mit warmen Gerichten. Spezialitäten: Hausmacher Platte, Schäuferla (auf Nachfrage), Rindfleisch mit Meerrettich (auf Nachfrage), Karpfen (saisonal).

PLÄTZE (außen/regensicher)

60/220

ANSCHRIFT

Pautzfelder Straße 16
91352 Pautzfeld
Tel.: 09545-8768

ÖFFNUNGSZEITEN

Mo bis Sa ab 17 Uhr
Sonntag Ruhetag
(für Gruppen nach Anmeldung auch außerhalb dieser Zeiten geöffnet)

Landgasthof Kammerer KG

www.landgasthof-kammerer.de

Tipp: Holzfällersteak

BIER

St. GeorgenBräu/Buttenheim: Keller, dunkles Landbier, Weizen, Pils (alles vom Fass).

KÜCHE

Fränkische Brotzeiten. Täglich mittelgroße Karte mit warmen Gerichten. Spezialitäten: Scampi-Pfanne, Holzfällersteak, Grillteller.

PLÄTZE (außen/regensicher)

90/116

ANSCHRIFT

Pautzfelder Straße 40
91352 Hallerndorf-Pautzfeld
Tel.: 09545-443500

ÖFFNUNGSZEITEN

Mi ab 17 Uhr, Do bis Sa 11.30 bis 14 und ab 17 Uhr
So und Feiertage ab 11.30 Uhr
Montag und Dienstag Ruhetag
(auf Bestellung ab 15 Personen auch an den Ruhetagen geöffnet)

SCAMPI AN DER AISCH

Im Biergarten des Landgasthofes kommen eher die Hungrigen als die Durstigen auf neue Wege – man schenkt Buttenheimer St. GeorgenBräu aus. Dafür ist die Palette an Speisen sehr beachtlich. Die Gerichte der eher gehobenenen Küche (Scampi-Pfanne) sind absolut empfehlenswert. Interessant auch die Lage in der Nähe des Rhein-Main-Donau-Kanals unter dem Schatten vieler Bäume. Wir wollten es eigentlich verheimlichen, aber einen Tipp wert sind auch die naturreinen Weine des Hauses …

Schrauder-Keller

www.bier.by

Tipp: Käseplatte

ROMANTIK AUF MEHREREN EBENEN

Der Schrauder-Keller liegt für alle Bamberger ideal an dem idyllischen Waldradweg nach Pettstadt. Man kann kaum vorbeifahren, ohne zumindest auf ein Seidla anzuhalten. Ob gerade geöffnet ist, zeigt schon von weitem die Fahne an. Dann herrscht eigentlich fast immer Hochbetrieb an den Biertischen unter den hohen alten Bäumen. Für die Kinder gibt es einen großen, gut ausgestatteten Spielplatz und für Fisch-Freaks jeden Donnerstag Fangut vom Grill.

BIER

Löwenbräu/Buttenheim: Lager (vom Fass), Weizen. Löwenbräu/München: Alkoholfreies.

KÜCHE

Fränkische Brotzeiten. Spezialitäten: Backstakäs, Steaks vom Grill (Di und So), Heringe & Makrelen vom Grill (Do), selbst gebackene Kuchen (So).

PLÄTZE (außen/regensicher)

400/200

ANSCHRIFT

96175 Pettstadt
Tel.: 0178-4121658

ÖFFNUNGSZEITEN

Täglich ab 15 Uhr
So und Feiertage ab 10 Uhr
Bei schlechtem Wetter geschlossen

Bus 978 Ärztehaus, Pettstadt

Gasthaus Grüner Baum

www.gruener-baum-pirk.de

Tipp: Pfannenschnitzel

ERFRISCHUNG AM FLUGHAFEN

Dank einiger politischer Scharmützel ist der Flughafen Hof-Plauen bekannter als jeder andere kleine Flughafen in Bayern. Aber das eigentliche Highlight im etwa 550 Meter hoch liegenden Pirk ist das Gasthaus Grüner Baum. Nur etwa 100 Meter von den ersten Flugmaschinen entfernt findet sich hier ein einwandfreier Biergarten, denn das Wirtspaar Pieper schafft es, die gute fränkische Gasthaustradition trotz grauer Gebäude in der Nachbarschaft zu wahren. Gegen die Hitze werden leckere Saftschorlen angeboten, die gut-bürgerlichen Speisen werden nach einem gut funktionierenden Selbstbedienungskonzept an den Tisch gebracht. Ein Gast war sogar so begeistert, dass er aus einem störenden Baum in mühevoller Arbeit einen lebensgroßen Bären für den Biergarten geschnitzt hat, der nun von den Gästen bewundert werden darf.

BIER

Scherdel/Hof: Pils (vom Fass), Leichtes, Alkoholfreies. Kulmbacher: Kapuziner Weißbier (vom Fass), alkoholfreies Kapuziner Weißbier. Guinness (vom Fass).

KÜCHE

Fränkische Brotzeiten. Täglich mittelgroße Karte mit warmen Gerichten. Spezialitäten: Handkäse mit Musik, Pfannenschnitzel, Matjes mit Bratkartoffeln, Obatzter.

PLÄTZE (außen/regensicher)

180/120

ANSCHRIFT

Pirk 6
95032 Hof
Tel.: 09292-943399

ÖFFNUNGSZEITEN

Täglich ab 12 Uhr
Sa, So und Feiertage ab 10 Uhr

Landgasthof Goldenes Lamm

www.Gasthof-Goldenes-Lamm.de

Tipp: Riesenkotelett XXL vom Landschwein

HOME OF MONSTER-KOTELETT

Gleich bei den Höhlen der Fränkischen Schweiz (Bing-, Teufels- und Sophienhöhle) und an der Burgenstraße gelegen, bietet die ehemalige Brauerei goldenes Lamm eine willkommene Gelegenheit zum Zwischenstopp. Erhalten geblieben ist dem 150 Jahre alten Familienbetrieb seine eigene Metzgerei, weswegen beste Hausmacher Brotzeiten zu bekommen sind. Spezialität neben der Sülze ist das Riesenkotelett XXL vom Landschwein.

BIER

Krug/Breitenlesau: Dunkles (vom Fass). Leikeim/Altenkunstadt: Pils (vom Fass). Kulmbacher: Mönchshof Helles (vom Fass). Maisel/Bayreuth: Weizen, Zwickel (beides vom Fass), Kritzenthaler alkoholfreies.

KÜCHE

Hausmacher Brotzeiten. Täglich große Karte mit warmen Gerichten. Spezialitäten: Riesenkotelett XXL vom Landschwein, Sülze mit Zwiebeln und Röstkartoffeln.

PLÄTZE (außen/regensicher)

40/180

ANSCHRIFT

Hauptstraße 9
95515 Plankenfels
Tel.: 09204-257

ÖFFNUNGSZEITEN

Täglich ab 11 Uhr
Dienstag Ruhetag

Gasthaus „Grünes Tal“

www.bier.by

Tipp: Fränkische Brotzeiten

BIER

Vasold & Schmitt/Neunkirchen am Brand: Pils (vom Fass). Lindenbräu/Gräfenberg: Vollbier (vom Fass). Clausthaler: Alkoholfreies.

KÜCHE

Fränkische Brotzeiten. Täglich kleine Karte mit warmen Gerichten. Sa, So und Feiertage Mittagstisch. Spezialitäten: Schweinebraten, Schäuferle.

PLÄTZE (außen/regensicher)

40/60

ANSCHRIFT

Pommer 17
91338 Igensdorf
Tel.: 09192-7174

ÖFFNUNGSZEITEN

Täglich ab 10 Uhr
Mittwoch Ruhetag

GEMÜTLICH AM HETZLES-HANG

Mit Pommer beginnt der Naturpark Fränkische Schweiz - Veldensteiner Forst, einer der größten Deutschlands und Bronze-Medaillen-Gewinner beim Bundeswettbewerb der Naturparks. In der Nähe von Pommer liegt übrigens auch ein Geocache. Diese Caches sind kleine Behälter, in denen ein Logbuch und Tauschgegenstände zu finden sind. Cacher wiederum suchen nach den Caches (346.000 weltweit, davon 27.000 in Deutschland) und dokumentieren ihre Funde im Internet. Hungrige Schatzjäger und solche, die es vielleicht noch werden, kehren gerne im Grünen Tal ein, um sich bei Brotzeit und Bier zu stärken.

223 Pommer, Igensdorf Bus

Bruckmayer's Biergarten

www.hotel-bruckmayer.de **Tipp: Feierabendvesper (drei verschiedene Bratwürste auf Kraut)**

BIERGARTEN MIT SCHWIMMBADBLICK

Voyeure können hier direkt ins Juramar-Erlebnisbad schauen oder nach einem Besuch desselben bei einem gemütlichen Bierchen entspannen. Der weitläufige Biergarten am Minigolfplatz mit seinen großen schattenspendenden Bäumen und runden sowie klassischen Biertischen macht allerdings auch Lust auf Bier Nummer zwei, drei, vier, ... Der süffige Höhlentrunk wird übrigens nach eigenem, alten bruckmayerschen Rezept in Buttenheim bei der St. Georgen Bräu gebraut.

BIER

St. GeorgenBräu/Buttenheim: Höhlentrunk (nach eigenem Rezept), Kellerbier, abwechselnd Hefeweizen oder Dunkles (alles vom Fass). Wechselnde Brauereien: Alkoholfreies.

KÜCHE

Fränkische Brotzeiten. Täglich mittelgroße Karte mit warmen Gerichten. Spezialitäten: Grobe Bratwürste, Feierabendvesper, Schäuferle (So).

PLÄTZE (außen/regensicher)

170/30

ANSCHRIFT

Am Stadtgraben 1-3
91278 Pottenstein
Tel.: 09243-924450

ÖFFNUNGSZEITEN

Täglich ab 12 Uhr

Gasthausbrauerei Hufeisen

www.hufeisen-braeu.de Tipp: Fränk. Brotzeitteller m. einem Stamperl hauseigenem Bierschnaps

BIER AUCH MAL IM KELLER

Das Hufeisen in Pottenstein ist einmalig - zumindest im uns bekannten Franken: Im historischen Gärkeller der Brauerei ist eine Kellerschänke entstanden - und diesmal bedeutet Keller auch Keller. Im Sommer sitzt es sich natürlich lieber draußen, im Biergarten mit Blick auf die Burg Pottenstein. Die Betreiberfamilie Wiegärtner kann auf eine stolze, vier Generationen umfassende Braugeschichte zurückblicken. Für die Gäste besonders schön: Bio-Dunkel, Kellerweizen und Pils werden vor der Nase gebraut - schade, dass Bier so lange reifen muss! Die Küche kann mittlerweile sogar einen Sternekoch und mehrere Auszeichnungen vorweisen - also bitte unbedingt Hunger zum Durst mitbringen!

BIER

Eigene Brauerei: Pottensteiner Bio-Dunkel, Hufeisen Kellerweizen, Pottensteins Premiumpils (alles vom Fass).

KÜCHE

Hausmacher Brotzeiten.
Täglich große Karte mit warmen Gerichten. Spezialitäten: Tageshighlights aus der Sterneküche, Teufelsbrot, Brauerschmaus.

PLÄTZE (außen/regensicher)

120/80

ANSCHRIFT

Hauptstraße 36-38
91278 Pottenstein
Tel.: 09243-260

ÖFFNUNGSZEITEN

Täglich ab 11 Uhr
Montag Ruhetag

397 Mariental, Pottenstein Bus

Bier, Brotzeit und Burgen

www.vgn.de

Der Bier-, Brotzeit- und Burgen-Express fährt über Plech, Betzenstein und Pottenstein weiter ins Ailsbachtal zur Burg Rabenstein und zur Sophienhöhle sowie ins romantische Waischenfeld. Dabei reisen Sie in ein Potpourri aus Freizeitmöglichkeiten: Wandertouren im Veldensteiner Forst, Wiesent- oder Ailsbachtal, Burgbesichtigungen in Pottenstein oder Rabenstein, Höhlenwanderungen in Betzenstein und Plech, der Freizeitpark „Fränkisches Wunderland" oder die Besichtigung der Maximiliansgrotte, Teufels- oder Sophienhöhle.

Garantierter Spaß, selbst wenn das Wetter im Frühjahr oder Herbst mal nicht zum besten stehen sollte. Für die Brotzeit zwischendurch oder den gemütlichen Ausklang eines schönen Ausfluges sorgen die vielen Gastwirtschaften und Brauereien mit ihren gemütlichen Biergärten.

Besonders urig dürften die Höhlenwanderungen sein, die entlang der Strecke möglich sind. Viele der Grotten und Naturdenkmäler sind relativ unerschlossen und bieten einen spannenden Einblick in uralte Zeiten. Wichtig dabei: Achten Sie auf sich! Niemals alleine in Seitengänge gehen, oder sich gar in Sandalen oder Badeschlappen in die Höhle wagen. Zur Ausrüstung gehört auch eine gute Taschenlampe, damit Sie alles im Blick behalten. Die beste Kombination aus allem dürfte das Ensemble der Burg Rabenstein bieten, wo Sie neben der Sophienhöhle auch noch eine Falknerei und natürlich die hervorragend erhaltene Burg an sich besuchen können. Wer ein bisschen mehr Zeit hat, kann hier auch eine Übernachtung einplanen. Bier-Puristen begeben sich natürlich eher auf den Waischenfelder Brauereienweg mit seinen sechs süffigen Stationen.

Mehr Infos auf www.vgn.de

Landgasthof Hummel

www.landgasthof-hummel.de | Tipp: Hummelsalat

PRÄCHTIG IN PRÄCHTING

Schon seit 1988 sind Stefan Hartmann und sein Team für das 380 Seelen-Dorf im Gottesgarten am Obermain der Nabel der Welt. Der Landgasthof hat aber auch zahlreiche Fans aus dem weiteren Umland, die besonders im Sommer gerne hierher kommen. Grund ist unter anderem der schöne Biergarten mit seinen großen Kastanien und Linden - und natürlich die guten Brotzeiten. Für Kinder gibt es einen liebevoll gestalteten Spielplatz mit Rutsche, Sandkasten und Schaukel - und nachdem hier kaum Verkehr ist, können die Kleinen sich austoben.

BIER

Wagner/Merkendorf: Pils, Lager, Hefeweizen, Dunkles (alles vom Fass). Kulmbacher: Pils (vom Fass), alkoholfreies Hefeweizen, Alkoholfreies. Spezial/Bamberg: Rauchbier (vom Fass).

KÜCHE

Fränkische Brotzeiten. Täglich große Karte mit warmen Gerichten. So und Feiertage Mittagstisch. Spezialitäten: Hummelsalat, Ochsenbrust, Haxentag (Di), Schnitzeltag (Mi), Steaktag (Do), Hähnchentag (Fr), Wildgerichte aus eigener Jagd.

PLÄTZE (außen/regensicher)

300/150

ANSCHRIFT

Prächtinger Hauptstraße 6
96250 Ebensfeld
Tel.: 09573-3033

ÖFFNUNGSZEITEN

Di bis Sa ab 16 Uhr
So und Feiertage ab 10 Uhr
Montag Ruhetag

960 Kutzenberg, Ebensfeld Bus

Nikl-Bräu

www.brauerei-nikl.de

Tipp: Sauere Lende mit Kloß (Sa)

JUNG WIE TRADITIONELL

Die noch relativ junge Brauerei Nikl in Pretzfeld hat in kurzer Zeit viele Freunde der fränkischen Bierkultur für sich gewinnen können. Leckeres Bier und traditionelle Spezialitäten in der Küche sind dabei die Basis für eine sehr gelungene Mischung. Braumeister Mike Schmitt und seine Frau Alexandra bürgen mit großem persönlichen Einsatz für die bekannte fränkische Gastlichkeit. Der Biergarten im Brauereihof befindet sich direkt an der Brauerei im Ortskern von Pretzfeld. Zusätzlich zur urigen Wirtschaft gibt es auch noch etwa 40 überdachte Freiplätze. Bei den Schmitts ist der Gast also bei jedem Wetter gut aufgehoben. Ab 2014 wird es außerdem 50 verschiedene im Holzfass ausgebaute Biersorten geben.

BIER

Eigene Brauerei: Helles Lager (unfiltriert), dunkles Keller (unfiltriert), Weizen, immer ein wechselndes Spezialbier (alles vom Fass), wechselnde Gourmet-Biere (z. B. Bourbon-Bock, Old Jango).

KÜCHE

Fränkische Brotzeiten. Täglich mittelgroße Karte mit warmen Gerichten. Spezialitäten: Altfränkisches Biergulasch, sauere Lende (Sa), Schaschlikpfanne (Do).

PLÄTZE (außen/regensicher)

80/110

ANSCHRIFT

Egloffsteiner Straße 19
91362 Pretzfeld
Tel.: 09194-725025

ÖFFNUNGSZEITEN

Mo 16 bis 20 Uhr
Bierausschank und Bierverkauf
Do ab 17 Uhr, Fr bis So ab 9.30 Uhr
Dienstag und Mittwoch Ruhetag

Pretzfelder Keller

www.pretzfelderkeller.de **Tipp: Heiß geräucherte Forellen (freitags)**

BIER

Rittmayer/Hallerndorf: Landbier hell, Kellerbier, Hefeweißbier (alles vom Fass), verschiedene Flaschenbiere.

KÜCHE

Fränkische Brotzeiten. Täglich kleine Karte mit warmen Gerichten. So und Feiertage Mittagstisch. Spezialitäten: Frisch gegrillte Haxen und Hähnchen, Schäuferle (So), heiß geräucherte Forelle (Fr).

PLÄTZE (außen/regensicher)

300/80

ANSCHRIFT

Kirschenfestgelände zwischen Pretzfeld und Ebermannstadt
91362 Pretzfeld
Tel.: 09199-216 o. 0172-8184281

ÖFFNUNGSZEITEN

Täglich ab 16 Uhr
So und Feiertage ab 11 Uhr
Bei schlechtem Wetter geschlossen

DAS WIESENTTAL IM BLICK

Seit 2006 gibt es ihn nun wieder, den Bierkeller-Klassiker auf dem Kirschenfest-Gelände. Unter der Ägide von Pächterfamilie Römer startete man ins neue Keller-Glück an der Wiesent, dabei auch unregelmäßige Musikveranstaltungen und jeden Freitag frisch geräucherte Forelle. Spaß macht auch die Erkundung der vielen alten Kellergewölbe unter den Bierbänken. Um die Ecke befindet sich übrigens der historische Judenfriedhof, einer der größten in Oberfranken.

Brauerei Schrüfer

www.bier.by **Tipp: Gegrillter Fisch vom Oklahoma-Grill (Sa, nur bei schönem Wetter)**

„WAS GEFRAGT WIRD, WIRD GEMACHT"

Mit diesem Motto treten Otto und Ute Schrüfer an. Das allerdings sollte in irgendeiner Form mit den Schweinen und Schafen zu tun haben, die in der hauseigenen Landwirtschaft gehalten werden. Dann geht alles, von Hausmacher Brotzeiten über den eigenen Bier-Whisky (auch in der Halbliterflasche für zuhause) bis zu Spezialitäten vom selbst gebauten Oklahoma-Grill (eine Mischung aus Kanone und Dampflok). Der wiederum ist nicht nur was für den Gaumen, sondern auch für die Augen.

BIER

Eigene Brauerei: Vollbier (vom Fass).

KÜCHE

Hausmacher Brotzeiten. So Mittagstisch. Spezialitäten: Selbst gemachte Pizza (Fr), Fisch vom Grill oder Spareribs (Sa, nur bei schönem Wetter), hausgemachte Brotzeiten.

PLÄTZE (außen/regensicher)

200/40

ANSCHRIFT

Hauptstraße 31
96170 Priesendorf
Tel.: 09549-317

ÖFFNUNGSZEITEN

Täglich ab 15 Uhr
So und Feiertage ab 14 Uhr
Mittwoch Ruhetag (wenn Mittwoch Feiertag, Donnerstag Ruhetag)

Gutsschenke der Burg Rabenstein

www.burg-rabenstein.de **Tipp: Flammkuchen mit Zwiebeln und Speck**

NATURPARADIES MIT VOLLEM PROGRAMM

Über 64 Hektar umfasst das Areal der Burg Rabenstein, auf dem nun wirklich alles geboten ist, was zu einem perfekten Urlaubstag gehört: Eine Falknerei mit Eulen- und Greifvogelpark sowie Flugvorführungen, mit der Sophienhöhle eine der schönsten Tropfsteinhöhlen Deutschlands und natürlich die Burg und ihre wunderschöne Natur drumherum. Der Biergarten der Gutsschenke lädt zum Relaxen im Schatten uralter Baumriesen ein. Dazu serviert das Team der Burgschenke ein wahres Potpourri fränkischer Köstlichkeiten. Besondere Highlights sind die regelmäßigen Veranstaltungen in der und um die Burg, vom Mystery-Dinner über Wildschweingrillen bis zum Mittelaltermarkt.

BIER

Kulmbacher: Mönchshof Kellerbier, Mönchshof Pils (beides vom Fass), Weizen, Radler, alkoholfreies Weizen, Alkoholfreies. Held/Oberailsfeld: Bauernbier.

KÜCHE

Fränkische Brotzeiten. Täglich große Karte mit warmen Gerichten. Spezialitäten: Sauerbraten mit Kloß, vegetarischer Flammkuchen, Flammkuchen mit Speck und Zwiebeln.

PLÄTZE (außen/regensicher)

600/100

ANSCHRIFT

Rabenstein 33
95491 Ahorntal
Tel.: 09202-9700440

ÖFFNUNGSZEITEN

Täglich 11 bis 18 Uhr
Montag Ruhetag (an Feiertagen geöffnet)
Anfang Nov. bis Ende März geschlossen
Das Burgrestaurant (ca. 50 m entfernt) hat ganzjährig täglich von 18 bis 21 Uhr geöffnet (bitte reservieren)

Burg Rabenstein

www.burg-rabenstein.de

Im Herzen der Fränkischen Schweiz werden Träume wahr. Vorn auf dem Felssporn hoch über dem Ailsbachtal steht die trutzige Burg Rabenstein wie früher zu Zeiten der Ritter und Edelleute. Im Innern der Burg präsentiert sich in der Beletage ein Ambiente wie im Schloss, geschaffen für Feiern, Tagungen und Hochzeiten!

Empfang in den barocken Salons, Champagner auf der großen Burgterrasse, Speisen und Tanzen im prunkvollen Renaissance-Saal, Mitternachtsbuffet im prächtigen Waffensaal, Entspannen im Kaminzimmer, Übernachten in romantischen Hotelzimmern im individuellen Burgstil, Frühstücken im Markgrafensaal… Eine ganze Burg – exklusiv für die Gäste, eine Feier wie im Märchen!

Auch für Tagungen bietet die Burg Rabenstein einen einmaligen Rahmen. Nicht weit von Nürnberg, Fürth, Erlangen entfernt, ist die Anfahrt durch die Hügel der Fränkischen Schweiz doch Garant für Distanz zum Alltag. Kleine Workshops in der holzvertäfelten Drachenstube, eine erlesene „Artusrunde" im geschichtsträchtigen Waffensaal oder die große Konferenz im Prunksaal der Burg – für jeden Anlass findet sich das richtige Ambiente.

Für den Ausflug zu zweit oder mit Familie und Freunden gibt es tagsüber ein volles Programm von Dienstag bis Sonntag: Führungen durch die 800 Jahre alte Burg Rabenstein mit ihren Prunk-, Waffen- und Rittersälen, Flugschauen in der Falknerei mit großem Eulen- und Greifvogelpark, dazu die Wunderwelt der tropfsteingeschmückten Sophienhöhle, eine der schönsten Tropfsteinhöhlen Deutschlands. Die urige Gutsschenke bietet gute fränkische Küche mit besonderen Fischgerichten, im idyllischen Biergarten duften die Flammkuchen. Am Abend lädt man ein zu Murder Mystery Dinner, Wildschwein-Grillbuffet, Schlemmerkabarett, Gruseldinner und hochkarätigen Burg- und Höhlenkonzerten. Die anschließende Übernachtung im Burghotel rundet die Erlebnisse ab und lässt aus dem Ausflug in die Fränkische Schweiz einen wunderbaren Kurzurlaub werden.

Und wer es ganz ritterlich und mittelalterlich mag, lässt sich zweimal im Jahr auf dem größten Mittelaltermarkt Nordbayerns mit Aktionskünstlern, Handwerkern, Händlern, buntem Lagerleben, Ritterschaukämpfen, Musik und faszinierender Feuershow unterhalten. **Genaue Informationen zu allen aktuellen Terminen finden sich unter www.burg-rabenstein.de oder Tel. 09202 / 9700440.**

Gasthof Raitschin

www.raitschin.de Tipp: Schlachtschüssel (jeden 1. Freitag im Monat, von Okt. bis Mai)

DURCHGEHEND REGIONAL

Nur etwa sieben Kilometer vom Dreiländereck entfernt, inmitten fränkischer Landschaft, findet sich der Gasthof Raitschin. Hier wird dem Besucher neben Hotelzimmern auch durchgehend leckere fränkische Küche angeboten. Egal wann man ankommt, irgend etwas zaubert die Küche immer herbei. Die Auswahl an Bieren reicht von Meinel bis Schlenkerla, besonders am ersten Freitag im Monat, zur Schlachtschüssel (Oktober bis Mai), macht sich das bezahlt. Für die kleine Wanderung nach der Schlemmerei bietet sich ein Besuch der sehr alten St. Ägidien-Kirche in Regnitzlosau an.

BIER

Kulmbacher: Mönchshof Pils, Mönchshof Kellerbier, Mönchshof Schwarzbier, Kapuziner Weissbier (alles vom Fass). Meinel/Hof: Pilsner (vom Fass). Schlenkerla/Bamberg: Rauchbier.

KÜCHE

Hausmacher Brotzeiten. Täglich große Karte mit warmen Gerichten. Spezialitäten: Gansbrust mit Kraut, Raitschiner Grillpfanne, Raitschiner Platte, hausgemachter Kochkäse.

PLÄTZE (außen/regensicher)

120/140

ANSCHRIFT

Raitschin 4
95194 Regnitzlosau
Tel.: 09294-975000

ÖFFNUNGSZEITEN

Täglich ab 11 Uhr

Obere Mühle

www.bier.by

Tipp: Mühlenplatte

BIER

Zehendner/Mönchsambach: Lager (vom Fass), Weizen.

KÜCHE

Hausmacher Brotzeiten. Spezialitäten: Mühlenplatte, Salate, Zwetschgenbames.

PLÄTZE (außen/regensicher)

100/50

ANSCHRIFT

An der Itz 11
96179 Rattelsdorf
Tel.: 09547-7627

ÖFFNUNGSZEITEN

Fr und Sa ab 16 Uhr
So und Feiertage ab 10 Uhr
Tag vor einem Feiertag ab 16 Uhr
Montag bis Donnerstag Ruhetag
(die Saison endet Anfang August)

SCOTLAND YARD MIT DER MÜHLE

Etwas Spürsinn braucht man schon, um den traumhaften Biergarten an der Itz zu finden. Doch es lohnt sich: Direkt am Fluss steht das alte Sandsteinhaus, dekoriert mit einem Naturgarten und riesigen historischen Mühlrädern. In diesem malerischen Ambiente bietet Chef Werner Schmitt eine kleine aber feine Palette von Hausmacher Brotzeiten und Salaten, dazu frisches Mönchsambacher Lager vom Fass.

Gasthaus Schloßbräu Reckendorfer Schlossgarten

www.gasthaus-schlossbraeu.de **Tipp: Eis aus eigener Herstellung**

SELBST GEMACHTES UNTER SCHATTIGEN BÄUMEN

Bei Familie Dirauf ist nun wirklich einiges selbst gemacht, vom Gerupften über den Leberkäse bis hin zum Eis. Jährliches Highlight ist der Frühschoppen an Fronleichnam, bei dem vor allem die Liebhaber guter Grillhähnchen auf ihre Kosten kommen dürften. Das Bier wird seit 1597 vor Ort gebraut und wandert direkt vom Fass in den Krug und von dort in die Kehle. Toll für Kinder: Sie haben jede Menge Platz und Spielgeräte!

BIER

Schlossbrauerei/Reckendorf: Export, Keller (beides vom Fass), Hefeweizen, Light. Erdinger: Alkoholfreies Hefeweizen. Clausthaler: Alkoholfreies.

KÜCHE

Hausmacher Brotzeiten. So und Feiertage Mittagstisch (im Gasthaus). Spezialitäten: Frischer Leberkäse, Gerupfter, Schlossgeist-Teller, hausgemachtes Eis nach italienischer Art.

PLÄTZE (außen/regensicher)

150/180

ANSCHRIFT

Mühlweg 8
96182 Reckendorf
Tel.: 09544-94950

ÖFFNUNGSZEITEN

Täglich ab 16 Uhr
So und Feiertage ab 14.30 Uhr
Dienstag Ruhetag

Hotel Fränkischer Hof

www.fraenkischer-hof-rehau.de **Tipp: DER Platz fürs Familienfest**

BIER

Kulmbacher: Mönchshof Pils, Mönchshof Bier (beides vom Fass), komplettes Flaschenbier-Sortiment. Erdinger: Diverse Weizenbiere.

KÜCHE

Fränkische Brotzeiten. Täglich große Karte mit warmen Gerichten. Spezialitäten: Fränkische Küche, Pizza aus dem Holzbackofen, verschiedene Gerichte vom Lavastein-Grill.

PLÄTZE (außen/regensicher)

70/300

ANSCHRIFT

Sofienstraße 19
95111 Rehau
Tel.: 09283-8530

ÖFFNUNGSZEITEN

Täglich ab 16 Uhr
So und Feiertage ab 11 Uhr

STREBEN NACH PERFEKTION

Das Hotel Fränkischer Hof gibt es seit 1989. Dabei wird stets ein hohes Niveau gehalten, was die Lokalität auch bestens für Familienfeiern, Hochzeiten, Weihnachtsfeiern oder Firmen-Tagungen qualifiziert. Der Biergarten ist teilweise überdacht und liegt schön im Innenhof des Anwesens. Die Küche bietet eine ausgedehnte Speisekarte mit allen möglichen fränkischen Schmankerln und Brotzeiten. Auch die Übernachtungsmöglichkeiten verdienen die Weiterempfehlung, sogar ein besonders behindertengerechtes Zimmer wurde eingerichtet.

Hotel Krone

www.hotel-krone-rehau.de **Tipp: Schäuferla**

RUSTIKAL UND GEMÜTLICH

Nicht nur das außergewöhnlich schön gebräunte Schäuferla ist ein Highlight im Biergarten des Hotels Krone in Rehau. Denn die Küche des Familienbetriebs weiß auch mit Spezialitäten außerhalb der üblichen gut-bürgerlichen Speisen zu überzeugen. Die Köstlichkeiten aus aller Welt können im Biergarten - schön im Innenhof des Hotels untergebracht - oder in einer der rustikal aber hell eingerichteten Wirtsstuben genossen werden. Zusammen eignen sich die Räumlichkeiten gut für Familien- oder Vereinsfeiern.

BIER

Scherdel/Hof: Pils (vom Fass).

KÜCHE

Fränkische Brotzeiten. Täglich große Karte mit warmen Gerichten. Spezialitäten: Schäuferla mit Kloß und Kraut, fränkischer Schweinebraten mit Kloß und Kraut, Schnitzel (Di), Grillen (Mi, bei schönem Wetter), mexikanische Küche (Do).

PLÄTZE (außen/regensicher)

70/100

ANSCHRIFT

Friedrich-Ebert-Straße 13
95111 Rehau
Tel.: 09283-8999047

ÖFFNUNGSZEITEN

Täglich ab 7.30 Uhr
Montag Ruhetag

Wirtshaus zum Seifert

www.bier.by

Tipp: Hausmacher Brotzeiten

FRISCHE GESCHICHTE

Der „Seifert" hat eine lange und bewegte Geschichte. Das Gebäude wurde fast 600 Jahre lang als Kommunbrauschänke genutzt, bevor die Familie Seifert im Jahre 1826 das Anwesen erwarb. Seit 1981 ist schließlich das aktuelle Wirtspaar am Zug - die Chefin kocht, der Chef zapft und ab und an hilft auch der Sohn noch mit. Eigene Schlachtung sowie im Keller gelagertes Bier vermitteln die richtige fränkische Spezialitätenkultur. Die zugehörige Felsengrotte sollte man sich beim Besuch einmal anschauen. Mit etwas Glück vernimmt man ein paar Klänge von Flöte, Klarinette oder Saxophon, denn der Chef ist auch aktiver Kärwa-Musikant.

BIER

Zelt/Hof: Pils (vom Fass), Weizen, Dunkles. Ahornberger: Bier (vom Fass).

KÜCHE

Hausmacher Brotzeiten. Täglich mittelgroße Karte mit warmen Gerichten. So und Feiertage Mittagstisch. Spezialitäten: Gebackene Blutwurst, Hausmacher Aufschnitt.

PLÄTZE (außen/regensicher)

70/60

ANSCHRIFT

Friedrich-Ebert-Straße 14
95111 Rehau
Tel.: 09283-1334

ÖFFNUNGSZEITEN

Täglich ab 17 Uhr
So und Feiertage ab 11 Uhr
Samstag Ruhetag

Reifenberger Keller

www.reifenbergerkeller.de Tipp: Fisch vom Grill (Fr)

SEIN BIER VERDIENEN

Ohne Fleiß kein Preis – und auch kein Bier, zumindest hier … Schluss mit der Kalauerei, der Weg zum Reifenberger Keller ist nicht ohne (mitten auf dem Berg im Wald) und somit schon mal eine kleine Herausforderung an den Kellerfreund an und für sich. Ist man allerdings angekommen, hat man unter dem Schatten alter Laubbäume einen tollen Blick ins Wiesenttal, auf die Vexierkapelle und das Walberla gegenüber.

BIER

Greif/Forchheim: Pils (vom Fass), Hefeweizen.

KÜCHE

Fränkische Brotzeiten. Keine warmen Gerichte. Spezialitäten: Büchsenfleisch, Knoblauchwurst, frisch gegrillte Heringe und Forellen (Fr).

PLÄTZE (außen/regensicher)

200/45

ANSCHRIFT

Reifenberg 20
91365 Weilersbach
Tel.: 0151-10991185

ÖFFNUNGSZEITEN

Mo bis Fr ab 16 Uhr, Sa ab 14 Uhr
So und Feiertage ab 13 Uhr

Gasthaus Dotterweich

www.bier.by

Tipp: Selbst gemachter Ziebeleskäse

DER BIERGARTEN MIT LEHNE

Seit 1974 betreiben Manfred und Irene Dotterweich ihr Gasthaus in Reundorf. Die eigentliche Geschichte des Hauses datiert allerdings etwa 100 Jahre früher. Man sitzt windgeschützt und schattig und kann sich zurücklehnen. Allein das ist einen zusätzlichen Pluspunkt wert. Einen weiteren bringt die große Lego-Kiste am Spielplatz ein – damit sind die Kleinen mal nicht nur körperlich, sondern auch kreativ gefordert.

BIER

Zehendner/Mönchsambach: Lager (vom Fass), Weizen. Kulmbacher: Alkoholfreies.

KÜCHE

Hausmacher Brotzeiten. Täglich ein warmes Gericht. Spezialitäten: Brotzeitplatte, selbst gemachter Ziebeleskäse.

PLÄTZE (außen/regensicher)

200/120

ANSCHRIFT

Distelbergstraße 2
96158 Reundorf
Tel.: 09502-8460

ÖFFNUNGSZEITEN

Täglich ab 14 Uhr
So und Feiertage ab 10 Uhr
Dienstag Ruhetag

Schmausenkeller

www.schmausenkeller.de **Tipp: Ziebeleskäse**

BIER

Eigene Brauerei: Kellerbier (vom Fass). Maisel/Bayreuth: Kritzenthaler alkoholfreies.

KÜCHE

Hausmacher Brotzeiten. Täglich mittelgroße Karte mit warmen Gerichten. So und Feiertage Mittagstisch. Spezialitäten: Hähnchen, Ziebeleskäse mit Salzkartoffeln, selbst gebackene Kuchen.

PLÄTZE (außen/regensicher)

650/120

ANSCHRIFT

Am Bahnhof 13
96158 Reundorf
Tel.: 09502-608

ÖFFNUNGSZEITEN

Mitte März bis Mitte Okt.
Mo bis Fr ab 16 Uhr, Sa ab 15 Uhr
So und Feiertage ab 11 Uhr
Bei schlechtem Wetter Do Ruhetag
Mitte Nov. bis Anfang Feb.
Mo, Di und Fr ab 16 Uhr
Sa ab 15 Uhr
So und Feiertage ab 11 Uhr
Mi und Do Ruhetag

EVOLUTION EINES KELLERS

Vor Jahren noch der unscheinbare Geheimtipp und nur von Leuten aus maximal zehn Kilometer Entfernung besucht, hat sich der Schmausenkeller in Rekordzeit gemausert. Mittlerweile ist an der wunderschön gelegenen Lichtung hinter Reundorf sogar ein großes Gasthaus entstanden - ein Geheimtipp ist die Ausflugslichtung nun allerdings nicht mehr. Man hat wirklich alles, was das Besucherherz begehrt: Gutes Bier, warme und kalte Küche (und Kuchen), einen wirklich großen Spielplatz und keinen Autoverkehr. Übrigens: Sogar ein Pferdeparkplatz ist vorhanden.

Gasthof Müller

www.gasthofmueller.de Tipp: Forelle blau

FISCHSPEZIALIST ZWISCHEN BANZ UND BASILIKA

„Der Müller" ist aus der Gastronomie rund um Bad Staffelstein nicht wegzudenken. Seinen Ruf als ausgezeichneter Fisch- und Kuchenstandort verdankt er nicht zuletzt der Tatsache, dass die Brüder Georg Müller als Koch und Hubert Müller als Konditor selbst für Frische und Qualität ihrer Produkte verantwortlich sind. Wurstwaren werden selbst hergestellt, Kuchen und Brot selbst gebacken - den berüchtigten Hausbrand lassen die beiden aus eigenen Früchten brennen. Schon seit über 200 Jahren ist der Gasthof in Familienbesitz. Der Biergarten ist klein, aber fein an einem Ortssträßchen gelegen, auf der hauptsächlich Autos fahren, die denselben als Ziel haben. Für Gäste, die sich länger im wunderschönen Fränkischen Jura zwischen Kloster Banz und Vierzehnheiligen aufhalten wollen, hält der Gasthof eine Pension mit stolzen 50 Betten bereit.

BIER

Leikeim/Altenkunstadt: Pils, Schwarzbier, Hefeweizen (alles vom Fass), Alkoholfreies. Schlenkerla/Bamberg: Rauchbier (vom Fass). Grasser/Huppendorf: Landbier (vom Fass). Erdinger: Alkoholfreies Weizen.

KÜCHE

Hausmacher Brotzeiten. Täglich große Karte mit warmen Gerichten. Spezialitäten: Frische Karpfen und Forellen aus dem Bassin, täglich frisches Hausgebäck.

PLÄTZE (außen/regensicher)

50/150

ANSCHRIFT

Kloster-Banz-Straße 4
96215 Lichtenfels-Reundorf
Tel.: 09571-95780

ÖFFNUNGSZEITEN

Täglich ab 9 Uhr
Mi und Do Ruhetag

Brauerei Weber

www.bier.by | Tipp: Knoblauch-Karpfen (saisonal)

BIER

Eigene Brauerei: Helles Lager (vom Fass), Füchsla (dunkles Lager), Rauchbier.
Püls/Weismain: Hefeweizen.

KÜCHE

Hausmacher Brotzeiten. Täglich mittelgroße Karte mit warmen Gerichten. Sonntags Mittagstisch. Spezialitäten: Hausmacher Leberkäse, Schweinebraten, Wildschweinbraten, gegrillte Heringe, Makrelen und Forellen (ab Mitte Mai jeden Di bei schönem Wetter).

PLÄTZE (außen/regensicher)

50/170

ANSCHRIFT

Ringstraße 46
96114 Hirschaid-Röbersdorf
Tel.: 09543-7882

ÖFFNUNGSZEITEN

Täglich ab 9 Uhr
Mittwoch Ruhetag

DA WO DER FISCH NACH KNOBLAUCH DUFTET

Bei Webers dreht sich (fast) alles um das Thema Fisch: Knoblauch- und Pfefferkarpfen, Forelle blau und gebacken, diverse Filets und ab Mitte Mai bei schönem Wetter jeden Dienstag Hering, Makrele und Forelle frisch vom Holzkohlengrill. Wem der Sinn dann trotzdem (oder nach einigen Besuchen doch mal) nach etwas anderem steht, der sollte den Hausmacher Leberkäse oder eine der Hausmacher Brotzeiten probieren. Dazu empfehlen wir das Rauchbier.

981 Röbersdorf Kirche, Hirschaid Bus

VGN DB

Gasthaus Hotel Wurm

www.gasthaus-wurm.de **Tipp: Röbersdorfer Pfännla**

PRÄMIERTER KULT-FAMILIENBETRIEB

Den Wurm in Röbersdorf kennt nahezu jeder Oberfranke. Stand der Gasthof früher hauptsächlich für die besten Hähnchen der Region, so ist hier mittlerweile ein hochdekoriertes Restaurant entstanden. Nicht umsonst ist man bereits vier Mal beim Wettbewerb Bayerische Küche ausgezeichnet worden, 2007 und 2010 sogar mit Gold! Fest steht: Wenn man Hunger hat und in der Nähe ist, ist der Wurm immer die richtige Adresse.

BIER

Löwenbräu/Buttenheim: Dunkles, Pils, Lager (alles vom Fass), Hefeweizen, Keller leicht. Erdinger: Kristallweizen, leichtes Weizen, alkoholfreies Weizen.

KÜCHE

Fränkische Brotzeiten. Täglich große Karte mit warmen Gerichten. Spezialitäten: Salate, Karpfen (saisonal), verschiedene Bräten mit Bamberger Spitzkopfwirsing (So/Feiertage), selbst gebackenes Brot, selbst gebackene Kuchen und Torten.

PLÄTZE (außen/regensicher)

150/150

ANSCHRIFT

Ringstraße 40
96114 Hirschaid-Röbersdorf
Tel.: 09543-84330

ÖFFNUNGSZEITEN

Täglich ab 10 Uhr
Montag Ruhetag

Biergarten Domäne

www.biergarten-domaene.de Tipp: Hausmacher Brotzeiten vom Bauernhof

BIER

Grosch/Rödental: Pils, Fuhrmannstrunk (beides vom Fass), Hefeweizen, Luthertrunk (Biobier), Malztrunk. Erdinger: Alkoholfreies Hefeweizen.

KÜCHE

Hausmacher Brotzeiten. Täglich kleine Karte mit warmen Gerichten. Spezialitäten: Fränkische Weißwurst, Vesperplatte, Obatzter, weißer Käse.

PLÄTZE (außen/regensicher)

250/80

ANSCHRIFT

Kronacher Straße 2
96472 Rödental
Tel.: 09563-208186

ÖFFNUNGSZEITEN

Täglich ab 16 Uhr
So und Feiertage ab 12 Uhr
Bei schlechtem Wetter geschlossen

FEIERABENDBIER GARANTIERT!

Das gibt's auch nur einmal in Franken: Im städtischen Bauhof (Arbeitszeitende 16 Uhr) existiert seit 2003 ein Biergarten (Öffnungszeit ab 16 Uhr). Entstanden ist das aus der Idee von Uwe Schneider, der - damals arbeitslos - im Rekordsommer 2003 einen Probelauf mit dem Biergarten in der Domäne starten durfte. Und der Erfolg hält an - zu Recht, schließlich stammen alle Angebote aus der Region.

Braugasthof Grosch

www.der-grosch.de

Tipp: Bierleberle

FÜR BIERKENNER

Der Brauereigasthof Grosch steht für die fränkische Familienbrauerei schlechthin. Seit weit über 500 Jahren braut man hier das Bier nach alter Tradition (Besichtigungen und Bierprobe sind auf Anfrage täglich möglich). Für echte Männer gibt es den Fuhrmanns-Trunk, ein malziges, süffiges Märzen. Sehr fein auch das Zwickl. Ganz neu (und von uns noch nicht getestet): Das Erntebier, ein leichtes Sommerbier vom Fass. Übrigens kann man hier hausgemachte Klöße (aus rohen Kartoffeln) kosten, deren Zubereitung ein kleines Kunststück sein soll.

BIER

Eigene Brauerei: Pilsner, Fuhrmannstrunk, Zwickl, Luthertrunk (Biobier), Hochzeitsbier (Mai und Juni), Erntebier (ab Mai), heller Bock (Mitte Okt. bis Feb.) (alles vom Fass), helles Hefeweizen, Radler, Fuhrmanns-Radler, Malztrunk, Anno 1492.

KÜCHE

Hausmacher Brotzeiten. Täglich große Karte mit warmen Gerichten. Spezialitäten: Hausgemachte Klöße mit Braten und Original-Soßen, bierige Gerichte, Bierleberle.

PLÄTZE (außen/regensicher)

60/240

ANSCHRIFT

Oeslauer Straße 115
96472 Rödental
Tel.: 09563-7500

ÖFFNUNGSZEITEN

Täglich ab 11 Uhr

Die Alm

www.der-grosch.de

Tipp: Currywurst in vier verschiedenen Schärfen

BIER

Grosch/Rödental: Pilsner, Fuhrmannstrunk, Hefeweizen, Fuhrmannsradler (alles vom Fass), Luthertrunk (Biobier), Zwickl, Hochzeitsbier (saisonal).

KÜCHE

Hausmacher Brotzeiten. Täglich kleine Karte mit warmen Gerichten. Spezialitäten: Almvesper, Obatzter, Kochkäse, Currywurst in vier verschiedenen Schärfen, Schaschlik (Do).

PLÄTZE (außen/regensicher)

140/60

ANSCHRIFT

Rosenauer Weg (Bei den SG-Tennisplätzen)
96472 Rödental
Tel.: 09563-548848

ÖFFNUNGSZEITEN

Mi bis Fr ab 16 Uhr
Sa, So und Feiertage ab 14 Uhr
Montag und Dienstag Ruhetag

HÜTTENZAUBER IN DER ROSENAU

Christof Pilarzyk verdanken wir nicht nur die vielen Bierspezialitäten des Gasthofes Grosch und das Samba-Fest, sondern mittlerweile auch eine echte Almhütte mitten in der Rosenau. Zünftig geht's hier zu bei Almwirt Frank Beining, an klassischen Bierbänken und unter großen Kastanienbäumen. Die Brotzeiten stammen allesamt von Direktvermarktern aus Rödental, nach den Worten des Chefs: „Von jedem etwas und zwar das Beste!"

Brauerei Sauer

www.brauerei-sauer.de **Tipp: Sülze mit Bratkartoffeln und gebackene Leber**

FLAMMKUCHEN AUF FRÄNKISCH

Das Familiengespann Richard und Christian Sauer steht für die über 200-jährige Tradition der Brauerei. Somit ist für Kontinuität gesorgt. Die Gäste freuen sich vor allem über das hausgebraute Bier. Für die Hungrigen unter ihnen seien insbesondere Steaks und die freitäglichen Fischvariationen erwähnt. Wer's deftig mag, ist mit dem Brauer-Flammkuchen oder mit der achtwöchig angebotenen Schlachtschüssel bestens bedient.

BIER

Eigene Brauerei: Roßdorfer Lager, Roßdorfer Braunbier (beides vom Fass), Pils, Weißbier, Urbräu. Verschiedene Brauereien: Alkoholfreies.

KÜCHE

Hausmacher Brotzeiten. Täglich mittelgroße Karte mit warmen Gerichten. Spezialitäten: Hausgemachte grobe Bratwürste, Brauer-Flammkuchen, Kotelett, Pfannenschnitzel, zusätzlich täglich frische wechselnde Gerichte.

PLÄTZE (außen/regensicher)

200/140

ANSCHRIFT

Sutte 5
96129 Roßdorf am Forst
Tel.: 09543-1578

ÖFFNUNGSZEITEN

Täglich ab 11 Uhr
Montag Ruhetag

Roßdorfer Felsenkeller

www.rossdorfer-felsenkeller.de

Tipp: Ziebeleskäse

BIER

Eigene Brauerei: Lager, Braunbier (beides vom Fass), Pils, Weizen, Urbier. Wechselnde Brauerei: Alkoholfreies Weizen. Jever: Fun.

KÜCHE

Fränkische Brotzeiten. Täglich kleine Karte mit warmen Gerichten. So Mittagstisch. Spezialitäten: Kellerplatte, verschiedene Salate, gebratener Tofu/gebratener Schafskäse, Dinkelküchla, arabisches Linsen- und Erbsenpüree, Ziebeleskäse.

PLÄTZE (außen/regensicher)

250/60

ANSCHRIFT

Zum Felsenkeller 1
96129 Roßdorf am Forst
Tel.: 0172-8142825

ÖFFNUNGSZEITEN

Täglich ab 15 Uhr
So und Feiertage ab 11 Uhr
Bei schlechtem Wetter geschlossen

NEUES UNTER BÄUMEN

Idyllisch unter Bäumen liegt seit fast 100 Jahren der Bierkeller der Brauerei Sauer. In den tief in den Berg reichenden Stollen lagerte noch bis vor kurzem der edle Gerstensaft in Eichenfässern. Seit 1. Mai 2013 führen Josef Schmitt und Angelika Kraus mit einem neuen Konzept den ruhig gelegenen, schattigen Bierkeller. Die beiden setzen vorwiegend auf Bio-Produkte und bieten zusätzlich zu den typischen fränkischen Brotzeiten vegetarische und vegane Gerichte an.

Ruppenwirtshaus

www.ruppenwirtshaus.de **Tipp: Ruppener Bierbauch**

BIERBAUCH UNTER KASTANIEN

Seit 1825 führt Familie Lang das Ruppenwirtshaus im gleichnamigen Ortsteil der Cranach-Stadt. Unter den riesigen alten Kastanienbäumen sitzt man gerne und lässt sich Bier und Bierbauch schmecken - Sie haben richtig gelesen - doch die Kronacher sind keine Kannibalen, der Ruppener Bierbauch ist eine Spezialität, die sicherlich schon zur Bildung des einen oder anderen menschlichen Pendants beigetragen hat.

BIER

Püls/Weismain: Pils, Kellertrunk, Hefeweißbier (alles vom Fass). Mahr/Bamberg: Ungespundenes. Kulmbacher: Kapuziner alkoholfreies Weißbier.

KÜCHE

Fränkische Brotzeiten. Täglich mittelgroße Karte mit warmen Gerichten. So Mittagstisch. Spezialitäten: Pfannensülze, Ruppener Bierbauch, verschiedene Bräten (So).

PLÄTZE (außen/regensicher)

150/60

ANSCHRIFT

Ruppen 9
96317 Kronach
Tel.: 09261-3845

ÖFFNUNGSZEITEN

Täglich ab 11 Uhr, Sa ab 16 Uhr
Dienstag und Freitag Ruhetag

Brauerei-Gasthof-Biergarten Hennemann

www.brauerei-hennemann.com **Tipp: Salzwasserfleisch (Okt-März), Salate**

BRAUGARTEN MIT LIEBE

Das Ehepaar Hennemann, deren Familie seit 1880 die Brauerei betreibt, steht mit Leib und Seele hinter dem Tresen bzw. am Braukessel. Die Brauerei entwickelte sich zu einem echten Geheimtipp - auch über die Region hinaus. Besonders in den Herbst- und Wintermonaten, wenn es das beliebte Salzwasserfleisch mit Rübenkraut und Klößen gibt. Viele Gäste schätzen auch die breite Auswahl an guten und frischen Salaten. Für den Terminkalender: Anfang Oktober ist Zwickelbierfest und am letzten Freitag im November Bockbieranstich!

BIER

Eigene Brauerei: Lager, Zwickel, Landweisse, Sommergold (im Sommer), Weihnachtsbock (saisonal) (alles vom Fass).

KÜCHE

Fränkische Brotzeiten. Täglich kleine Karte mit warmen Gerichten. Spezialitäten: Saisonale Gerichte, Karpfen (saisonal), Braumeisterpfännchen, Salzwasserfleisch mit Rübenkraut und Klößen (in den Wintermonaten).

PLÄTZE (außen/regensicher)

70/180

ANSCHRIFT

Sambach 33
96178 Pommersfelden
Tel.: 09502-4307

ÖFFNUNGSZEITEN

Mi bis Sa ab 11.30 Uhr
So und Feiertage ab 10 Uhr
Montag und Dienstag Ruhetag

Brauerei Knoblach

www.bier.by

Tipp: Schammelsdorfer Biertage an Pfingsten

WO DAS RÄUSCHLA WOHNT

Die Brauerei Knoblach ist bekannt für ihr dunkles Landbier. Allein vom Namen her interessiert natürlich das „Räuschla", ein bernsteinfarbener Gerstensaft, wenig Schaum, leicht bitter und etwas fruchtig – sollte unbedingt probiert werden und erfüllt zielsicher seinen Zweck. Erwähnenswert auch die eigene Schnapsbrennerei, damit aus dem Räuschla auch ein ausgewachsener Rausch werden kann (feine fränkische Obstbrände).

BIER

Eigene Brauerei: Ungespundetes Lager, Räuschla, Hefeweizen, dunkles Landbier (alles vom Fass), Bockbier (saisonal).

KÜCHE

Hausmacher Brotzeiten. Täglich große Karte mit warmen Gerichten. Sa, So und Feiertage Mittagstisch. Spezialitäten: Hähnla, Kotelett, Hausmacher Brotzeiten, Zwetschgenbames, Gerupfter.

PLÄTZE (außen/regensicher)

300/280

ANSCHRIFT

Kremmeldorfer Straße 1
96123 Litzendorf-Schammelsdorf
Tel.: 09505-267

ÖFFNUNGSZEITEN

Di bis Fr ab 15 Uhr
Sa, So und Feiertage ab 9 Uhr
Montag Ruhetag (wenn Montag Feiertag, dann Dienstag Ruhetag)

Brauerei Will

www.schederndorfer.de

Tipp: Ziebeleskäse

BIER

Eigene Brauerei: Dunkles, Hefeweizen, Bock (saisonal) (alles vom Fass).

KÜCHE

Hausmacher Brotzeiten. Spezialitäten: Ziebeleskäs, Hausmacherplatte.

PLÄTZE (außen/regensicher)

300/140

ANSCHRIFT

Haus Nr. 19
96187 Stadelhofen-Schederndorf
Tel.: 09504-262

ÖFFNUNGSZEITEN

Täglich ab 11 Uhr
So und Feiertage ab 10 Uhr
Dienstag Ruhetag

FORMEL 1-THEATER

Die Brauerei Will steht für vollmundige Biere vom Land- bis zum Weißbier, feine fränkische Brotzeiten und jede Menge Events. Egal ob Großleinwand-Übertragung der Formel 1-Rennen (am Ferrariday wird Schederndorf zu Klein-Maranello), Kirchweih (zweiter Sonntag im September), Wald- und Wiesenfest oder Theatersommer - es ist immer was geboten. Kein Wunder also, dass der „Will-Fanclub" einer der wenigen Vereine ist, um dessen Zukunft man sich keine Gedanken machen muss.

Gaststätte Giechburg

www.giechburg-gaststaette.de **Tipp: Diplomatentorte**

ZU GAST BEIM STAAT

Auf der Giechburg hat man nicht nur einen sensationellen Ausblick auf Bamberg und seine Umgebung, bei Elisabeth Rösch lässt es sich auch hervorragend einkehren - und das seit bald 14 Jahren. Sie bietet neben klassischer Hausmannskost vor allem ihre selbst gebackenen Kuchen und Torten, bei denen sich so mancher gelernter Konditor gerne eine Scheibe abschneidet. Sehenswert sind zudem die wechselnden Kunstausstellungen im Bergfried, der genauso wie die Gaststätte dem Landkreis Bamberg gehört.

BIER

St. GeorgenBräu/Buttenheim: Keller, Pils (beides vom Fass), Weizen, leichtes Weizen. Erdinger: Weißbier, alkoholfreies Weißbier.

KÜCHE

Fränkische Brotzeiten. Täglich mittelgroße Karte mit warmen Gerichten. Spezialitäten: Wildgerichte, Flugentenbrust, Giechburgplatte, selbst gebackene Torten und Kuchen, z. B. Diplomatentorte, Kaffee-Sahne-Torte, Frühlingstorte, Pfirsich-Quark-Torte.

PLÄTZE (außen/regensicher)

160/150

ANSCHRIFT

Giechburg 1
96110 Scheßlitz
Tel.: 09542-424

ÖFFNUNGSZEITEN

Mai bis Okt.: Täglich 10 bis 18 Uhr
Dienstag Ruhetag
Nov. bis Apr.: Täglich 10 bis 17 Uhr
Dienstag Ruhetag (nach Anmeldung für Gruppen ab 10 Personen auch länger geöffnet)

Ehrenbürg

www.ehrenbuerg.com

Tipp: Bodenständige Küche auf hohem Niveau

BIER

Tucher/Fürth: Grüner Pils (vom Fass). Radeberger: Pils (vom Fass). Gutmann/Titting: Hefeweizen.

KÜCHE

Fränkische Brotzeiten. Täglich große Karte mit warmen Gerichten. Spezialitäten: Verschiedene saisonale Gerichte.

PLÄTZE (außen/regensicher)

100/190

ANSCHRIFT

Schlaifhausen 68
91369 Wiesenthau
Tel.: 09199-696930

ÖFFNUNGSZEITEN

Täglich ab 11.30 Uhr
Dienstag Ruhetag

HOME OF BIG FISH

Mit einem Zwischenstopp bei Familie Nagengast hat man wirklich den großen Fisch geangelt - in jeder Hinsicht. Schon mal rein kulinarisch, denn hier brät man alles, was nicht in die Pfanne passt - vom Riesenbarsch bis zum Schwertfisch. Doch auch die Ausflugsfreunde können hier viel Spaß haben. So steht mit dem hauseigenen Mountainbike-Guide Toni auch ein echter Erlebnisfaktor auf dem Plan. Seine Touren variieren von leicht bis schwer und vom Power-Ride bis zum Romantik-Sunset.

Witzgall-Keller

www.bier.by

Tipp: Roher Schinken

DER EICHSTRICH IST DER KRUGRAND

Beim Witzgall-Keller geht es seit über hundert Jahren so zu wie vor über hundert Jahren. Pächter Markus Edelmann steht hinter dem Zapfhahn am frisch angestochenen Fass und füllt die Krüge der Durstigen bis zum Rand. Die Stammgäste bringen ihre Deckel zum Striche-Machen selber mit, setzen sich dann unter die mächtigen Eichen, Linden und Buchen und genießen ihr Bierchen. Die historischen Kellergewölbe unter den Bierbänken sind übrigens über ein Vierteljahrtausend alt und teilweise bereits verfallen.

BIER

Eigene Brauerei: Unfiltriertes Kellerbier (vom Fass). Meusel/ Dreuschendorf: Alkoholfreies.

KÜCHE

Hausmacher Brotzeiten. Kleine Karte mit warmen Gerichten. Spezialitäten: Schaschlik, roher Schinken, Presssack.

PLÄTZE (außen/regensicher)

200/80

ANSCHRIFT

Karl-Kreul-Straße
91352 Schlammersdorf
Tel.: 09545-50785 o. -7452

ÖFFNUNGSZEITEN

1. Mai bis 30. Sep.
Sa, So und Feiertage ab 14 Uhr
Montag bis Freitag geschlossen

Scheubel-Keller

www.brauerei-scheubel.de

Tipp: Kellerplatte

BIER

Eigene Brauerei: Helles Lager (vom Fass).

KÜCHE

Fränkische Brotzeiten. Spezialitäten: Kellerplatte, selbst gemachter Gerupfter, Limburger mit Musik, eingeschnittene Stadtwurst.

PLÄTZE (außen/regensicher)

200/0

ANSCHRIFT

Am Weinberg
96132 Schlüsselfeld
Tel.: 09552-6673

ÖFFNUNGSZEITEN

Fr und Sa ab 17 Uhr
So und Feiertage ab 14 Uhr
Montag bis Donnerstag Ruhetag

DER FÜR-DIE-GANZE-FAMILIE-KELLER

Hier kommen sowohl die Erwachsenen als auch die Kinder auf ihre Kosten: Zum einen sitzt es sich hier wunderbar auf dem ehemaligen Weinberg unter den uralten Kastanien, zum anderen können die Kleinen hier nach Herzenslust spielen und auf den umliegenden Wiesen springen und toben. Außerdem improvisiert man hier gerne – auf die Frage nach der eingeschnittenen Wurst zum Mitnehmen wurde kurzerhand ein Bierkrug als Behältnis umfunktioniert und mitverkauft. Die leckeren Fleisch- und Wurstwaren werden eigens von einer fränkischen Metzgerei für den Scheubel-Keller gemacht.

991 Volksschule, Schlüsselfeld Bus

Bähr-Keller

www.baehr-keller.de

Tipp: Räuberessen im Frühjahr und im Herbst

SUNSET IN FRANKEN

Den Preis für den schönsten Sonnenuntergang hat der Bähr-Keller für uns auf jeden Fall gewonnen – mitten in Schönbrunn richten sich im Spätsommer gegen 20 Uhr allabends alle Augen nach Westen, wenn ein glutroter Ball hinter der Silhouette des Ortes versinkt. Auch sonst ein sehr ambitionierter Keller im Steigerwald mit einem Kinderspielplatz, der den Namen auch verdient.

BIER

Eigenes Bier: Bähr-Bier (vom Fass).

KÜCHE

Hausmacher Brotzeiten. Täglich kleine Karte mit warmen Gerichten. Spezialitäten: Selbst gemachte Pizza, Zwiebelkuchen (gelegentlich), Hähnchen und Haxen vom Grill (gelegentlich), Brotzeiten aus eigener Schlachtung.

PLÄTZE (außen/regensicher)

150/80

ANSCHRIFT

Steinsdorfer Straße,
Ecke Friedhofsweg
96185 Schönbrunn
Tel.: 09546-379 o. 0160-93110142

ÖFFNUNGSZEITEN

Di bis Sa ab 16 Uhr, So ab 10 Uhr
Montag Ruhetag

DB VGN Bus 989 Schönbrunn i. Steigerwald Ortsmitte

Brauerei-Gasthaus Wernsdörfer

www.brauerei-wernsdoerfer.de

Tipp: Fränkischer Sauerbraten

BIER

Eigenes Bier: Landbier (vom Fass). Keesmann/Bamberg: Herren-Pils (vom Fass). Wechselnde Brauereien: Weizen (vom Fass). Staffelberg-Bräu/Bad Staffelstein: Alkoholfreies Weizen, Alkoholfreies. Püls/Weismain: Kellerbier. Weihenstephaner: Kristallweizen.

KÜCHE

Hausmacher Brotzeiten. Täglich große Karte mit warmen Gerichten. Spezialitäten: Lebend frische Karpfen in den Monaten mit „r", fränkischer Sauerbraten, selbst gemachte Sülze mit Bratkartoffeln.

PLÄTZE (außen/regensicher)

50/105

ANSCHRIFT

Obere Bachgasse 5
96185 Schönbrunn
Tel.: 09546-389

ÖFFNUNGSZEITEN

Täglich ab 9.30 Uhr
Mi ab 17 Uhr
Dienstag Ruhetag

KLASSISCH FRÄNKISCH

Hier kommt jeder auf seine Kosten, der auf Fränkisch ohne Schnörkel und moderne Küche steht. Gute Brotzeiten aus eigener Hausschlachtung, eine Schnitzelpalette von Cordon Bleu bis Braumeisterschnitzel und auch eine Bratenkarte stehen täglich zur Auswahl. Dazu kommen ganzjährig Forellen und in den Monaten mit „r" auch lebend frische Karpfen, die hier unter anderem sehr würzig als Pfefferkarpfen kredenzt werden.

989 Schönbrunn i. Steigerwald Ortsmitte Bus

Gut Schönhof

www.gut-schoenhof.de

Tipp: Der viertel Rippchen-Meter

BIER

Hufeisen/Pottenstein: Pottensteiner Bio-Dunkel (vom Fass). Maisel/Bayreuth: Aktien Pilsener (vom Fass), Bio-Weizen. Held/ Oberailsfeld: Dunkles (vom Fass).

KÜCHE

Hausmacher Brotzeiten. Täglich mittelgroße Karte mit warmen Gerichten. Spezialitäten: Ochsenkotelett, überbackenes Nackensteak, 1/4 Meter Rippchen vom Schönhofschwein, Brotzeitbrettl.

PLÄTZE (außen/regensicher)

200/200

ANSCHRIFT

Schönhof 11
91344 Waischenfeld
Tel.: 09202-1228

ÖFFNUNGSZEITEN

Täglich ab 11 Uhr
Dienstag Ruhetag
Bei schlechtem Wetter und wenn keine Reservierungen vorliegen geschlossen
Ab Mitte Jan. bis 14 Tage vor Ostern geschlossen (für Reservierungen geöffnet)

ALLES, WAS DAS HERZ BEGEHRT

Ein echtes Vorzeigeobjekt, das Gut Schönhof, das hier auf dem kleinen Bergchen thront. Dazu gehören - neben dem idyllischen Biergarten - auch eine komplette ökologische Landwirtschaft mit Bäckerei und Metzgerei, deren Erzeugnisse man im Hofladen kaufen und zum Bierchen verzehren kann. Familien begeistert der kleine Tiergarten mit allerlei Geschnatter und Gemähe, worüber Kinder hier unter dem Motto „Natürlich Lernen" auch regelmäßig viel erfahren können. Wer noch nicht so weit ist, kann es ja erstmal in der Hochzeitsscheune und im Heuhotel versuchen ...

396 Eichenbirkig, Waischenfeld Bus VGN DB

Restaurant am Froschgrundsee

www.restaurant-froschgrundsee.de Tipp: Stallhase

BIER

Püls/Weismain: Hefeweißbier, Kellertrunk, Krone Pils (alles vom Fass), leichtes Hefeweizen. Maisel/Bayreuth: Alkoholfreies Hefeweizen, Kristallweizen. Erdinger: Dunkles Hefeweizen. Grosch/Rödental: Fuhrmannstrunk. Weltenburger: Barock Dunkel.

KÜCHE

Fränkische Brotzeiten. Täglich große Karte mit warmen Gerichten. Spezialitäten: Lebend frischer Fisch (Forelle, Waller, Zander, Saiblinge, Karpfen), Stallhase, frisches Wild, verschiedene Gerichte mit original Thüringer Klößen, angebackene Klöße.

PLÄTZE (außen/regensicher)

120/75

ANSCHRIFT

Schönstädt 14
96472 Rödental
Tel.: 09563-8013

ÖFFNUNGSZEITEN

Täglich ab 11 Uhr
Montag Ruhetag

EUROPAS NUMMER EINS

Vor kurzem erst konnte die Talbrücke Froschgrundsee fertiggestellt werden. Lange Zeit beherrschte der Blick auf die beiden aufeinander zuwachsenden Pfeiler dieser größten Eisenbahnbrücke Europas auch die Aussicht auf den Schönstättspeicher, einer Kuriosität des kalten Krieges. Schließlich ragte das Gewässer zu einem Drittel in die ehemalige DDR hinein. Für das Restaurant allerdings ist der See ein Glücksfall, die Gäste haben auf der Terrasse einen sensationellen Blick auf das See-Brücken-Ensemble, zudem lädt der Wasserspeicher zu allerlei stressfreien Spaziergängen ein.

Gaststätte Jahnstube

www.jahnstube-selb.de **Tipp: Hausgemachte Sülze**

BIER

Kulmbacher: Kapuziner Weiße, Mönchshof Original (beides vom Fass), Schwarzbier, Kellerbier.

KÜCHE

Fränkische Brotzeiten. Täglich mittelgroße Karte mit warmen Gerichten (Fränkische Hausmannskost mit portugiesischem Einschlag). Spezialitäten: Hausmacher Sülze, Knoblauch-Speck-Schnitzel, Steaks, Turnhallen-Schnitzel.

PLÄTZE (außen/regensicher)

70/70

ANSCHRIFT

Jahnstraße 35
95100 Selb
Tel.: 09287-2458

ÖFFNUNGSZEITEN

Mo bis Fr 11 bis 13 und ab 17 Uhr
Sa ab 16 Uhr, So ab 10 Uhr
Mittwoch Ruhetag

EINFACH LIEBENSWERT

Die Erfolgsgeschichte der heutigen Jahnstuben beginnt im Jahr 1973, als die junge Maria aus Portugal als Spinnereiarbeiterin nach Deutschland kam. Vier Jahre später lernte sie ihren heutigen Mann Michael kennen, dessen Vater die Jahnstuben führte. Elf Jahre später übernahmen die beiden das Lokal und bauten den Biergarten dazu. Seitdem erfreuen sich die Jahnstuben und das liebenswerte Ehepaar stetigen Zuspruchs, es gibt sogar eine Schar regelmäßiger Abo-Gäste, die quasi Vollpension auf Lebenszeit gebucht haben. Maria ist ein Tausendsassa hinter dem Herd, viele Gerichte bereitet sie auch gerne auf Wunsch (wenn die Zutaten vorhanden sind), und natürlich auch ihre portugiesische Küche kommt nicht zu kurz. Mit den beiden Sälen stellen die Jahnstuben zudem einen wichtigen Veranstaltungsort für Vereine aus der ganzen Region, so treffen sich zum Beispiel der Tanzclub „Heiße Sohle", der Malergesangsverein und der Gesangsverein Thalia regelmäßig hier.

Zum Graf'n Klemens

www.bier.by

Tipp: Original bayerische Küche

BIER

Scherdel/Hof: Pils, Weizen (beides vom Fass).

KÜCHE

Bayerische Brotzeiten. Täglich große Karte mit warmen Gerichten. Spezialitäten: Original bayerische Küche, verschiedene Steaks, Wildgerichte.

PLÄTZE (außen/regensicher)

35/35

ANSCHRIFT

Marienstraße 2
95100 Selb
Tel.: 09287-2425

ÖFFNUNGSZEITEN

Do, Fr und Sa ab 16.30 Uhr
So und Feiertage 11.30 bis 13.30 Uhr und ab 16.30 Uhr
Montag bis Mittwoch Ruhetag

DER FALSCHE GRAF

Wo allerorten in Selb die Gastronomen jammern, hört man hier endlich auch mal zufriedene Worte. Das ist aber auch kein Wunder, der schöne Biergarten hinter dem Traditionshaus lässt einen kaum wieder los, und so verbrachten wir hier auch viel mehr Zeit als geplant. Der Name der Gaststätte von Maria Niedermeier stammt übrigens nicht von einem Blaublütler, ein früherer Besitzer hieß lediglich Klemens Graf - im Volksmund ging man eben „zum Graf'n Klemens" ...

Bio-Landgasthof Sellanger

www.sellanger.com Tipp: Cremesüppchen vom Frankenwälder Schiefertrüffel

BIER

Scherdel/Hof: Pils, Weissbier, Dunkles (alles vom Fass), Alkoholfreies. Kulmbacher: Kapuziner alkoholfreies Hefeweizen.

KÜCHE

Hausmacher Brotzeiten. Täglich große Karte mit warmen Gerichten. Spezialitäten: Kalbsleber vom Bio-Milchkalb in einer Pfeffer-Balsamico-Sauce, Saiblinge aus eigenen Gewässern, Sellanger Krenfleisch, fränkisches Scheiterhaufenpfännchen, hausgemachte Pfannensülze, gehobene mediterrane Küche.

PLÄTZE (außen/regensicher)

100/220

ANSCHRIFT

Stauden 1
95152 Selbitz-Sellanger
Tel.: 09280-1003

ÖFFNUNGSZEITEN

Täglich 11 bis 14.30 und ab 17.30 Uhr, Montag Ruhetag (an Feiertagen geöffnet)

BIO TOTAL

Der 60jährige Wilfried Benker betreibt seit 1980 den Landgasthof Sellanger und bezeichnet sich gerne als „Mädchen für alles". Doch damit stapelt er etwas tief, schließlich hat er ein bisher ununterbrochenes Abonnement auf Goldmedaillen beim Wettbewerb Bayerische Küche vorzuweisen und kann sich mittlerweile als einziger voll-zertifizierter Bio-Betrieb in Oberfranken bezeichnen. Diese Genüsse gibt es natürlich auch im liebenswert gestalteten Biergarten, von dem man sowohl das denkmalgeschützte Anwesen als auch einen kleinen Park bestens im Blick hat.

Gasthof Reinwand

www.gasthof-reinwand.de **Tipp: Seßlacher Pfannenschnitzel**

BIER

Eigene Brauerei: Hausbräu, Bockbier (Weihnachten) (beides vom Fass). Jever, Sturm´s, Reichelbräu: Pils. Franziskaner: Helles Weizen, Hefeweizen, Kristallweizen, alkoholfreies Weizen. Erdinger: Kristallweizen.

KÜCHE

Hausmacher Brotzeiten. Täglich mittelgroße Karte mit warmen Gerichten. Spezialitäten: Sülze, Kümmelbraten, Seßlacher Pfannenschnitzel.

PLÄTZE (außen/regensicher)

60/80

ANSCHRIFT

Maximiliansplatz 99
96145 Seßlach
Tel.: 09569-304

ÖFFNUNGSZEITEN

Täglich ab 9 Uhr
Mittwoch Ruhetag

AN DER BIERPIPELINE

Im schönen altfränkischen Seßlach gibt es eine besondere Biertradition: Im Kommunbrauhaus entsteht das Bier für die Gasthäuser und Hausbrauer, die jeden Fasstag ihre Ration abholen können. Für den Großabnehmer Reinwand wurde eine Pipeline verlegt, durch die der Saft den Weg in die durstigen Kehlen findet. Seit der Gründung 1640 befindet sich das Gasthaus im Familienbesitz. Vor dem Haus auf dem malerischen Maximiliansplatz bilden Biergarnituren einen kleinen gemütlichen Biergarten.

Landgasthof Roter Ochse

www.roter-ochse-sesslach.de

Tipp: Ente mit Klößen nach Thüringer Art

BIER

Seßlacher Kommunbrauhaus: Original Seßlacher Hausbräu (vom Fass). Hofbräu/Würzburg: Pilsner (vom Fass), Julius Echter Hefeweißbier, Schwarzbier, Hefeweizen alkoholfrei. Gampertbräu/ Weissenbrunn: Pils, Märzen.

KÜCHE

Hausmacher Brotzeiten und Salatteller. Täglich mittelgroße Karte mit warmen Gerichten. Spezialitäten: Schäuferle, Ente, Rindfleisch mit Meerrettich, saisonale Gerichte.

PLÄTZE (außen/regensicher)

200/80

ANSCHRIFT

Flenderstraße 95
96145 Seßlach
Tel.: 09569-1220

ÖFFNUNGSZEITEN

Täglich 11 bis 14 Uhr ab 16.30 Uhr, Mo und Do Ruhetag

DIE SCHENKSTATT

So nannte man seit 1489 den Roten Ochsen, dessen heutiger Name 1620 zum ersten Mal urkundlich erwähnt wurde - der Name hat sich geändert, die Nutzung ist geblieben: Das süffige Seßlacher Hausbräu (Kommunbrauerei) lockt Biergenießer aus einem weiten Umfeld an. Highlight im Ochsen: Der Biergarten im Innenhof. Historisches Fachwerk, jede Menge Blumen und Blüten und ein kleiner Spielplatz machen ein Ensemble, das allen Bedürfnissen gerecht wird.

Restaurant & Café Altstadthof

www.altstadt-hof.de

Tipp: Verschiedene fränkische Bräten

BIER

Eller/Birkach am Forst: Helles (vom Fass). Püls/Weismain: Hefeweizen (vom Fass), altfränkischer Kellertrunk. Scharpf/Heilgersdorf: Märzen (vom Fass). Löwenbräu/München: Alkoholfreies.

KÜCHE

Fränkische Brotzeiten und Salatteller. Täglich große Karte mit warmen Gerichten. Spezialitäten: Fränkische Küche, Sauerbraten, Gänsebrust.

PLÄTZE (außen/regensicher)

70/80

ANSCHRIFT

Flenderstraße 39
96145 Seßlach
Tel.: 09569-1432

ÖFFNUNGSZEITEN

Täglich ab 9 Uhr
Dienstag Ruhetag

BROTZEIT VOM BAUERNMARKT

Der Altstadthof im Seßlacher Südwesten ist so, wie ein fränkischer Biergarten sein sollte: Rustikal und bunt bepflanzt, nicht zu groß, einfach ein Ort des geselligen Beisammenseins. Inhaber Heinrich Pornschlegel kauft die Brotzeit-Zutaten noch selbst auf dem Bauernmarkt. Vor 20 Jahren hatte er die Wahl - Aussiedlerhof oder Gastronomie. Glücklicherweise wurde der Altstadthof draus. Und Sohn Raphael sorgt als Koch bereits für Kontinuität.

Gasthof Pension Reinl

www.gasthofReinl.de

Tipp: Schweinebraten, Sauerbraten

BIER

Scherdel/Hof: Pils (vom Fass).
Hönicka/Wunsiedel: Landbier, Weizen (beides vom Fass).

KÜCHE

Fränkische Brotzeiten. Täglich große Karte mit warmen Gerichten. Spezialitäten: Wildgerichte, verschiedene Bratengerichte (z. B. Sauerbraten).

PLÄTZE (außen/regensicher)

48/150

ANSCHRIFT

Sichersreuth 1
95680 Bad Alexandersbad
Tel.: 09232-2425

ÖFFNUNGSZEITEN

Täglich ab 8 Uhr
Freitag Ruhetag

WANDERN OHNE GEPÄCK

Besonders in Zusammenhang mit dieser Aktion des Tourismusverbandes ist der Reinl gut bekannt. Viele Wanderer übernachten hier und laufen los. Am Zielort wartet dann bereits das Gepäck auf sie. Das Ganze funktioniert natürlich auch andersrum mit der Pension als Endpunkt der Etappen. Der Reinl hat schon gut 100 Jahre auf dem Buckel, seit 1972 konzentriert man sich komplett auf Gastronomie und Übernachtungsgäste. Entgegen dem ersten Augenschein gibt es einen schönen Biergarten im Innenhof.

Biergarten „Zum Bräuhof"

www.goldener-loewe-sonnefeld.de **Tipp: Bräuerbrotzeit**

DER LICHTBLICK

Biergartentechnisch (und leider nicht nur biergartentechnisch) ist die Gegend um Sonnefeld nicht wirklich gut aufgestellt. Und doch haben wir ein echtes Highlight gefunden: Den goldenen Löwen. Es wird zwar leider kein eigenes Bier mehr gebraut (auch hier hat der große Nachbar schon zugeschlagen), aber dafür kümmert sich das Team von Hans Bauersachs liebevoll um seine Gäste. Der wunderschöne Biergarten lässt einen förmlich nicht mehr los, und auch die alten Steingewölbe im Inneren des Hauses sollte man gesehen haben.

BIER

Kulmbacher: Mönchshof Pils, Mönchshof Kellerbier, Kapuziner Hefeweizen (alles vom Fass), Kloster Schwarzbier, alkoholfreies Weizen, Alkoholfreies.

KÜCHE

Hausmacher Brotzeiten. Täglich mittelgroße Karte mit warmen Gerichten. Spezialitäten: Hausgemachte Sülze, Bräuerbrotzeit, Sauerbraten, gegrillte Schweinshaxe.

PLÄTZE (außen/regensicher)

120/180

ANSCHRIFT

Thüringer Straße 2
96242 Sonnefeld
Tel.: 09562-8921

ÖFFNUNGSZEITEN

Täglich ab 8 Uhr
Biergarten bei schönem Wetter ab 16 Uhr geöffnet
Donnerstag Ruhetag

Landgasthof Windfelder am See

www.windfelderamsee.de

Tipp: Karpfen aus eigener Zucht, Wild aus eigener Jagd

BIER

Hausbräu/Stegaurach: Lager (vom Fass), Schwarzbier, Rauchbier. Schloßbrauerei/Reckendorf: Pils, Weizen (beides vom Fass).

KÜCHE

Fränkische Brotzeiten. Täglich große Karte mit warmen Gerichten. Spezialitäten: Windfelder Cordon Bleu, gebratener Waller, Karpfen aus eigener Zucht (saisonal), Spanferkelschäuferla.

PLÄTZE (außen/regensicher)

250/140

ANSCHRIFT

Hartlandener Straße 13
96135 Stegaurach
Tel.: 0951-9922750

ÖFFNUNGSZEITEN

Mo und Do ab 17 Uhr
Di und Fr 11 bis 14 und ab 17 Uhr
Sa und So ab 11 Uhr
Mittwoch Ruhetag

DIE KIRCHE IST WIEDER IM DORF

Seit Anfang der 1990er versuchte man sich beim Windfelder eher auf die Haute Cuisine, allerdings nur mit bedingtem Erfolg. Deswegen haben nun die Inhaber in Person von Tochter Stefanie mit Ehemann Christopher Meinecke wieder selbst das Ruder in die Hand genommen. Dort, wo früher die Karpfen ihre Runden drehten, befindet sich ein wunderschöner lauschiger Garten im Schatten von großen Kastanien und Trauerweiden (und um einen geweihten Brunnen, der aus den Steinen der ehemaligen Dorfkirche entstanden ist). Die Fische sind natürlich auch noch da, allerdings ein paar Meter weiter vom Gasthof weg, der Blick auf den See ist einmalig. Besonders gut ist natürlich gerade der fangfrische Fisch, für den die Gäste bis aus Heidelberg und München anreisen.

912, 989 Stegaurach Kirche Bus

Bauernhannla

www.bauernhannla.de **Tipp: Bauerngeräuchertes**

BIER

Kulmbacher: Kapuziner Weizen, Mönchshof Pils, Mönchshof Kellerbier, Kloster Schwarzbier (alles vom Fass), Bockbier (saisonal), Festbier (saisonal), Mönchshof Alkoholfreies. Kaiserhof/Kronach: Schmäusbräu, Kaiserpils (beides vom Fass), Bockbier (saisonal), Festbier (saisonal).

KÜCHE

Fränkische Brotzeiten. Täglich große Karte mit warmen Gerichten. Spezialitäten: Fränkische Küche und deftige Brotzeiten, täglich Mittagstisch mit Klößen.

PLÄTZE (außen/regensicher)

200/160

ANSCHRIFT

Eichenbühl 82
96352 Wilhelmsthal-Steinberg
Tel.: 09260-9639399

ÖFFNUNGSZEITEN

Täglich ab 11 Uhr
So und Feiertage ab 9.30 Uhr
Dienstag Ruhetag

DEN FRANKENWALD IM BLICK

Über 40 km Weitsicht bieten den Bierkeller-Besuchern einen einmaligen Ausblick in den Frankenwald. Doch muss der auch verdient werden - so mancher kommt beim Aufstieg ganz schön ins Schwitzen. Allerdings sind ja genug Durstlöscher vorhanden ... Unmittelbar an dem urigen Gasthof beginnen übrigens mehrere Wanderwege - so kann man den Gehalt der üppigen deftigen Brotzeiten gleich wieder in zu Fuß erlebten Frankenwald umsetzen.

Hübner Bräu

www.huebner-braeu.de

Tipp: Hausmacher Platte

BIER

Eigene Brauerei: Dunkles Vollbier (vom Fass).

KÜCHE

Hausmacher Brotzeiten. Täglich kleine Karte mit warmen Gerichten. Spezialitäten: Hausmacher Platte, Sülze, Bratwürste, Stadtwurst mit Kraut, Hähnchen (Mi), Pizza (Fr).

PLÄTZE (außen/regensicher)

160/110

ANSCHRIFT

Steinfeld 69
96187 Stadelhofen-Steinfeld
Tel.: 09207-259

ÖFFNUNGSZEITEN

Täglich ab 10 Uhr
So und Feiertage 10 bis 12 Uhr und ab 13.30 Uhr
Donnerstag Ruhetag

AM ANFANG WAR DAS BIER ...

... drum trinken wir es hier. So oder so ähnlich werden wohl schon viele gedacht haben. Liegt der Hübner-Keller doch nicht nur knappe 100 m von der Wiesent-Quelle entfernt, er ist auch schon Ursprung so manchen ordentlichen Rausches gewesen. Hier wird man einfach sitzen bleiben – einerseits, weil man sich erst einige Stufen bergan kämpfen muss, andererseits, weil es sich auf dem Rasen unter den Bäumen einfach wunderschön verweilen lässt. Besonders sitzfest ist man nach dem Genuss einer der üppigen Brotzeiten. Die meisten kommen allerdings nach wie vor wegen des kühlen Nass, wie ein Zitat eines Besuchers unzweifelhaft dokumentiert: „Ich weiß net. Aber immer, wenn i amol ofang konni nümmer aufhörn. Dann werd i immer ganz BLÖD."

969 Untersteinfeld, Stadelhofen Bus

Lindners Brauereigasthof

www.gasthof-lindner.de — Tipp: Cordon Bleu

DAS BIER FLIESST WEITER

Obwohl die Brauerei des Hauses 1955 nach 200-jähriger Brautradition abgerissen wurde, lässt man weiterhin das Bier nach den alten Rezepten brauen. Selbst Alteingesessene haben den Bruch geschmacklich kaum bemerkt. Sehr viel mehr wahrgenommen wird die gute Küche von Chef Herbert Lindner, gelernter Metzger und Koch, der sich mittlerweile einen wirklich guten Ruf erworben hat (bis hin zu Kuchen und Eisbechern).

BIER

Eigenes Bier: Lager, Pils, Weizen (alles vom Fass).

KÜCHE

Hausmacher Brotzeiten. Täglich große Karte mit warmen Gerichten. Spezialitäten: Cordon Bleu, Schäuferla, Pizza, Haxen.

PLÄTZE (außen/regensicher)

150/300

ANSCHRIFT

Steinfeld 56
96187 Stadelhofen
Tel.: 09207-275

ÖFFNUNGSZEITEN

Di bis Fr ab 16.30 Uhr
Sa, So und Feiertage ab 11.30 Uhr
Montag Ruhetag

Einkehr zur Maut

www.mauthaus.de — Tipp: Weißer Käse

VON BAR UND KIOSK ZUM BIERGARTEN

Nach eigenen Worten kam Karoline Gnauck zum Biergarten wie die oft bemühte Jungfrau zum Kind. Ursprünglich nämlich betrieb sie eine Bar im weit entfernten Reit im Winkl. Doch als ihr Freund ins elterliche Steinwiesen ziehen musste, kam sie einfach mit. Der gute Ruf eilte der jungen Dame voraus, weswegen Gampertbräu anfragte, ob Karoline den örtlichen leerstehenden Biergarten übernehmen würde. Die Antwort war klar, nun hat der kleine Ort an der Ködeltalsperre eine Attraktion mehr. Schließlich verfügt das Mauthaus auch über eine eigene Hüpfburg und einen kleinen Streichelzoo mit Ziegen und Hasen.

BIER

Gampert/Weissenbrunn: Pils (vom Fass), Weizen, dunkles Weizen, dunkles Bier. Maisel/Bayreuth: Leichtes Weizen.

KÜCHE

Fränkische Brotzeiten. Täglich mittelgroße Karte mit warmen Gerichten. Spezialitäten: Schwabenpfännla, Bergschnitzel, Presssack.

PLÄTZE (außen/regensicher)

250/70

ANSCHRIFT

Mauthaus 1
96349 Steinwiesen
Tel.: 09267-1555

ÖFFNUNGSZEITEN

Täglich ab 10 Uhr

Roppelt's Keller

www.brauerei-roppelt.de **Tipp: Rauchfleisch mit Bohnenkernen**

FAMILIENIDYLL AM WALDRAND

Idyllisch am Waldrand gelegen, bietet der Roppelts Keller ein Rundumsorglospaket für Familien mit Bieraffinität. Schließlich gibt es hier - und nur hier - das urige Kellerbier und einen traumhaften Abenteuerspielplatz mit Kinderstammtisch. Und weil man auch nicht den Kreuzberg erklimmen muss, kommen auch die kurzatmigeren Wanderer zu einem Leckerschluck nebst guter Brotzeit.

BIER

Eigene Brauerei: Keller, Weizen (beides vom Fass).

KÜCHE

Hausmacher Brotzeiten. Täglich kleine Karte mit warmen Gerichten. Spezialitäten: Haxen, Salzknöchla, Bohnenkerne, Hackepeter.

PLÄTZE (außen/regensicher)

600/150

ANSCHRIFT

Stiebarlimbach 9
91352 Hallerndorf
Tel.: 09195-7263

ÖFFNUNGSZEITEN

Fr bis Di ab 11 Uhr
Mi und Do ab 15.30 Uhr
Bei schlechtem Wetter geschlossen

Gastwirtschaft Hopf

www.gastwirtschaft-hopf.de

Tipp: Gänsebrust

BIER

Kaiserdom/Bamberg: Pils, Altbier, Hefeweizen (alles vom Fass). Schneider/Kelheim: Weiße. Schlenkerla/Bamberg: Rauchbier. Spezial/Bamberg: Rauchbier. Warsteiner: Pils. Verschiedene weitere Flaschenbiere.

KÜCHE

Hausmacher Brotzeiten. Täglich große Karte mit warmen Gerichten. Spezialitäten: Schäuferla, Rippla, Kesselfleisch (Mi ab 17 Uhr), Wildgerichte, Karpfen (saisonal), Hausmacher Presssack.

PLÄTZE (außen/regensicher)

200/200

ANSCHRIFT

Stolzenroth 20
96178 Pommersfelden
Tel.: 09548-286

ÖFFNUNGSZEITEN

Mi und Fr ab 17 Uhr
Sa, So und Feiertage ab 11 Uhr
Mo, Di und Do Ruhetag

DAS UNIKAT

Die Traditionsgastwirtschaft Hopf war bei unseren jahrelangen Recherchen die einzige, die sich das Bamberger Kaiserdom-Bier auf die Fahnen geschrieben hat. Doch auch in kulinarischer Hinsicht hat Herbert Hopf, der die fünfte Generation vertritt, einiges zu bieten: Eigene Karpfen-, Enten- und Gänsezucht, Wild aus eigener Jagd und jeden Mittwoch Kesselfleisch, Schälrippla und Knöchla. Unter den früheren Besitzern (Familie Marr) stellte das Haus sogar ab 1787 eine eigene Brauerei und Brennerei, die aber Ende des 19. Jahrhunderts eingestellt wurden.

978 Stolzenroth, Pommersfelden Bus

Hotel Gasthof Schwarzer Adler

www.hotel-schwarzer-adler.eu **Tipp: Hausgebackene Kuchen**

DAS URGESTEIN

Der Schwarze Adler in Streitberg ist mit über 500 Jahren einer der ältesten Gasthöfe der Fränkischen Schweiz – er ist zurückdatiert bis 1507. Der Biergarten des Gasthofs ist zudem angeblich der älteste der Fränkischen Schweiz und liegt direkt am Aufgang zur Binghöhle. Seit einigen Jahren erstrahlt das gesamte Anwesen dank kompletter Renovierung in neuem alten Glanz.

BIER

Leikeim/Altenkunstadt: Pils, Keller, Weizen (alles vom Fass), Alkoholfreies. Krug/Breitenlesau: Dunkles (vom Fass). Maisel/Bayreuth: Leichtes Weizen, alkoholfreies Weizen. Schlenkerla/Bamberg: Rauchbier.

KÜCHE

Fränkische Brotzeiten. Täglich mittelgroße Karte mit warmen Gerichten. Spezialitäten: Schäuferla, Fischgerichte, vegetarische Gerichte, feurige Nudeln, Käsespätzle, Ritterteller, Bamberger Zwiebel.

PLÄTZE (außen/regensicher)

120/100

ANSCHRIFT

Dorfplatz 7
91346 Wiesenttal-Streitberg
Tel.: 09196-929490

ÖFFNUNGSZEITEN

Bei schönem Wetter
täglich ab 11.30 Uhr

Gasthof Lammbräu

www.bier.by

Tipp: Verschiedene Schnitzelgerichte

BIER

Fässla/Bamberg: Lager, Pils (beides vom Fass), Hefeweizen.

KÜCHE

Fränkische Brotzeiten. Täglich kleine Karte mit warmen Gerichten. Spezialitäten: Verschiedene Schnitzelgerichte, Göttinger, Lammbräu Brotzeit-Platte.

PLÄTZE (außen/regensicher)

100/80

ANSCHRIFT

Forchheimer Straße 53
96129 Strullendorf
Tel.: 09543-220

ÖFFNUNGSZEITEN

Di bis Fr 10 bis 14 und ab 15.30 Uhr
Sa, So und Feiertage ab 10 Uhr
Montag Ruhetag (wenn Montag Feiertag, dann Dienstag Ruhetag)

UNTER ALTEN KASTANIENBÄUMEN

Seit etwa 250 Jahren betreibt Familie Dauer den Gasthof Lammbräu in Strullendorf. Bis 1982 auch mit eigener Brauerei, dann jedoch konnte der vorhandene Platz den Notwendigkeiten der Brauereirenovierung nicht genügen, und man entschloss sich zur Aufgabe des Brauens. Mit dem Bamberger Fässla wurde aber ein guter Ersatz gefunden – auch das schmeckt hervorragend zu den vielen guten Braten und Brotzeiten, die man auch im Biergarten unter den über 100-jährigen Kastanien geniessen kann.

Schwanenkeller

www.bier.by **Tipp: Knoblauchbaguette**

VATERTAG IM WALD

Der Schwanenbräu-Keller ist insbesondere ein Highlight für Naturfreaks, am Waldrand gelegen und Ausgangspunkt für zahlreiche Spaziermöglichkeiten durch die grüne Lunge. Sehr lohnenswert für alle Väter und solche, die es werden wollen (oder ohne zu wollen wurden): Am Herrentag gibt's exzellente Schäuferla. Aber auch an den anderen Tagen kann man es sich hier gut schmecken lassen.

BIER

Löwenbräu/Buttenheim: Lager (vom Fass), Pils, Weizen, Leichtes. Löwenbräu/München: Alkoholfreies. Erdinger: Alkoholfreies Weizen.

KÜCHE

Fränkische Brotzeiten. Täglich kleine Karte mit warmen Gerichten. Spezialitäten: Currywurst, Pizzabaguette, gebackener Schafskäse mit Weißbrot und Salat, Schäuferla (am Herrentag!).

PLÄTZE (außen/regensicher)

300/80

ANSCHRIFT

Kellerberg 9
96129 Strullendorf
Tel.: 09543-41278

ÖFFNUNGSZEITEN

Täglich ab 11 Uhr
So und Feiertage ab 10 Uhr
1. Mai und Herrentag ab 9 Uhr
Bei schlechtem Wetter geschlossen

Rangabauer

www.rangabauer.de Tipp: Bio-Hausmacher und Maisel Bio Weisse

BIER

Maisel/Bayreuth: Bio Weisse, Weissbier, Leichtes, Alkoholfreies. Haberstumpf/Trebgast: Öko-Zwickl, Bio-Kellerkrönla. Hufeisen/Pottenstein: Hufeisen Bio-Dunkel.

KÜCHE

Hausmacher Brotzeiten. Täglich kleine Karte mit warmen Gerichten. So bäuerlicher Mittagstisch. Spezialitäten: Bratkartoffelkarte, Siedwürste, Bauernblechkuchen.

PLÄTZE (außen/regensicher)

100/90

ANSCHRIFT

Tennach 3
95361 Ködnitz
Tel.: 09221-5245

ÖFFNUNGSZEITEN

Mo bis Fr ab 15 Uhr, Sa ab 14 Uhr
So und Feiertage ab 11.30 Uhr
(nach vorheriger Anmeldung auch außerhalb dieser Zeiten geöffnet)

DER BIO-BAUER-BIERGARTEN

Zugegeben, er ist nicht leicht aufzuspüren, der Rangabauer. Ist der Gast jedoch erst einmal östlich von Kulmbach im winzigen Tennach angekommen, findet er sich in einer quasi perfekten Bio-Welt wieder. Von den aus eigener Landwirtschaft produzierten Speisen bis hin zu den vielen verschiedenen Bio-Biersorten ist wirklich alles geboten. Auch der Chef - Dietrich Eschenbacher - taucht hin und wieder am Tisch auf und scheut nicht davor zurück, interessierten Gästen mehr Auskünfte über seinen Betrieb zu liefern. Wer gar nicht genug bekommen kann, der darf sich gerne im hauseigenen Bio-Laden einige der Spezialitäten für zu Hause einkaufen. Eine besondere Ehre wurde dem Rangabauer im August 2007 zuteil, als die Bayreuther Brauerei Maisel in Tennach ihr erstes Bio-Bier (Bayreuther Bio-Brauer/Bio-Weisse) der Weltöffentlichkeit präsentierte.

Waldgaststätte Steinhaus

www.steinhaus-gasthaus.de Tipp: Steinhausteller (Presssack, Geräuchertes, Käse) und Maibowle

ENTSPANNUNG UNTERM WALNUSSBAUM

Das Steinhaus ist ein Vorzeigebetrieb - und zwar in jeder Hinsicht. Mit viel Liebe führt Beate Wolf die Gaststätte. Mit im Haus die Tierarztpraxis ihres Mannes, um die Ecke eine Fatima-Gebetskapelle und drumrum ein wunderschöner Blick auf die Umgebung, bei dem man auch die zufriedenen Rinder auf der Weide beobachten kann. Neben dem guten Lammsbräu-Bier ist hier auch die feste Nahrung etwas Besonderes. Die selbst gebackenen Kuchen werden zum Beispiel alle mit Denree-Dinkelmehl gebacken. Die hausgemachte Wurst gibt's außerdem auch zum Mitnehmen. Ein weiterer Genuss ist das selbst gebackene Roggenbrot. Sonntags kocht Beate Wolf zudem feine Braten, unter anderem Damwild aus eigener Zucht. Ein Liebhaber-Biergarten der ganz besonderen Art!

BIER

Lammsbräu/Neumarkt: Pils, Urstoff, Dunkles, Hefeweizen, Radler, leichtes Schankbier, alkoholfreies Weizen. Lang/Schönbrunn: Fichtelgebirgsbier, Jean Paul-Bier. Hönicka/Wunsiedel: Pils.

KÜCHE

Hausmacher Brotzeiten. Täglich kleine Karte mit warmen Gerichten. Spezialitäten: Verschiedene Braten, z.B. Schweine-, Sauer- oder Damwildbraten (So auf Vorbestellung), Geräuchertes vom Damhirsch oder vom Schwein, Gulasch, Wildragout, selbst gebackene Kuchen (alle mit Dinkelmehl gebacken).

PLÄTZE (außen/regensicher)

80/60

ANSCHRIFT

Steinhaus 1
95707 Thiersheim
Tel.: 09233-1633 o. -2366 (Tierarztpraxis)

ÖFFNUNGSZEITEN

Täglich ab 14 Uhr
Okt. bis Feb. täglich 14 bis 18 Uhr
Dienstag Ruhetag

Gasthof Seitz - Elch Bräu

www.gasthof-seitz.de

Tipp: Baggers mit Apfelmus

BIER

Eigene Brauerei: Dunkles, Pils, Hefeweizen (alles vom Fass).

KÜCHE

Fränkische Brotzeiten. Täglich große Karte mit warmen Gerichten. Spezialitäten: Baggers mit Apfelmus, Rehbraten, lebendfrische Forellen und Karpfen.

PLÄTZE (außen/regensicher)

200/90

ANSCHRIFT

Thuisbrunn 11
91322 Gräfenberg
Tel.: 09197-221

ÖFFNUNGSZEITEN

Di und Fr bis So ab 9 Uhr
Mo, Mi und Do Ruhetag

SCHLANK WERDEN MIT ELCH BRÄU

Eine nicht ganz ernstzunehmende Diätidee bietet Georg Kugler seinen Besuchern. Seiner Meinung nach muss der Körper nämlich die zugeführte Nahrung erst einmal auf Körperwärme bringen, um nicht abzukühlen. Die Erwärmung von einem halben Liter Bier von 0 Grad auf Körpertemperatur kostet 17.500 Kalorien (!), das sind fast zwei Kilogramm reinen Fettes. Die einfachste Methode zum Abnehmen also: Kaltes Bier! Übrigens: Das ist für Kugler auch der Grund, warum man zum Schweinebraten (der in der Regel wärmer ist als der Körper) einfach nur ein kühles Bier trinken muss, um nicht zuzunehmen ...

226 Thuisbrunn, Gräfenberg Bus

Wandern im Trubachtal

www.vgn.de

Das Trubachtal gilt als das mühlenreichste Tal der Fränkischen Schweiz. Im Frühjahr 2010 wurde dort das Wanderparadies Trubachtal eröffnet. Ein dichtes Netz an neu markierten Wanderwegen führt zu Burgen, Ruinen, alten Wassermühlen, Streuobstwiesen und in Wälder.

Landschaftliche Schönheiten und kulturelle Sehenswürdigkeiten liegen am Weg, und Einkehrmöglichkeiten bieten Gerichte und Brotzeiten aus der Region in vielen der 36 beteiligten fränkischen Dörfer. Und wenn die Einkehr dann etwas länger dauert, befördert ein Rückholservice den Wanderer oder die Wandergruppe zum Ausgangspunkt der Wanderung zurück.

So haben Sie auf dieser Strecke neben den Haltestellen des VGN in Gräfenberg, Egloffstein, Obertrubach und Gößweinstein auch noch eine weitere Möglichkeit, die Wanderung abzukürzen. Angesichts der wirklich extrem vielfältigen Ausflugsmöglichkeiten macht das aber auch wirklich Sinn. So können Sie flexibel auch unterwegs noch entscheiden, ob Sie lieber noch eine Höhe erklimmen oder doch ein schattiges Bier genießen wollen.

Mehr Infos auf www.vgn.de

Brauerei Hönig (Zur Post)

www.brauerei-hoenig.de

Tipp: Rindfleisch

BIER

Eigene Brauerei: Pils, Lager (beides vom Fass), Weizen, Rauchbier (Posthörnla).

KÜCHE

Hausmacher Brotzeiten. So und Feiertage Mittagstisch. Spezialitäten: Roher Schinken, Dosenfleisch, Rindfleisch.

PLÄTZE (außen/regensicher)

370/150

ANSCHRIFT

Ellerbergstraße 15
96123 Litzendorf-Tiefenellern
Tel.: 09505-391

ÖFFNUNGSZEITEN

Mo bis Mi ab 15 Uhr
Fr bis So ab 10 Uhr
Donnerstag Ruhetag

LETZTE CHANCE AUF BIER VOR DER ULTIMATIVEN BERGETAPPE

Bei solcher War, des is ka Wunner, a jeder geht zum Hönigs Kunner!". Diese Volksweisheit haben viele Franken bereits mit der Muttermilch aufgesogen – fast unverändert gibt es das markante Bier vom Fass seit mehr als einem Viertel-Jahrtausend. Bis 1911 Übernachtungsstation für die Postkutscher aus Bamberg, war der Keller auch in den 60er Jahren am Brennpunkt der überregional bekannten Auto- und Motorradrennen am Tiefenellerner Berg. Damals kostete der Ochse selbst zur Kirchweih noch 3,50 DM. Heutzutage ist der Anstieg zumindest eine Herausforderung für Radfahrer, sowohl vor als auch nach dem Genuss des Bieres.

970, 976 Tiefenellern, Litzendorf Bus

Altes Kurhaus

www.altes-kurhaus.de **Tipp: Fischräucherbrotzeit**

SOMMERFRISCHE MAL WÖRTLICH GENOMMEN

Das Alte Kurhaus blüht unter der Ägide von Jürgen Grimmer förmlich auf. Denn neben seiner wirklich hervorragenden Küche hat er auch das Umfeld des 1921 als „Sommerfrische" erbauten Hauses in Angriff genommen. Ein nagelneuer Naturbadesee, Beachvolleyball- und Basketballfelder sowie ein neuer Spielplatz sorgen dafür, dass man hier wirklich mit Kind und Kegel (soweit vorhanden) entspannen kann. Empfehlen möchten wir vor allem auch die Fischgerichte, die aus 16 Hektar eigener Fischweiher stammen - frischer geht es eigentlich nicht!

BIER

Beck/Trabelsdorf: Kellerbier, Helles, Pils, Jahrhundertbier (alles vom Fass), Weißbier. Erdinger: Hefeweizen, alkoholfreies Hefeweizen.

KÜCHE

Fränkische Brotzeiten. Täglich große Karte mit warmen Gerichten. Spezialitäten: Fischräucherbrotzeit, Grillfische (saisonal), frisches Wild aus dem Steigerwald.

PLÄTZE (außen/regensicher)

100/200

ANSCHRIFT

Seeleite 1
96170 Lisberg-Trabelsdorf
Tel.: 09549-1247

ÖFFNUNGSZEITEN

Mo und Di ab 15 Uhr
Mi, Fr, Sa und So ab 12 Uhr
Donnerstag Ruhetag

Brauerei und Gastwirtschaft Beck

www.beck-braeu.de

Tipp: Braumeisterschnitzel

BIER

Eigene Brauerei: Naturtrübes Kellerbier, Pils (beides vom Fass), Dunkles, Weizen, Lager, Helles, Kräusen. Kaiser/Neuhaus: Alkoholfreies.

KÜCHE

Fränkische Brotzeiten. Täglich mittelgroße Karte mit warmen Gerichten. Spezialitäten: Braumeisterschnitzel, Bierhaxe, gebackene Leber mit Röstzwiebeln, gebackene Karpfen (saisonal), Pfefferkarpfen in Bierteig (saisonal).

PLÄTZE (außen/regensicher)

50/90

ANSCHRIFT

Steigerwaldstraße 6
96170 Trabelsdorf
Tel.: 09549-252

ÖFFNUNGSZEITEN

Fr ab 16 Uhr
Sa und So ab 15 Uhr
Montag bis Donnerstag Ruhetag
(nach vorheriger Anmeldung auch außerhalb dieser Zeiten geöffnet)

BECK'S IN FRANKEN

Leider haben die Franken erst 20 Jahre nach den Bremern angefangen, sonst könnte man mal nach den Namensrechten fragen ... Besser als das norddeutsche Pendant schmeckt (zumindest den Redaktionskehlen) das erstklassige Pils - ein Beleg dafür: Beim letzten Braumeisterfest schluckte die durstigste Kehle 32 (in Worten: Zweiunddreißig) Halbe davon! Im kleinen Brauereihof sitzt man besonders gemütlich - um die große Kastanie baute man sogar einen runden Tisch. Überhaupt spürt man in jeder Ecke die Liebe, die die Inhaber Jutta und Herbert Beck in ihren Betrieb investieren. Der Besuch hier ist ein Muss! Ganz neu wurden hier ein kleines Museum und ein kleines Schalander eingerichtet. Brauereiführungen (mit Bierprobe) sind auf Anfrage auch möglich.

989, 994 Trabelsdorf Gasthaus Beck, Lisberg Bus

Bräuschänke

www.die-braeuschaenke.com **Tipp: Frisches Zwickl**

BRAUEREI MIT GRILL

Echt zünftig geht´s zu beim Haberstumpf in Trebgast. Wer hier im Biergarten etwas essen will, darf es sich selbst mitbringen oder bei Bäcker und Metzger vor Ort holen. Mit Voranmeldung wird auch mal ein großer Grill aufgestellt. Im Mittelpunkt steht hier ganz klar die flüssige Nahrungsaufnahme. Mit ihrem Zwickl und ihrem Bio-Bier ist die Brauerei weit über die Grenzen Kulmbachs bekannt und überzeugt vor Ort auch durch ihren Bräugeist (Doppelbockbrand) und den leckeren Bierlikör. Etwas ganz Besonderes ist der Bockbieranstich am zweiten Samstag im November. Im wunderschönen Bräustadl findet dann ein unvergessliches Ereignis fränkischer Bierkultur statt, bei dem neben dem klassischen Anstich ironisch und hübsch derb über regionale und nationale Politik hergezogen wird („Böckschieß'n"). Wer hier dabei sein will, sollte jedoch schon einige Monate vorher einen Platz reservieren!

BIER

Eigene Brauerei: Zwickl, Bio-Bier (beides vom Fass).

KÜCHE

Fränkische Brotzeiten. Täglich kleine Karte mit einfachen warmen Gerichten. Spezialitäten: Krüsdla, gemischter Brotzeit-Teller (mit Produkten von regionalen Metzgereien).

PLÄTZE (außen/regensicher)

60/100

ANSCHRIFT

Bergstraße 31
95367 Trebgast
Tel.: 09227-351

ÖFFNUNGSZEITEN

Ende Apr. bis Ende Sep.:
Mo bis Fr ab 16 Uhr, So ab 15 Uhr
Samstag Ruhetag

Landgasthof Friedrich

www.landgasthof-friedrich.de

Tipp: Bauernschmaus

BIER

Haberstumpf/Trebgast: Helles (vom Fass), Pils. Kulmbacher: Mönchshof Pils, Kapuziner Weißbier (beides vom Fass), Mönchshof Kellerbier, Mönchshof Schwarzbier, Kapuziner dunkles Weizen, Kapuziner leichtes Weizen, Kapuziner alkoholfreies Weizen, Kulm Leicht, Kulmbacher Alkoholfreies.

KÜCHE

Hausmacher Brotzeiten. Täglich große Karte mit warmen Gerichten. Spezialitäten: Kalte Bratenplatte, Bauernschmaus, Wildererpfännchen, Tatar.

PLÄTZE (außen/regensicher)

90/150

ANSCHRIFT

Kulmbacher Straße 2
95367 Trebgast
Tel.: 09227-94150

ÖFFNUNGSZEITEN

Täglich ab 10 Uhr
Montag Ruhetag

MEHR HAUSMACHER GEHT NICHT

Der Landgasthof Friedrich in Trebgast bietet eine sehr geschmackvolle Kombination - zugleich Metzgerei, Gasthof und Biergarten. Hinter dem denkmalgeschützten Gasthaus findet sich ein schnuckeliger kleiner Biergarten, der schön schattig auch an heißen Sommertagen zum Verweilen einlädt. Ein kleines Wasserrad sorgt hier für entspannendes Plätschern im Hintergrund. Durch den kleinen feinen Spielplatz können die Kinder immer im Auge behalten werden. Für Sonnenanbeter bieten sich eher die Tische vor der Wirtschaft an. Zur Brotzeit sollte natürlich der Genuss eines Haberstumpf-Bieres nicht ausgelassen werden, das nur wenige hundert Meter entfernt gebraut wird.

Landgasthof Schnitzelstube Triebsdorf

www.schnitzelstube-coburg.de **Tipp: Gefülltes Triebsdorfer Schnitzel**

SCHNITZEL, MEHR SOG I NED

In der Schnitzelstube dreht sich alles um das Schweinestück. Paniert, gefüllt, roh, Pizza, Pepperoni, Knoblauch, Löwensenf usw. Es nimmt kein Ende und schmeckt (leider) immer verdammt gut. Dementsprechend finden sich hier auch die klassischen Schnitzelfreunde ein, meist mit Familie, denn Spielplatz und Streichelzoo sind ebenfalls eine kleine Attraktion.

BIER

Leikeim/Altenkunstadt: Hefeweizen, Kellerbier, Pils, Radler (alles vom Fass), Steinbier, dunkles Hefeweizen, Alkoholfreies. Franken Bräu/Neundorf: Pils, Schwarzbier (beides vom Fass). Schlenkerla/Bamberg: Rauchbier. Erdinger: Leichtes Weizen, alkoholfreies Weizen. Kulmbacher: Kristallweizen.

KÜCHE

Fränkische Brotzeiten. Täglich große Karte mit warmen Gerichten. Spezialitäten: Cordon Bleu, Neusiger Schnitzel, gefülltes Triebsdorfer Schnitzel, Pizzaschnitzel, Knoblauchschnitzel, Schnitzel nach Art des Hauses, XXL-Schnitzel, XXL-Currywurst.

PLÄTZE (außen/regensicher)

200/60

ANSCHRIFT

Hohensteiner Strasse 6
96483 Ahorn-Triebsdorf
Tel.: 09561-25555

ÖFFNUNGSZEITEN

Mo ab 16 Uhr, Mi bis So ab 9 Uhr
Dienstag Ruhetag

Gasthaus Drei Linden

www.danis-drei-linden.de

Tipp: Pfannenschnitzel mit Bratkartoffeln

BIER

Aktien/Bayreuth: Pils, Fränkisches Landbier, Zwickl (alles vom Fass).

KÜCHE

Fränkische Brotzeiten. Täglich mittelgroße Karte mit warmen Gerichten. Spezialitäten: Salate, Pfannenschnitzel, Bratkartoffeln.

PLÄTZE (außen/regensicher)

130/50

ANSCHRIFT

Tröbersdorf 10
95488 Eckersdorf
Tel.: 09279-8512

ÖFFNUNGSZEITEN

1. Apr. bis 31. Dez.: Täglich ab 11.30 Uhr, So und Feiertage ab 10 Uhr, Dienstag Ruhetag
1. Jan. bis 31. März: Mo bis Fr ab 14 Uhr, Sa ab 11.30 Uhr, So und Feiertage ab 10 Uhr, Di Ruhetag

DURCHGEHEND FRÄNKISCH

Das Mini-Dörfchen Tröbersdorf - nahe der Therme Obernsees und am Radweg von Bayreuth nach Obernsees gelegen - bietet neben der kleinen feinen Kirche noch ein weiteres Highlight. Im Gasthaus Drei Linden wird mit fränkischer Küche ohne viel Geschnörksel aufgewartet - dazu gibt´s Bier der Bayreuther Aktien-Brauerei. Der liebevoll und schön grün bepflanzte Biergarten leistet perfekt die gemütliche Atmosphäre drumrum. Für Kinder ist ein mittelgroßer Spielplatz unweit der Tische vorhanden, da bleibt immer alles im Blick. Zum Ausklang bietet sich - natürlich nur für die „Großen" - ein Schnäpschen an. Noch ein Hinweis: Am 3. Sonntag im Juli findet alljährlich die hauseigene Gasthaus-Kerwa mit zünftiger Musik und Kerwa-Spezialitäten statt.

375, 376, 396 Tröbersdorf, Eckersdorf Bus

Schlossgasthof

www.bier.by **Tipp: Sauerbraten**

IM SCHATTEN DES SCHLOSSES

Vor 110 Jahren zogen die Urgroßeltern von Besitzerin Eveline König in das Schloss Tröstau ein. Bis heute steht Mutter Erika selbst hinter dem Kochtopf und schmeißt mit ihren beiden Töchtern Eveline und Ursula den Laden. Besonders ihr Sauerbraten hat Fans, die mehr als 50 km dafür zurücklegen, doch auch die Wildfreunde kommen auf ihre Kosten: Die örtliche Jägerschaft beliefert den Gutsbetrieb. Im Biergarten sitzt man zwischen Palmen und Bananen oder unter Pavillons - das herrschaftliche Flair ist also durchaus erhalten.

BIER

Lang/Schönbrunn: Pils, Dunkles, Weizen (alles vom Fass), Erotik-Bier, Uhu-Bier, Jean Paul-Bier.

KÜCHE

Fränkische Brotzeiten. Täglich mittelgroße Karte mit warmen Gerichten. Spezialitäten: Wildgerichte, fränkischer Sauerbraten, Schäuferle, Wurst mit Musik.

PLÄTZE (außen/regensicher)

56/78

ANSCHRIFT

Schlossweg 14
95709 Tröstau
Tel.: 09232-2325

ÖFFNUNGSZEITEN

Täglich ab 17.30 Uhr
So und Feiertage ab 10 Uhr
Montag und Dienstag Ruhetag

Wanderertreffpunkt Seehaus

www.seehaus-fichtelgebirge.info Tipp: Verschiedene Jausen

BIER

Scherdel/Hof: Pils (vom Fass), Dunkles, Lager, Alkoholfreies. Kulmbacher: Kapuziner Weizen (vom Fass), Kapuziner leichtes Weizen, Kapuziner alkoholfreies Weizen, Mönchshof Kellerbier.

KÜCHE

Verschiedene Jausen. Täglich große Karte mit warmen Gerichten. Spezialitäten: Saisonale Gerichte (z. B. Spargel, Pfifferlinge), Schnitzel, Rumpsteak, Käsejause, Speckjause.

PLÄTZE (außen/regensicher)

300/81

ANSCHRIFT

Seehaus 1
95709 Tröstau
Tel.: 09272-222

ÖFFNUNGSZEITEN

Täglich ab 9.30 Uhr
So 9.30 bis 18 Uhr
Montag Ruhetag

AUF DEM HÜGEL

Manchmal muss man sich über die Fichtelgebirgler doch wundern: Das Seehaus steht auf einem Hügel (922m), das Kösseinehaus dagegen auf einem Berg (939m). Für den Wanderer machen diese 17 Meter weniger keinen wirklichen Unterschied, auch zum Seehaus ist der Aufstieg eine Angelegenheit von einer knappen halben Stunde (Zufahrt mit Pkw/Bus nur mit Ausnahmegenehmigung). Das hat aber den Deutschen Dichterfürsten Goethe nicht davon abgehalten, vor über 220 Jahren hier Station zu machen. Doch auch heute noch macht das Unterkunftshaus des Fichtelgebirgsvereins von sich reden: Man ist kompletter Selbstversorger. Vom Wasser bis zum Rapsölstrom - alles wird vor Ort gewonnen. In unregelmäßigen Abständen finden auf dem Seehaus Hüttenabende bei den Pächtern Monika Steiner und Berthold Hübner statt (siehe Website).

329, 369 Neubau Abzw. B303, Fichtelberg Bus DB

Berggasthof Banzer Wald

www.banzer-wald.de **Tipp: Berggasthof-Schnitzel**

DER NAME IST PROGRAMM

Wenn man es auf den Berg geschafft hat, kann man einen herrlichen Blick auf die Klosteranlage, den Staffelberg und das Obermaintal werfen. Kulinarisch hat der Gasthof unter den Inhabern Marion Sommer und Frank Klarmann viel zu bieten, vor allem die selbst gebackenen Kuchen (Uralt-Hausfrauenrezepte!) lassen so manches Herz höher schlagen. Liebevoll auch der Spielplatz mit umgebautem Motorboot und die Tatsache, dass Windhundmischling Zorro immer herumwuselt und gerne mit den Kindern spielt. Eine Bedienung gibt's auf der Restaurant-Terrasse, eigene Brotzeit darf nur in den seperaten Biergarten mitgebracht werden.

BIER

Leikeim/Altenkunstadt: Landbier, Pils (beides vom Fass), Steinbier, Schwarzbier, helles Weizen, dunkles Weizen, Alkoholfreies. Hübner/Steinfeld: Vollbier (vom Fass). Maisel/Bayreuth: Alkoholfreies Hefeweizen.

KÜCHE

Fränkische Brotzeiten. Täglich große Karte mit warmen Gerichten. Spezialitäten: Bräten, Schnitzelvariationen, Pfännchen Banzer Wald.

PLÄTZE (außen/regensicher)

350/120

ANSCHRIFT

Am Banzer Wald 1
96231 Bad Staffelstein-Unnersdorf
Tel.: 09573-5963

ÖFFNUNGSZEITEN

März bis Ende Okt.
Täglich ab 11 Uhr
Nov. bis Ende Feb.
Täglich ab 16 Uhr
So und Feiertage ab 11 Uhr
Montag Ruhetag

Gastwirtschaft Hümmer

www.bier.by

Tipp: Verschiedene Bräten (So)

MIT LIEBE UND LEUCHTTURM

Der Biergarten in Unteraurach ist der optimale Zwischenstopp für alle, die mit dem Fahrrad im Aurachtal unterwegs sind. Leckere regionale Spezialitäten und Brotzeiten lassen das fränkische Genießerherz höher schlagen. Besonders empfehlen können wir das Karpfenfilet (in Monaten mit „r"), voller Geschmack, leicht zu genießen. Mit viel Liebe wurde auch ein neuer, überdachter Spielplatz gestaltet - mit Leuchtturm und Schiff. Alles in allem eine wunderbare Kombination aus traditionellen Ansätzen und Mut zur Innovation.

BIER

Schloßbrauerei/Reckendorf: Weißbier, Keller, Pils (alles vom Fass). Zehendner/Mönchsambach: Lager (vom Fass). Clausthaler: Alkoholfreies. Erdinger: Alkoholfreies Weizen.

KÜCHE

Fränkische Brotzeiten. Täglich mittelgroße Karte mit warmen Gerichten. Sa, So und Feiertage Mittagstisch. Spezialitäten: Hausmacher Platte, Schnitzel, Steaks, Bratwürste, Karpfen (saisonal), Lendchen, vegetarische Gerichte (z. B. hausgemachte Käsespätzle).

PLÄTZE (außen/regensicher)

75/60

ANSCHRIFT

Dorfstraße 12
96135 Unteraurach
Tel.: 0951-20853388

ÖFFNUNGSZEITEN

Di bis Fr ab 17 Uhr
Sa, So und Feiertage ab 11.30 Uhr
Montag Ruhetag (wenn Montag Feiertag, dann Dienstag Ruhetag)

912, 991 Würzburger Str., Stegaurach-Debring Bus

DB

Wirtshaus zum Wölf

www.wirtshaus-zum-woelf.de **Tipp: Hausgemachte Bratwürste**

DER FAMILIENGARTEN

Seit über 70 Jahren schenkt man im Haus „Zum Wölf" Reckendorfer Bier aus, früher wurde hier sogar selbst gebraut. Um den Übergang auf die heutige Besitzerfamilie Hornung rankt sich eine seltsame Geschichte. Der vorherige Inhaber hatte 12 Kinder, doch alle möglichen Nachfolger verstarben früh im Leben. Aber das war etwa 1850, also über 150 Jahre in der Vergangenheit. Heute, viele Generationen später, lässt man sich im wunderschönen Garten Recken schmecken - und die vom Chef selbst geschlachteten Hausmacher Brotzeiten dazu. Geheimtipp!

BIER

Schlossbrauerei/Reckendorf: Weizen, Keller, Export (alles vom Fass), Pils (im Winter vom Fass, im Sommer aus der Flasche), Radler (im Sommer vom Fass, im Winter aus der Flasche), Dunkles. Löwenbräu/München: Alkoholfreies.

KÜCHE

Hausmacher Brotzeiten. Täglich große Karte mit warmen Gerichten. So und Feiertage Mittagstisch. Spezialitäten: Schaschlik, Hähnla, Hausmacher Platte, hausgemachte Brotzeiten.

PLÄTZE (außen/regensicher)

120/70

ANSCHRIFT

Dorfstraße 21
96250 Ebensfeld-Unterbrunn
Tel.: 09547-446

ÖFFNUNGSZEITEN

Täglich ab 10 Uhr
Montag und Dienstag Ruhetag

Brauerei Gaststätte Büttner

www.brauerei-buettner.de

Tipp: Hausplatte

BIER

Eigene Brauerei: Helles (vom Fass). Clausthaler: Alkoholfreies.

KÜCHE

Hausmacher Brotzeiten. Täglich kleine Karte mit warmen Gerichten. Spezialitäten: Hausplatte, Dosenfleisch, Currywurst, selbst gemachte Pizza.

PLÄTZE (außen/regensicher)

150/135

ANSCHRIFT

Hauptstraße 8
96158 Frensdorf-Untergreuth
Tel.: 09502-342

ÖFFNUNGSZEITEN

Fr bis So und Feiertage ab 15 Uhr
Mo bis Do geschlossen

MIT HAUSSCHLACHTUNG

Bereits in der siebten Generation widmet man sich bei Büttners mit Liebe dem Gerstensaft. Und nicht nur dem Gerstensaft – die Brotzeiten kommen aus eigener Hausschlachtung. So kann das Helle vom Fass im großen Brauereihof in Untergreuth dann auch lecker mit einer Hausplatte oder einer selbst gemachten Pizza untermalt werden. Durch die schöne Lage des Orts bietet sich der Biergarten optimal als Zwischenstation für Wanderer und Radler an.

Brauerei-Gasthaus Martin

www.bier.by

Tipp: Presssack

BIERKELLER-FEELING ZU WEIHNACHTEN

Eine weitere Ikone der fränkischen Gastronomie! Das bernsteinfarbene Vollbier aus der eigenen Brauerei hat zahlreiche Fans gefunden, gepaart mit der Liebenswürdigkeit von Inhaber Hans-Georg Martin, der alles für seine Gäste selbst herstellt, von der eigenen Schlachtung bis zur Mastgans an St. Martin. Diese Vielfalt hat der Brauerei auch schon 1999 das begehrte Sympathieseidla des Braukulturellen Wandervereins eingebracht. Am 23.12. findet übrigens immer „Kalta Füß und kalta Nasn" statt, Outdoor-Feeling mit Punsch am Feuer und Grill.

BIER

Eigene Brauerei: Bernsteinfarbenes Vollbier (vom Fass). Kulmbacher: Pils (vom Fass), Hefeweißbier, Alkoholfreies.

KÜCHE

Hausmacher Brotzeiten. Täglich mittelgroße Karte mit warmen Gerichten. Spezialitäten: Gemischter Presssack im Säusack, Kotelett, Leber, Salattheke.

PLÄTZE (außen/regensicher)

90/100

ANSCHRIFT

Viehtriebweg 3
96250 Ebensfeld-Unterneuses
Tel.: 09573-4382

ÖFFNUNGSZEITEN

Täglich ab 16 Uhr
So und Feiertage ab 10 Uhr
Mittwoch Ruhetag

Landhaus Sponsel-Regus

www.sponsel-regus.de Tipp: Salat mit Ziegenkäse

BIER

Schloßbrauerei/Reckendorf: Kellerbier, Landbier, Pils (alles vom Fass), dunkles Hefeweizen, helles Hefeweizen. Grasser/Huppendorf: Vollbier. Krug/Breitenlesau: Vollbier. Hartmann/Würgau: Felsentrunk. Paulaner/München: Alkoholfreies.

KÜCHE

Fränkische Brotzeiten. Täglich mittelgroße Karte mit warmen Gerichten. Spezialitäten: Brotzeitplatte, Saisongerichte, heimisches Wild.

PLÄTZE (außen/regensicher)

40/200

ANSCHRIFT

Veilbronn 9
91332 Heiligenstadt
Tel.: 09198-92970 oder -222

ÖFFNUNGSZEITEN

Täglich ab 7.30 Uhr

EDEL IN VEILBRONN

Seit 1760 betreibt die Familie Regus das Traditionshaus in Heiligenstadt. Doch aus dem kleinen Landgasthof ist mittlerweile ein echtes Viersternehaus mit Hallenbad geworden. Diesem Ausbau fielen leider Metzgerei und Landwirtschaft zum Opfer. Die gute Küche, in der die Chefin selbst das Zepter in der Hand hat, ist aber geblieben. Ein echter kulinarischer Lichtblick im Landkreis Bamberg!

221 Abzw. Veilbronn, Heiligenstadt i. OFr. Bus VGN DB

Brauerei-Gaststätte Mainlust

www.mainlust.com | Tipp: Bayer-Platte

ALLES SELBST GEMACHT

Hier ist mal wirklich alles aus eigenem Hause bzw. eigener Landwirtschaft: Jeden Samstag bäckt man Brot, danach wird Bier gebraut und schließlich geschlachtet. Die breite Palette an Wurst, Schinken und Pressack nimmt kaum ein Ende, und nach jeder Platte möchte man am liebsten die nächste probieren. Sonntags übrigens geht's dann eine Etage höher und man kann Gansbrust, Rehbraten, Wildente & Co. genießen. Im Grunde ist in der „Mainlust" immer was los und jeder wird in die große Familie integriert.

BIER

Eigene Brauerei: Dunkles (vom Fass), Helles, Zwickel. Göller/Zeil: Weizen, Alkoholfreies Weizen.

KÜCHE

Hausmacher Brotzeiten. Täglich kleine Karte mit warmen Gerichten. Spezialitäten: Bayer-Platte, Braten, saisonale Gerichte, Zanderfilet.

PLÄTZE (außen/regensicher)

250/310

ANSCHRIFT

Hauptstraße 9
96191 Viereth
Tel.: 09503-7444

ÖFFNUNGSZEITEN

Di bis Do ab 6 Uhr
Sa bis Mo ab 8 Uhr
Freitag Ruhetag

Brauerei Trunk OHG

www.bier.by — Tipp: Weißwürste

EIN STARKES BIER

Was einem sicherlich am längsten nach einem Besuch in Vierzehnheiligen in Erinnerung bleiben wird, ist der Geschmack des Nothelfer Trunks. Ein wirklich guter Tropfen! Die Brauerei liegt unmittelbar hinter der Basilika und ist dabei oft die erste Station der Besucher des Wallfahrtsortes. Dahinter beginnt übrigens der Höhenweg zum Staffelberg, wenn man vor oder nach dem Bier noch eine Stunde Auslauf braucht. Gut zum Bier passen die Brotzeiten aus Hausschlachtung.

BIER

Eigene Brauerei: Nothelfer Trunk Dunkles, Nothelfer Pils, Nothelfer Lager, Bio-Weizen, Scheffeltrunk Kellerbier (Apr. bis Sep.), Silberbock (Weihnachtszeit), Festbier (Weihnachtszeit), Fastenbock (Fastenzeit), Erntebier (Erntezeit) (alles vom Fass). Tucher/Fürth: Reifbräu alkoholfreies.

KÜCHE

Fränkische Brotzeiten. Täglich kleine Karte mit warmen Gerichten. Spezialitäten: Hausmacher Presssack, weißer Käs, Rettich.

PLÄTZE (außen/regensicher)

200/100

ANSCHRIFT

Vierzehnheiligen Nr. 3
96231 Bad Staffelstein
Tel.: 09571-3488

ÖFFNUNGSZEITEN

Täglich ab 10 Uhr

Gasthof „Goldener Hirsch"

www.14hl.de **Tipp: Schäuferla nach fränkischer Art**

BIER

Klosterbrauerei/Vierzehnheiligen: Nothelfer-Trunk, Bio Nothelfer-Weizen (beides vom Fass). Kulmbacher: Kapuziner Weißbier, Alkoholfreies.

KÜCHE

Fränkische Brotzeiten. Täglich große Karte mit warmen Gerichten. Spezialitäten: Hirschbraten, Rindfleisch mit Kren, Schäuferla nach fränkischer Art, Schnitzel, fränkischer Brotzeitteller.

PLÄTZE (außen/regensicher)

200/168

ANSCHRIFT

Vierzehnheiligen 7
96231 Bad Staffelstein
Tel.: 09571-9268

ÖFFNUNGSZEITEN

Täglich 10 bis 18 Uhr (auf Anfrage für Gruppen auch länger geöffnet)

FEST IN KIRCHENHAND

An dieser Stelle einmal kurz die Geschichte des Vierzehnheiligen-Mythos: 1445 erschien das Jesuskind gleich dreimal dem Schäfer Hermann Leicht aus Langheim, später pilgerte eine schwerkranke Magd an die Stelle und wurde geheilt. Damit war der Wallfahrtsort begründet und man errichtete eine Kapelle zu Ehren der vierzehn Nothelfer. Der Goldene Hirsch erfüllte seit 1458 die Aufgabe der Bewirtung der Pilger und ist heute in der Hand der Erzdiözese Bamberg. Unter den Linden des Gartens schmeckt der berühmte Nothelfer-Trunk hier natürlich besonders gut!

Gasthof Goldener Stern

www.vierzehnheiligen.de

Tipp: Vierzehnheiligen-Torte

BIER

Püls/Weismain: Pils, Kellerbier, Weissbier (alles vom Fass), Alkoholfreies.

KÜCHE

Fränkische Brotzeiten. Täglich kleine Karte mit warmen Gerichten. Spezialitäten: Fränkische Bratwürste mit Sauerkraut und Bauernbrot, Vierzehnheiligen-Torte.

PLÄTZE (außen/regensicher)

200/180

ANSCHRIFT

Vierzehnheiligen 6
96231 Bad Staffelstein
Tel.: 09571-71040

ÖFFNUNGSZEITEN

Ende März bis Ende Okt.
Täglich ab 11 Uhr
Sa, So und Feiertage ab 10 Uhr
Montag Ruhetag
Anfang Nov. bis Ende März geschlossen

WALLFAHRT MIT TORTE

Auch der Goldene Stern ist seit Jahrzehnten den Wallfahrern verpflichtet. Neben den üblichen Franken-Leckereien aus der Küche hat man sich hier vor allem auf die Kuchen- und Torten-Fetischisten unter den Wallfahrern spezialisiert. Dementsprechend bietet sich der Test der Vierzehnheiligen-Torte an, einer Art Sachertorte gefüllt mit Aprikosenmarmelade und mit einem hellen Schokoladenüberzug.

960 Grundfeld Hauptstr., Bad Staffelstein Bus

DB

Zur alten Eisenbahn

www.zur-alten-eisenbahn.de **Tipp: Rindersteaks in verschiedenen Variationen**

GROSSER BAHNHOF FÜRS BIER

Hinter der „Alten Eisenbahn" versteckt sich der ehemalige Wadendorfer Bahnhof, der 2003 komplett renoviert wurde. Gäste, Angestellte und Chefin wirken wie eine große Familie, die immer mal wieder vorbeischauenden Wanderer und Zufallsgäste sind gern gesehen und werden vorzüglich bewirtet. Mit Hübner und Krug hat man bereits den Volltreffer für Bierfans gelandet, und auch für den Magen gibt's Leckereien - wohl dem, der einen Metzger in der Familie hat!

BIER

Hübner/Steinfeld: Vollbier (vom Fass). Krug/Breitenlesau: Dunkles Lager (vom Fass).

KÜCHE

Hausmacher Brotzeiten. Täglich große Karte mit warmen Gerichten. So und Feiertage Mittagstisch. Spezialitäten: Rindersteak, Schnitzelvariationen, Pizza (Mi), Schnitzeltag (Do).

PLÄTZE (außen/regensicher)

80/60

ANSCHRIFT

Wadendorf 47
95515 Plankenfels
Tel.: 09204-918899

ÖFFNUNGSZEITEN

Di bis Fr ab 17 Uhr, Sa ab 15 Uhr
So und Feiertage ab 9.30 Uhr
Montag Ruhetag

Burgschänke Waischenfeld

www.burg-waischenfeld.de

Tipp: Mittelalter zum Anfassen (auf Anfrage)

BIER

Maisel/Bayreuth: Pils, Weizen, Dunkel, Zwickel (alles vom Fass), alkoholfreies Weizen, Alkoholfreies.

KÜCHE

Brotzeiten. Täglich kleine Karte mit warmen Gerichten. Spezialitäten: Spanferkel, Meerrettichfleisch, Grillteller.

PLÄTZE (außen/regensicher)

140/128

ANSCHRIFT

Schlossberg 20
91344 Waischenfeld
Tel.: 09202-970447

ÖFFNUNGSZEITEN

Täglich ab 11 Uhr
Montag und Dienstag Ruhetag

ZEITREISE INS MITTELALTER

Eigentlich war die Burgschänke einmal ein kleiner Bauernhof innerhalb der Burgmauern, 1980 erfolgte die Umwandlung in eine Gastronomie mit Biergarten. Mit dabei ein komplettes Mittelalterprogramm, das man auf Anfrage buchen kann, von der mittelalterlichen Hochzeit über Ritteressen, mittelalterliche Olympiade, mittelalterlichen Biathlon, Bogenschiessen, Axtwerfen bis zum Schnupperklettern in der Fränkischen Schweiz. Dank des hauseigenen Standesamtes geben sich hier auch jede Menge Pärchen das JA-Wort, um anschließend gemeinsam im Burghof Hochzeitsküchle zu backen.

Waizendorfer Keller

www.bier.by

Tipp: Hausmacher Brotzeiten

MAHR'S IM WALD

Eigentlich würde man das gar nicht erwarten – auf den ersten Blick kommt einem der Waizendorfer Keller eher wie eine Bierinsel am Straßenrand vor. Wenn man dann aber in den Schatten der vielen alten Bäume getreten ist, wird man schnell von der heimeligen Atmosphäre gefangen und vergisst die sowieso nicht so zahlreich vorbeifahrenden Automobile und die Zivilisation. Man wird mit einer breiten Palette an Hausmacher Brotzeiten aus eigener Schlachtung verwöhnt und bleibt fast immer länger als geplant.

BIER

Mahr´s/Bamberg: Pils, Kellerbier, Hefeweizen (alles vom Fass). Stegauracher Hausbräu: Rauchbier. Löwenbräu/München: Alkoholfreies.

KÜCHE

Hausmacher Brotzeiten.
Spezialitäten: Kellerplatte, selbst gemachter Gerupfter.

PLÄTZE (außen/regensicher)

300/50

ANSCHRIFT

Kellerberg
96135 Waizendorf
Tel.: 0951-9921075

ÖFFNUNGSZEITEN

Täglich ab 16 Uhr
Dienstag Ruhetag

Gasthof Roseneck

www.gasthof-roseneck.de — Tipp: Fränkische Tapas

BIERGARTENIDYLLE MIT ROSEN

Der gepflasterte Biergarten liegt sehr ruhig abseits der Straße und ist umrahmt von großen Fichten und Tannen. Ein großer Rasen bietet Kindern die Gelegenheit, auch mal den Ball auszupacken. Ansonsten überall Rosen, in der Mitte des Gartens thront sogar ein mit Rosenstöcken bepflanzter Brunnen. Den Namen Roseneck trägt man hier also auf jeden Fall zurecht. In der Küche steht Inhaber Frank Fröhmel, der vor einigen Jahren den Gasthof gekauft und ordentlich aufgemöbelt hat, selbst. Durch das wirklich vielfältige Speisen-Repertoire von Brotzeiten bis zur gehobenen Küche und die schönen Übernachtungsmöglichkeiten ist hier wirklich für jeden Anlass etwas geboten.

BIER

Püls/Weismain: Premium Pils, Kellertrunk, Weizen (alles vom Fass). Erdinger: Alkoholfreies Weizen.

KÜCHE

Fränkische Brotzeiten. Täglich große Karte mit warmen Gerichten. Spezialitäten: Wildgerichte, fränkische Tapas, Fischgerichte aus der Region.

PLÄTZE (außen/regensicher)

60/100

ANSCHRIFT

Schützenstraße 46
96346 Wallenfels
Tel.: 09262-7260

ÖFFNUNGSZEITEN

Täglich ab 11 Uhr
Dienstag Ruhetag
(an Feiertagen geöffnet)

Brauereigasthof Hübner

www.brauerei-huebner.de

Tipp: Schinken mit Ei und Butterbrot

GUT UND GÜNSTIG

Beim Hübner können auch Besucher mit kleinerem Geldbeutel ihren Hunger und Durst gut stillen, was aber nichts zur Qualität zu sagen hat. Die reichhaltigen Brotzeiten aus eigener Schlachtung werden aus allen (nicht nur den satten) Kehlen gelobt. Besonders gern getrunken wird das bernsteinfarbene Lager. Interessant auch das leicht getrübte Zwicklpils, naturbelassen gebraut.

BIER

Eigene Brauerei: Dunkles Lager, Zwickl, 3-Ährenbier (alles vom Fass). Löwenbräu/München: Alkoholfreies.

KÜCHE

Hausmacher Brotzeiten. Täglich mittelgroße Karte mit warmen Gerichten. Sa, So und Feiertage Mittagstisch. Spezialitäten: Steaks, Hausmacherplatte, fränkische Braten (an So- und Feiertagen).

PLÄTZE (außen/regensicher)

100/110

ANSCHRIFT

Hauptstraße 28
96196 Wattendorf
Tel.: 09504-207

ÖFFNUNGSZEITEN

Täglich ab 11.30 Uhr
Mo und Sa ab 16 Uhr
Mittwoch Ruhetag

Brauerei Gasthof Pfister

www.gasthof-pfister.de Tipp: Bio-Bier

BIER

Eigene Brauerei: Schwarz Keller-Bier, Landbier, Hefeweizen (alles vom Fass und Bio-Biere).

KÜCHE

Fränkische Brotzeiten. Täglich mittelgroße Karte mit warmen Gerichten. Spezialitäten: Schnitzel aus der Pfanne, Karpfen (saisonal), Spargelgerichte (saisonal).

PLÄTZE (außen/regensicher)

60/88

ANSCHRIFT

Eggerbachstraße 22
91330 Eggolsheim-Weigelshofen
Tel.: 09545-94260

ÖFFNUNGSZEITEN

Täglich ab 11 Uhr
Mi ab 17 Uhr
Dienstag Ruhetag

PURE NATUR

Ein absoluter Geheimtipp ist sowohl für Bio-Freunde als auch für Bier-Fetischisten die Brauerei Pfister aus Weigelshofen. Das Bier wird aus ökologisch erzeugten Rohstoffen von Bio-Bauern hergestellt und schmeckt hervorragend. Auf gleich hohem Niveau sind die fränkischen Brotzeiten. Samstags und sonntags lohnt sich auch der Weg zum Schwarzen Keller (Sa und So geöffnet), einer Waldschänke mit herrlichem Blick auf die Täler, die zur Brauerei gehört.

220 Weigelshofen, Eggolsheim Bus

Schwarzer Keller

www.schwarzer-keller-weigelshofen.de

Tipp: Ziebeleskäs

BIER

Pfister/Weigelshofen: Schwarz-Keller-Bier (Biobier, vom Fass), Hefeweizen. Tucher/Fürth: Reifbräu Alkoholfreies.

KÜCHE

Fränkische Brotzeiten. Keine warmen Gerichte. Spezialitäten: Ziebeleskäse, Schwarz-Keller-Platte.

PLÄTZE (außen/regensicher)

250/0

ANSCHRIFT

Auf der langen Meile
91330 Weigelshofen
Tel.: 0170-3273035

ÖFFNUNGSZEITEN

Sa ab 15 Uhr
So und Feiertage ab 13 Uhr
1. Mai und Christi Himmelfahrt ab 11 Uhr
Montag bis Freitag geschlossen

GRÜSS GOTT BEI HERRN ZIEBELESKÄS

Wer hat's erfunden? Bei vielen Dingen kennt man die Antwort genau, beim Ziebeleskäs allerdings scheiden sich die Geister. Das alte Originalrezept aus Claudia Wackers Familie, das sie inzwischen an ihren Nachpächter Roland Heßler weitergegeben hat, jedenfalls muss dem Ursprung ziemlich nahe sein. Geschmacklich gehört es zu den besten, die wir kennengelernt haben. So geht und ging auch kaum einer der Gäste in der über 150jährigen Geschichte des Schwarzen Kellers, ohne davon genascht zu haben.

Wirtshaus Weiglathal

www.bier.by — **Tipp: Spaziergang zur Rotmainquelle**

BIER

Eigenes Bier der Brauerei Übelhack: Dunkles (vom Fass).

KÜCHE

Fränkische Brotzeiten. Täglich warme Kleinigkeiten wie Bratwürste und sauere Zipfel. So wechselnd jeweils ein Bratengericht mit Klößen. Spezialitäten: Obatzter, Quark, hausgemachte Tellersülze.

PLÄTZE (außen/regensicher)

150/80

ANSCHRIFT

Weiglathal 1
95503 Hummeltal
Tel.: 09246-491

ÖFFNUNGSZEITEN

Täglich ab 10 Uhr
Montag Ruhetag

BIER UND BROTZEIT IN REINFORM

Im Wirtshaus Weiglathal geht´s ziemlich zünftig zu. Dunkles Bier ist Pflicht und auch bei der Wahl der Speisen wird sich hier streng an die fränkische Biergartenordnung gehalten. Pizza oder Gyros sucht der Gast vergebens - gleiches gilt auch für eine Bedienung. So kann in den Rush-Hour-Zeiten schon einmal ein kleiner Kampf rund um Ausschank und Essensausgabe ausbrechen. Letztendlich ein Biergarten für Puristen - aber gerade in dieser Atmosphäre befindet sich noch ein gutes Stück fränkischer Biergartenkultur.

Brauerei-Gasthof Kundmüller

www.kundmueller.de

Tipp: Weiherer Keller

EIN ECHTER BIER-KELLER

Die zahlreichen Siege, unter anderem beim European Beer Star Award, hat die Weiherer Brauerei bei weitem nicht zu Unrecht eingefahren. Neun hervorragende Biersorten, allen voran das neue Weiherer Urstöffla, lassen den Besuch für Bierfanatiker aller Couleur zum absoluten Highlight werden. Auch das Ambiente um das ehemalige Jagdschlösschen und die Wälder und Wiesen laden immer wieder zu längeren Aufenthalten ein. Kulinarisch gibt's Klassiker aus eigener Schlachtung und täglich eine kleine Auswahl an warmen Gerichten.

BIER

Eigene Brauerei: Lager, Pils, Weiße, Rauchbier, Urstöffla, Bio-Bier, (alles vom Fass), Landbier, Bockbier, Keller, Weiherer Lager Select, Keller-Pils (Bio-Bier).

KÜCHE

Hausmacher Brotzeiten. Täglich kleine Karte mit warmen Gerichten. Spezialitäten: Hausmacherplatte, Leberkäse (Fr), Hausmacher Brotzeiten mit selbst gebackenem Bauernbrot, fränkischer Mittagstisch.

PLÄTZE (außen/regensicher)

400/190

ANSCHRIFT

Weiher 13
96191 Viereth-Trunstadt
Tel.: 09503-4338

ÖFFNUNGSZEITEN

Täglich ab 9 Uhr
Mittwoch Ruhetag

DB VGN Bus 952, 995 Trunstadt Mitte, Viereth-Trunstadt

Hotel Alte Post

www.hotel-altepost.de

Tipp: Wildgerichte aus eigener Jagd

BIER

Püls/Weismain: Pils, Hefeweizen (beide vom Fass), Altfränkisches, Abt Knauer-Bock. Wechselnde Brauereien: Alkoholfreies.

KÜCHE

Fränkische Brotzeiten. Täglich große Karte mit warmen Gerichten. Spezialitäten: Wildgerichte aus eigener Jagd (Reh, Wildschwein), Gänsebrust, Forellen aus eigenem Fischwasser.

PLÄTZE (außen/regensicher)

40/180

ANSCHRIFT

Am Markt 14-16
96260 Weismain
Tel.: 09575-254

ÖFFNUNGSZEITEN

Täglich ab 7 Uhr

WEISMAINS KLEINOD

Zusammen mit einem der schönsten Fachwerkhäuser Weismains bildet die ehemalige Poststation des Ortes das Hotel Alte Post. Neben der Bestimmung als Postgebäude diente das mehr als 300 Jahre alte Haus als Bäckerei und Melberei (alte Bezeichnung für Mehlhandel), doch die Spuren dieser Vergangenheit sind mittlerweile verschwunden. Besonders schön sitzt man im Garten des Hauses mit Blick auf das kleine Fachwerkrundtürmchen und die Fachwerkmauern an der Grundstücksgrenze.

Schrepfersmühle

www.schrepfersmuehle.de

Tipp: Hingehen und genießen

VIEL SCHÖNER GEHT NIMMER

Einer der Vorzeige-Biergärten der nördlichen Fränkischen Schweiz ist die Schrepfersmühle. Wunderschön in der Natur gelegen, mit eigenem Hof und Tieren. Besonders für Wanderer eine wunderschöne Umgebung. In der Schrepfersmühle gibt es einen Hausbrand aus Unterfranken, der von Frau Labordes Cousin selbst gebrannt wird. Italienisches Ciabatta mit Walnüssen wird direkt vor Ort frisch gebacken, Essen mitbringen ist hier aber auch erlaubt. Die Schrepfersmühle als Gaststätte gibt es seit 2004. Frau Laborde hat die ehemalige Papiermühle mit Wasserkraftwerk gekauft und umgebaut. Der Biergarten befindet sich vor der Mühle direkt am Bachlauf. Familienfeste kann man hier übrigens auch sehr schön feiern.

BIER

Grasser/Huppendorf: Vollbier (vom Fass). Trunk/Vierzehnheiligen: Nothelfertrunk (vom Fass). Püls/Weismain: Weizen (vom Fass), Alkoholfreies.

KÜCHE

Fränkische Brotzeiten. Täglich mittelgroße Karte mit warmen Gerichten. Spezialitäten: Italienische Nudelgerichte, italienische Vorspeisen mit selbst gebackenem Ciabatta, argentinische Steaks.

PLÄTZE (außen/regensicher)

200/40

ANSCHRIFT

Kleinziegenfelder Tal
96260 Weismain
Tel.: 09575-921212

ÖFFNUNGSZEITEN

Täglich ab 15 Uhr
Dienstag Ruhetag
Im Sommer an So und Feiertagen ab 11 Uhr geöffnet

Wirtshaus Obendorfer

www.bier.by

Tipp: Kalter Braten mit Meerrettich

BIER

Eigenes Bier: Obendorfer Pils (vom Fass). Pülsbräu/Weismain: Hefeweizen (vom Fass), Kellertrunk.

KÜCHE

Hausmacher Brotzeiten. Mi und Fr ab 17.30 Uhr warme Gerichte, sonst nur auf Bestellung warmes Essen. Spezialitäten: Brotzeitteller, kalter Braten mit Meerrettich, Rumpsteaks in verschiedenen Varianten (Fr).

PLÄTZE (außen/regensicher)

60/90

ANSCHRIFT

Festungsweg 2
96260 Weismain
Tel.: 09575-207

ÖFFNUNGSZEITEN

Täglich ab 9 Uhr
So 9 bis 12 Uhr und ab 17 Uhr
Dienstag Ruhetag

BIERKELLER MIT SCHUSS

Neben dem nach eigenem Rezept (allerdings in Weismain von Püls) gebrauten Obendorfer Pils gibt es hier vor allem feine Hausmacher Brotzeiten. Die eigene Brauerei schloss 1997. Stolz ist das Wirtsehepaar auf den „Goldenen Ammoniten", einen Preis für die Altbausanierung des Hauses. Wichtig für Fußballfans: Auch nach der WM läuft noch jedes Bundesligaspiel live auf der großen Leinwand!

968 Kirchplatz, Weismain Bus

Klosterbrauerei Weißenohe

www.das-wirtshaus-klosterbrauerei-weissenohe.de Tipp: Schweinebraten in Dunkelbiersoße

WIEDERBELEBTE TRADITION

Eine der ältesten Klosterbrauereien Deutschlands (seit 1050) überdauerte viele Jahrhunderte, bis im zweiten Weltkrieg der Betrieb eingestellt werden musste. Erst im Frühjahr 2000 war es endlich so weit: Franz Winkler wagte einen Neuanfang in den Klostermauern. Die Redaktion sagt DANKE! Entstanden ist unter anderem ein kleiner heimeliger Biergarten im Mauerwinkel, in dem neben hervorragendem Essen vor allem Spitzenbiere serviert werden. Am meisten mundeten das altfränkische Klosterbier und der Klostersud. Doch auch der Rest wusste zu überzeugen. Hier nicht Station zu machen, ist eine Sünde.

BIER

Eigene Brauerei: Altfränkisch (vom Fass), Export Dunkel, Pils, Hefeweizen, Classic Export (BIO), Märzen, Klostersud.

KÜCHE

Fränkische Brotzeiten. Täglich mittelgroße Karte mit warmen Gerichten. Spezialitäten: Haxen (Mi), Schäuferle (Fr, Sa, So), hausgemachte Sülze mit Bratkartoffeln.

PLÄTZE (außen/regensicher)

140/140

ANSCHRIFT

Klosterstraße 20
91367 Weißenohe
Tel.: 09192-6357 o. 0176-10301489

ÖFFNUNGSZEITEN

1. Apr. bis 1. Nov.
Täglich ab 11 Uhr, Di ab 16 Uhr
Montag Ruhetag
(an Feiertagen geöffnet)

Bus 223 Bahnhof/B2, Weißenohe

Restaurant Seestern

www.restaurant-seestern.com

Tipp: Schneebergschnitzel

BIER

Maisel/Bayreuth: Maisel's Weisse Original (vom Fass), Maisel's Weisse Dunkel, Maisel's Weisse Leicht, Maisel's Weisse Kristall, Maisel's Weisse Alkoholfrei. Aktien/Bayreuth: Bayreuther Aktien Original (vom Fass), Bayreuther Aktien Zwick'l, Bayreuther Aktien Landbier. Zusätzlich monatlich wechselnde Spezialbiere.

KÜCHE

Fränkische Brotzeiten nur an Aktionstagen. Täglich mittelgroße Karte mit warmen Gerichten. Spezialitäten: Fränkische Spezialitäten und Saisonkarten wie Spargel, Pfifferlinge, Wild, etc.

PLÄTZE (außen/regensicher)

180/120

ANSCHRIFT

Stadtweiherweg 1
95163 Weissenstadt
Tel.: 09253-1011

ÖFFNUNGSZEITEN

Anfang Mai bis Ende Sep.
Täglich ab 11 Uhr

EIN NEUER ANLAUF

Das beliebte Ausflugslokal am Weißenstädter See steht seit Juni 2012 unter neuer Ägide. Nicht geändert hat sich natürlich die traumhafte Lage direkt am Ufer des Weißenstädter Sees, wo neben Schwimmern auch Segelyachten ihre Kreise ziehen. Neu dagegen ist der Schwerpunkt auf die Betreibe der Genussregion Oberfranken, von denen die Rohstoffe für die meisten der angebotetenen Gerichte stammen. So hat man nicht nur einen perfekten Ausblick, sondern auch ein leckeres Arrangement auf dem Teller...

Gasthof Schiller

www.gasthof-schiller.de

Tipp: Apfelküchla mit Vanilleeis

AM ANFANG WAR DER BIERGARTEN

So oder so ähnlich lautet die Geschichte von Wernsdorf. Die ersten Gebäude, die man errichtete, waren das Schloss und der Gasthof Schiller. Heute verfügt der Gasthof über einen weitläufigen, schönen Biergarten mit drei Pavillons. Die mächtigen Kastanienbäume können fast 400 Jahre Geschichte erzählen. Nicht nur die Ortsansässigen genießen fränkische Klassiker von Schäuferla über Schweinshaxe bis zur eingeschnittenen Wurst mit Musik. Währenddessen können sich die kleinen Gäste auf dem Spielplatz mit großem Wikinger-Schiff austoben oder im Kleintiergehege Hasen, Fasane und andere Vögel beobachten. Jeden 3. Donnerstagabend im Monat: Freiluftsingen im Biergarten oder Wirtshausmusik in den Gaststuben.

BIER

St. GeorgenBräu/Buttenheim: Keller, Pils, Hefeweizen (alles vom Fass), Alkoholfreies. Hübner/Steinfeld: Otto-Bier (vom Fass). Grasser/Huppendorf: Verschiedene Flaschenbiere im Wechsel. Schlenkerla/Bamberg: Rauchbier. Schneider/Kelheim: Weisse. Erdinger: Alkoholfreies Weizen.

KÜCHE

Hausmacher Brotzeiten. Täglich kleine Karte mit warmen Gerichten. Spezialitäten: Zwetschgenbames, Schäuferla, wechselndes Tagesgericht, wie z. B. Bohnakern, heißer selbstgeräucherter Schinken, verschiedene Bräten (So), Schälrippla (Do), Apfelküchla in Bierteig mit Vanilleeis, Desserts im Weckglas.

PLÄTZE (außen/regensicher)

450/240

ANSCHRIFT

Amlingstadter Straße 14
96129 Wernsdorf
Tel.: 09543-44020

ÖFFNUNGSZEITEN

Täglich ab 11 Uhr, Mo ab 16 Uhr

Bus 975, 980 Wernsdorf, Strullendorf

Sauers Felsenkeller

www.gasthof-sauer.de

Tipp: Hausmacher Platte

BIER

Püls/Weismain: Helles, Kellerbier (beides vom Fass). Keesmann/Bamberg: Bamberger Herren Pils (vom Fass). Löwenbräu/München: Alkoholfreies.

KÜCHE

Fränkische Brotzeiten. Täglich kleine Karte mit warmen Gerichten. Spezialitäten: Selbst gemachte Pizza, Haxen, Schäuferla.

PLÄTZE (außen/regensicher)

270/120

ANSCHRIFT

Zum Sportplatz 1
96129 Wernsdorf
Tel.: 09543-3042

ÖFFNUNGSZEITEN

Täglich ab 16 Uhr
Bei schlechtem Wetter geschlossen

EIN ECHTER BIERKELLER

In den altehrwürdigen Gewölben des Felsenkellers des Gasthofes Sauer in Wernsdorf wird heute noch wie vor mehr als 300 Jahren das Bier eingelagert. Heute allerdings ist es kein eigenes Bier mehr, sondern Helles und Kellerbier aus Weismain und das von vielen hochgelobte Keesmann-Pils aus Bamberg. Sehr beliebt sind hier übrigens die selbst gemachte Pizza und die üppige Hausmacher Platte.

975, 980 Wernsdorf, Strullendorf Bus

Brauereien und Fachwerk

www.vgn.de

Alte kulturelle Schätze, wie die Schlösser Seehof und Wernsdorf oder keltische Hügelgräber, aber auch neue Highlights, wie die Skulpturenwege oder das Levi-Strauss-Museum bereichern die Landschaft rund um die höchsten Berge des Landkreises Bamberg, den Geisberg (596 m), den Stammberg (560 m) sowie die Friesener Warte (562 m).

Die drei Gemeinden Memmelsdorf, Litzendorf und Strullendorf haben sich um die Anmut ihrer reichen Kulturlandschaft vereint, um sich als „Fränkische Toskana" zu präsentieren. Das südlich davon gelegene Buttenheim mit seinen Ortsteilen – wie dem malerischen Fachwerkdorf Frankendorf – wird ebenfalls von dieser Freizeitlinie bedient, genauso wie der Markt Hirschaid. Lassen Sie sich von Kleinoden und natürlich auch von der Vielzahl an Brauereien und Bierkellern im östlichen Landkreis Bamberg begeistern!

Da lacht das Bierfreund-Herz! Nicht weniger als 22 verschiedene Brauereien mit ihren Wirtschaften und Bierkellern liegen an den vielen Wanderungen, die entlang dieser Freizeitlinie möglich sind. Dazu gehören echte Klassiker, wie beispielsweise die beiden Buttenheimer Brauereien oder die Feinschmeckerbrauerei „Drei Kronen" in Memmelsdorf, aber auch kleine Geheimtipps wie Brütting in Friesen und Krug in Geisfeld. Die kulinarischen Genüsse lassen sich dabei bestens mit schöner Natur und/oder interessanten Museen verbinden. Insbesondere das Levi-Strauss-Museum in Buttenheim sollte unbedingt auf Ihrer Besuchsliste stehen. Denn seit einigen Jahren wissen wir Franken, dass der Erfinder der berühmtesten Hose der Welt aus Buttenheim kommt und einst über Bamberg und die Nordsee in die Neue Welt gereist ist.

Mehr Infos auf www.vgn.de

Brauerei-Gasthof Hellmuth

www.gasthaus-hellmuth.de

Tipp: Spezialitäten vom Grill

BIER

Eigene Brauerei: Eierberg Urstoff (unfiltriert), Wiesner Weiße (Apr. bis Nov.) (beides vom Fass).

KÜCHE

Hausmacher Brotzeiten. Täglich große Karte mit warmen Gerichten. Spezialitäten: Hausmacher Brotzeiten, Grillspezialitäten, Bauernschnitzel, saisonale Gerichte (z. B. Spargel, Pfifferlinge).

PLÄTZE (außen/regensicher)

30/150

ANSCHRIFT

Wiesen 14
96231 Bad Staffelstein
Tel.: 09573-4395

ÖFFNUNGSZEITEN

Anfang März bis Ende Okt.
Täglich ab 11 Uhr
Montag Ruhetag (Wenn Montag Feiertag, dann Donnerstag Ruhetag)
Anfang Nov. bis Ende Feb.
Täglich ab 16 Uhr
Sa, So und Feiertage ab 11 Uhr
Montag Ruhetag (Wenn Montag Feiertag, dann Donnerstag Ruhetag)

EIN VIERTEL JAHRTAUSEND BIER ...

... gibt es in der sympathischen kleinen Brauerei in Wiesen. Besonders beliebt (und berüchtigt): Der Eierberg Urstoff. Dieses Bier wurde schon erfolgreich bis in die Oberpfalz exportiert - der Exportversuch nach England scheiterte am fehlenden Platz im Gäste-Auto. Die Brotzeiten sind dank eigener Hausschlachtung hervorragend, vor allem aber eine optische Augenweide: Simone Hellmuth aus der aktuellen Nachwuchsgeneration lernte beim chinesischen Weltmeister Xiang Wang das Früchte- und Gemüseschnitzen. Gut, dass man Bier nicht schneiden kann ...

Gasthaus mit Biergarten Stöcklein

www.gerner-stoecklein.de

Tipp: Räucherbauch

GRÜNES SPIELPARADIES

Einer der am liebevollsten angelegten Biergärten, die wir gesehen haben. Überall hängen kleine Windspiele herum, sichtbar mit Plan wachsen hier und da die unterschiedlichsten Pflanzen aus Ritzen und Kübeln, im hinteren Teil ein Holzbrunnen. Dazu ein wirklich schöner Spielplatz und ein Kuhstall, der immer für Unterhaltung sorgt. Zur Kirchweih drängen sich die Stammgäste bei gegrilltem Fisch und hausgemachten Bratwürsten im Biergarten und lassen das Bamberger Mahr's Pils durch die Kehlen rinnen.

BIER

Mahr´s/Bamberg: Lager, Pils, Hefeweizen (alles vom Fass). Paulaner/München: Dunkles Hefeweizen, Hefeweizen, leichtes Hefeweizen, Alkoholfreies. Erdinger: Alkoholfreies Weizen.

KÜCHE

Hausmacher Brotzeiten. Täglich kleine Karte mit warmen Gerichten. Spezialitäten: Selbst gemachte Pizza, Backofenhähnchen, Wiener Schnitzel mit Pommes Frites, Räucherbauch, Kellerplatte.

PLÄTZE (außen/regensicher)

400/280

ANSCHRIFT

Lindenallee 9
96110 Wiesengiech
Tel.: 09542-8234

ÖFFNUNGSZEITEN

Täglich ab 17 Uhr
So und Feiertage ab 15 Uhr
Bei schlechtem Wetter Di Ruhetag

Gasthaus Zur Eisenbahn

www.bier.by

Tipp: Currywurst

GROSSER BAHNHOF IN WIESENTHAU

Hier bedient die Chefin Kerstin Zametzer noch selbst – und das vor allem mit fränkischer Hausmannskost aus eigener Schlachtung (seit 2010 hat man hier die EU-Zulassung als Schlachtbetrieb). Regelmäßig gibt es auch Schlachtschüssel (vorbestellen nicht vergessen!). Der Name der Wirtschaft stammt übrigens aus alten Zeiten: Als 1891 die erste Eisenbahnlinie von Forchheim nach Ebermannstadt verkehrte, baute der Ururgroßvater von Benno Zametzer das Lokal an die Bahnlinie – als Zwischenstopp für die Bauern, die oft noch eine lange Weiterreise vor sich hatten.

BIER

Löwenbräu/Buttenheim: Lager, Pils, Helles (alles vom Fass). Püls/Weismain: Weizen (vom Fass), leichtes Weizen.

KÜCHE

Hausmacher Brotzeiten. Täglich kleine Karte mit warmen Gerichten. Spezialitäten: Pfannenschnitzel (Sa und So), Currywurst, Hausplatte.

PLÄTZE (außen/regensicher)

150/80

ANSCHRIFT

Bahnhof 1
91369 Wiesenthau
Tel.: 09191-94750

ÖFFNUNGSZEITEN

Täglich ab 9 Uhr
Montag Ruhetag

223 Bahnhof Ost, Wiesenthau Bus

Kuchenmühle

www.bier.by Tipp: Sauerbraten

SO SIEHT FRÄNKISCHE SCHWEIZ AUS

Idyllisch direkt am Flüsschen Aufsess liegt die alte Kuchenmühle. Hier - inmitten der ältesten Luftkurecke der Region - fühlt man sich auf Anhieb pudelwohl. Romantik und Idylle geben sich die Hand. Dadurch, dass es hier schon eine so lange touristische Tradition gibt, trifft man auch nicht mehr den üblichen verträumten Landgasthof an. Es geht schon etwas professioneller zu, auch im Preis und der Flexibilität der Küche. Die Kuchenmühle liegt übrigens optimal für einen erholsamen Spaziergang vor oder nach dem Essen.

BIER

Leikeim/Altenkunstadt: Pils (vom Fass). Aktien/Bayreuth: Zwickel (vom Fass). Erdinger: Urweisse (vom Fass). Maisel/Bayreuth: Zwickel, alkoholfreies Weizen.

KÜCHE

Fränkische Brotzeiten. Täglich mittelgroße Karte mit warmen Gerichten. Spezialitäten: Sauerbraten, Schäuferle, Krustenbraten, Forellen, fränkische Zwiebel.

PLÄTZE (außen/regensicher)

120/100

ANSCHRIFT

Kuchenmühle 21
91346 Wiesenttal
Tel.: 09196-377

ÖFFNUNGSZEITEN

Täglich ab 10 Uhr

Landgasthof · Hotel · Brauerei Rittmayer

www.rittmayer.com

Tipp: Karpfenfilet auf Wurzelgemüse

BIER

Eigene Brauerei: Helles Kellerbier (vom Fass). Rittmayer/Hallerndorf: Rauchbier, Hefeweizen, alkoholfreies Hefeweizen.

KÜCHE

Hausmacher Brotzeiten. Täglich große Karte mit warmen Gerichten. Spezialitäten: Verschiedenste Karpfen-Variationen aus eigener Zucht, Braten und Steaks vom Naturlandrind aus eigener Aufzucht.

PLÄTZE (außen/regensicher)

150/150

ANSCHRIFT

Willersdorf 108
91352 Hallerndorf
Tel.: 09195-94730

ÖFFNUNGSZEITEN

Mo und Di ab 17 Uhr
Mi bis So ab 11 Uhr

TÄGLICH FRISCH

Das ist das Motto beim Landgasthof Rittmayer. Inhaber Georg Rittmayer braut heute noch sein Bier (in der örtlichen Lieberth-Brauerei), hat seine eigenen Fischteiche und züchtet neuerdings auch Rinder in der eigenen Landwirtschaft. Dabei geht es streng nach Naturland-Richtlinien zu, deren wichtigste Grundsätze nachhaltiges Wirtschaften, praktizierter Natur- und Klimaschutz, Sicherung und Erhalt von Boden, Luft und Wasser sowie der Schutz der Verbraucher sind. Die hervorragende Küche ist im weiten Umkreis bekannt, so dass man Menschen aus ganz Franken hier antreffen kann.

265 Willersdorf Kindergarten Bus

Kellerwaldschänke

www.kellerwaldschaenke-lunz.de

Tipp: Schäuferla (an So und Feiertagen)

FELSENKELLER FÜR KINDER

Seit Januar 2007 wieder fest in der Hand der Inhaberfamilie Lunz. Der über 100-jährige Felsenkeller hat eine Auszeichnung für die Kinderfreundlichkeit erhalten. Der große und gut ausgestattete Spielplatz, die ruhige Lage am Waldrand und der schöne Ausblick machen die Kellerwaldschänke immer zu einem attraktiven Ziel oder Zwischenstopp bei einer Wanderung in der Gegend.

BIER

Greif/Forchheim: Keller, Weizen, Radler (alles vom Fass), leichtes Weizen. Rittmayer/Hallerndorf: Alkoholfreies Weizen. Paulaner/München: Alkoholfreies.

KÜCHE

Fränkische Brotzeiten. Täglich kleine Karte mit warmen Gerichten. Spezialitäten: Schäuferla, Schnitzel, Currywurst, Putensteak mit Kräuterbutter, gegrillte Fische: Heringe, Makrelen und Forellen (Fr).

PLÄTZE (außen/regensicher)

1000/350

ANSCHRIFT

Willersdorf 273
91352 Hallerndorf
Tel.: 09195-3271 o. 0160-97993634

ÖFFNUNGSZEITEN

Mo bis Fr ab 16 Uhr, Sa ab 14 Uhr
So und Feiertage ab 11 Uhr
Bei schlechtem Wetter geschlossen

DB VGN Bus 265 Willersdorf Schule, Hallerndorf

Kapelle Kreuzberg Hallerndorf

Gaststätte Wiesental

www.bier.by

Tipp: Büchsenfleisch, Sülze

DER KLASSIKER

Eigentlich nur als „Bei Schelters" bekannt, kann die Gaststätte auf eine breite Zahl an Stammkunden aus dem ganzen Landkreis zurückgreifen, die in steter Regelmäßigkeit in den kleinen Biergarten und die Gaststube strömen. Die ganze Familie des Metzgermeisters hilft mit, und das seit gut 50 Jahren. Bierpreis und Ausschank aus dem urigen Holzfass tun ihr Übriges - Schelters ist einfach Kult!

BIER

Lang/Schönbrunn: Pils (vom Holzfass). Nothhaft/Marktredwitz: Weizen. Hönicka/Wunsiedel: Weizen.

KÜCHE

Hausmacher Brotzeiten. Täglich kleine Karte mit warmen Gerichten. Spezialitäten: Ochs vom Grill, frischer hausgemachter Leberkäse, Schweinshaxen, angebratene Göttinger.

PLÄTZE (außen/regensicher)

50/60

ANSCHRIFT

Wintersreuth 11
95632 Wunsiedel
Tel.: 09232-3926

ÖFFNUNGSZEITEN

Täglich ab 15 Uhr
So und Feiertage ab 9 Uhr
Montag Ruhetag

Wölfersdorfer Biergarten

www.biergarten-fraenkische-schweiz.de

Tipp: Streuobstwiesen-Säfte

BIER

Klosterbrauerei Weissenohe: Pils, Altfränkisch Dunkel (beides vom Fass). Gutmann/Titting: Weizen, leichtes Weizen, alkoholfreies Weizen.

KÜCHE

Fränkische Brotzeiten. Täglich kleine Karte mit warmen Gerichte. So und Feiertage Mittagstisch. Spezialitäten: Brotzeitteller, fränkische grobe Bratwürste, Schäuferla, selbst gemachter Obatzter.

PLÄTZE (außen/regensicher)

150/25

ANSCHRIFT

Wölfersdorf 4
91355 Hiltpoltstein
Tel.: 09192-997656

ÖFFNUNGSZEITEN

Do und Fr ab 16 Uhr
Sa ab 14 Uhr
So und Feiertage ab 11 Uhr
Montag, Dienstag und Mittwoch Ruhetag

DER BRENNEREI-BIERGARTEN

Nach vielen Jahren Keltern und Brennen wollten die Wölfersdorfer Familien Deuerlein und Braun endlich auch mal ein eigenes Refugium zur Entspannung haben. Heraus kam 2011 der Wölfersdorfer Biergarten, der das klassische Rundum-Sorglos-Paket für den Biergartenfreund bietet. Umsäumt von Obstbäumen und mit einem großen Spielplatz findet man ein perfektes Ambiente und erhält quasi oben drauf noch die hauseigenen Brände, Liköre und Säfte, die natürlich auch in einem Bierkellerbuch nicht unerwähnt bleiben sollen!

Bräustüberl Schönbrunn

www.lang-braeu.de **Tipp: Schlachtschüssel (jeden 1. Di im Monat)**

IM ALTEN GEMÄUER

Über 200 Jahre ist das Haus des Bräustüberls schon alt, damals allerdings noch ein Bauernhof. Heute hingegen uriges Stammlokal der Lang-Bräu in Schönbrunn. Die Innenräume präsentieren sich wie ein Museum, echtes Kreuzgewölbe, die historischen Brauwappen der Schönbrunner an den Säulen, Kleiderbügel aus den alten Eisgabeln sowie Unmengen an Bildern und Kleinodien aus der Dorfgeschichte. Mittendrin Wolfgang Kodisch, der ebenfalls zur Bräustüberl-Einrichtung gehört. Auch der große Garten vor dem Haus, weitab von der Straße lädt immer zum Verweilen ein. Fleisch- und Wurstwaren werden noch selbst hergestellt, in Kombination mit dem süffigen Lang-Bier ein echter Hit!

BIER

Lang/Schönbrunn: Pils, Helles, Weizen (alles vom Fass), Dunkles, heller Bock, dunkles Bock, Erotikbier, Jean Paul-Bier.

KÜCHE

Hausmacher Brotzeiten. Täglich kleine Karte mit warmen Gerichten. Spezialitäten: Hausgemachtes Geräuchertes, Presssack, Schlachtschüssel (1 x im Monat).

PLÄTZE (außen/regensicher)

80/75

ANSCHRIFT

Brunnenstraße 10
95632 Wunsiedel
Tel.: 09232-2813

ÖFFNUNGSZEITEN

Täglich ab 9 Uhr
Donnerstag Ruhetag

Kösseinehaus

www.koesseinehaus.de

Tipp: Selbst gemachter Eintopf

BIER

Hönicka/Wunsiedel: Pils, Landbier, Wonnesud, Hefeweizen, Heiner (alles vom Fass), dunkles Weizen, leichtes Weizen, Zwickel.

KÜCHE

Fränkische Brotzeiten. Täglich mittelgroße Karte mit warmen Gerichten. Spezialitäten: Kartoffelsuppe, verschiedene kurzgebratene Gerichte, Linseneintopf.

PLÄTZE (außen/regensicher)

80/120

ANSCHRIFT

Kösseinehaus 1
95632 Wunsiedel
Tel.: 09232-2061

ÖFFNUNGSZEITEN

Täglich ab 10 Uhr
Montag Ruhetag

DER GIPFEL

939 Meter über dem Meeresspiegel liegt der Gipfel der Kösseine, genau zwischen Franken und der Oberpfalz. Fast ganz oben steht das Kösseinehaus, erbaut 1903, und wartet auf Wanderer, die den kleinen Aufstieg hinter sich gebracht haben. Zufahrt mit Bus oder Pkw nur mit Ausnahmegenehmigung, die aber zum Beispiel für Hochzeiten oder Firmenfeste auch erteilt wird. Zurück am Tresen sind übrigens Christine und Peter Mulzer, die das Haus bereits von 1998 bis 2007 gepachtet hatten.

7603 Abzw. Bahnhof, Tröstau Bus

DB

Brauerei-Gasthof Hartmann

www.brauerei-hartmann.de

Tipp: Hartmann's Bierbrand

PURE TRADITION AM WÜRGAUER BERG

Welche Brauerei kann heutzutage schon noch mit einer eigenen Felsenquelle aufwarten? Hier entstehen daraus sehr wohlschmeckende Biere wie der berüchtigte „Felsentrunk" oder das tiefschwarze „Erbschänk". Letzteres hat seinen Namen von der über 450-jährigen Tradition der Brauerei am Berg. Ein weiteres Lob verdient auch die „Felsenweisse", die sich unter den großen Kastanien des Kellers vortrefflich genießen lässt. Für Fans gibt es Wildgerichte aus eigener Jagd, ansonsten ist auch das Braumeistersteak immer eine gute Wahl.

BIER

Eigene Brauerei: Felsentrunk (bernsteinbarben, mit Rauch), Edelpils, Erbschänk 1550 (Schwarzbier), Felsenkellerbier naturtrüb (mit Whiskymalz), Felsenweisse, Ur-Märzen (Jubiläumsbier), Bockbier dunkel (im Winter) (alles vom Fass).

KÜCHE

Fränkische Brotzeiten. Täglich große Karte mit warmen Gerichten. Spezialitäten: Wildgerichte (aus eigener Jagd), Gerichte mit Bier, vegetarische Gerichte, lebend frische Fische, täglich frisches Hausgebäck, Bierbrand-Pralinen.

PLÄTZE (außen/regensicher)

150/280

ANSCHRIFT

Fränkische-Schweiz-Straße 26
96110 Würgau
Tel.: 09542-920300

ÖFFNUNGSZEITEN

Täglich ab 9 Uhr
Dienstag Ruhetag

Gasthof Waldsteinhaus

www.waldsteinhaus.de Tipp: Schäuferle, Waldsteinteller

BIER

Kulmbacher: Mönchshof Kellerbier, Kapuziner Hefeweizen, Mönchshof Original (alles vom Fass), Kapuziner dunkles Weizen, Kapuziner Kristallweizen, Kapuziner leichtes Weizen, Kapuziner alkoholfreies Weizen.

KÜCHE

Fränkische Brotzeiten. Täglich große Karte mit warmen Gerichten. Spezialitäten: Schäuferle mit Klößen und Kraut, Hirschbraten, Hirschmedaillons, Bärenfängersteak.

PLÄTZE (außen/regensicher)

200/160

ANSCHRIFT

Waldstein 1
95239 Zell
Tel.: 09257-264

ÖFFNUNGSZEITEN

Täglich ab 11 Uhr
Apr. bis Dez. Dienstag Ruhetag
Jan. bis März Mo und Di Ruhetag

WO DER TEUFEL KARTEN SPIELT

Unterhalb der ehemaligen Raubritterburg „Rotes Schloss" steht das Waldsteinhaus. Hier kehren die Fans seit vielen Jahren regelmäßig ein, um nicht nur die gute Küche zu kosten, sondern auch die selbst gebackenen Kuchen von Frau Chefin. Im Biergarten hat man überwältigende Felsformationen im Blick, unter anderem auch den „Teufelstisch", auf dem der Sage nach die Teufel mit eisernen Karten spielen. Um die Ecke sind zudem das älteste erhaltene Jagddenkmal der Republik, der „Bärenfang" und die Quelle der fränkischen Saale. Tipp am Rande: Besuchen Sie die Waldstein-Festspiele (Rhythmus: zwei Jahre Festspiele, ein Jahr Pause). Es werden auf der Bühne des Waldsteinhauses historische Stücke rund ums Raubrittertum aufgeführt.

Gasthof Rieneck

www.gasthof-rieneck.de

Tipp: Zückshuter Zwiebelsteak

DER FISCH-BIERGARTEN

Bei Familie Reitz stehen die Zeichen auf Fisch: Karpfen, Forelle, Lachs, Zander, Rotbarsch & Co. landen abwechselnd in Ofen, Pfanne und Friteuse, um den Gästen den Appetit erst anzuregen und dann für Sättigung zu sorgen. Karpfen und Forelle stammen dabei aus eigenem Bassin. Ein großer, liebevoll gestalteter Spielplatz macht den Biergarten auch für Familien attraktiv, also ein Muss, wenn man in der Nähe auf Wandertour ist.

BIER

Mahr´s/Bamberg: Pils, Ungespundetes (beides vom Fass), Hefeweizen. Maisel/Bayreuth: Alkoholfreies Weizen. Löwenbräu/München: Alkoholfreies.

KÜCHE

Hausmacher Brotzeiten. Täglich große Karte mit warmen Gerichten. Sa, So und Feiertage Mittagstisch. Spezialitäten: Rumpsteak, Wild (aus der Umgebung), Lendchenspieß, Karpfen und Forellen (saisonal) aus eigenem Bassin, saisonale Gerichte.

PLÄTZE (außen/regensicher)

200/150

ANSCHRIFT

Hauptstraße 36
96149 Breitengüßbach-Zückshut
Tel.: 09544-2446

ÖFFNUNGSZEITEN

Mo bis Fr ab 15 Uhr
Sa, So und Feiertage ab 10 Uhr
Mittwoch Ruhetag

DB VGN Bus 917 Laubend, Memmelsdorf

(X) = Biergarten mit Seite im Buch
(zugehörige Orte siehe nächste Seite)

NEU!

Eine große, detaillierte Landkarte mit allen Bierkellern und Biergärten finden Sie im beigelegten

Biergarten-Atlas!

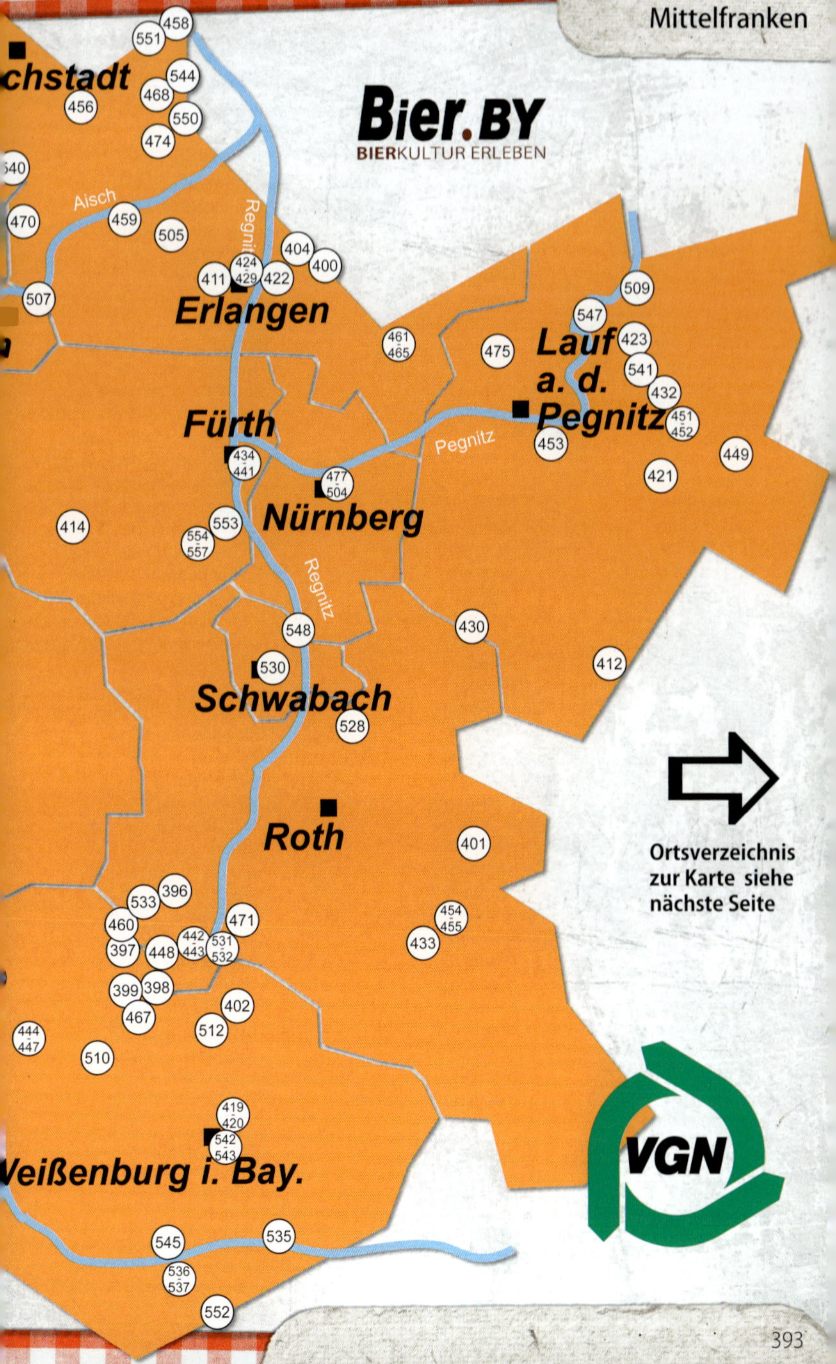

Ortsverzeichnis zur Karte siehe nächste Seite

Ortsverzeichnis zur Karte auf Seite 392:

Komplettes Ortsverzeichnis ab Seite 666

Hauptstadt des bevölkerungsreichsten fränkischen Regierungsbezirkes ist zwar offiziell die 40.000-Einwohner-Stadt Ansbach, aber der Ballungsraum Nürnberg/Fürth/Erlangen/Schwabach bildet in vielerlei Hinsicht den wahren Mittelpunkt der Region.

Allerdings hat der Südwesten durch die Entstehung des Fränkischen Seenlandes erheblich an Bedeutung und Attraktivität gewonnen. So pendelt das Leben hier zwischen der hektischen Arbeitswelt in der Großstadt und dem touristischen Treiben im Seenland und der Fränkischen und Hersbrucker Schweiz. Bei der Gebietsreform 1972 ging Eichstätt an Oberbayern verloren, womit unter anderem die eigentlich fränkische Traditionsbrauerei Gutmann nach Bayern gekommen ist.

Neben dem Bier schlägt das Herz der Mittelfranken meist entweder für den „Club", den 1. FC Nürnberg, oder für das „Kleeblatt", die SpVgg Greuther Fürth. Der eine pendelt unermüdlich zwischen Liga eins und zwei, die anderen schienen lange Zeit unaufsteigbar. Klar, dass es hier immer wieder hitzige Diskussionen um diese Glaubensfrage gibt. Mit einem guten Beispiel voran geht hier die Tucher Bräu mit ihrem Zweistädtesudhaus, das genau auf der Grenze zwischen Nürnberg und Fürth steht. In Nürnberg selbst kann man beispielsweise im Altstadthof ein vorbildliches Ensemble aus Gasthausbrauerei, Brennerei und Veranstaltungs-Location erkunden. Am besten, Sie nehmen sich die Zeit und steigen auch einmal in die Katakomben hinunter, in denen auch heute noch Bier gelagert wird.

In Sachen Bierkeller und Biergärten kann Mittelfranken noch mit so manchem Klassiker aufwarten. Da ist beispielsweise die Pflugsmühle in Abenberg mit dem wohl schönsten Sonnenuntergang, den ein Biergarten bieten kann. Oder der Araunerskeller in Weißenburg, das letzte fränkische Bieridyll vor der Grenze zu Oberbayern. Besonders erwähnt sei noch Hersbruck und seine Gegend, denn durch die Philosophie als Cittàslow dreht sich hier auch das gastronomische Rad deutlich langsamer und statt Döner und Cola gibt's eben Radler und Brotzeit in Kratzers Biergarten.

Die Pflugsmühle

www.pflugsmuehle.de

Tipp: Fischgerichte (eigene Zucht)

BIER

Spalter: Hell, Pils, Dunkel, Weizen (alles vom Fass), Alkoholfreies. Fürst Wallerstein: Keller (vom Fass). Gutmann/Titting: Helles Weizen, dunkles Weizen, leichtes Weizen, alkoholfreies Weizen.

KÜCHE

Fränkische Brotzeiten.
Do bis So kleine Karte mit warmen Gerichten.
Spezialitäten: Selbst gebackenes Brot, Braten aus dem Brotbackofen, verschiedene Nachtische.

PLÄTZE (außen/regensicher)

500/100

ANSCHRIFT

Pflugsmühle 1b
91183 Abenberg
Tel.: 09873-97980

ÖFFNUNGSZEITEN

Mo bis Fr ab 13 Uhr
Sa ab 11 Uhr
So und Feiertage ab 10 Uhr

EIN TRAUM IM WALD

Nicht nur, dass es hier den schönsten Biergarten-Sonnenuntergang des Seenlandes zu bewundern gibt, bei Friedrich Braun kommen auch die Freunde guter Kost nicht zu kurz. Schließlich nutzt er seine selbst gemauerten Brotbacköfen nicht nur zur Herstellung der leckeren Laibe, sondern brutzelt darin auch Braten wie Schäuferla & Co., die dadurch einen ganz besonderen Hochgenuss darstellen. Auch die Freunde der Brotzeit kommen nicht zu kurz, von „Irgendwas" bis zur „Ringel-Brotzeit" stehen jede Menge Varianten auf der Karte. Der Biergarten an sich ist übrigens noch gar nicht alt: Erst 1988 entstand das Kleinod aus einer Art Bierlaune heraus und war doch seit dem ersten Öffnungstag der Renner. Gut für Kinder: Um die Ecke gibt es Buggybahn und Minigolfplatz sowie für die ganze Familie tolle Wanderwege in den Wald.

Landgasthaus „Zur Linde“

www.pension-igelsbach.de **Tipp: Bauernbrotzeiten**

IDYLLISCHER GEHEIMTIPP

Der große Tourismus ist bisher glücklicherweise am Landgasthaus „Zur Linde“ ein bisschen vorbeigefahren, was ihm aber den Charme und die Liebenswürdigkeit bewahrt hat, die an anderen Orten deutlich abhanden gekommen sind. Hier stimmt einfach alles noch. Selbst gebackenes Brot, Familienrezepte, ein naturbewusster Biergarten. Wir sind sicher: Sie werden wiederkommen!

BIER

Spalter: Helles (vom Fass), Pils, Alkoholfreies.
Gutmann/Titting: Weizen.

KÜCHE

Hausmacher Brotzeiten.
Täglich mittelgroße Karte mit warmen Gerichten.
Spezialitäten: Bauernbrotzeiten, deftige, fränkische Küche, selbst gebackenes Bauernbrot, Schlachtschüssel (Fr, 14-tägig).

PLÄTZE (außen/regensicher)

32/80

ANSCHRIFT

Igelsbach 26
91720 Absberg am Brombachsee
Tel.: 09837-274

ÖFFNUNGSZEITEN

Täglich 9 bis 14 und ab 17 Uhr
Ostern bis Ende Okt.:
Donnerstag Ruhetag
Anfang Nov. bis Ostern:
Mi und Do Ruhetag

Bus 637 Igelsbach, Absberg

Landgasthaus Jägerhof

www.jaegerhof-absberg.de Tipp: Hausbrände und -liköre

BIER

Felsenbräu/Thalmannsfeld: Helles, Pils, Hefeweizen (alles vom Fass), dunkles Kellerbier, leichtes Weizen, alkoholfreies Weizen, Alkoholfreies.

KÜCHE

Fränkische Brotzeiten. Täglich große Karte mit warmen Gerichten. Spezialitäten: Gekochte Rinderbrust mit Meerrettich, Schäuferle, Brotzeitteller, altmühlfränkische Bratwürste mit Sauerkraut.

PLÄTZE (außen/regensicher)

35/120

ANSCHRIFT

Deutschordenstraße 4
91720 Absberg am Brombachsee
Tel.: 09175-865

ÖFFNUNGSZEITEN

Täglich ab 11 Uhr
Mittwoch Ruhetag

JÄGERHOF OHNE JÄGER

Hier ist ausnahmsweise mal nicht der Beruf eines Vorbesitzers, sondern der Name der Familie Grund für den urigen Hausnamen. Chefin Berta Jäger steht hinter dem Herd und verblüfft die Gäste mit ihren feinen Kreationen (die ihr schon mehrmals eine Silbermedaille beim Wettbewerb Bayerische Küche eingebracht haben). Besondere Erwähnung muss auch die hauseigene Schnapsbrennerei finden, deren Liköre und Brände ein wahrer Hochgenuss sind. Prost!

Gaststätte Seeblick-Stüberl

www.seeblick-stüberl.de

Tipp: Hausgemachte Pizza

VON SEEBLICK UND LICHTBLICK

Wie vielerorts im neuen Seenland versuchten auch hier so manche ihr Glück mit mäßigem Erfolg. Doch als vor einigen Jahren Gudrun Eiden das Ruder übernahm, wandelte sich der Seeblick zum Lichtblick und auch die Gäste sind wieder zahlreich anzutreffen. Wie es sich für die alteingesessene Metzgers- und Gastwirtsfamilie (ehedem Betreiber der Schlachthofkantine Ansbach!) gehört, ist das Meiste aus dem Angebot hausgemacht, lecker auch die Hauspizza, die hier ausnahmsweise einmal Erwähnung finden soll.

BIER

Tucher/Fürth: Pils, Zirndorfer, Weizen (alles vom Fass), dunkles Weizen, Kristallweizen, leichtes Weizen, alkoholfreies Weizen, Alkoholfreies. Spalter: Helles. Gutmann/Titting: Weizen. Erdinger: Weizen, alkoholfreies Weizen.

KÜCHE

Fränkische Brotzeiten. Täglich mittelgroße Karte mit warmen Gerichten. Spezialitäten: Schäuferle mit Kloß und Salat, fränkische Bratwürste, gesulzte Bratwürste, Wurstsalat, Grillbuffet (im Sommer mittwochs ab 18 Uhr).

PLÄTZE (außen/regensicher)

100/140

ANSCHRIFT

Grausenbuck 23
91720 Absberg a. kl. Brombachsee
Tel.: 09175-1832

ÖFFNUNGSZEITEN

Ostern bis Ende Okt.
Täglich ab 9 Uhr
Anfang Nov. bis Ostern geschlossen
(Bei schönem Wetter in dieser Zeit Sonntag nachmittags für Kaffee und Kuchen geöffnet)

Zur Ludwigshöhe - Adlitzer Biergarten

www.adlitzer-biergarten.de Tipp: Dienstags Bohnenkerne mit Kloß und Bauch

BIER

Tucher/Fürth: Helles, Pils, Weizen (alles vom Fass). Meister/Unterzaunsbach: Zaunsbacher Meisterbräu (vom Fass).

KÜCHE

Hausmacher Brotzeiten. Täglich große Karte mit warmen Gerichten. Spezialitäten: Frisches Adlitzer Wild, Karpfen und Forellen aus eigenen Gewässern.

PLÄTZE (außen/regensicher)

250/120

ANSCHRIFT

Adlitz 12
91080 Marloffstein
Tel.: 09131-52929

ÖFFNUNGSZEITEN

Täglich ab 11 Uhr
Donnerstag Ruhetag
(an Feiertagen geöffnet)

DER NUSSBAUMKELLER

Man hat den Eindruck, die gesamte Fränkische Schweiz wäre im Blickfeld. Auf zwei Etagen unter alten, schattigen Walnussbäumen sitzt es sich so schön - mitten im Schoß der Natur. Speisen und Getränke gibt's über die Straße im Gasthaus „Zur Ludwigshöhe". Inhaber Kunzmann kommt erst etwas ruppig, taut dann aber schnell auf und hat viel zu erzählen. Übrigens einer der wenigen Biergärten, in dem wir das Spitzenbier der Brauerei Meister aus Unterzaunsbach gefunden haben.

Strandhaus Grashof

www.strandhaus-grashof.de Tipp: Lunge mit Herz

BEIM KÜCHENMEISTER

Auch wenn die Versorgungsstationen an den Fränkischen Seen ein bisschen wie Einheitsbrei anmuten, so drücken die jeweiligen Betreiber den Häusern doch ihren eigenen Stempel auf. Bei Willi Engelmann geht es vor allem um die wirklich genussvolle Küche. Er bereitet Spezialitäten von Fisch über Herz und Lunge bis zur Hausmacher Sülze - wirklich lecker! Sensationell auch der Sonnenuntergang am Grashof!

BIER

Pyraser: Weizen, Helles, Rotbier (alles vom Fass), Kellerbier, Pils, dunkles Weizen, alkoholfreies Weizen, alkoholfreies Russen, alkoholfreies Radler, Alkoholfreies.

KÜCHE

Fränkische Brotzeiten. Täglich große Karte mit warmen Gerichten. Spezialitäten: Hausmacher Lunge mit Herz, hausmacher Sulze, heißgeräucherte Forelle, Krustenbraten, Schäuferle, Käsespätzle, vegetarische, leichte und mediterrane Gerichte.

PLÄTZE (außen/regensicher)

280/72

ANSCHRIFT

Grashof 2, an der Rothsee-Vorsperre
90584 Allersberg
Tel.: 09176-90293

ÖFFNUNGSZEITEN

März bis Ende Okt.
Täglich ab 10 Uhr
Bei schlechtem Wetter geschlossen
6. Jan. bis März
Sa und So ab 10 Uhr
Montag bis Freitag geschlossen
Nov. und Dez. komplett geschlossen

Bus 608 Grashof Abzw. Rothsee, Allersberg

Die Arche Brombachsee

www.arche-brombachsee.de Tipp: Fränkisches Biersteak

REINGEHEN UND WOHLFÜHLEN

Als eines der Opfer der Grundig-Pleite hat Armin Urch sich mit der Arche einen Traum erfüllt. Ganz anders als früher - als Großküchenmeister bei dem Elektronikkonzern - kann er sich nun auf seine Gäste konzentrieren und hat einen wunderschönen Ort der Erholung geschaffen. So ganz lässt ihn die Großküche allerdings nicht los - zumindest, was den großen Grill-Wok angeht, mit dem er Bratwürste & Co. frisch für die Gäste zubereitet. Zugehörig ist ein großer Spielplatz mit Holz-Arche im Sand.

BIER

Schneider/Weißenburg: Helles, Weizen, Märzen (alles vom Fass), kleine Schwarze, Pils, leichtes Weizen. Fürst Carl/Ellingen: Radler (vom Fass). Erdinger: Alkoholfreies Weizen.

KÜCHE

Fränkische Brotzeiten. Täglich mittelgroße Karte mit warmen Gerichten. Spezialitäten: Obatzter, Ricotta-Spinat-Lasagne, fränkisches Biersteak, See-Saibling mit Folienkartoffeln und Kräuterdip, hausgemachter Apfelstrudel, hausgemachte Windbeutel.

PLÄTZE (außen/regensicher)

300/120

ANSCHRIFT

Allmannsdorf 40
91785 Pleinfeld (am Hauptdamm, Freizeitanlage Allmannsdorf)
Tel.: 09144-93070

ÖFFNUNGSZEITEN

1. Apr. bis 1. Nov.
Täglich ab 9 Uhr
2. Nov. bis Ende März geschlossen
Im März bei schönem Wetter geöffnet

643 Allmannsdorf, Pleinfeld Bus

Gasthaus Kammerforst

www.bier.by

Tipp: Hausgemachte Fleischsülze

SÜLZE UNTERM WALNUSSBAUM

Auch wenn Inhaberin Angeliki Pace aus dem sonnigen Griechenland kommt, ist sie doch ein großer Fan der fränkischen Küche. Dank einer kleinen einheimischen Metzgerei landen frische Waren höchster Qualität auf den Tellern der Gäste, die im Biergarten auf der Sommerwiese die Wahl haben - entweder im Sonnenschein oder unter dem großen Walnussbaum. Überhaupt: Wer zur richtigen Zeit hier ist, kann sich seine Leckereien wahrhaft von den Bäumen pflücken - fast jede Obstsorte ist vertreten!

BIER

Tucher/Fürth: Zirndorfer Landbier, Tucher Pils, Tucher Hefeweizen (alles vom Fass), Kellerbier, leichtes Weizen, alkoholfreies Weizen.

KÜCHE

Fränkische Brotzeiten. Täglich mittelgroße Karte mit warmen Gerichten. Spezialitäten: Fränkische Bratwürste, Schnitzel, Pfannenkotelett, Sauerbraten, Schweinebraten, Obatzter, Brotzeitteller, Landschinken, hausgemachte Fleischsülze mit Bratkartoffeln.

PLÄTZE (außen/regensicher)

250/45

ANSCHRIFT

Grüber Straße 21
91522 Ansbach
Tel.: 0981-48777512

ÖFFNUNGSZEITEN

15. Apr. bis 15. Okt.
Täglich 11 bis 14 und ab 17 Uhr
Kein Ruhetag
16. Okt. bis 14. Apr.
Mi, Do und Fr ab 17 Uhr
Sa u. So 11 bis 14 und ab 17 Uhr
Montag und Dienstag Ruhetag

atzelsberger - Restaurant Biergarten Erlebnis

www.atzelsberger.de Tipp: Naherholungsgebiet mit schönen Wandermöglichkeiten

IDYLLISCH UNTER GROSSEN BÄUMEN

Viele Spielmöglichkeiten für Kinder, große Nuss- und Kastanienbäume und ein liebevoll gepflegter Garten sorgen für ein perfektes Biergartenoasenfeeling in Atzelsberg. Dazu die klassischen Gerichte aus der fränkischen Küche, von Bratwürsten über verschiedene Braten bis hin zu Flammkuchen, und wer mal kein Bierchen trinken will, kann beispielsweise zu einem der 17 verschiedenen Beerenweine greifen ...

BIER

Kitzmann/Erlangen: Urhell, Kellerbier, Weizen (alles vom Fass), „300", dunkles Weizen, leichtes Weizen. Schlenkerla/Bamberg: Rauchbier. Schneider/Kelheim: Alkoholfreies Weizen.

KÜCHE

Fränkische Brotzeiten. Täglich mittelgroße Karte mit warmen Gerichten. Spezialitäten: Schäuferla, Sauerbraten, hausgemachter Obatzter.

PLÄTZE (außen/regensicher)

350/100

ANSCHRIFT

Atzelsberg 4
91080 Marloffstein
Tel.: 09131-27361

ÖFFNUNGSZEITEN

Täglich 10 Uhr bis 21 Uhr
März. bis Okt.: Montag Ruhetag
Nov. bis Feb.: Mo und Di Ruhetag
(Änderungen vorbehalten)
Bei schönem Wetter abends länger geöffnet

252 Atzelsberg, Marloffstein Bus

Flair Hotel zum Storchen

www.zumstorchen.de **Tipp: Sauerbraten**

NACH DEM NACHBARN BENANNT

Mit mehr als 750 Jahren auf dem Buckel ist der „Storch" das älteste Fachwerkhaus in Mittelfranken. Der Name rührt allerdings nicht vom eigenen Meister Adebar her. Früher stand nebenan eine Brauerei, auf deren Turm eine Storchenfamilie lebte. So wurde aus dem Gasthaus das Haus „beim Storch". Mittlerweile kommen die beliebten Vögel auch wieder regelmäßig nach Bad Windsheim - und erledigen ihren Job. Die Inhaberfamilie zählt viele Köpfe, die alle gerne Hand anlegen. Im Biergarten am Weinmarkt sitzt es sich wunderschön zwischen Fachwerkhäusern und dem Brunnen. Ein kleiner Geheimtipp sind die Salate aus eigenem Anbau!

BIER

Hofmann/Pahres: Landbier (vom Fass). Kommunbrauhaus/Bad Windsheim: Museumsbier (vom Fass). Tucher/Fürth: Hefeweizen (vom Fass). Kulmbacher: Kapuziner dunkles Weizen, Kapuziner Kristallweizen, Kapuziner leichtes Weizen, Kapuziner alkoholfreies Weizen. Landwehr/Reichelshofen: Toppler-Pils. Loscher/Münchsteinach: Dunkles Bier.

KÜCHE

Fränkische Brotzeiten. Täglich große Karte mit warmen Gerichten. Spezialitäten: Schäuferla, Sauerbraten, Karpfen, Salate aus eigenem Anbau.

PLÄTZE (außen/regensicher)

40/110

ANSCHRIFT

Weinmarkt 6
91438 Bad Windsheim
Tel.: 09841-669890

ÖFFNUNGSZEITEN

Täglich ab 11.30 Uhr
Montag Ruhetag

Beste Technik für Ihr Bier

www.kaspar-schulz.de

Die älteste heute noch in Betrieb befindliche Braupfanne aus dem Hause KASPAR SCHULZ steht im fränkischen Freilandmuseum Bad Windsheim. Die Technische Ausstattung aus dem Jahr 1844 sieht eine direkte Holzbefeuerung des Sudkessels vor.

Dabei muss man bedenken, dass der Brauprozess seit jeher sehr energieintensiv und das Sudhaus auch heute noch der größte Wärmeverbraucher einer jeden Brauerei ist. Die Mengen an Holz, die der Braumeister in Bad Windsheim fachmänisch Scheit für Scheit nachlegen muss sind also nicht unerheblich. Ein Stück Holz zuviel, und die technologisch gewünschte Temperatur wird überschritten. Viel Geschick ist hierbei notwendig um letztendlich die Bierwürze zum Sieden zu bringen.

Heute nach über 150 Jahren technischer Entwicklung sieht man diese antiquierte Art der Bierherstellung wieder mit ganz anderen Augen. Im Zuge der rasanten Entwicklung seit der Nachkriegszeit, wurden fast alle Sudhäuser auf Dampfbeheizung umgerüstet. In speziellen Druckkesseln wird Wasser in Dampf umgewandelt, der dann als Wärmeträger die gesamte Brauerei versorgt. Aber das Zeitalter der grenzenlos billigen Energie geht zu Ende und zwingt zur Suche nach neuen Lösungen. Effizienz vor Substitution lautet die Devise, wenn man von regenerativen Energieträgern profitieren will. Die technologischen Entwicklungen aus dem Hause SCHULZ zeigen hierbei, was mit dem Wissen aus Jahrhunderten und heute zur Verfügung stehender Technik machbar ist. Durch ein speziell entwickeltes Brauverfahren ist es heute möglich, auf den energieintensiven und teuren Einsatz von Dampf als Heizmedium zu verzichten. Was in Bad Windsheim der sogenannte Diffuseurböden und das Kühlschiff leisten, macht heute ein Würzeverteilschirm und eine Nachverdampfung mittels Düsentechnik oder Vakuum. Als Wärmeträger dient gewöhnliches Wasser, das in einem Heizungskessel aufgeheizt wird. Verbrannt wird in dem Kessel nämlich Biomasse in Form von Holzhackschnitzeln, Holzpellets oder anderen Stoffen. Der Unterschied zum Museumsbetrieb liegt allerdings darin, dass diese Anlagen automatisch gesteuert werden. Das geschickte Nachheizen übernimmt eine Lambdasonde, welche die exakte Brennstoff- und Luftzufuhr regelt. Beste Abgaswerte sorgen nicht nur für eine saubere Umwelt, sondern entlasten auch noch die Atmosphäre. Auch die Einbindung eines Solarkollektors oder die Kraft- Wärmekopplung können nun problemlos in die Energieversorgung einer modernen Brauerei erfolgen. KASPAR SCHULZ arbeitet seit Jahren konsequent an dem Konzept zur CO_2 neutralen Energieversorgung einer Brauerei. Dieser Ansatz erscheint realistisch, wenn man bedenkt, dass in den Restsoffen wie Hefe, Treber und Abwasser bereits über 40% des Wärme- und über 70% des Strombedarfs einer Brauerei stecken. Diese Ressource möchte SCHULZ durch sprichwörtlich beste Technik nutzbar machen. Die Brauerei der Zukunft entsteht heute, damit Sie auch morgen Ihr Bier mit gutem Gewissen genießen können.

Wirtshaus am Kommunbrauhaus im fränkischen Freilandmuseum

www.kommunbrauhaus.de | **Tipp: Sigis Malzschaufel**

BIER

Kommunbrauhaus/Bad Windsheim: Bad Windsheimer Freilandmuseums-Zwickel, Bad Windsheimer Freilandmuseums-Dunkel (beides vom Fass).

KÜCHE

Fränkische Brotzeiten. Täglich große Karte mit warmen Gerichten. Spezialitäten: Sigis Malzschaufel, Sauerbraten, hausgemachte fränkische Bratwürste.

PLÄTZE (außen/regensicher)

300/120

ANSCHRIFT

Eisweiherweg 1
91438 Bad Windsheim
Tel.: 09841-650950

ÖFFNUNGSZEITEN

Mitte März bis 3. Advent
Täglich ab 9 Uhr
Montag Ruhetag

HEIMAT DES MUSEUMSBIERES

Fast 500 Jahre hat das Wirtshaus bereits auf dem Buckel, das 1997 ins Freilandmuseum umgesiedelt wurde. In den beiden Biergärten des Hauses fließen unter anderem das Museumsbier, das im Kommunbrauhaus geköchelt wird - und ein kleines Bächlein, das für perfekte akustische Untermalung sorgt. Diese Atmosphäre lädt natürlich fast jeden Museumsgast zum Verweilen ein, doch auch die Einheimischen sind hier regelmäßig anzutreffen.

Wirtshaus am Freilandmuseum

www.wirtshausamfreilandmuseum.de Tipp: Gänse und Karpfen (jeweils zur Saison)

WO MAN GAR NICHT MEHR WEITER WILL

Eigentlich ist es gemein. Schon am Eingang des Freilandmuseums liegt das Wirtshaus, das den Erkundungsdrang und Wissensdurst schnell in andere Bedürfnisse wandelt. Schließlich sitzt man hier urgemütlich zwischen vielen Kastanien an langen Holzbänken und genießt die guten Döblerbiere. Dazu passen die hausgemachten Brotzeiten perfekt, die Rohstoffe dafür stammen alle aus heimischer Landwirtschaft.

BIER

Döbler/Bad Windsheim: Reichsstadtbier, Museumsbier, Helles (alles vom Fass), Weizen, Pils.

KÜCHE

Hausmacher Brotzeiten. Täglich mittelgroße Karte mit warmen Gerichten. Spezialitäten: Schäuferle, Bratwürste, Sauerbraten, saisonale Gerichte (z. B. Spargelgerichte, Karpfen, Gänse, etc.).

PLÄTZE (außen/regensicher)

500/250

ANSCHRIFT

Bernhard-Bickert-Weg 10
91438 Bad Windsheim
Tel.: 09841-4301

ÖFFNUNGSZEITEN

Täglich ab 9 Uhr
Mitte Sep. bis Ende Mai Montag Ruhetag

Alte Braustube Dietz

www.alte-braustube.de Tipp: Panierte Bratwürste

WIRTSHAUSKULTUR MIT HERZ

In der ehemaligen Brauerei stolpert man allerorten noch über Brauhaus-Inventar, selbst der Bierausschank liegt im ehemaligen Weißbierkeller. Vielleicht gibt es ja auch bald wieder ein echtes „Dietz" - so lange vertreten die Verwandten aus Neuhaus mit ihrer Karpfen-Weißen und dem Kellerbier den Brauer. Im romantischen Fachwerk-Innenhof erwarten die Gäste massive Holzgarnituren und zwei große Kastanienbäume - oft finden sich Schafkopfrunden an den Tischen zusammen. Dementsprechend sitzt man bis tief in die Nacht, dann im Schein von Kerzenlicht und Kupferlaternen.

BIER

Löwenbräu/Neuhaus: Aischgründer Karpfen-Weisse, Hausbräu dunkel, helles Kellerbier (alles vom Fass), Pils, leichtes Pils.

KÜCHE

Fränkische Brotzeiten. Täglich mittelgroße Karte mit warmen Gerichten. Spezialitäten: Schnitzel in der Malzkruste mit Dunkelbiersoße und Bratkartoffeln, panierte Bratwürste mit Dunkelbiersoße, Krautsalat und Bratkartoffeln, Bratwurstsalat.

PLÄTZE (außen/regensicher)

100/114

ANSCHRIFT

Feuerbachstraße 1
91590 Bruckberg
Tel.: 09824-9233690

ÖFFNUNGSZEITEN

Di bis Fr ab 17 Uhr
Sa, So und Feiertage ab 10 Uhr
Montag Ruhetag
(an Feiertagen geöffnet)

716 Bruckberg / Ortsmitte Bus

Gasthof zur Einkehr

www.gasthof-guethlein.de Tipp: Omas Schweinebraten

EINKEHR AM HAFEN

Büchenbach - einst auf Geheiß des Bamberger Domprobstes Heimat einer jüdischen Gemeinde und später des Erlanger Hafens - ist seit über 80 Jahren eingemeindet. Der Gasthof Güthlein bzw. Zur Einkehr ist einer der Mittelpunkte der Gemeinde, insbesondere zur Kirchweih, wenn der Innenhof geöffnet ist. Den Biergarten beschatten fünf mächtige Kastanienbäume, zwischen denen im Sommer auch immer der kinderliebe „Max" (der Hund der Familie) herumwuselt. Die Gerichte stammen aus eigener Metzgerei.

BIER

Kitzmann/Erlangen: Pils, Urhell, Kellerbier, Hefeweizen, Leichtes (alles vom Fass). Clausthaler: Alkoholfreies.

KÜCHE

Hausmacher Brotzeiten. Täglich große Karte mit warmen Gerichten. Spezialitäten: Fränkisches Schäuferle, Omas Schweinebraten, Güthleins Bratwürste.

PLÄTZE (außen/regensicher)

150/250

ANSCHRIFT

Dorfstraße 14
91056 Erlangen-Büchenbach
Tel.: 09131-7920

ÖFFNUNGSZEITEN

Täglich 9 bis 14 und ab 17 Uhr
So und Feiertage 11 bis 14 Uhr
und 17 bis 21 Uhr

Gasthaus zum Ludwigskanal

www.ludwigskanal.de **Tipp: Zwiebelrostbraten**

BIER

Lindenbräu/Oberferrieden: Pils, Helles, Dunkles, Zwickel (alles vom Fass). Riemhofer/Riedenburg: Weizen (vom Fass), leichtes Weizen. dunkles Weizen. Tucher/Fürth: Diätpils, alkoholfreies Weizen, Reifbräu Alkoholfreies.

KÜCHE

Fränkische Brotzeiten. Täglich mittelgroße Karte mit warmen Gerichten. Spezialitäten: Holzfällersteak, Zwiebelrostbraten, Hähnchenbrust mit Tomate und Käse überbacken, verschiedene Salatteller, vegetarische Gerichte.

PLÄTZE (außen/regensicher)

160/70

ANSCHRIFT

Dammweg 8
90559 Burgthann
Tel.: 09183-250

ÖFFNUNGSZEITEN

Mo, Do bis So u. Feiertage ab 10 Uhr
Mi ab 15 Uhr, Dienstag Ruhetag

WIE ZU KÖNIG LUDWIGS ZEITEN

Als die Bayern im 19. Jahrhundert den Ludwig-Donau-Main-Kanal gruben, war dies zugleich der Auftakt für einen großen Aufschwung entlang der Baustellen und der künftigen Wasserstraße. Schließlich fuhren die Lastkähne damals ohne Motor - ein Pferd zog das Schiff an einem Seil den Kanal hinauf oder hinab. Treideln nannte sich diese Art der Beförderung, die man auch heute noch an manchen Stellen erleben kann. Zum Beispiel hier mit dem Treidelschiff „Elfriede". Damals wie heute gesellen sich Pferdelenker, Schiffsinsassen und natürlich jede Menge Ausflügler in den Biergarten des 1846 eröffneten Gasthauses, das seit 15 Jahren von der Inhaberfamilie selbst betrieben wird.

Burg Colmberg

www.burg-colmberg.de — Tipp: Burgherrenspieß

AUF DER HOHENZOLLERNBURG

Der Biergarten inmitten der historischen Mauern der alten Burg Colmberg verlangt einen ca. fünfminütigen Fußweg. Der aber lohnt sich: Ein frisches Bier und die leckeren Wildspezialitäten aus der Küche von Familie Unbehauen entschädigen für jegliche Strapazen. Besonders beliebt ist das Schloss auch als Heiratslocation und für sein Ritteressen, das zum Beispiel für Geburtstagsfeierlichkeiten angeboten wird. Für Puristen empfiehlt sich allein schon der schöne Blick von den Burgmauern herunter.

BIER

Kulmbacher: EKU Pils, EKU Helles, Mönchshof Kellerbier (alles vom Fass), alkoholfreies Kapuziner Weizen, Alkoholfreies. Hauff/Lichtenau: Hefeweizen (vom Fass). Erdinger: Leichtes Weizen.

KÜCHE

Fränkische Brotzeiten. Täglich große Karte mit warmen Gerichten. Spezialitäten: Burgherrenspieß, Wildspezialitäten aus eigenem Gatter, z. B. Wildschweinbraten, Hirschbraten, Wildaufbruch süß-sauer (gibt es nur dann, wenn frisch geschossen wurde).

PLÄTZE (außen/regensicher)

100/195

ANSCHRIFT

An der Burgstrasse
91598 Colmberg
Tel.: 09803- 91920

ÖFFNUNGSZEITEN

Täglich ab 7.30 Uhr, Di ab 15 Uhr (Di vor 15 Uhr nur auf Anfrage geöffnet)

DB — VGN — Bus 731 Colmberg Rathaus

Schloss-Gaststätte Deberndorf

www.schlossgaststaette-deberndorf.de Tipp: Steigerwälder Rehgulasch (saisonal)

BIER

Tucher/Fürth: Zirndorfer Landbier, Lederer Pils, Urfränkisch Dunkel, Tucher Weizen (alles vom Fass), Kellerbier, Zirndorfer Landweizen, leichtes Weizen, alkoholfreies Weizen. Jever: Jever Fun. Clausthaler: Alkoholfreies.

KÜCHE

Fränkische Brotzeiten. Täglich große Karte mit warmen Gerichten. Spezialitäten: Saisonale Gerichte, Zanderfilet in Rieslingsoße, Tafelspitz mit Meerrettichsoße, Pfeffersteak mit Kroketten, fränkischer Sauerbraten, Schäuferle, Schweinelendchen in Rahmsoße mit Gemüse und Spätzle.

PLÄTZE (außen/regensicher)

80/130

ANSCHRIFT

Freiherr-von-Diemar-Straße 3
90556 Cadolzburg
Tel.: 09103-8751

ÖFFNUNGSZEITEN

Do bis Sa 11 bis 14.30 Uhr und ab 17.30 Uhr
So und Feiertage ab 11 Uhr
Montag bis Mittwoch Ruhetag

HEUTE OHNE SCHLOSS

Nachdem das Deberndorfer Schloss, ein Lustschlösschen aus dem Jahre 1761, schon 1870 wieder abgerissen wurde, steht die Schloss-Gaststätte nun ohne ihr Wahrzeichen da. Dafür hat sie ihren Inhaber und Küchenchef Michael Rögner, der aus seiner langen Zeit im Bauhof Cadolzburg weithin für seine Kochkünste bekannt ist. In seiner Küche spiegelt sich ein guter Kompromiss aus modern und traditionell, fränkisch und mediterran - es schmeckt in jedem Fall vorzüglich.

Cadolzburg

Gasthaus zur Sonne

www.sonne-dinkelsbuehl.de Tipp: Maultaschen und Käsespätzle

WIEDERERÖFFNETER KLASSIKER

Mitten in Dinkelsbühl - für viele schöner als das bekanntere Rothenburg - liegt das Gasthaus zur Sonne mit seinem einzigartigen Biergarten. Hier finden sich sowohl Stammgäste aus dem Ort, als auch Touristen ein und kommen schnell ins Plaudern über Gott und die Welt, Franken und natürlich die heimische Küche. Die ist schon leicht schwäbisch angehaucht, bietet aber auch klassisches Schäuferle und Brotzeiten.

BIER

Hauf/Dinkelsbühl: Edelhell, Hefeweizen, Pils (alles vom Fass), Dunkles, dunkles Hefeweizen. Augustiner/München: Helles (vom Fass), Edelstoff. Gutmann/Titting: Helles Hefeweizen. Paulaner/München: Leichtes Weizen, alkoholfreies Weizen. Clausthaler: Alkoholfreies.

KÜCHE

Fränkische Brotzeiten. Täglich mittelgroße Karte mit warmen Gerichten. Spezialitäten: Schäuferle, Maultaschen, Käsespätzle.

PLÄTZE (außen/regensicher)

90/120

ANSCHRIFT

Weinmarkt 11
91550 Dinkelsbühl
Tel.: 09851-5892320

ÖFFNUNGSZEITEN

Mai bis Okt.
Täglich ab 9 Uhr
Kein Ruhetag

871 Dinkelsbühl / Schranne Bus

Weib's Brauhaus Dinkelsbühl

www.weibsbrauhaus.de Tipp: Weib's Töpfle

BIER

Eigene Brauerei: Helles, Hefeweizen (beides aus dem Tank). Löwenbrauerei Hall/Schwäbisch Hall: Alkoholfreies Weizen. Ladenburger: Alkoholfreies.

KÜCHE

Fränkische Brotzeiten. Täglich mittelgroße Karte mit warmen Gerichten. Spezialitäten: Biergulasch, Weib´s Töpfle, Brauertoast, Frankenschnitzel.

PLÄTZE (außen/regensicher)

55/120

ANSCHRIFT

Untere Schmiedgasse 13
91550 Dinkelsbühl
Tel.: 09851-579490

ÖFFNUNGSZEITEN

Täglich ab 11 Uhr
Mi ab 18 Uhr
Dienstag Ruhetag

DIE FRAU AM SUDKESSEL

Melanie Gehrung wagte 1999 den Schritt zur eigenen Brauerei. Aus einer ehemaligen Metzgerei entstand das Brauhaus, wegen der Brauerin „Weib's Brauhaus" genannt. Die urigen Biere kommen selbstverständlich auch im Biergarten zum Ausschank, wo man unter einer großen Kastanie die Seele baumeln lassen kann. Zum Bier passen vor allem die Gerichte aus der Bierküche, wie beispielsweise das Biergulasch oder der Brauer-Toast.

Bus 817 Dinkelsbühl / Schranne

Zur Schleuse

www.bier.by **Tipp: Grillspezialitäten vom Smoker**

BIER

Stefansbräu/Dinkelsbühl: Zwickel, Märzen, helles Hefeweizen, Bock (saisonal) (alles vom Fass). Gutmann/Titting: Helles Weizen. Hauf/Dinkelsbühl: Helles Weizen.

KÜCHE

Fränkische Brotzeiten. Täglich kleine Karte mit warmen Gerichten. Spezialitäten: Ribeye-Steaks vom Smoker-Grill, Kängurusteaks vom Smoker-Grill, Fischgerichte (Forelle, Saibling), saisonale Gerichte.

PLÄTZE (außen/regensicher)

180/30

ANSCHRIFT

Dr.-Martin-Luther-Straße 16
91550 Dinkelsbühl
Tel.: 09851-582263

ÖFFNUNGSZEITEN

Apr. bis Okt.: Täglich ab 10 Uhr
Nov. bis März: Täglich ab 11 Uhr

DEN GRILL IM MITTELPUNKT

Die Schleuse hatte im Mittelalter eine lebenswichtige Aufgabe für die Bürger der Freien Reichsstadt Dinkelsbühl. Hier herrschte man über den Wasserpegel. Wenn der Feind an die Mauern rückte, konnten hier die Klappen geöffnet und der ganze Kriegszug einfach weggespült werden. Heutzutage geht es hier um andere Klappen, die geöffnet werden - nämlich die hungrigen Münder der Gäste, die vor allem wegen der hervorragenden Steaks aus dem Smoker vorbeikommen. Und weggespült wird nur der Durst - und zwar von frischem Stefansbräu der 2008 gegründeten Brauerei auf der Wilhelmshöhe, die heute schon Kultcharakter hat. Verantwortlich zeichnet das gastro-erfahrene Brüderpaar Ralph und Heiko Henle, das mit dem Café Zeitlos und der Diskothek Zeitsprung noch zwei weitere Läden betreibt.

805 Am Stauferwall, Dinkelsbühl Bus

Brauereigaststätte Schlossbräustübl

www.bier.by

Tipp: Biergerichte aller Art

AUS EIMERN WURDEN KRÜGE

Gleich mit zwei schönen Biergärten kann das Schlossbräustübl aufwarten, in dem zu alten Zeiten das Bier noch in Eimern ausgeschenkt wurde, was heute selbstverständlich in Krügen passiert. Der eine liegt unter großen Kastanienbäumen auf der Ostseite des Hauses und verspricht auch viel Ruhe, der andere liegt auf der anderen Seite quasi im Schloss-Innenhof und ermöglicht einen schönen Blick auf die Fassade der Residenz und das geschäftige Treiben rund um das fürstliche Brauhaus, immerhin Bayerns einzig verbliebenes.

BIER

Eigene Brauerei: Schlossgold hell, Kellerbier, Schlossgold dunkel, Pils (alles vom Fass), Fürst Carl Edelsud.

KÜCHE

Fränkische Brotzeiten. Täglich mittelgroße Karte mit warmen Gerichten. Spezialitäten: Fränkisches Schäuferle mit Knödel und Salat, Schweinebraten, Sauerbraten, fränkische Bratwürste.

PLÄTZE (außen/regensicher)

150/160

ANSCHRIFT

Schlossstraße 6
91792 Ellingen
Tel.: 09141-70340

ÖFFNUNGSZEITEN

Täglich ab 10 Uhr
Montag Ruhetag

Ellinger Sommerkeller

www.bier.by **Tipp: Wiener Zwiebelrostbraten**

KELLER MIT AUSFAHRT

Zum Sommerkeller führt eine extra Abfahrt von der Bundesstraße, welcher Bierkeller kann das schon von sich behaupten? Doch die Verantwortlichen hatten recht: Hier sollte man auch mal gewesen sein. Wunderschön im Wald gelegen, mit einem großen Spielplatz, ist der alte Sommer-Bierlagerkeller von 1870 auch bestens für Familien geeignet und einer der schönsten Plätze in der Region.

BIER

Fürst Carl/Ellingen: Kellerbier, Dunkles, Pils (alles vom Fass). Gutmann/Titting: Dunkles Hefeweizen, leichtes Hefeweizen, alkoholfreies Weizen.

KÜCHE

Fränkische Brotzeiten. Täglich große Karte mit warmen Gerichten. Spezialitäten: Schwabenschmaus, Schäuferle, Wiener Zwiebelrostbraten.

PLÄTZE (außen/regensicher)

300/275

ANSCHRIFT

Sommerkellerweg 1
91792 Ellingen
Tel.: 09141-874262

ÖFFNUNGSZEITEN

Täglich ab 10 Uhr
Von Mai bis Sep.: Mi Ruhetag
Von Okt. bis Apr.: Mo u. Di Ruhetag

 639 Alesheimer Str., Ellingen-Stopfenheim Bus

Landgasthof Weißes Lamm

www.hotel-weisseslamm.de

Tipp: Engelthaler Gwerch

AMBIENTE MIT HOCHZEITSMESSE

Im Hotel weißes Lamm setzt man auf Emotion. Alles ist mit viel Liebe zum Detail gestaltet und Familie Schwab grundsätzlich mit dem Herzen bei der Sache. Verständlich, dass sich das Hotel deswegen in den letzten Jahren zu einer beliebten Hochzeitslocation gewandelt hat und mittlerweile auch darauf spezialisiert ist. Das sieht man beispielsweise daran, dass jährlich sogar eine eigene Hochzeitsmesse hier stattfindet. Aus der Küche kommen auch urige Klassiker wie das Engelthaler Gwerch oder die typischen Wildgerichte, aber auch Biergartengerichte wie hausgemachtes Dosenfleisch und andere Leckereien aus der eigenen Metzgerei.

BIER

Tucher/Fürth: Hefeweizen, Übersee Pils, Pils (alles vom Fass), Altfranken Dunkel, Kellerbier, Hefeweizen Dunkel, Kristallweizen, alkoholfreies Weizen, Reifbräu alkoholfreies.

KÜCHE

Hausmacher Brotzeiten. Täglich große Karte mit warmen Gerichten. Spezialitäten: Schäuferle, Wildgerichte, saisonale Gerichte (Spargel, Pfiffer, Karpfen), Stadtwurst, Engelthaler Gwerch.

PLÄTZE (außen/regensicher)

90/300

ANSCHRIFT

Hauptstraße 24
91238 Engelthal
Tel.: 09158-929990

ÖFFNUNGSZEITEN

Täglich ab 8.30 Uhr, Di ab 17 Uhr
Montag auf Anfrage geöffnet

Die Bergkerwa

www.der-berg-ruft.de

Zur Bergkerwa macht die gesamte Erlanger Universität zwölf Tage blau (seit kurzem nicht mehr offiziell, was aber nichts geändert hat) – das sagt eigentlich schon alles. Was für die Kölner der Karneval, ist für die Erlanger der „Berch".

Start ist traditionell am Donnerstag vor Pfingsten mit dem Marsch von der Innenstadt zum Entla's Keller, wo pünktlich um 17 Uhr das erste Fass Kitzmann angestochen wird (natürlich vom Oberbürgermeister persönlich). Anschließend leeren alle Anwesenden gemeinsam das erste Fass – schließlich ist es Freibier (allerdings bekommt die Prominenz zuerst, weswegen bei weitem nicht jeder durstige Bergbesucher eine Gratismaß erhält). Damit ist die Marschroute vorgegeben – die nächsten zehn Tage verlegen die meisten Erlanger ihren Wohnsitz auf den „Berch" (gemeint ist der Burgberg, auf dem bzw. in dem die Bierkeller liegen).

Nicht-Einheimische sollten unbedingt vorher die Straßenkarten und Busfahrpläne sondieren, denn auch auf das Verkehrswesen hat das ehemalige Schützenfest (2005 war es das 250.) einen nicht unbedeutenden Einfluss. Fast schon mit Tränen in den Augen begraben die Erlanger dann am letzten Abend das letzte Fass unter herzzerreißendem Getöse der anwesenden Blaskapellen (Lilly Marleen) und winken zum Abschied mit ihren Taschentüchern. Dieser Termin ist Pflichtprogramm für jeden ernsthaften Leser dieses Buches. Seien Sie also dabei, wenn es das nächste Mal heißt: „Der Berg ruft!"

Brauerei Enzensteiner

www.enzensteiner.de Tipp: Zwiebel- und Flammkuchen aus dem Holzbackofen

EIN TRAUM-BIERGARTEN

Ein Ausflug zum Hof der Familie Kreß lohnt sich nicht nur wegen des Bieres, sondern auch wegen der traumhaften Atmosphäre im Biergarten. Die genießen die Stammgäste vor allem freitags, wenn es frische Makrele vom Grill und Rippchen aus dem Holzbackofen gibt (bitte vorbestellen), und sonntags bei traditionell fränkischem Mittagstisch. Zwischendurch finden auch immer wieder Live-Konzerte und Ende Juli die Nacht der hundert Feuer statt. Sie sehen: Hier ist immer was los, gutes Wetter vorausgesetzt!

BIER

Eigene Brauerei: Landbier, Weißbier, Dunkles, Vetus Millena (saisonal), Bockbier (saisonal), Märzen (saisonal), Festbier (saisonal) (alles vom Fass), Emmer-Starkbier, Imperialgerstenbier, Schwarzhaferbier.

KÜCHE

Fränkische Brotzeiten. Täglich kleine Karte mit warmen Gerichten. Spezialitäten: Flammkuchen und Zwiebelkuchen aus dem Holzbackofen, Makrele vom Grill (Fr, im Sommer), geräucherte Forelle (Fr, im Sommer), Rippchen aus dem Holzbackofen (Fr, auf Vorbestellung), Schaschlik (Sa).

PLÄTZE (außen/regensicher)

300/140

ANSCHRIFT

Enzenreuth 8
91220 Schnaittach
Tel.: 09153-924733

ÖFFNUNGSZEITEN

Fr bis So und Feiertage ab 11 Uhr
Mo bis Do geschlossen (für Gruppen ab 10 Personen nach Anmeldung auch außerhalb dieser Zeiten geöffnet)

Bus 342 Enzenreuth Abzw., Schnaittach

Entla's Keller

www.entlaskeller.de Tipp: Fränkische Ente, Emmentaler

DER KELLER MIT PHILOSOPHISCHEM ANSATZ

Allein die Entstehungsgeschichte ist eher ungewöhnlich, ENTLA, kommt nämlich von „endlich allein" – auf fränkisch: „entla alaa", so zumindest Inhaber Fritz Engelhardt. Der wiederum betreibt den 1686 entstandenen Bierkeller (damals Tauberkeller) nun in der dritten Generation und hat viel zu sagen. Der Keller des Vegetariers und Metzgers (!!!) soll ein Ort der Begegnung und des Miteinanders sein. Am wichtigsten ist ihm, dass sich eine möglichst bunte Mischung von Besuchern wohlfühlt. In den weitverzweigten Kellergewölben lagert übrigens nicht nur Bier, sondern auch hervorragender Emmentaler – Engelhardt holt als Mitglied des Alpsennvereins jedes Jahr einige große runde Köstlichkeiten nach Mittelfranken. Begossen wird insbesondere das erste und das letzte Bier des Jahres – Termine, die man nicht ungenutzt lassen sollte.

BIER

Kitzmann/Erlangen: Zwickel, Pils, Bergkerwabier (saisonal), Weizen (alles vom Fass). Jever: Alkoholfreies.

KÜCHE

Fränkische Brotzeiten. Täglich mittelgroße Karte mit warmen Gerichten. Spezialitäten: Fränkische Ente, selbst gebackene Brezen, Holzofenbrot, Allgäuer Emmentaler, Ochs am Spieß (zur Bergkerwa).

PLÄTZE (außen/regensicher)

2400/600

ANSCHRIFT

An den Kellern 5-7
91054 Erlangen
Tel.: 09131-22100

ÖFFNUNGSZEITEN

Täglich ab 11 Uhr

288 Essenbacher Str., Erlangen Bus

Forsthaus Dechsendorf

www.forsthaus-dechsendorf.de Tipp: Barbecue-Abende (Do)

DEN SEE IM BLICK

Hier am Dechsendorfer Weiher ist es einfach urgemütlich. Insbesondere an lauen Sommerabenden, wenn die Sonne glutrot im See versinkt, wähnt man sich hier wie am Mittelmeer. Seit 2009 gibt es hier zusätzlich zum schönen Ambiente auch noch hervorragende Küche zu genießen. Die Köche Jens Baumgart und Sebastian Daniel haben sich in der gesamten Welt ihre Sporen verdient, um nun die Franken und ihre Gäste glücklich zu machen. Mit viel Geduld und Liebe konnten sie dem vorher etwas heruntergekommenen Haus neues Leben einhauchen. Mittlerweile gehört das Forsthaus aber wieder zu den echten Klassikern, die immer einen Besuch wert sind.

BIER

Kulmbacher: Pils, Helles, Keller, Weißbier (alles vom Fass), dunkles Weißbier, leichtes Weizen, alkoholfreies Weizen, alkoholfreies Pils, weitere saisonale Bierspezialitäten.

KÜCHE

Fränkische Brotzeiten. Täglich mittelgroße Karte mit warmen Gerichten. Spezialitäten: Verschiedene mediterrane Gerichte, frischer Fisch, hausgemachter Obatzter, hausgebackene Kuchen.

PLÄTZE (außen/regensicher)

350/90

ANSCHRIFT

Naturbadstraße 99
91056 Erlangen
Tel.: 09135-722060

ÖFFNUNGSZEITEN

Täglich ab 11.30 Uhr
Montag Ruhetag

Bus 283 Dechsendorfer Weiher, Erlangen

Gasthaus Biergarten „Am Röthelheim"

www.biergarten-am-roethelheim.de

Tipp: Currywurst

BIER

Kitzmann/Erlangen: Zwickel, Weizen, Helles, Pils, Jubiläumsbier (saisonal), Kerwabier (saisonal) (alles vom Fass), Kitzmann Light. Schneider/Kelheim: Alkoholfreies Weißbier. Clausthaler: Edelherb.

KÜCHE

Fränkische Brotzeiten. Täglich große Karte mit warmen Gerichten. Spezialitäten: Frische Salate, Schweinelendchen, vegetarische Gerichte, fränkische Braten.

PLÄTZE (außen/regensicher)

250/110

ANSCHRIFT

Am Röthelheim 40
91052 Erlangen
Tel.: 09131-302060

ÖFFNUNGSZEITEN

Täglich ab 11 Uhr

DER WERKS-BIERGARTEN

Für die Siemensianer stellt der Biergarten am Röthelheim seit mehr als zehn Jahren eine willkommene Alternative zur Werkskantine dar (Der Renner: Currywurst oder blaue Zipfel), mittlerweile ist er sogar der sommerliche After-Work- bzw. Warm-Up-Biergarten für die abendliche Unternehmung. Doch auch für Familien und Senioren ist er eine beliebte Anlaufstelle. Letztere holen sich das Essen gerne für zu Hause und bekommen einen Gratis-Wartekaffee. Das Erfolgsgastronomen-Duo Holger Nein und Thomas Lorz trifft nach wie vor den Nerv der Kunden, man ist hier also prinzipiell an der richtigen Adresse.

287 Berliner Platz, Erlangen Bus

Gasthaus Drei Linden

www.schnitzelkrapp.de | Tipp: Riesenschnitzel

ALTERLANGER TRADITION MIT METERSCHNITZEL

Etwas puristisch kommt er schon daher, der Biergarten der Drei Linden in Alterlangen. Doch sitzt man erst im Schatten der riesigen Linde, vergisst man den Stadtrummel darumherum. Chef Robert Krapp (daher der Zweitname „Gaststätte Krapp") ist Metzger, was den Gästen einmal im Monat Schlachtschüssel beschert. Das Schnitzel übrigens bringt es auf einen Meter, weswegen es gerne als halbe Portion gegessen wird.

BIER

Püls/Weismain: Pils, Keller, Weizen (alles vom Fass). Kitzmann/Erlangen: Zwickelbier, Bergkerwabier (saisonal).

KÜCHE

Hausmacher Brotzeiten. Täglich große Karte mit warmen Gerichten. Spezialitäten: Verschiedene Schnitzel, Brotzeitplatte, Schlachtschüssel (1. Mi im Monat).

PLÄTZE (außen/regensicher)

200/170

ANSCHRIFT

Alterlanger Straße 6
91056 Erlangen
Tel.: 09131-43885

ÖFFNUNGSZEITEN

Täglich ab 11 Uhr
Dienstag Ruhetag

Hausbrauerei Steinbach-Bräu

www.steinbach-braeu.de

Tipp: Fränkische Bratwürste mit Kraut

BIER

Eigene Brauerei: Storchenbier, ein wechselndes Bier (beides vom Fass).

KÜCHE

Fränkische Brotzeiten. Täglich mittelgroße Karte mit warmen Gerichten. Spezialitäten: Fränkische Bratwürste mit Kraut, selbst gemachter Obatzter.

PLÄTZE (außen/regensicher)

200/150

ANSCHRIFT

Vierzigmannstraße 4
91054 Erlangen
Tel.: 09131-895915

ÖFFNUNGSZEITEN

Täglich ab 17 Uhr

BESUCH AUF DEM DACH

Schon von weitem erkennt man das Anwesen der Gasthaus-Brauerei mit ihrem tollen Biergarten. Zumindest, wenn die jährlichen Gäste auf dem Dach eingetroffen sind. Dann nämlich nisten Störche in Erlangen, und zur Feier der Ankunft schenkt der Braumeister sein Storchenbier aus. Im Gastraum lässt sich Meister Adebar dann über eine Live-Kamera beim Schnäbeln zuschauen, der Gast hat dann meist einen fränkischen Braten, Bratwürste oder eine Brotzeit auf dem Teller. Logisch, dass es auch bierige Gerichte gibt, am besten hat uns das Bierkutschersteak geschmeckt.

286 Erlangen M.-Luther-Platz Bus

Unicum

www.unicum-erlangen.de | Tipp: Currywurst

UNI-BIERGARTEN

Vor zehn Jahren verpachtete die Universität Erlangen das Gelände des Unicum an Thomas Fischer und Norbert Dotzauer. Jahrzehnte zuvor diente es als US-Unteroffizierskasino und beherbergte unter anderem den legendären NCO-Club, in dem auch King Elvis auftrat. Davon ist heute nichts mehr zu spüren - das Unicum ist ein großer, baumbewachsener Biergarten, in dem die Erlanger gerne Currywurst, Schnitzel & Co. genießen. In einer Ecke ist ein Tucher-Weizenbiergarten eingerichtet.

BIER

Tucher/Fürth: Hefeweizen, Zirndorfer Landbier, Zirndorfer Kellerbier, Grüner Helles (alles vom Fass). Köstritzer: Schwarzbier (vom Fass).

KÜCHE

Fränkische Brotzeiten. Täglich große Karte mit warmen Gerichten. Spezialitäten: Hausgemachte Pizza, Bratwürste.

PLÄTZE (außen/regensicher)

350/80

ANSCHRIFT

Carl-Thiersch-Straße 9
91052 Erlangen
Tel.: 09131-503480

ÖFFNUNGSZEITEN

Mo bis Fr ab 11 Uhr
Bei schönem Wetter Sa, So und Feiertage ab 12 Uhr
Bei schlechtem Wetter Sa ab 17 Uhr, So und Feiertage geschlossen

Waldschänke Brückkanal

www.brueckkanal.com **Tipp: Wechselnde Tagesgerichte**

BIER

Landwehr/Rothenburg ob der Tauber: Helles, Dunkles, Kellerbier (alles vom Fass), Alkoholfreies. Veldensteiner: Helles Weizen (vom Fass), leichtes Weizen, alkoholfreies Weizen. Simon/Lauf: Dunkles Weizen (vom Fass).

KÜCHE

Fränkische Brotzeiten. Täglich mittelgroße Karte mit warmen Gerichten. Spezialitäten: Fleischküchla, Schäuferla, wechselnde Tagesgerichte, selbst geräucherter Schinken.

PLÄTZE (außen/regensicher)

1300/440

ANSCHRIFT

Am Brückkanal 3
90537 Feucht-Schwarzenbruck
Tel.: 09128-4326

ÖFFNUNGSZEITEN

Täglich ab 10 Uhr
Dez. bis Mitte März Mo Ruhetag
Mitte März bis Sep. nur bei schlechtem Wetter Mo Ruhetag

WO DER KANAL DEN FLUSS ÜBERQUERT

Als die Bayern im 19. Jahrhundert ihren Ludwig-Donau-Main-Kanal errichteten, standen sie mehrmals vor großen Herausforderungen. Eine war die Schwarzach, die unweit der heutigen Waldschänke vom neuen Kanal überquert werden musste. Also planten die Ingenieure eine Kanalbrücke - anfangs allerdings mit mäßigem Erfolg. 1843, nur zwei Jahre nach der Eröffnung, stürzte die Brücke ein und musste großteils ersetzt werden. Aus den Trümmern entstand auch das Kanalwärterhäuschen, die heutige Waldschänke. Die Wirtsleute, Elke und Klaus Böhm, bereiten alle Gerichte frisch zu, vom Pfannenschnitzel bis zur Erdbeersauce. Die Tradition der Schänke geht übrigens bis auf die Jahre 1890, als der König den Bierausschank erlaubte, und 1907, als auch die Essensausgabe gestattet wurde, zurück.

678 Alter Friedhof, Feucht Bus

Land-Gast-Hof „Walkmühle"

www.walkmühle.de **Tipp: Walkmühlschnitzel**

SCHÖN - SCHÖNER - WALKMÜHLE

Schon wenn man hinunter zur Walkmühle fährt, zieht einen das Ensemble in seinen Bann. Wunderschön gelegen und liebevoll ausgebaut - da ist es uns schwergefallen, noch weiterzufahren. Thomas Hüner hat rund um die Mühle einen kleinen Entertainment-Park geschaffen, mit Minigolf, Boule, Stockschießen, Wetterstation, Grill und vielen Wagen- und Mühlenrädern. Am besten hat uns die drehbare Speisekarte im Wagenrad gefallen.

BIER

Fischer/Wieseth: Naturtrübes Pils, Export (beides vom Fass). Gutmann/Titting: Hefeweizen, dunkles Hefeweizen, leichtes Hefeweizen, alkoholfreies Hefeweizen.

KÜCHE

Fränkische Brotzeiten. Täglich mittelgroße Karte mit warmen Gerichten. Spezialitäten: Gepökeltes und geräuchertes Schäuferle, panierte und ausgebackene Karpfenfiletstücke, Walkmühlschnitzel.

PLÄTZE (außen/regensicher)

100/80

ANSCHRIFT

Walkmühle 1
91555 Feuchtwangen
Tel.: 09852-679990

ÖFFNUNGSZEITEN

Mai bis Sep.: Täglich ab 16 Uhr
So und Feiertage ab 11 Uhr
Sep. bis Ostersonntag: Täglich ab 16 Uhr, So 11 bis 14 Uhr
Feiertage ab 11 Uhr

Fuchsau - das Gasthaus

www.bier.by **Tipp: Krautwickel mit Röstkartoffeln**

SYMPATHISCHE FAMILIEN-IDYLLE

Von einem Bach durchlaufen und von Hopfen umgeben liegt die Fuchsau am Ende einer kleinen Zubringerstraße ins Nirgendwo. Wegen dieser Lage können sich gerade die Kleinen hier nach Lust und Laune austoben, genügend Spielmaterial haben sie auch noch mit Seilbahn, Schaukel, Sandkasten & Co. Die Erwachsenen können sich derweil mit ausreichendem Abstand dem gemütlichen Biergartenleben hingeben und von der feinen Küche von Sybille und Georg Rauh verwöhnen lassen.

BIER

Bürgerbräu/Hersbruck: Hefeweizen, Pils, Kellerbier (im Sommer), Dampfsudbier (im Winter), Lager (alles vom Fass), leichtes Weizen, dunkles Weizen.

KÜCHE

Fränkische Brotzeiten. Täglich mittelgroße Karte mit warmen Gerichten. Spezialitäten: Krautwickel mit Röstkartoffeln, Sauerbraten, Karpfen (saisonal), Matjesfilet nach Hausfrauenart.

PLÄTZE (außen/regensicher)

120/110

ANSCHRIFT

Fuchsau 1
91217 Hersbruck
Tel.: 09151-6130

ÖFFNUNGSZEITEN

Täglich ab 11 Uhr
Montag und Dienstag Ruhetag

Landgasthof-Pension-Ferienwohnungen **Fuchsmühle**

www.fuchsmühle.de **Tipp: Verschiedene Karpfenfilets (saisonal)**

BIER

Hauff/Lichtenau: Pils, Helles, Schwarzbier (alles vom Fass). Gutmann/Titting: Helles Hefeweizen, dunkles Hefeweizen, leichtes Hefeweizen, alkoholfreies Hefeweizen.

KÜCHE

Hausmacher Brotzeiten. Täglich mittelgroße Karte mit warmen Gerichten. Spezialitäten: Krustenbraten, fränkisches Schäuferle, grobe fränkische Bratwürste, saisonale Gerichte (Spargel, Pfifferlinge, Karpfen), Wildgerichte aus eigenem Gehege, Schlachtschüssel (1 x im Monat).

PLÄTZE (außen/regensicher)

100/110

ANSCHRIFT

Fuchsmühle 1
91161 Hilpoltstein
Tel.: 09174-9385

ÖFFNUNGSZEITEN

Täglich ab 11 Uhr
April bis Okt. Montag Ruhetag
Nov. bis März Mo und Di Ruhetag
(an Feiertagen geöffnet)

SOMMERNACHTSTRAUM

Am Ende einer kleinen Straße, mitten im Wald, mit Wildgehege und Karpfenteich - liegt die Fuchsmühle. 1742 erbaute Abraham Wurm das Anwesen mit Getreide- und Sägemühle und einer kleinen Kapelle. Später wurde ein Ausflugslokal mit Badeweiher daraus, bis - nach eineinhalb Jahrzehnten Leerstand - 1997 Familie Fleischmann wieder das Ruder übernahm. Seit 1. Juni 2011 führt jetzt allerdings Familie Schönfelder die Fuchsmühle. Wild und Karpfen stammen nach wie vor aus eigener Zucht, einmal im Monat gibt's Schlachtschüssel. Hobby-Musikanten sind hier außerdem jederzeit herzlich willkommen.

Gasthaus Wilhelmshöhe

www.gasthauswilhelmshoehe.de Tipp: Krustenbraten

BIER

Tucher/Fürth: Hefeweizen Hell, Altfränkisch Dunkel, Zirndorfer Landbier, Lederer Premium Pils (alles vom Fass), Hefeweizen Leicht, Kristallweizen, Zirndorfer Kellerbier, Hefeweizen alkoholfrei.

KÜCHE

Fränkische Brotzeiten. Täglich große Karte mit warmen Gerichten. Spezialitäten: Krustenbraten, Schäuferle, Schweinsbraten, im Sommer große Salatkarte.

PLÄTZE (außen/regensicher)

200/280

ANSCHRIFT

Wilhelmstraße 21
90766 Fürth
Tel.: 0911-732962

ÖFFNUNGSZEITEN

Täglich ab 10 Uhr

LICHT AM ENDE DER STRASSE

Hat man den nicht ganz unsteinigen Weg zur Wilhelmshöhe hinter sich gebracht, wird man mit einem lauschigen Biergarten belohnt, der jeden Fan wirklich begeistert. Besonderes Glück hat man im Sommer, wenn gerade der Hüttengrill angeschürt wird, auf dem dann alles vom ganzen Spanferkel über klassische Haxen bis zum Hähnchen zubereitet wird. Sehr romantisch ist übrigens auch die kleine Gartenlaube.

Grüner Baum

www.gasthaus-gruenerbaum-fuerth.de **Tipp: Zwiebelrostbraten**

WIEDER ZURÜCK

Um 1990 führte Michael Barth das Traditionshaus in Fürth, in dem bereits der Schwedenkönig Gustav Adolf wohnte. Doch nach kurzer Zeit zog es ihn weg, und der Grüne Baum erlebte eher durchwachsene Tage. Seit Dezember 2007 ist der gelernte Konditor- und Bäckermeister wieder zurück, und das Haus erlebt eine echte Renaissance. Als Familienunternehmen mit Ehefrau Monika und Tochter Juliane hat der 400-jährige Grüne Baum wieder einen echten Namen in Fürth.

BIER

Tucher/Fürth: Urfränkisch Dunkel, Premium Pils, Hefeweizen Hell, Grüner Bier (alles vom Fass), Kellerbier, dunkles Weizen, leichtes Weizen, alkoholfreies Weizen. Jever: Jever Fun.

KÜCHE

Kalte Gerichte und Salate. Täglich große Karte mit warmen Gerichten. Spezialitäten: Schäuferle, hausgemachte Bratensülze, Zwiebelrostbraten, Bratwürste.

PLÄTZE (außen/regensicher)

120/550

ANSCHRIFT

Gustavstraße 34
90762 Fürth
Tel.: 0911-770554

ÖFFNUNGSZEITEN

Mo bis Do 11.30 bis 14 Uhr
und ab 17 Uhr
Fr bis So ab 11.30 Uhr

Michaeliskärwa

www.fuerther-kirchweih.de

Der Beginn dieses typisch fränkischen Bierfestes ist immer am Samstag, der dem Namenstag des Erzengels Michael (29. September) folgt. Höhepunkt ist der am zweiten Kirchweihsonntag stattfindende Erntedankfestzug mit mehr als 3.000 Mitwirkenden und über 100.000 Zuschauern. Die erste Michaelis-Kirchweih könnte vor über 900 Jahren nach der Errichtung der Michaeliskirche um 1100 stattgefunden haben.

Die Fürther Kirchweih dürfte zudem die einzige sein, die eine eigene Währung besitzt. Für nur 90 Cent kann man den sogenannten Kärwa-Taler erstehen, der auf dem gesamten Festgelände den Wert von einer 1-Euro-Münze hat. Der Besucher hat also quasi 10% Kirchweih-Rabatt. Wer bei all dem Trubel eine Auszeit braucht, ist am Helmplatz bei der Feuerwache richtig. Die Schausteller richten neben dem eigens dafür schön dekorierten Brunnen erstmals eine Ruhezone mit Sitzgelegenheiten zum Verweilen ein. Hier können Besucher das Kärwa-Geschehen von einem etwas ruhigeren Platz aus beobachten und sind dennoch mittendrin.

Öffnungszeiten:
Werktags von 10 bis 23 Uhr,
sonn- und feiertags von 11 bis 23 Uhr

Buchenbühl

Landbierparadies „Hexenhäusle"

www.landbierparadies.net Tipp: Putenschnitzel

BIER

Wechselndes Landbier (vom Holzfass). Zahlreiche verschiedene Flaschenbiere aus dem Umland.

KÜCHE

Fränkische Brotzeiten. Täglich große Karte mit warmen Speisen. Spezialitäten: Fränkischer Sauerbraten, Schäuferle, verschiedene Salate.

PLÄTZE (außen/regensicher)

600/195

ANSCHRIFT

Friedrich-Ebert-Straße 100
90766 Fürth
Tel.: 0911-7873091

ÖFFNUNGSZEITEN

Anfang Mai bis Ende Aug.
Täglich ab 16.30 Uhr
Anfang Sep. bis Ende Apr.
Täglich ab 17.30 Uhr
So und Feiertage ab 11 Uhr

MIT BIER-PHILOSOPHIE

Die Landbierparadies-Idee verkörpert die Philosophie unseres Buches in der Gastronomie. Schließlich werden hier in steter Abwechslung die feinsten und seltensten Gerstensäfte der Region kredenzt. Immer frisch vom Fass, bis es eben leer ist und eine andere Sorte drankommt. Die Umsetzung verdanken wir Getränkehändler und Diplom-Betriebswirt Joachim Glawe, der 1994 sein erstes Landbierparadies in Nürnberg (Wodanstraße) eröffnete. Die weiteren stehen in der Sterzinger Straße (2002) und eben hier in Fürth (2002). Wir sagen stellvertretend für alle Bier-Fans: DANKE!

Waldgaststätte Felsenkeller

www.felsenkeller-waldgaststaette.de Tipp: Schwarzgeräucherte Bratwürste

DAS BIERGARTEN-QUADRAT

Mitten im Fürther Stadtwald befindet sich der historische Felsenkeller der Burgfarrnbacher Brauerei. Nach dem Ersten Weltkrieg entstand ein Ausflugslokal, vor dem nun regelmäßig im Frühling ein großes Quadrat an Biertischgarnituren aufgebaut wird. Hier verbrachte der heutige Besitzer Georg-Wilhelm Huber bereits seine Kindheitstage und verwirklichte sich vor einigen Jahren seinen alten Traum. Einfach zum Wohlfühlen!

BIER

Tucher/Fürth: Zirndorfer Hell, Zirndorfer Kellerbier, Tucher altfränkisch dunkel, Tucher Hefeweizen (alles vom Fass), Lederer Pils, Tucher dunkles Weizen, Tucher alkoholfreies Weizen, Reifbräu alkoholfreies.

KÜCHE

Fränkische Brotzeiten. An Sonn- und Feiertagen kleine Karte mit warmen Gerichten (unter der Woche nur auf Bestellung warmes Essen). Spezialitäten: Hausgemachter Obazter, Bauernseufzer, Weißwürste, Schinken, Wurstsalat, Hausgebäck.

PLÄTZE (außen/regensicher)

500/30

ANSCHRIFT

Sperberstraße 199
90768 Fürth-Burgfarrnbach
Tel.: 0911-7520621

ÖFFNUNGSZEITEN

Mi bis Sa ab 11 Uhr
So und Feiertage ab 10 Uhr
Montag und Dienstag Ruhetag
(bei schlechtem Wetter und im Winter nur bis 17 Uhr geöffnet)

SEIT 1846
Schamel
Meerrettich
Das Original seit 1846
Zur Krönung aller Speisen
NEU: Raspelstix®
Feinster Bayerischer Meerrettich mit reibfrischen Raspeln als Schärfetresor!
Schamel Meerrettich
Frische Siegel
Schamel
Bayerischer Meerrettich g.g.A.
mit Raspeln
Raspelstix®
Das Original seit 1846
Weitere Infos & Rezepte unter www.schamel.de
Deutschlands meistgekaufte Meerrettichmarke!

Obstgärtla

www.obstgaertla.de

Tipp: Biervielfalt

POWER-BIERGARTEN

Hier hat man wohl die größte Biervielfalt in ganz Bayern. Mehr als zehn verschiedene Biersorten freuen sich darauf, Ihren Durst zu stillen. Auch als Biergarten an sich ist das Obstgärtla eine echte Schau. Wie der Name schon sagt: Große Bäume überall, dazu ein schöner Spielplatz und viele kleine Hüttchen für die unterschiedlichsten Bedürfnisse der Gäste. Übrigens kann man hier auch perfekt seine Familienfeier abhalten - zwei „Hopfenhäusle" garantieren das Vergnügen auch bei schlechtem Wetter.

BIER

Rittmayer/Hallerndorf: Hausbräu (vom Fass). St. GeorgenBräu/ Buttenheim: Kellerbier (vom Fass). Tucher/Fürth: Zirndorfer Landbier, Tucher Weizen, Grüner Bier (alles vom Fass), Reifbräu Alkoholfreies. Krug/Breitenlesau: Lager Dunkel (vom Fass). Ammerndorfer: Dunkles (vom Fass). Greif/Frochheim: Radler (vom Fass). Erdinger: Weizen (vom Fass), alkoholfreies Weizen. Gutmann/Titting: Helles Weizen, dunkles Weizen, leichtes Weizen.

KÜCHE

Hausmacher Brotzeiten. Täglich mittelgroße Karte mit warmen Gerichten. Spezialitäten: Ofenfrischer Schweinebraten, Schäuferle, Pfannenschnitzel mit hausgemachtem Kartoffelsalat, selbst gemachter Obatzter, Häckerbrotzeit, Holzfäller-Steak und fränkische Bratwürste vom Grill.

PLÄTZE (außen/regensicher)

800/80

ANSCHRIFT

Breiter Steig 6
90768 Fürth-Burgfarrnbach
Tel.: 0911-7568592

ÖFFNUNGSZEITEN

Täglich ab 11 Uhr
So und Feiertage ab 10 Uhr
Mo ab 17 Uhr
Bei schlechtem Wetter geschlossen

DB VGN Bus 125, 172 Libellenweg, Fürth (Bayern) Burgfarrnbach

Gasthof Adler

www.gasthof-adler-grossweingarten.de Tipp: Bauernsteak

BIER

Sigwart/Weißenburg: Helles, Pils, Hefeweizen (alles vom Fass), dunkles Weizen, leichtes Weizen. Fürst Carl/Ellingen: Dunkles. Löwenbräu/München: Alkoholfreies.

KÜCHE

Fränkische Brotzeiten. Täglich mittelgroße Karte mit warmen Gerichten. Spezialitäten: Bauernsteak, Hähnchen, Karpfen, verschiedene Braten (So).

PLÄTZE (außen/regensicher)

80/90

ANSCHRIFT

Dorfstraße 32
91174 Spalt-Großweingarten
Tel.: 09175-880

ÖFFNUNGSZEITEN

Täglich ab 10 Uhr
Mittwoch Ruhetag

DIE HÄUSER-HOCHZEIT

1789 haben nicht nur Adam Bichler und Walburga Hoffmann geheiratet, sondern in der Folge auch ihre beiden Elternhäuser, damals Nummer 53 und 54 im Dorf. Seitdem führt das Doppelhaus nur noch eine Nummer, gut für die Gäste, denn der Biergarten des Adlers ist wirklich stattlich. Die Inhaber sind jeweils eine Seele von Mensch und bei all ihren Stammgästen ins Herz geschlossen. Große Kastanien und eine Hecke geben den Besuchern das Gefühl, in einem Meer aus Grün zu sitzen. Schön übrigens gerade für Kinder ist das eigene Wildgehege mit täglicher Fütterung im Garten.

621, 625 Großweingarten Kapelle, Spalt Bus

Landgasthof Zum Schnapsbrenner

www.schnapsbrennerei.com **Tipp: Schnäpse aller Art**

WENN AUS HOPFEN SCHNAPS WIRD ...

... dann ist man beim Schnapsbrenner gelandet. Und damit im Paradies - zumindest, wenn man auf die kleinen hochprozentigen Genüsse steht. Womit wir der Küche des Hauses natürlich nicht unrecht tun wollen, die hat uns nicht minder geschmeckt, das Highlight bleibt aber logischerweise die Schnapspalette von Familie Walther, die in einem speziellen Verkostungs- und Verkaufsraum auch ganz professionell ausprobiert und für zu Hause eingekauft werden kann.

BIER

Felsenbräu/Thalmannsfeld: Pils, Bier (beides vom Fass), komplettes Flaschenbier-Sortiment. Spalter: Nr. 1 (Pils), Alkoholfreies.

KÜCHE

Fränkische Brotzeiten. Täglich große Karte mit warmen Gerichten. Spezialitäten: Steaks vom fränkischen Weiderind, Sauerbraten vom Weiderind, Hitzplootz.

PLÄTZE (außen/regensicher)

40/120

ANSCHRIFT

Dorfstraße 67
91174 Spalt-Großweingarten
Tel.: 09175-79780

ÖFFNUNGSZEITEN

Täglich ab 17 Uhr
So 11 bis 15 Uhr
Mitte Apr. bis Ende Okt.
Ende Okt. bis Mitte Apr.
Montag Ruhetag

Gasthaus Lehner - Zum Storchennest

www.lehner-zumstorchennest.de

Tipp: Scheiterhaufen

PALMEN-BIERGARTEN MIT STORCH

Noch ein wirklicher Wohlfühl-Platz in Gunzenhausen. Der traumhafte Biergarten steht voller Palmen und liebevoller Dekoration - endlich mal nicht die üblich-spröde Plastiktisch-Romantik! Über dieser Wellness-Oase thront ein Storchennest, das per Webcam wie seinerzeit Big Brother verfolgt werden kann. Das Haus an sich war seit seiner Eröffnung 1867 schon Brauerei, Mälzerei und schließlich Gasthaus, bis die Besitzerfamilie 2006 altersbedingt an die neue Pächterin Manuela Schwestak übergeben musste. Unser Tipp: Nicht vorbeifahren!

BIER

Tucher/Fürth: Zirndorfer Landbier, Zirndorfer Kellerbier, Lederer Pils, Tucher Urfränkisch Dunkel, Tucher Weizen (alles vom Fass), alkoholfreies Weizen. Gutmann/ Titting: Helles Weizen, dunkles Weizen, leichtes Weizen, alkoholfreies Weizen. Jever: Jever Fun.

KÜCHE

Fränkische Brotzeiten. Täglich mittelgroße Karte mit warmen Gerichten. Spezialitäten: Haxen, Schäuferle, sauere Zipfel, Scheiterhaufen (Schweinerückensteak auf Bratkartoffeln).

PLÄTZE (außen/regensicher)

120/110

ANSCHRIFT

Weißenburger Straße 24
91710 Gunzenhausen
Tel.: 09831-89303

ÖFFNUNGSZEITEN

Ostern bis Ende Sep.
Di bis Sa ab 17 Uhr
So und Feiertage ab 11 Uhr
Montag Ruhetag
Anfang Okt. bis Ostern
Di bis Sa ab 17 Uhr
Sonntag und Montag Ruhetag

639, 641 Weißenburger Str., Gunzenhausen Bus

DB

Gasthof-Hotel Adlerbräu

www.hotel-adlerbraeu.de Tipp: Bratwurstgröstl

DAS VORZEIGEHAUS

In den Grund- und Steuerbüchern der Stadt Gunzenhausen ist der „Goldene Adler" schon im Jahre 1564 als Gasthaus mit Braurecht erwähnt. Seitdem sind bekanntlich viele Jahre vergangen bis nun Gerhard und Edeltraud Müller das Haus nach umfangreichen Renovierungsmaßnahmen ins 21. Jahrhundert geführt haben. Der Biergarten liegt direkt vor dem Haus, also ein idealer Ort, um in Gunzenhausen das Sehen-und-Gesehen-werden zu zelebrieren. Hinter dem Haus befindet sich ein weiterer Biergarten in Form einer Sonnenterrasse. Unser Tipp: Schauen Sie sich auch die verschiedenen Innenräume an, der Blick lohnt sich!

BIER

Engel/Crailsheim: Naturtrüb hell, Naturtrüb dunkel, Pils (alles vom Fass). Gutmann/Titting: Dunkles Hefeweizen, helles Hefeweizen, leichtes Hefeweizen, alkoholfreies Hefeweizen, Weizenbock. Beck's: Alkoholfreies.

KÜCHE

Fränkische Brotzeiten. Täglich große Karte mit warmen Gerichten. Spezialitäten: Bratwurstgröstl, Winzersteak, Bierkutscherpfanne, verschiedene Gerichte vom heißen Stein.

PLÄTZE (außen/regensicher)

100/195

ANSCHRIFT

Marktplatz 10/12
91710 Gunzenhausen
Tel.: 09831-8867-0

ÖFFNUNGSZEITEN

Täglich ab 11 Uhr

Hotel Gasthof Krone

www.hotel-krone.info Tipp: Fischgerichte

BIER

Engel/Crailsheim: Kellerbier, Helles (beides vom Fass). Spalter: Dunkles, Pils (beides vom Fass), Nr. 1. Gutmann/Titting: Helles Hefeweizen, dunkles Hefeweizen, leichtes Hefeweizen, alkoholfreies Hefeweizen.

KÜCHE

Fränkische Brotzeiten. Täglich große Karte mit warmen Gerichten. Spezialitäten: Saisonale Gerichte (z. B. Bärlauch, Spargel, Rhabarber, Pilze, Wild- und Geflügelgerichte), frische Forellen aus dem Bassin, Vesperbrett mit Stamperl, Grillabend (Fr bei schönem Wetter).

PLÄTZE (außen/regensicher)

80/160

ANSCHRIFT

Nürnberger Straße 7
91710 Gunzenhausen
Tel.: 09831-883395

ÖFFNUNGSZEITEN

Mo und Di 17 Uhr, Do bis So und Feiertage 8 bis 14 und ab 17.30 Uhr
Anfang Mai Bis Ende Okt.: Mittwoch Ruhetag
Anfang Nov. bis Ende Apr.: Montag bis Mittwoch Ruhetag (an Feiertagen geöffnet)

EIN TRAUM MIT PALMEN

Auf der mediterranen Terrasse des Hotels Krone fühlt man sich wie in einer anderen Welt. Der große Kastanienbaum im Biergarten, darum eine Vielzahl von Palmen, die ziegelrote Hauswand, die überaus freundliche Bedienung und das wirklich sensationelle Essen lassen den Besucher die Zeit vergessen und einfach sitzen und genießen. Besonders interessant ist der Freitag, wenn es bei schönem Wetter Grillbuffet auf der Terrasse gibt.

Seegasthof am Altmühlsee

www.seegasthof-altmuehlsee.de Tipp: Hochzeitsessen

DIE LÄNGSTE STAUANLAGE DEUTSCHLANDS

Der Altmühlsee wurde 1985 fertiggestellt und ist in etwa so groß wie der Königssee. Rund um das relativ flache Gewässer zieht sich die Staumauer, die damit die längste im Lande ist. Hier am Südostufer sitzt man im Zeichen des Seepferdchens und genießt die Klassiker, aber auch Besonderes wie das Hochzeitsessen oder frische Forellen aus dem hauseigenen Bassin. Wer mag, kann direkt nebenan eine Runde Minigolf spielen.

BIER

Spalter: Helles (vom Fass), Dunkles, Pils, Alkoholfreies. Erdinger: Weizen, Kristallweizen, dunkles Weizen, leichtes Weizen, alkoholfreies Weizen.

KÜCHE

Fränkische Brotzeiten. Täglich große Karte mit warmen Gerichten. Spezialitäten: Fränkisches Hochzeitsessen, frische Forellen (aus eigenem Bassin), ofenfrischer Schweinebraten, fränkischer Brotzeitteller.

PLÄTZE (außen/regensicher)

250/250

ANSCHRIFT

Seestraße 19
91710 Gunzenhausen
Tel.: 09831-80505

ÖFFNUNGSZEITEN

Apr. bis Okt.
Täglich ab 10 Uhr
Nov. bis März geschlossen (auf Bestellung geöffnet, bitte vorher anrufen und klären)

Gasthaus „Zur frischen Quelle“

www.gasthaus-zur-frischen-quelle.de — Tipp: Schweizer Schnitzel

BIER

Spalter: Helles, Dunkles, Pils (alles vom Fass), Hefeweizen, helles Hefeweizen, dunkles Hefeweizen, leichtes Hefeweizen, Alkoholfreies. Gutmann/Titting: Hefeweizen, alkoholfreies Hefeweizen.

KÜCHE

Fränkische Brotzeiten. Täglich mittelgroße Karte mit warmen Gerichten. Spezialitäten: Schäuferle, Schweinebraten, Holzfällersteak, Schweizer Schnitzel, fränkische grobe Bratwürste.

PLÄTZE (außen/regensicher)

45/65

ANSCHRIFT

Unteres Dorf 6
91174 Spalt-Hagsbronn
Tel.: 09175-591

ÖFFNUNGSZEITEN

Täglich ab 9 Uhr
Dienstag Ruhetag
Mitte Nov. bis Mitte Apr.:
Mo ab 17 Uhr

DIE SEITEN GEWECHSELT

Das hat man auch nicht oft. Da stand das Gasthaus über 100 Jahre, um dann pünktlich zur deutschen Einheit 1990 auf der anderen Straßenseite neu aufgebaut zu werden. Zu dieser Zeit wechselte auch der Inhaber: Erich Gruber sitzt nun in der Quelle an der Quelle. Merken Sie sich zwei Zeiten für den Besuch vor: Entweder Ende März, wenn die Hopfensprossenzeit beginnt, oder das zweite Novemberwochenende zur Ganskirchweih.

Café Restaurant Seeterrassen

www.seeterrassen.com **Tipp: Schäuferla**

DAS GOLDENE SCHÄUFERLA

Seit 1958 gewinnt man mit dem Happurger Stausee, der von Rohr- und Kainsbach gespeist wird, elektrische Energie. Und Touristen, denn der See hat sich schnell zu einem echten Naherholungsgebiet gemausert, zu dem natürlich auch eine echte Vorzeigegastronomie gehört: Die Seeterrassen. Hier gibt es eine sehr gute fränkische Küche mit ofenfrischen Braten (sonn- und feiertags) und natürlich die Grundzutaten für einen Sommernachmittag auf der Seeterrasse: Eisbecher, Eiskaffee und Kuchen. Übrigens: Badefreunde pilgern zum etwas nördlich gelegenen Badesee, hier am Stausee empfehlen sich Angeln, Surfen, Segeln und Tretbootfahren.

BIER

Bürgerbräu/Hersbruck: Hersbrucker Lager, Hersbrucker Dampfsud (beides vom Fass). Erdinger: Urweisse (vom Fass), verschiedene Weizenbiere, alkoholfreies Weizen. Glossner/Neumarkt: Pils (vom Fass), Alkoholfreies.

KÜCHE

Fränkische Brotzeiten. Täglich große Karte mit warmen Gerichten. Spezialitäten: Schäuferla, deftige Bratwürste, verschiedene Salate, fränkischer Spargel (saisonal), Pfiffer (saisonal), Karpfen (saisonal), hausgemachte Torten, verschiedene Eisbecher.

PLÄTZE (außen/regensicher)

200/75

ANSCHRIFT

Seepromenade 1
91230 Happurg
Tel.: 09151-817441

ÖFFNUNGSZEITEN

Täglich ab 10 Uhr

Maximiliansgrotte Neuhaus

Gasthaus und Metzgerei Michelmühle

www.michelmuehle.de | Tipp: Filetsteaks

FEINER BIERGARTEN-SCHLAUCH AM WASSER

Von außen kommend vermutet man nicht, dass sich hinter der eher unschuldigen Fassade der Michelmühle so ein sympathischer Biergarten versteckt. Der liegt dann - zumindest am Ende - direkt am Wasser, von einem Jägerzaun von der Pegnitz getrennt. Hier finden sich vor allem viele Einheimische und Stammgäste ein, die dann beherzt zu den Leckereien aus der hauseigenen Metzgerei greifen. Dazu gehören auch richtig gute Wurstvarianten, wie beispielsweise die saure Stadtwurst oder die guten Bratwürste. Für Steakfreunde bietet sich die Vorbestellung eines Rinderfilets an - ein Traummmmhmmm.

BIER

Bürgerbräu/Hersbruck: Lager, Hersbrucker Albweizen (beides vom Fass), Dampfsud. Franziskaner: Alkoholfreies Weizen. Tucher/Fürth: Reifbräu alkoholfreies.

KÜCHE

Hausmacher Brotzeiten. Täglich mittelgroße Karte mit warmen Gerichten. Spezialitäten: Schlachtplatte, Kesselfleisch, Schnitzel, Salzknöchla, Bratwürste, saure Stadtwurst, Rinderfilet (auf Bestellung).

PLÄTZE (außen/regensicher)

65/35

ANSCHRIFT

Obermühlweg 30
91217 Hersbruck
Tel.: 09151-1500

ÖFFNUNGSZEITEN

Mo, Di, Do und Fr ab 9 Uhr
Sa 10 bis 15 Uhr
So und Feiertage ab 17 Uhr
Mittwoch Ruhetag

Kratzers Biergarten

www.kratzers-biergarten.de | Tipp: Schlossbein

BIER

Bürgerbräu/Hersbruck: Dampfsud, Kellerbier, Lager (alles vom Fass), Little Lager. Kaiser/Veldenstein: Weizen (vom Fass). Warsteiner: Pils (vom Fass).

KÜCHE

Hausmacher Brotzeiten. Täglich große Karte mit warmen Gerichten. Spezialitäten: Schlossbein, Hersbrucker Schäuferla, Hersbrucker Bratwürste.

PLÄTZE (außen/regensicher)

350/80

ANSCHRIFT

Unterer Markt 9 und 11
91217 Hersbruck
Tel.: 09151-2723

ÖFFNUNGSZEITEN

Täglich ab 8.30 Uhr

SLOW-FOOD-BIERGARTEN MIT EIGENER METZGEREI

Mitten in Hersbruck lädt ein wunderschöner Biergarten zum Entspannen in der Cittàslow ein. Statt Hamburger & Co. setzt man in der drittgrößten Stadt des Landkreises Nürnberger Land auf Schäuferla, Bratwürste und das Schlossbein. Letzteres ist das Geheimnis der Metzgermeister Gerhard und Reinhard Kratzer - sie wollen nicht verraten, um welchen Knochen es sich handelt. Jeden zweiten Mittwoch im Monat findet der Biergarten-Musikantenstammtisch statt, bei dem jeder Musikant umsonst essen und trinken kann.

Gasthof „Herzog"

www.biergarten-lauf.de Tipp: Essen vom heißen Stein

HEISSER STEIN UND VOGELSUPPE

Das über 100-jährige Anwesen punktet mit seiner Uralt-Linde und dem schön angelegten Biergarten. Familie Söhnlein übernahm den Gasthof vor über 20 Jahren und ließ sich einiges einfallen. Zum Beispiel den heißen Stein - dieses Angebot ist bisher einzigartig in der fränkischen Biergartenszene und wirklich was für echte Männer - wer brutzelt nicht gerne selbst sein Abendessen direkt am Tisch? Aber man pflegt auch noch rare Traditionen wie zum Beispiel die Vogelsuppe zur Kerwa. Achtung Vogelschützer: Es handelt sich um ein altes Laufer/Hersbrucker Rezept für eine Rindfleischsuppe mit Herz, Zunge, Rindfleisch und Leberknödel ...

BIER

Pyraser: Landbier, Rotbier, Weizen, Pils (alles vom Fass), Keller, leichtes Weizen, alkoholfreies Weizen.

KÜCHE

Fränkische Brotzeiten. Täglich mittelgroße Karte mit warmen Gerichten. Spezialitäten: Stadtwurst, Essen vom heißen Stein.

PLÄTZE (außen/regensicher)

80/156

ANSCHRIFT

Schulstraße 4
91207 Lauf-Heuchling
Tel.: 09123-2509

ÖFFNUNGSZEITEN

Täglich ab 16.30 Uhr
So 9.30 bis 14 Uhr und ab 17 Uhr
Mittwoch Ruhetag

DB VGN Bus 353 Heuchling Schulstr., Lauf a.d. Pegnitz

Brauereigasthof „Zum schwarzen Ross“

www.hotelschwarzesross.de Tipp: Hilpoltsteiner Ratsherrenpfanne

DANK WALTER MEHL

Den heutigen Zustand des Museums-Gasthofs verdanken wir weitestgehend dem Maurermeister Walter Mehl, der das Haus der alten Brauerei aus dem 15. Jahrhundert in liebevoller Handarbeit Ende der 90er Jahre restaurierte. Für den Gast ein wahres Geschenk, der Hinterhof des Hauses darf weitum als einer der schönsten gelten. Interessierte sollten sich auch die alten Felsenkeller und das Museum ansehen, das heute von der Stadt Hilpoltstein geführt wird.

BIER

Pyraser: Kellerbier, Landbier (beides vom Fass). Fürst Carl/Ellingen: Pils (vom Fass), Schwarzbier. Gutmann/Titting: Komplettes Weizenbier-Sortiment.

KÜCHE

Fränkische Brotzeiten. Täglich große Karte mit warmen Gerichten. Spezialitäten: Wildgerichte, Karpfen, Brotzeitplatte, saisonale Gerichte.

PLÄTZE (außen/regensicher)

70/70

ANSCHRIFT

Marktstraße 10
91161 Hilpoltstein
Tel.: 09174-976980

ÖFFNUNGSZEITEN

Täglich ab 11 Uhr
Mi und Do Ruhetag

Gasthof-Hotel „Zur Post“

www.hotel-post-hip.com | Tipp: Rippchen

BIER

Pyraser: Kellerbier, Landbier (beides vom Fass). Fürst Carl/Ellingen: Pils (vom Fass), Schwarzbier. Gutmann/Titting: Komplettes Weizenbier-Sortiment.

KÜCHE

Fränkische Brotzeiten. Täglich große Karte mit warmen Gerichten. Spezialitäten: Hausgemachte Sülze mit Bratkartoffeln, Schnitzel in verschiedenen Variationen.

PLÄTZE (außen/regensicher)

150/100

ANSCHRIFT

Marktstraße 8
91161 Hilpoltstein
Tel.: 09174-976980

ÖFFNUNGSZEITEN

Täglich ab 11 Uhr
Montag und Dienstag Ruhetag

RIPPCHEN KILOWEISE

Unter dem Schatten der zwei großen Linden merkt man von dem geschäftigen Treiben auf der Vorderseite des Gasthofes gar nichts mehr. In so gemütlicher Atmosphäre schmeckt das kühle Pyraser Kellerbier richtig lecker, und man freut sich auf die deftige Hausmannskost der Küche. Dazu gehören vor allem die Rippchen, die auf einem großen Holzbrett serviert werden. Davon gibts dann gleich ein ganzes Kilo, die absolute Sattmach-Garantie!

Weber's Keller

www.weberskeller.de

Tipp: Karpfen aller Art

BIER

Brauhaus/Höchstadt: Vollbier, Pils, Keller (alles vom Fass), Bockbier (saisonal). Spezial/Bamberg: Rauchbier (vom Fass). Grasser/Huppendorf: Bier, Josephibock (saisonal) (beides vom Fass). Wechselnde Brauerei: Immer zusätzlich ein Aktionsbier (vom Fass). Gutmann/Titting: Dunkles Weizen, helles Weizen, leichtes Weizen, alkoholfreies Weizen. Maisel/Bayreuth: Kritzenthaler Alkoholfreies.

KÜCHE

Hausmacher Brotzeiten. Täglich große Karte mit warmen Gerichten. Spezialitäten: Bratwürste, Karpfenspezereien, Kellerschmaus.

PLÄTZE (außen/regensicher)

90/260

ANSCHRIFT

Kellerberg 22
91315 Höchstadt an der Aisch
Tel.: 09193-8395

ÖFFNUNGSZEITEN

Täglich 11 bis 14 und ab 17 Uhr
Donnerstag Ruhetag (nach Vereinbarung auch außerhalb dieser Zeiten geöffnet)

KARPFEN-MANNI-FEST

Bei Manfred „Manni" Linsner in Höchstadt dreht sich (fast) alles um den Karpfen. In seinem Bassin finden sich das ganze Jahr über Prachtexemplare - nicht nur in den Monaten mit „r". Der Keller an sich ist schon über 400 Jahre alt, kurz vor 1800 ist der Besitzer Weber erstmals dokumentiert. Vom Vornamen Balthasar (einer der Vorfahren) leitet sich der zweite, eher den Einheimischen bekannte Name Balthä´s Keller ab. Nachdem Mannis Frau noch eine gebürtige Weber war, dürfte mit deren zwei Söhnen die Dynastie weitergeführt werden. Sensationell auch die Aussicht: An guten Tagen bis nach Neustadt!

207 Kellerberg, Höchstadt a.d. Aisch Bus

Sommerrodelbahn Vestenbergsgreuth

Jungahöfer Dorfkeller

www.jungenhofen.de

Tipp: Je nach Verfügbarkeit Karpfen oder Rinderfilets

BIER

Hartmann/Würgau: Hefeweizen, Pils (beides vom Fass), Alkoholfreies. Hummel/Merkendorf: Kellerbier, Schwarzbier (beides von Fass), Räucherla. Maisel/Bayreuth: Kristallweizen, alkoholfreies Weizen.

KÜCHE

Hausmacher Brotzeiten. Täglich große Karte mit warmen Gerichten. Spezialitäten: Steaks von eigenen Limousin-Rindern, Käseschnitzel, Schweinesteaks, Sülze, selbst gemachter Ziebeleskäse, legendäre Jungenhöfer Karpfen (in den „r"-Monaten).

PLÄTZE (außen/regensicher)

150/180

ANSCHRIFT

Jungenhofen 6
91315 Höchstadt an der Aisch
Tel.: 09502-307

ÖFFNUNGSZEITEN

Di bis Do ab 16 Uhr, Fr, Sa, So und Feiertage ab 11.30 Uhr
Montag Ruhetag (wenn Montag Feiertag, dann Dienstag Ruhetag)

WO FLEISCHFRESSER KONVERTIEREN

Eigentlich ist das Gasthaus Dürrbeck vor allem für die Jungenhöfer Karpfen bekannt, für die die Leute teilweise an die 100 Kilometer zurücklegen, und die schon so manchen überzeugten Fleischfreak zum Umdenken bekehrten. Allerdings gibt es die Frankenfische traditionell nur in den Monaten mit „r", weswegen der Dorfkeller im Sommer fast ein bisschen ein Schattendasein führt. Völlig zu Unrecht, denn Robert und Astrid Dürrbeck bewirten die Gäste vorbildlich - in jeder Hinsicht.

979 Zentbechhofen Bus

Alte Schule Kairlindach

www.alte-schule-kairlindach.de — Tipp: Elsässer Flammkuchen

BRATEN SATT!

So lautet das Motto der alten Schule, vor allem an den Sonn- und Feiertagen. Küchen-Anfänger können hier freitags und samstags den Köchen über die Schulter schauen und sich Infos zur Zubereitung der fränkischen Klassiker holen. An diesen Tagen kehrt die Alte Schule wieder zu ihren Wurzeln zurück. Der Biergarten lockt vor allem mit leckeren Brotzeiten, am Sonntag finden Sie aber auch hier die volle Bratenauswahl.

BIER

Hofmann/Pahres: Weizen, helles Landbier, Lager, Alt Pahreser Dunkel (alles vom Fass), Pils, Radler. Maisel/Bayreuth: Dunkles Weizen, leichtes Weizen, alkoholfreies Weizen, Kritzenthaler alkoholfreies.

KÜCHE

Fränkische Brotzeiten. Täglich mittelgroße Karte mit warmen Gerichten. Spezialitäten: Elsässer Flammkuchen, halbe Ente, Krenfleisch, Friesenwaffel.

PLÄTZE (außen/regensicher)

300/240

ANSCHRIFT

Kairlindacher Strasse 12
91085 Weisendorf
Tel.: 09135-722581
o. 0170-5525689

ÖFFNUNGSZEITEN

Anfang Mai bis Anfang Okt.
Täglich ab 17.30 Uhr
So und Feiertage ab 10.30 Uhr
Kein Ruhetag

Gasthof zur Post

www.gasthof-zur-post-kalbensteinberg.de **Tipp: Bioziegenkäse**

BIER

Spalter: Helles, Dunkles (beides vom Fass), Nr. 1, Alkoholfreies. Gutmann/Titting: Helles Weizen, dunkles Weizen, leichtes Weizen, alkoholfreies Weizen. Löwenbräu/München: Pils (vom Fass), helles Weizen, dunkles Weizen, Kristallweizen, alkoholfreies Weizen.

KÜCHE

Hausmacher Brotzeiten. Täglich große Karte mit warmen Gerichten. Spezialitäten: Sauerbraten, Schäuferle, Zander, fränkischer Brotzeitteller, Salatteller mit fränkischem Bioziegenkäse, halbfertiger Schokoladenkuchen.

PLÄTZE (außen/regensicher)

40/108

ANSCHRIFT

Kalbensteinberg 1
91720 Absberg am Brombachsee
Tel.: 09837-283

ÖFFNUNGSZEITEN

Täglich ab 8 Uhr
Montag und Dienstag Ruhetag

ÜBER 100 JAHRE JÄGERTRADITION

Erst eine Heirat brachte 1869 die Familie Jäger in das Anwesen in Kalbensteinberg. Drei Jahre später eröffnete das damals frisch verheiratete Ehepaar die Gastwirtschaft, zu der noch vor dem ersten Weltkrieg die Poststelle hinzukam. Der heutige Besitzer, Rudolf Jäger, bildet die vierte Generation und verwirklichte in den letzten Jahren zahlreiche Umbauten an und um das Haus, unter anderem auch den schönen neuen Biergarten.

Dorfwirtshaus Zum Roten Ochsen

www.roter-ochse-kalchreuth.de Tipp: Kümmelkrustenbraten

GUT VERSTECKT

Den Roten Ochsen in Kalchreuth muss man erstmal suchen - nicht zuletzt, weil der Ort voll von Wirtshäusern ist. Doch die Suche geht weiter, auch wenn man vor dem Anwesen angelangt ist. Es besteht nämlich aus vielen Häusern und Häuschen, und erst, wenn man durch einige hindurchgegangen ist, gelangt man in den kleinen Biergarten mit seinen großen Obstbäumen. Die mächtigen Bänke sehen aus wie Sitz-Einbäume, sind aber äußerst gemütlich - sogar ein Zweierbänkchen für Verliebte versteckt sich hinter einem der Bäume. Für Familie Meisel ist die Gastronomie Passion - weswegen man über die Qualität von Angebot und Ambiente eigentlich kein Wort zu verlieren braucht.

BIER

Kulmbacher: Edelpils, Lager, Kapuziner Hefeweizen, Mönchshof Kellerbier, Mönchshof Schwarzbier (alles vom Fass), alle Kapuziner Weißbiere. Gutmann/Titting: Hefeweizen.

KÜCHE

Brotzeiten. Täglich große Karte mit warmen Gerichten. Spezialitäten: Schäuferle, Steaks, Kümmelkrustenbraten, leichte Cross-Over-Küche.

PLÄTZE (außen/regensicher)

300/260

ANSCHRIFT

Weißgasse 10-12
90562 Kalchreuth
Tel.: 0911-5180917

ÖFFNUNGSZEITEN

Täglich ab 10 Uhr
Montag Ruhetag

Drei Linden

www.gasthausdreilinden.de — Tipp: Schlachtplatte zum Selbst-Zusammenstellen

BIER

Kitzmann/Erlangen: Helles, Pils, Zwickl (alles vom Fass). Sonnenbräu/Aufseß: Dunkles. Kulmbacher: Alkoholfreies.

KÜCHE

Fränkische Brotzeiten. Täglich große Karte mit warmen Gerichten. Spezialitäten: Spargelgerichte (saisonal), Schäuferle, Salatvarianten.

PLÄTZE (außen/regensicher)

70/170

ANSCHRIFT

Buchenbühler Straße 2
90562 Kalchreuth
Tel.: 0911-5188479

ÖFFNUNGSZEITEN

Täglich ab 10 Uhr
Montag und Dienstag Ruhetag

STILVOLLES ECKHAUS ZWISCHEN JUNGFERNSESSEL UND SKLAVENSEE

Viele schmucke grün-weiß-gestreifte Fensterläden, altes Fachwerk und ein heimeliger kleiner Biergarten-Schlauch - so könnte man die Drei Linden in Kalchreuth beschreiben. Dann würde man aber die viele Liebe und Energie, die seit über 100 Jahren Familienbesitz in das Haus geflossen sind, ganz vergessen. So engagiert man sich als Kleinkunstbühne und Hochzeitsvermittler (zumindest, was die St. Andreas-Kirche des Ortes angeht) und fabriziert geniales fränkisches Essen (jeden Dienstag Schlachtschüssel).

Felsenkeller Kalchreuth

www.bier.by **Tipp: Presssack**

DIE BIERSCHLUCHT

Man stelle sich eine ca. 20 Meter tiefe felsige Schlucht in einem Wald vor und denke sich auf halber Tiefe ein kleines Häuschen, drunter und drüber Terrassen mit Bierbänken und am oberen Ende eine große Wiese mit noch mehr Bierbänken und einem Parkplatz - fertig ist der Felsenkeller Kalchreuth. Als Bierlagerstätte datiert er bis ins Jahr 1850, seit den 1960er Jahren wird er bewirtschaftet. Geöffnet ist immer, wenn die Kitzmann-Fahne weht. Für Naturfreunde ein absolutes Muss! Übrigens sollten Sie auf helle Hosen verzichten - man sitzt auf echten Naturholzbänken. Das Essen stammt aus der hauseigenen Metzgerei und wird nach Gewicht bezahlt.

BIER

Kitzmann/Erlangen: Keller, Dunkles, Helles, Weizen (alles vom Fass), leichtes Weizen. Gutmann/Titting: Dunkles Weizen. Kulmbacher: Alkoholfreies.

KÜCHE

Hausmacher Brotzeiten. Kein warmes Essen außer Wienerle und Bratwürsten. Spezialitäten: Stadtwurst, Presssack, hausgebackene Kuchen, verschiedene Kaffeespezialitäten.

PLÄTZE (außen/regensicher)

500/70

ANSCHRIFT

Einfahrt Feldweg
gegenüber Sportheim
90562 Kalchreuth
Tel.: 0911-5180868

ÖFFNUNGSZEITEN

Ostern bis Okt:
Do und Fr ab 13 Uhr
Sa, So und Feiertage ab 10 Uhr
Montag bis Mittwoch Ruhetag
Im Winter ist der Felsenkeller an So und Feiertagen ab 13 Uhr geöffnet

DB VGN Bus 210 Hallerstraße, Kalchreuth

Schlossgaststätte Kalchreuth

www.schloss-gaststaette-kalchreuth.de **Tipp: Spargelgerichte (saisonal)**

BIERGRABEN

Mitten in Kalchreuth steht das knapp 700 Jahre alte Schloss, das ehedem der Kaiser den Nürnberger Burggrafen zum Lehen gegeben hatte. Hier entstanden Albrecht Dürers berühmte „Aquarelle von Kalkreut". Heute sitzt man (im Biergarten zumindest) eher auf der unteren Etage der Geschichte - im Burggraben - und kann sich von den alten Mauern beeindrucken lassen. Familie Scheer führt die Gastronomie seit gut 40 Jahren, man kredenzt gutbürgerlich fränkische Küche. Unter der Führung von Wolfgang Scheer heißt es hier „alles ist möglich" - man geht sehr gerne auf Wünsche der Gäste ein.

BIER

Tucher/Fürth: Weizen, Lederer Pilsener, Zirndorfer Helles, Zirndorfer Kellerbier (alles vom Fass), dunkles Weizen, leichtes Weizen, alkoholfreies Weizen, Reifbräu alkoholfreies. Leikeim/Altenkunstadt: Steinbier. Unertl/Haag in Oberbayern: Weißbier.

KÜCHE

Hausmacher Brotzeiten. Täglich große Karte mit warmen Gerichten. Spezialitäten: Steaks, Karpfen (saisonal), Spargelgerichte (saisonal), Schäuferle, grobe fränkische Bratwürste, Brauhausschnitzel (mit Camembert überbacken).

PLÄTZE (außen/regensicher)

66/130

ANSCHRIFT

Schlossplatz 4
90562 Kalchreuth
Tel.: 0911-5180944

ÖFFNUNGSZEITEN

Täglich ab 11 Uhr
Dienstag und Mittwoch Ruhetag
(an Feiertagen geöffnet)

Gasthaus Reif

www.gasthaus-reif.de **Tipp: Frische Salate aus dem Knoblauchsland**

STREICHELZOO IM ERLANGER LAND

Das Gasthaus Reif - vor über 500 Jahren das erste Haus im Weiler Käswasser - geht auf ein ursprüngliches Forsthaus zurück, erst 1869 wurde das Schankrecht erteilt. Der heutige Besitzer Hermann Reif gestaltete bei der Übernahme von seinen Eltern ein ganz neues Flair mit Fokus auf den Biergarten und erweiterte um eine kleine Zucht mit Ziegen und Schafen. Die und der durchdacht angelegte Spielplatz machen das Gasthaus gerade für anspruchsvolle Familien zum idealen Ausflugsziel.

BIER

Wolfshöher/Neunkirchen am Sand: Urhell, Pils, helles Hefeweizen, Alt (alles vom Fass), Keller, dunkles Weizen, leichtes Weizen.

KÜCHE

Fränkische Brotzeiten. Täglich mittelgroße Karte mit warmen Gerichten. Spezialitäten: Hausgemachtes Schmalzfleisch mit Brot, Nestla (rohes Bratwurstgehäck vom Schwein mit Zwiebeln und Ei).

PLÄTZE (außen/regensicher)

200/160

ANSCHRIFT

Käswasserstraße 51
90562 Kalchreuth
Tel.: 0911-5180895

ÖFFNUNGSZEITEN

Täglich ab 10 Uhr
Donnerstag Ruhetag

DB VGN Bus 210 Käswasser, Kalchreuth

Strandhotel Seehof

www.strandhotel-seehof.de

Tipp: Jede Woche eine andere Spezialität

WIR PFEIFEN AUF DAS MEER

So das einmütige Fazit des Strandhotel-Teams, wenn man es nach seinen Urlaubsplänen fragt. Das wird verständlich, wenn man einmal den Ausblick von den Seeterrassen und dem Biergarten direkt am Ufer genossen hat - besonders schön natürlich abends, wenn die Sonne untergeht. Lassen Sie sich von dem durchaus mondänen Stil des Hotels nicht abschrecken, hinter der noblen Fassade stecken auch viele lauschige Plätzchen für den klassischen Biergartenfreund, der hier sogar zum Frühstück vorbeikommen kann!

BIER

Spalter: Helles, Hefeweizen (beides vom Fass). Bitburger: Pils, Drive. Erdinger: Hefeweizen, helles Hefeweizen, dunkles Hefeweizen, Kristallweizen, alkoholfreies Hefeweizen.

KÜCHE

Fränkische Brotzeiten. Täglich große Karte mit warmen Gerichten. Spezialitäten: Schweinebraten, Schweinshaxen, Schäuferle, fränkische Bratwürste, sauere Zipfel, Wurstsalat.

PLÄTZE (außen/regensicher)

700/300

ANSCHRIFT

Seestraße 33
91738 Pfofeld-Langlau
Tel.: 09834-9880

ÖFFNUNGSZEITEN

Anfang Mai bis Ende Sep.
Täglich ab 11 Uhr
Anfang Okt. bis Ende Apr. geschlossen

Laufer Keller

www.bier.by

Tipp: Kellerplatte

BIER

Brauhaus Höchstadt: Keller, Pils (beides vom Fass), Weizen, Alkoholfreies.

KÜCHE

Hausmacher Brotzeiten. Keine warmen Gerichte. Spezialitäten: Kellerplatte (reicht für 2 Personen), Dosenfleisch.

PLÄTZE (außen/regensicher)

500/100

ANSCHRIFT

Waldrand Lauf Richtung Aisch
91325 Adelsdorf
Tel.: 09195-1558

ÖFFNUNGSZEITEN

Di bis Fr ab 16 Uhr, Sa ab 15 Uhr
So und Feiertage ab 13 Uhr
Montag Ruhetag

SO MUSS EIN BIERKELLER SEIN

Helmut Fischer und seine Familie betreiben bereits seit über 30 Jahren den großen Keller am Waldrand. Hier erlebt man die Bierkellerkultur noch in ihrer reinsten Form. Ein kleiner, spartanischer Ausschank mit Nebenraum für Brotzeitzubereitung (gerne auch nach Wunsch), urige Bierbänke zwischen meterhohen Bäumen und süffiges Bier zum Mehr-Trink-Preis. Sensationell auch der Ausblick auf die Aisch. Geheimtipp!

246, 247 Lauf (b. Adelsdorf), Adelsdorf Bus

Gasthaus Sonne

www.bier.by Tipp: Sonnensalat

SONNENSPIESS UND SONNENSCHNITZEL

Silke und Eduard Wegner waren beide Anfang 30, als sich Ihnen im Jahr 2000 die Gelegenheit bot, das Gasthaus Sonne in Leutershausen zu übernehmen. Nun geht es hier mitunter ziemlich deftig zu, die Gäste finden's aber klasse. Besonders beliebt sind die XL-Schnitzel in verschiedenen Variationen. Außerdem kann man sich im Gasthaus für zu Hause auch noch gleich die Wurst in Dosen einkaufen.

BIER

Reindler/Jochsberg: Helles, Pils, Weizen, Dunkles, Export, Landbier. Huber/Freising: Kristallweizen, leichtes Weizen.

KÜCHE

Hausmacher Brotzeiten. Täglich mittelgroße Karte mit warmen Gerichten. Spezialitäten: Speareribs vom Grill, Sonnenspieß vom Grill, XL-Schnitzel in verschiedenen Variationen, Sonnensalat, Brotzeitplatte, verschiedene Eisbecher.

PLÄTZE (außen/regensicher)

300/160

ANSCHRIFT

Am Markt 10
91578 Leutershausen
Tel.: 09823-926192

ÖFFNUNGSZEITEN

1. Mai bis Ende Aug.
Täglich ab 10 Uhr
Dienstag Ruhetag
Anfang Sep. bis Ende Apr.
Täglich ab 14.30 Uhr
Dienstag Ruhetag

Rosenkeller Linden

www.bier.by

Tipp: Grobe Bratwürste mit selbst gemachtem Sauerkraut

BIER

Windsheimer/Gutenstetten: Aischgründer Bier (vom Fass). Hofmann/Pahres: Pils. Gutmann/ Titting: Weizen, leichtes Weizen, alkoholfreies Weizen. Jever: Alkoholfreies.

KÜCHE

Fränkische Brotzeiten. Täglich kleine Karte mit warmen Gerichten. So und Feiertage Mittagstisch. Spezialitäten: Grobe Bratwürste mit selbst gemachtem Sauerkraut, Obatzter, Kellerplatte.

PLÄTZE (außen/regensicher)

200/100

ANSCHRIFT

Linden 51
91466 Gerhardshofen
Tel.: 09163-8317

ÖFFNUNGSZEITEN

Mo bis Fr ab 17 Uhr, Sa ab 15 Uhr
So und Feiertage ab 11 Uhr
Bei schlechtem Wetter geschlossen

DER GEHEIMTIPP

Nicht, dass die geneigten Leser denken, der Gebrauch dieses Wortes wäre inflationär: Wir haben einfach einige wirkliche Top-Biergärten/Bierkeller gefunden, die bisher kaum entdeckt wurden. Der Rosenkeller gehört absolut dazu. Auch die Geschichte ist einzigartig: Inhaber Gerhard Böhmer genoss die Aussicht auf seiner schönen Streuobstwiese und begann, erst für Freunde, später als kleinen Nebenerwerb einen Bierausschank einzurichten. Der Erfolg war so groß, das 1993 der Rosenkeller entstand. 2003 wurde sogar die örtliche Kerwa dorthin verlegt. 2006 brannte ein Großteil des Gebäudes ab, doch in einem Gemeinschaftsakt baute man es wieder auf und der Keller erstrahlt in neuem Glanz. Sensationell: Die Bratwürste der „Männerwirtschaft mit lauter Damen".

127 Birnbaum Schloss, Gerhardshofen Bus

Landgasthof Stache

www.landgasthofstache.de

Tipp: Hausgeräucherter Schinken

UNTER DER GROSSEN KASTANIE

Auf dem Weg von Spalt nach Georgensgmünd gelegen lädt vor allem der schöne Biergarten des Gasthofs Stache zum Verweilen ein. Wie es sich für einen guten Gasthof in Franken gehört, machen Anna Stache und ihr Team fast die gesamte Angebotspalette noch selbst. Nur die Brauerei wurde im Laufe der Jahrhunderte leider aufgegeben. Dafür gibt's nun die Spezialitäten aus Spalt, die zu der guten Küche aber auch bestens munden.

BIER

Spalter: Helles, Pils (beides vom Fass), Weizen, Dunkles, leichtes Weizen, leichtes Bier, Alkoholfreies. Gutmann/Titting: Hefeweizen.

KÜCHE

Hausmacher Brotzeiten. Täglich große Karte mit warmen Gerichten. Spezialitäten: Krensuppe, Hochzeitssuppe, Spanferkelschäuferle, Dorfwirtspfanne, fränkischer Wurstsalat, Sülze, hausgeräucherter Schinken.

PLÄTZE (außen/regensicher)

60/50

ANSCHRIFT

Mosbach 10
91174 Spalt
Tel.: 09172-8151

ÖFFNUNGSZEITEN

Di bis Fr 11 bis 14 und ab 17 Uhr
Sa, So und Feiertage ab 11 Uhr
Montag Ruhetag

Pension Goldener Adler - Gartenschänke

www.pension-goldener-adler.de **Tipp: Flammkuchen**

ROMANTIK PUR

Zweisamkeit in der Gartenlaube, drumherum ein Blütenmeer, dazwischen Kastanien, Eichen und Nussbäume. So schön kann die Biergartenwelt sein, zumindest wenn man hier in der Gartenschänke gelandet ist. Sogar an ein Gartenschachspiel hat Christian Schnell gedacht. Wer eher passiv dem Schauspiel frönen will, sollte zu einem Gastspiel auf der Gartenbühne kommen, die verspricht nämlich unvergessliche Abende. Kulinarisch wollen wir insbesondere die hausgemachten Flammkuchen erwähnen, ein echter XXL-Leckerbissen!

BIER

Hofmühl/Eichstätt: Helles, Radler, Dunkles, dunkles Weizen, Weizen, leichtes Weizen, Kellergold, Pils, Alkoholfreies. Spalter: Helles, Pils.

KÜCHE

Fränkische Brotzeiten. Täglich kleine Karte mit warmen Gerichten. Spezialitäten: Frisch gegrillte Fische mit Kartoffeln und Gemüse, fränkische Bratwürste, verschiedene hausgemachte Flammkuchen, Steaks, Salate.

PLÄTZE (außen/regensicher)

70/55

ANSCHRIFT

Kirchenstraße 21
91735 Muhr am See
Tel.: 09831-3169

ÖFFNUNGSZEITEN

Anfang Mai bis Ende Sep.
Mo bis Sa ab 17 Uhr
So und Feiertage ab 12 Uhr
Dienstag Ruhetag
Anfang Okt. bis Ende Apr. geschlossen (für Gruppen nach vorheriger Reservierung geöffnet)

Gastwirtschaft „Zur Klosterkapelle“

www.bier.by

Tipp: Hausteller

BIER

Dorn/Bruckberg: Helles, Dunkles, Hefeweizen (alles vom Fass). Schneider/Kelheim: Weißbier. Huber/Freising: Leichtes Weizen.

KÜCHE

Hausmacher Brotzeiten. Keine warmen Gerichte. Spezialitäten: Hausteller, Stadtwurst mit Musik, Käseplatte, roher Schinken.

PLÄTZE (außen/regensicher)

80/50

ANSCHRIFT

Münchzell 1
90599 Dietenhofen
Tel.: 09105-990622

ÖFFNUNGSZEITEN

Täglich ab 11.30 Uhr
So und Feiertage ab 9.30 Uhr
Di, Mi und Do Ruhetag

WAHRER GLÜCKSFALL

An diesem Biergarten kann man einfach nicht vorbeifahren. Zu schön und malerisch schmiegt er sich in den Straßenverlauf ein, mit seinen beiden großen Bäumen und dem historischen Gebäude, das hier ganz alleine steht, nur begleitet von einer Bushaltestelle. Familie Knorr wurstet noch selbst und das schmeckt man! Die Kapelle, nach der der kleine Hof benannt ist, wurde leider im Dreißigjährigen Krieg zerstört.

Löwenbräu Felsenkeller

www.zum-loewenbraeu.de

Tipp: Bratwurstsalat

BIER

Eigene Brauerei: Kellerbier, Aischgründer Karpfenweisse, Bockbier (saisonal) (alles vom Fass), Leichtes. Maisel/Bayreuth: Alkoholfreies Weizen, Kritzenthaler alkoholfreies.

KÜCHE

Hausmacher Brotzeiten. Täglich zwei warme Gerichte. Spezialitäten: Hausgemachte Bierbratensülze, Bratwurstschaschlik, Bratwurstsalat, fränkischer Flammkuchen.

PLÄTZE (außen/regensicher)

500/100

ANSCHRIFT

Neuhauser Hauptstraße 3 (Keller etwa 1 km entfernt im Wald)
91325 Adelsdorf-Neuhaus
Tel.: 09195-7221

ÖFFNUNGSZEITEN

Mo bis Fr ab 17 Uhr, Sa ab 16 Uhr
So und Feiertage ab 11 Uhr
Bei schlechtem Wetter (bis 20°) geschlossen. Bei zweifelhaftem Wetter bitte im Brauereigasthof anrufen.

BIER MIT BARON

Der Löwenbräu Felsenkeller ist ein weiterer Geheimtipp in diesem Buch. Heute noch im Besitz von Stammgast Baron von Crailsheim und mitten im Wald gelegen, bietet er den Kellerfans 150% Bierkellerkultur. Das süffige Kellerbier (mehrfach ausgezeichnet) läuft und läuft und läuft. Brauer Benno Wirth gab 2005 dem Drängen seiner Frau Monika nach und versuchte sich an einem Weißbier - die Aischgründer Karpfenweiße war geboren und wurde mittlerweile bereits zum dritten Mal mit dem Gold-Award beim European Beer Star ausgezeichnet. Sogar der Bier-Härtetest wurde mit Bravour bestanden, als der Sohn zur Feier seines Braumeister-Examens gleich die gesamte Abschlussklasse der Doemens-Akademie mitbrachte. Übrigens: Auch Schnaps und Brot werden hier hausgemacht!

205, 247 Neuhaus Raiffeisenbank, Adelsdorf Bus

VGN DB

Brauerei Gasthof Wiethaler

www.bier.by | Tipp: Rehbraten aus heimischer Jagd

BIER

Eigene Brauerei: Dunkles Landbier, Helles, Goldstoff, Weizen, Pils (alles vom Fass).

KÜCHE

Fränkische Brotzeiten. Täglich große Karte mit warmen Gerichten. Spezialitäten: Schäuferle, Rehbraten (Wild aus heimischer Jagd), saisonale Gerichte, Brotzeitplatte, Variationen von Gnocchi, Waldpilz- und Spinatknödeln mit Salbeibutter und Tomatensoße mit Parmesanspänen, Auswahl von vegetarischen Gerichten.

PLÄTZE (außen/regensicher)

120/160

ANSCHRIFT

Welserplatz 6
91207 Lauf-Neunhof
Tel.: 09126-5460

ÖFFNUNGSZEITEN

Täglich ab 9 Uhr, Di ab 17 Uhr
Montag Ruhetag

SCHWEINEBRATEN MIT DUNKELBIERSOSSE UND SCHÄUFERLE

Das sind nur einige der bierigen Gerichte, die Sandra Heid im Brauerei-Gasthof anbietet. Die schmecken im Sommer besonders gut im Biergarten, der mit Kastanien, einem Brunnen und dem wunderschönen Blick auf das denkmalgeschützte Fachwerkhaus aufwarten kann. Man darf ihn übrigens nicht mit dem Wiethalers Bräustüberl verwechseln. Dort wird seit über 15 Jahren griechische Küche zum Wiethaler Bier serviert. Spezialität dort ist die Lammhaxe.

Kohlenmühle

www.kohlenmuehle.de

Tipp: Kohlenmühle-Teller

BIER

Eigene Brauerei: Moggerla (vom Fass), Dunkles Landbier, Eiszeit-Weizen, Koksbock (Dunkler Bock, saisonal), Sommerleicht Schankbier. Maisel/Bayreuth: Alkoholfreie Weisse. Distelhäuser: Alkoholfreies Radler, Malzgetränk.

KÜCHE

Fränkische Brotzeiten. Täglich mittelgroße Karte mit warmen Gerichten. Spezialitäten: Stadtwurst aus dem Wurstkessel, Bändel-Bratwürste, Turbinensteak vom Grill.

PLÄTZE (außen/regensicher)

100/235

ANSCHRIFT

Bamberger Straße 53
91413 Neustadt an der Aisch
Tel.: 09161-662270

ÖFFNUNGSZEITEN

Täglich ab 11 Uhr
Montag Ruhetag

SENSATION IN NEUSTADT

Was früher noch eine trostlos-baufällige alte Getreidemühle war, erstrahlt seit 10. Januar 2005 in neuem Glanz als Gasthausbrauerei allererster Güte. Inhaber und gelernter Braumeister Lothar Hufnagel und seine langjährige Partnerin Inge Eberlein haben ein wirkliches Kleinod geschaffen. Das leckere Landbier oder das Eiszeit-Weizen genießt man entweder im Innenhof der hufeisenförmigen Mühle oder im verpachteten Biergarten auf der Aischinsel hinter dem Haus. Allerdings sitzt es sich auch zwischen den Braukesseln in der Scheune äußerst originell.

's Baggers

www.sbaggers.de — Tipp: Verschiedene Baggers

CLUBFANS MIT GLOBALEN AMBITIONEN

Michael Mack kann mit Fug und Recht behaupten, das Restaurant neu erfunden zu haben. Denn was wir bisher nur in Science-Fiction-Filmen sahen, ist hier Wirklichkeit. Man sucht sich über einen Touch-Screen die verschiedenen Speisen und Getränke heraus, bestätigt, und wenige Minuten später fliegt das Gewünschte dann wie von Zauberhand auf den Tisch. Möglich macht es das innovative Restaurant-System, bei dem die Küche die Gäste direkt über Schienen versorgt. Noch besser finden wir, dass fettarm und kalorienreduziert gekocht wird und dazu dann auch noch eine breite Bio- und Öko-Palette gehört, vom Frankendöner bis zu Halleluja und Gödderschbeis. Das ganze funktioniert natürlich auch im Biergarten, wer's nicht glaubt: Vorbeikommen!

BIER

Lammsbräu/Neumarkt: Öko Dunkel, Öko Edelpils, Öko Weisse, Öko Dinkel, Öko Glutenfrei, Öko Radler, Öko leichte Weisse, Öko alkoholfreie Weisse, Öko Alkoholfreies. Meister/Unterzaunsbach: Vollbier. Krug/Breitenlesau: Lager.

KÜCHE

Fränkische Brotzeiten. Täglich große Karte mit warmen Gerichten. Spezialitäten: ´s Bagger Weldkulturerbe, ´s Baggers Schwangerschaftstest, Frankendöner.

PLÄTZE (außen/regensicher)

100/150

ANSCHRIFT

Am Steinacher Kreuz 28
90427 Nürnberg
Tel.: 0911-4779090

ÖFFNUNGSZEITEN

Anfang Mai bis Ende Sep.
Täglich ab 17 Uhr, So und Feiertage ab 11.30 Uhr, Montag Ruhetag
Anfang Okt. bis Ende Apr.
Di bis Fr ab 17 Uhr, Sa, So und Feiertage ab 11.30 Uhr, Mo Ruhetag
(aktueller Öffnungszeitenplan siehe www.sbaggers.de)

Balkon Nürnberg

www.balkonnuernberg.de | Tipp: Fränkisches Szechuan-Schäuferle

DER OPEN-AIR-PUB

Hier versammelt sich ein bunter Mix aus zufälligen und echten Nürnbergern, darunter Schafkopf-Rentner, Damenkränzchen, Gastro-Kollegen, Touristen, Zugreisende, romantische Pärchen, Brauer, Brenner, Bierexperten, Jounalisten, Künstler, Musiker, Barflys, DJs, Anzugträger, Akademiker und Arbeiter. Zum Bierangebot gehört auch „Sedats Schlückla", ein Bier, das die Wagnerbräu extra für einen türkischen Tankstellenpächter aus dem Umland braut.

BIER

Nikl/Pretzfeld: Zwickl hell (vom Fass), Michala dunkel. Pilsner Urquell/Pilsen: Pilsner Urquell. Schanzenbräu/Nürnberg: Rotbier. Wagner/Merkendorf: Sedats Schlückla. Gutmann/Titting: Hefeweizen. Zusätzlich wechselnde Wochenbiere.

KÜCHE

Fränkische Brotzeiten. Täglich kleine Karte mit warmen Gerichten. Spezialitäten: Fränkisches Szechuan-Schäuferle, Strubbelklöße, Schüttelsalat, Malabar-Schnitzel mit Kartoffelsalat.

PLÄTZE (außen/regensicher)

40/0

ANSCHRIFT

Königstor 2 (beim Handwerkerhof am Königstor)
90402 Nürnberg
Tel.: 0172-4654180

ÖFFNUNGSZEITEN

Täglich ab 12 Uhr
Kein Ruhetag
Bei schlechtem Wetter geschlossen

Nürnberg Hauptbahnhof

Biergarten Zollhaus Erlebnispark

www.biergarten-zollhaus.de

Tipp: Saftige Rindersteaks vom Grill

EIN KNAPPER HEKTAR BIERGARTEN

Auf über 9.000 Quadratmetern erstreckt sich das Erlebniszentrum Zollhaus. Hier ist man eigentlich immer richtig, wenn es um ein gutes Freizeiterlebnis geht. Mit Streichelzoo, Spielplatz, Fahrzeugen und Bungee kommen vor allem die Kinder immer auf ihre Kosten. Für echte Helden stehen aber auch viele Grillspezialitäten und das komplette Veldensteiner-Sortiment auf dem Programm. Abgerundet wird das ganze durch regelmäßige Livekonzerte und DJ-Abende, so dass auch die Generation iPhone und iPad genügend Spielraum für Tanz- und Balzvergnügen hat.

BIER

Veldensteiner: Weizen, Dunkles, Helles, Radler (alles vom Fass), komplettes Flaschenbier-Sortiment.

KÜCHE

Fränkische Brotzeiten. Täglich große Karte mit warmen Gerichten. Spezialitäten: Zollhaus-Grillteller, Steinofen-Pizza.

PLÄTZE (außen/regensicher)

1200/100

ANSCHRIFT

Am Zollhaus 150
90471 Nürnberg
Tel.: 0911-9808089

ÖFFNUNGSZEITEN

Biergarten: Täglich ab 11 Uhr
Gaststätte: Täglich ab 11.30 Uhr,

Bus 602, 603 Zollhaus-Gaststätte, Nürnberg

Bratwurst Röslein

www.bratwurst-roeslein.de — Tipp: Nürnberger Bratwürste

BIER

Tucher/Fürth: Helles, Dunkles, Hefeweizen, Nürnberger Pils kaltgehopft, Zirndorfer Kellerbier, Radler (alles vom Fass), Kristallweizen, dunkles Weizen, leichtes Hefeweizen, alkoholfreies Weizen, Tucher light, Tucher alkoholfreies Pils.

KÜCHE

Fränkische Brotzeiten. Täglich mittelgroße Karte mit warmen Gerichten. Spezialitäten: Nürnberger Bratwürste, Nürnberger Schäuferle, Bratwurstgulasch, Obatzta.

PLÄTZE (außen/regensicher)

200/600

ANSCHRIFT

Rathausplatz 6
90403 Nürnberg
Tel.: 0911-214860

ÖFFNUNGSZEITEN

Täglich ab 10 Uhr

CITY-BIERGARTEN MIT TRADITION

Das Bratwurst Röslein hat schon mehr als 500 Jahre Nürnberger Geschichte erlebt. Und seitdem ist hier auch immer etwas los. Familie Förster lässt sich jeden Monat etwas anderes einfallen, um ihren Gästen neue Schmankerl anzubieten. Das aber immer in Verbindung mit den heimischen Genüssen: Karpfen, Meerrettich, Pilze, Wild, Gans, etc. ... und natürlich der Bratwurst! Die kleine Nürnberger misst gerade einmal sieben bis neun Zentimeter und wiegt ca. 25 Gramm. Damit der Hunger trotzdem vertrieben werden kann, gibt's die Kleinen immer im halben oder ganzen Dutzend.

Behringer's Bratwurstglöcklein

- Historische Bratwurstküche im Handwerkerhof

www.bratwurstgloecklein.de

Tipp: Rostbratwürste aus eigener Metzgerei

BIER

Tucher/Fürth: Zirndorfer Landbier, Tucher altfränkisch dunkel, Tucher Hefeweizen (alles vom Fass), Tucher Pils, Tucher leichtes Hefeweizen, Tucher alkoholfreies Hefeweizen. Jever: Jever Fun.

KÜCHE

Fränkische Brotzeiten. Täglich kleine Karte mit warmen Gerichten. Spezialitäten: Original Nürnberger Rostbratwürste aus eigener Metzerei, Knöchle, Nürnberger Bratwurstpresssack mit Schwarzbrot und Gewürzgurke, hausgemachte Stadtwurst.

PLÄTZE (außen/regensicher)

80/112

ANSCHRIFT

Waffenhof 5
90402 Nürnberg
Tel.: 0911-227625

ÖFFNUNGSZEITEN

Täglich ab 10.30 Uhr
Sonntag Ruhetag

1313 ERSTMALS ERWÄHNT

Über 700 Jahre Gastlichkeit erwarten die Gäste hier im neu aufgebauten Handwerkerhof, wo einst bereits Albrecht Dürer und Hans Sachs ihre Würstchen genossen. Die kleinen Nürnberger kommen aus der eigenen Metzgerei, wo nach historischen Reichsstadt-Rezepten gearbeitet wird. Dementsprechend finden Sie hier kein Fertiggericht auf dem Teller, nur echte, ehrliche kleine Würstchen ...

Bratwursthäusle

www.bratwursthaeusle.de **Tipp: Nürnberger Stadtwurst**

BRATWURST-EMPIRE

Im Schatten der Sebalduskirche steht hier das 1313 erbaute Bratwursthäusle, die Heimat der Original Nürnberger Rostbratwürste. Auf Buchenholzfeuer grillt man die aus der eigenen Metzgerei stammenden Fingerlinge, die täglich frisch hergestellt werden. Zu Werner Behringers Bratwurst-Imperium gehören auch noch das Bratwurstglöcklein, das Goldene Posthorn und das Bratwurstherzl. Wer übrigens glaubt, die Nürnberger hätten schon immer die kleinen Würstchen gegrillt, der sei eines besseren belehrt. 1658 zeigten die stolzen Metzger (auch schon damals gab es den XXL-Wahn) ein 427 Meter langes Ungetüm, das über fünf Zentner auf die Waage brachte. Vielleicht sind wir dann doch froh, dass Nürnberg heutzutage nur noch die Heimat der zierlichsten Bratwurst der Welt ist.

BIER

Tucher/Fürth: Altfranken dunkel, Hefeweizen (beides vom Fass), dunkler Doppelbock, alkoholfreies Hefeweizen. Lederer/Nürnberg: Premium Pils (vom Fass). Jever: Jever fun.

KÜCHE

Fränkische Brotzeiten. Täglich kleine Karte mit warmen Gerichten. Spezialitäten: Ofenfrisches Schäuferle mit Kloß (Mo und Fr ganzjährig, Mi im Sommer), Bratwurstpresssack.

PLÄTZE (außen/regensicher)

200/130

ANSCHRIFT

Rathausplatz 1
90403 Nürnberg
Tel.: 0911-227695

ÖFFNUNGSZEITEN

Täglich ab 10 Uhr
Sonntag und Feiertage Ruhetag
Letzter Freitag im Nov. bis einschl. Weihnachten kein Ruhetag

Bräustüberl Schwarzer Bauer

www.hausbrauerei-altstadthof.de

Tipp: Bieramisu

EIN KULT(UR)IGES ENSEMBLE

Neben dem Bräustüberl, in dem man üblicherweise die guten Biere des Altstadthofes verkostet, findet man (im Sommer) auch einen wunderschönen Biergarten vor, dazu noch den Musikkeller Schmelztiegel und die Bühne Altstadthof. In der Küche zeigt das Team von Reinhard Engel, dass man Bier nicht nur trinken kann - kaum eine Speise, die man mit gutem Bier nicht noch verbessern kann. Ein weiteres Highlight sind die Schnäpse aus der hauseigenen Brennerei, die den Bio-Bieren das Beste entlockt. Heraus kommt unter anderem ein unglaublicher Schwarz-Bierbrand, der zum Bierbrand des Jahres 2008 gewählt wurde. Im Folgejahr schafften es auch der Mai-Bock-, RotBier- und WeissBierbrand aufs Treppchen.

BIER

Eigene Brauerei: Helles Bier, SchwarzBier, RotBier, WeissBier, Bock (saisonal) (alles vom Fass). Lammsbräu/Neumarkt: Alkoholfreies Weizen, Alkoholfreies.

KÜCHE

Fränkische Brotzeiten. Täglich mittelgroße Karte mit warmen Gerichten. Spezialitäten: Roastbeef in der Malzkruste, Bieramisu mit WeissBier- und SchwarzBierbrand, Brauergulasch, sauere Bratwürste in Bieressigsud.

PLÄTZE (außen/regensicher)

50/65

ANSCHRIFT

Bergstraße 19
90403 Nürnberg
Tel.: 0911-2449859

ÖFFNUNGSZEITEN

Täglich ab 11 Uhr

Bus 36 Burgstr., Nürnberg

Burgwächter - Restaurant und Biergarten

www.restaurant-burgwaechter.de **Tipp: Steaks vom heissen Stein**

BIER

Schlenkerla/Bamberg: Rauchbier (vom Fass), Rauchweizen. Tucher/Fürth: Hefeweizen hell, Zirndorfer Landbier hell, Zirndorfer Kellerbier naturtrüb (alles vom Fass), Hefeweizen dunkel, Hefeweizen light, alkoholfreies Hefeweizen.

KÜCHE

Fränkische Brotzeiten. Täglich mittelgroße Karte mit warmen Gerichten. Spezialitäten: Steaks vom heissen Stein, Salzknöchle, diverse Bratwurstgerichte.

PLÄTZE (außen/regensicher)

120/180

ANSCHRIFT

Am Oelberg 10
90403 Nürnberg
Tel.: 0911-222126

ÖFFNUNGSZEITEN

Täglich ab 11 Uhr

SCHLEMMEN WIE DIE GALLIER

Der höchstgelegene Nürnberger Biergarten erwartet seine Besucher am Fuß des Burgfelsens. Der ist übrigens Geotop und Kletterfelsen für Kinder. Im Garten sitzt man an rustikalen Eichentischen inmitten vieler Blumen und wilden Weines. Da schmeckt das umfangreiche kulinarische Angebot, zu dem auch ein Ritteressen „Ritter Eppelein" (ab 12 Personen auf Vorbestellung) gehört. Sensationell: Das Steak zum Selberbraten auf dem heißen Stein!

Café Schnepperschütz

www.bier.by

Tipp: Verschiedene üppig belegte Brote

WENN EIN BAMBERGER NACH NÜRNBERG ZIEHT, ...

... dann sollte er einen Biergarten eröffnen. Diese - zugegebenermaßen neue - Weisheit haben sich die Betreiber zu eigen gemacht und mit dem „Schnepperschütz" ein echtes Kleinod geschaffen. Denn eigentlich war der heutige Biergarten lediglich eine öffentliche Toilette in der Hallerwiese, direkt neben dem Schnepperschützbrunnen, der an die erste Bürgerwehr der Reichsstadt erinnert. Seit 2008 hat sich das geändert, nun kann man hier auch prima Brotzeit machen.

BIER

Enzensteiner/Enzenreuth: Landbier, Weizen (beides vom Fass). Zusätzlich ab und zu Biere der Woche aus Franken. Rothaus/Grafenhausen: Tannenzäpfle.

KÜCHE

Keine warmen Gerichte. Spezialitäten: Eliene Santos belegte Brote „la miche", z. B. Brote der Woche mit gebratenem grünen Spargel mit Bärlachpesto und Ziegenfrischkäse, mit gebratenem Rotbarschfilet auf Karotten-Apfel-Salatbett mit Senf-Orangen-Dressing oder mit Serranoschinken mit mariniertem Honigmelonentatar, Rucola und Manchegokäse.

PLÄTZE (außen/regensicher)

40/0

ANSCHRIFT

Hallerwiese 3
90419 Nürnberg

ÖFFNUNGSZEITEN

Täglich ab 7.30 Uhr
Sa und So ab 10 Uhr

Gasthaus Engel

www.bier.by **Tipp: Schäuferle (Mi), Schnitzel**

GESCHMACKVOLLE STUDENTENROMANTIK

Dietmar Lorenz und Martin Oberste-Schemmann haben schon während ihres Studiums das nötige Kleingeld in der Gastronomie verdient. Da lag es nahe, im Anschluss selbst in dieses Business einzusteigen. Aus einer alten Hardrock-Kneipe wurde 1997 das Gasthaus Engel, wobei es keinen wirklichen Grund für die Namensgebung gab, behaupten zumindest die beiden Wirte. Wir - und auch die Stammgäste - sahen das etwas anders. Schließlich kümmern sich die beiden liebevoll um ihre Gäste. Die kommen aus allen Alters- und Berufsschichten, irgendwie ist allerdings das urige Uni-Flair in den Mauern geblieben, doch wirklich nicht zum Nachteil dieses Klassikers!

BIER

Penning-Zeissler/Hetzelsdorf: Fränkisches Landbier (vom Fass). Tucher/Fürth: Lederer Pils, Zirndorfer Landbier, Tucher Hefeweizen (alles vom Fass), Grüner Bier, Zirndorfer Kellerbier, Tucher dunkles Weizen, Tucher leichtes Weizen, Tucher alkoholfreies Weizen. Jever: Pils, Jever Fun.

KÜCHE

Belegte Fladenbrote und Salate. Täglich mittelgroße Karte mit warmen Gerichten. Spezialitäten: Schäuferle (Mi), Rouladen, Rindergulasch mit Semmelknödeln, Semmelknödel mit Rahmchampignons, Käsespätzle, Schnitzel.

PLÄTZE (außen/regensicher)

50/60

ANSCHRIFT

Schoppershofstraße 53
90489 Nürnberg
Tel.: 0911-559251

ÖFFNUNGSZEITEN

Täglich ab 18 Uhr

Gartenwirtschaft Fuchsloch

www.gartenwirtschaft-fuchsloch.de Tipp: Schlachtschüssel mit Blut- und Leberwürsten

DER BIERGARTEN-OLDIE

80 Jahre hat die Kleingartenkolonie „Fuchsloch" auf dem Buckel. Kein Wunder also, dass sich die zugehörige Gaststätte zu einer kleinen Oase für die Arbeitnehmer aus der Gegend entwickelt hat, wo sie gemütlich ihre Mittagspause oder das Feierabendbierchen genießen. Marianne und Georg Eckstein bewirtschaften das Haus seit 2010, als sie ihre Metzgerei an den Nagel hängten. Es versteht sich von selbst, dass solche Fachleute die meiste Wurst selbst machen und auch regelmäßig Schlachtschüssel anbieten. Richtig voll wird es immer am 24. August, wenn das jährliche Oldie-Fest steigt.

BIER

Pyraser: Pils, Weizen, Landbier (alles vom Fass), Kellerbier, Jubeltrunk, Schwarzbier, dunkles Weizen, alkoholfreies Bier, alkoholfreies Weizen.

KÜCHE

Hausmacher Brotzeiten. Täglich mittelgroße Karte mit warmen Gerichten. Spezialitäten: Schäuferla, Karpfen (saisonal), hausgemachte Bratwürste, Schlachtschüssel (ab Sep. jeden Do), Blut und Leberwürste (ab Sep. jeden Do).

PLÄTZE (außen/regensicher)

85/60

ANSCHRIFT

Nicolaistraße 18 (Zufahrt über Muggenhofer Straße)
90429 Nürnberg-Muggenhof
Tel.: 0911-32609291

ÖFFNUNGSZEITEN

Täglich ab 10 Uhr
Okt. bs März Sa 10 bis 16 Uhr
Apr. bis Sep. Sa 10 bis 20 Uhr
Montag Ruhetag

Waldwirtschaft Steinbrüchlein

www.steinbruechlein-biergarten.de **Tipp: Hausgemachter Flammkuchen**

BIER

Tucher/Fürth: Zirndorfer Landbier, Zirndorfer Kellerbier, Tucher Hefeweizen (alles vom Fass), Tucher urfränkisch dunkel, Tucher Pilsener, Zirndorfer Landweizen, Tucher dunkles Weizen, Tucher Kristallweizen, Tucher leichtes Weizen, Tucher alkoholfreies Weizen, Reifbräu alkoholfreies.

KÜCHE

Fränkische Brotzeiten. Täglich große Karte mit warmen Gerichten. Spezialitäten: Schäuferle, hausgemachter Flammkuchen (mit Speck und Zwiebeln oder vegetarisch), fränkische Bratwürste mit Kraut und Brot oder mit Kartoffelsalat, Portion roher Bauernschinken.

PLÄTZE (außen/regensicher)

460/45

ANSCHRIFT

Am Steinbrüchlein 20
90455 Nürnberg
Tel.: 0911-48094000

ÖFFNUNGSZEITEN

Anfang Mai bis Ende Sep.
Täglich ab 10 Uhr
Anfang März bin Ende Apr. und Anfang bis Ende Okt.
Täglich ab 10 Uhr , Mo Ruhetag
Nov., Dez., Jan. und Feb. nur für geschlossene Gesellschaften geöffnet (Anmeldung unter Tel. Nr. 09129-5060)

INNOVATION UND TRADITION

Die Existenz eines Kiosks am Steinbrüchlein ist schon für das Jahr 1640 belegt. Damals kümmerte man sich um die Schwerarbeiter, die hier Mühlsteine brachen. Wenige Jahre später kamen Stallungen zum Wechseln der Pferde für die Fuhrwerke dazu. Später wechselten die Besitzer, deren bekannteste die legendäre Wirtin „Gusti" war, die bis zu ihrem Tod im Januar 2009 den Laden führte. Die heutigen Inhaber führen das Kleinod in ihrem Sinne weiter, freuen Sie sich also auf ein Stück gelebte Biergartentradition.

Goldenes Posthorn

www.goldenes-posthorn.de Tipp: Essigbrätlein vom Ochsenbäckchen

UR-WIRTSCHAFT

Um die Zeit der Entdeckung Amerikas entstand in Nürnberg Deutschlands älteste Weinstube, das Goldene Posthorn. Viele Berühmtheiten waren seitdem hier, unter anderem auch Richard Wagner, der einen Teil der „Meistersinger von Nürnberg" hier zu Papier brachte. Leider fiel das Haus, wie so viele in Nürnberg, 1945 einem Bombenvolltreffer zum Opfer. Trotzdem konnten Teile der Schätze des Hauses gerettet werden, wie zum Beispiel die original Spielkarten von Hans Sachs 1560 oder das Trinkglas von Albrecht Dürer. Dies ist eindeutig einer der Orte, an denen man im Laufe seines Lebens einmal gewesen sein sollte!

BIER

Tucher/Fürth: Tucher Übersee Export hell, Altfranken dunkel, Hefeweizen (alles vom Fass), alkoholfreies Hefeweizen. Jever: Jever Fun.

KÜCHE

Hausmacher Brotzeiten. Täglich mittelgroße Karte mit warmen Gerichten. Spezialitäten: Essigbrätlein vom Ochsenbäckchen, Schäuferle, Bio-Lachs, Schlupfkuchen.

PLÄTZE (außen/regensicher)

80/100

ANSCHRIFT

Glöckleinsgasse 2
90403 Nürnberg
Tel.: 0911-225153

ÖFFNUNGSZEITEN

Täglich ab 11 Uhr

Gutmann am Dutzendteich

www.gutmann-am-dutzendteich.de

Tipp: Krautwickel mit Bier-Specksoße

BIER

Gutmann/Titting: Untergäriges Vollbier (vom Fass), helles Weizen, dunkles Weizen, leichtes Weizen, alkoholfreies Weizen.

KÜCHE

Fränkische Brotzeiten. Täglich große Karte mit warmen Gerichten. Spezialitäten: Braumeister Salat, Nürnberger Rostbratwürste, Krautwickel mit Bier-Specksoße, Krustenschäuferle, umfangreiche Saisonkarte.

PLÄTZE (außen/regensicher)

1030/260

ANSCHRIFT

Bayernstraße 150
90478 Nürnberg
Tel.: 0911-988187710

ÖFFNUNGSZEITEN

Täglich ab 10 Uhr

BEACH-GLUBB

Der Clubfan an sich hat es schwer, das war schon immer so und wird wohl auch so bleiben, wenn man die Entwicklung der Jahre 2007/2008 bedenkt. Doch damit das Leben für den Clubberer leichter wird, serviert man hier zur regelmäßigen Live-Übertragung der Spiele die Weizenspezialitäten von Gutmann aus Titting, das früher einmal fränkisch war und seit 1972 oberbayerisch ist. Das nur am Rande, sehr lecker auch die Weizencocktails, die am besten auf den Liegestühlen im Beach-Bereich schmecken.

65 Dutzendteich, Nürnberg Bus

Hexenhäusle - Gaststube und Historischer Biergarten

www.hexenhaeusle-nuernberg.de **Tipp: Nürnberger Rostbratwürste mit Kartoffelsalat**

WAS LANGE WÄHRT

Wie oft sind wir sehnsüchtig am Hexenhäusle vorbeigegangen. Seit Juni 2013 ist nun aber wieder geöffnet, und man kann sich wieder in dem traumhaften Ambiente direkt an der Kaiserburg niederlassen. Der historische Biergarten des Torschreiberhauses von 1877 gliedert sich in viele kleine Ecken und Winkel - und überrascht immer wieder mit sehenswerten Deko-Elementen. Auf den Tisch gehört mindestens ein „Vesperbrettle" - und schon ist Biergartenfeeling pur angesagt.

BIER

Tucher/Fürth: Zirndorfer Kellerbier, Tucher Helles, Tucher altfränkisch dunkel, Tucher helles Weizen (alles vom Fass), Tucher Pils, Tucher Weizen leicht, Tucher Weizen alkoholfrei, Tucher Helles alkoholfrei.

KÜCHE

Fränkische Brotzeiten. Täglich kleine Karte mit warmen Gerichten. Spezialitäten: Vesperbrettle, Käsebrettle, Sülze, frische Salate, Grillteller (Steak, Bauch, Rostbratwürste) mit Kartoffelsalat, Putenspieß mit Folienkartoffel.

PLÄTZE (außen/regensicher)

400/70

ANSCHRIFT

Vestnertorgraben 4
90408 Nürnberg
Tel.: 0911-13042770

ÖFFNUNGSZEITEN

Täglich ab 10 Uhr
Kein Ruhetag

Hummelsteiner Park

www.hummelsteiner-park.de

Tipp: Ofenfrisches Schäuferle

BIER

Tucher/Fürth: Zirndorfer Landbier, Tucher Hefeweizen, Urfränkisch Dunkel, Tucher Pils (alles vom Fass), Grüner Bier, dunkles Weizen, leichtes Weizen, alkoholfreies Weizen. Jever: Pils, Alkoholfreies.

KÜCHE

Fränkische Brotzeiten. Täglich große Karte mit warmen Gerichten. Spezialitäten: Ofenfrisches Schäuferle, Krustenbraten, Gemüse und Salate aus dem Knoblauchsland.

PLÄTZE (außen/regensicher)

1650/130

ANSCHRIFT

Kleestraße 28
90461 Nürnberg
Tel.: 0911-440638

ÖFFNUNGSZEITEN

Täglich ab 11.30 Uhr
Sa ab 17 Uhr

VOM SCHLOSSPARK ZUM FAMILIENAUSFLUGSZIEL

Schon 1721 erteilten die alten Herren das Schankrecht für das Wirtshaus im Hummelsteiner Schloss. 6.000 Quadratmeter boten damals wie heute jede Menge Platz, um Spaß für alle zu garantieren. So ist „Die Hummel", wie der Biergarten von den Einheimischen genannt wird, heute vor allem ein Ausflugsziel für Familien, die hier eine günstige Gelegenheit für Bier und Brotzeit sowie einen XXL-Kinderspielplatz mit Spielkameradengarantie suchen. Auf der Sonnenterrasse wird übrigens bedient (ca. 150 Plätze), für den Rest ist traditionell Selbstbedienung angesagt.

Stadtbiergarten Kettensteg

www.bier.by

Tipp: Bratwürste mit Kraut und Brot

PEGNITZTERRASSE AN HISTORISCHER STELLE

1824 konnte hier die erste freischwebende Brücke Deutschlands und erste eiserne Hängebrücke auf dem europäischen Festland eingeweiht werden. Wegen der zahlreichen, jeweils drei Meter langen Kettenglieder erhielt das Pionierwerk dann seinen Namen im Volksmund: „Kettensteg". Dorthin gelangen Sie, wenn Sie über den Maxplatz stadtauswärts in Richtung Burgmauer gehen. Dann eröffnet sich Ihnen ein kleines Paradies an der Pegnitz mit wunderschönem Ambiente, gar nicht mehr großstadtlike, sondern urig mit Jägerzaun, großen Bäumen und Flussblick.

BIER

Tucher/Fürth: Tucher Urfränkisch Dunkel, Zirndorfer Landbier hell, Zirndorfer Kellerbier dunkel (alles vom Fass), Grüner Bier, Tucher Hefeweizen hell, Tucher Hefeweizen dunkel, Tucher Hefeweizen leicht, Tucher Hefeweizen alkoholfrei, Reifbräu alkoholfreies. Lederer/Nürnberg: Premium Pils.

KÜCHE

Fränkische Brotzeiten. Täglich mittelgroße Karte mit warmen Gerichten. Spezialitäten: Brotzeitplatte, Käseplatte, Stadtwurst mit Musik, Fleischsulze, Bratwürste mit Kraut und Brot, Bratwürste mit Kartoffelsalat, Steak mit Kartoffelsalat.

PLÄTZE (außen/regensicher)

350/50

ANSCHRIFT

Maxplatz 35
90403 Nürnberg
Tel.: 01512-5893484

ÖFFNUNGSZEITEN

Täglich ab 11 Uhr

DB VGN S Hallertor, Nürnberg

Kopernikus Biergarten im Krakauer Haus

www.restauration-kopernikus.de **Tipp: Piroggen**

BIER

Meister/Unterzaunsbach: Landbier (vom Fass). Krug/Breitenlesau: Landbier (vom Fass). Penning/Hetzelsdorf: Landbier (vom Fass). Spalter: Dunkles, Helles (beides vom Fass). Lindenbräu/Gräfenberg: Landbier. Gutmann/Titting: Helles Weizen, dunkles Weizen, leichtes Weizen, alkoholfreies Weizen.

KÜCHE

Fränkische Brotzeiten. Täglich große Karte mit warmen Gerichten. Spezialitäten: Saisonale Gerichte (Spargel, Pfifferlinge), Piroggen, polnische Gerichte.

PLÄTZE (außen/regensicher)

150/35

ANSCHRIFT

Hintere Insel Schütt 34
90403 Nürnberg
Tel.: 0911-2427740

ÖFFNUNGSZEITEN

Biergarten:
Täglich ab 12 Uhr
Bei schlechtem Wetter geschlossen
Restaurant:
Täglich ab 17 Uhr, So und Feiertage ab 12 Uhr (Wenn Biergarten geöffnet, dann Restaurant geschlossen und umgekehrt)

DIE POLNISCHE ENKLAVE

Der mittelalterliche Kopernikus Biergarten ist gar nicht so einfach zu finden. Man muss nämlich erst die Stufen im Krakauer Haus emporsteigen, bevor es dann direkt an die Burgmauer geht. Das Gebäude an sich schenkte die Stadt Nürnberg ihrer Partnerstadt Krakau, weswegen neben einer guten Auswahl fränkischer Landbiere vor allem polnische Gerichte auf der Speisekarte stehen. Besonders spannend fanden wir die Piroggen, eine Art polnische Maultasche mit unterschiedlichen Füllungen, die als Vor-, Haupt- und Nachspeise genossen werden kann.

KulturGarten im Künstlerhaus K4

www.k4-kulturgarten.de Tipp: Montag ab 20 Uhr Live-Bands

BIER

Nickl/Pretzfeld: Michala dunkel (vom Fass). Meister/Unterzaunsbach: Dunkles Vollbier (vom Fass). Klosterbrauerei/Weißenohe: Weißenoher Bio Classic (vom Fass), Pils. Spalter: Helles (vom Fass). Unertl/Haag in Oberbayern: Dunkles Hefeweizen, leichtes Hefeweizen, alkoholfreies Hefeweizen. Maisel/Bayreuth: Kritzenthaler Alkoholfreies.

KÜCHE

Fränkische Brotzeiten. Täglich mittelgroße Karte mit warmen Gerichten. Spezialitäten: Weltkulturburger, klassische fränkische Brotzeiten.

PLÄTZE (außen/regensicher)

600/120

ANSCHRIFT

Königstraße 93 (Zugang über Bauhof/Königstormauer)
90402 Nürnberg
Tel.: 0911-4199701

ÖFFNUNGSZEITEN

Anfang Mai bis Ende Sep.
Täglich ab 11 Uhr
Kein Ruhetag
Bei schlechtem Wetter geschlossen

DER GETEILTE BIERGARTEN

Bis 2005 ging es hier ein bisschen zu wie einst in Berlin. Mitten durch den Biergarten verlief ein Zaun, der die Glücklichen von den Durstigen trennte. Mittlerweile erinnert nur der unterschiedliche Bodenbelag an die alte Zeit, und die Gäste sitzen kreuz und quer. Besonders montags pulsiert hier das Leben, wenn Live-Bands das Publikum ordentlich rocken. Zu der einzigartigen Atmosphäre direkt an der Stadtmauer gehört auch der Grill, dem ab 18 Uhr ebenfalls kräftig eingeheizt wird.

Landbierparadies

www.landbierparadies.com **Tipp: Fleischsülze**

AN (FÜR UNS AUTOREN) HISTORISCHER STELLE

BIER

Wechselnde Wochenbiere aus fränkischen Kleinbrauereien (aus dem echten Holzfass). Eller/Birkach: Rotbier. Hebendanz/Forchheim: Hefeweizen. Held/Oberailsfeld: Helles. Kundmüller/Weiher: Rauchbier. Wagner/Merkendorf: Märzen. Reichold/Hochstahl: Helles. Pfister/Weigelshofen: Bio-Weizen. Trunk/Vierzehnheiligen: Nothelfertrunk. Ritter/Nennslingen: Dunkles Weizen. Zusätzlich zahlreiche weitere Flaschenbiere und wechselnde Wochenbiere.

KÜCHE

Fränkische Brotzeiten. Täglich mittelgroße Karte mit warmen Gerichten. Spezialitäten: Saure Zipfel (Mi und Do), fränkischer Sauerbraten, Schäuferle, fränkische Bratwürste mit Kraut, Brotzeitteller, Limburger mit Musik, Fleischsülze.

PLÄTZE (außen/regensicher)

600/310

ANSCHRIFT

Sterzinger Straße 4-6
90461 Nürnberg
Tel.: 0911-4334722

ÖFFNUNGSZEITEN

Mai bis Ende Sep.
Täglich ab 16 Uhr
So und Feiertage ab 11 Uhr
Okt. bis Ende Apr.
Täglich ab 17.30 Uhr

Hier haben wir den fränkischen Brauereiführer vorgestellt, bei einer Bierprobe mit über 100 Gästen und acht exklusiven fränkischen Bieren - ein denkwürdiger Abend. Dementsprechend ist es nur logisch, dass der Biergarten des Landbierparadieses zu unseren Tipps gehört - schließlich haben wir uns pudelwohl gefühlt. Mitbringen sollten Sie neben Hunger auf jeden Fall einen guten Durst - dank der wechselnden Bierkarten können Sie bei jedem Besuch auf eine kleine Franken-Bier-Entdeckungsreise gehen.

Landgasthaus Zum Hirschen

www.landgasthaus-zum-hirschen.com Tipp: Rinderroulade Großmutter Art

DER LANGE ARM DER REICHSSTADT

Hier im Ballungsraum der Metropolregion wird man immer wieder vom Verlauf der Stadtgrenzen überrascht. Genauso wie das s`Baggers im Norden quasi eine Exklave der Großstadt darstellt, liegt der Landgasthof zum Hirschen im Süden gerade noch im Nürnberger Stadtgebiet. Und auch vom Ambiente her liegt das Landgasthaus eher idyllisch wie auf dem Land. Schaut man doch direkt auf einen schönen Seerosenteich und kann sich von Hannelore Neußner und ihrer Tochter kulinarisch verwöhnen lassen. Über den Gästen thront eine uralte Riesenpappel, die an heißen Sommertagen für den nötigen Schatten sorgt.

BIER

Kulmbacher: Kapuziner Hefeweizen, Lager, Helles, Pils, Schwarzbier, Kellerbier (alles vom Fass), Kristallweizen, alkoholfreies Weizen, leichtes Weizen, Alkoholfreies.

KÜCHE

Fränkische Brotzeiten. Täglich mittelgroße Karte mit warmen Gerichten. Spezialitäten: Schäuferle, Rinderroulade Großmutter Art, Aischgründer Karpfen (saisonal).

PLÄTZE (außen/regensicher)

80/155

ANSCHRIFT

Deutenbacher Straße 11
90453 Nürnberg-Krottenbach
Tel.: 0911-9626256

ÖFFNUNGSZEITEN

Täglich ab 11 Uhr
Dienstag Ruhetag

DB VGN Bus 82 Krottenbach Mitte, Nürnberg

Lederer Kulturbrauerei

www.lederer-kulturbrauerei.de

Tipp: Selbst gemachter Obatzter

BIER

Tucher/Fürth: Lederer Kroko-Hausbier, Tucher Pils, Tucher Weizen (alles vom Fass), Kroko Sommer, Tucher frei.

KÜCHE

Fränkische Brotzeiten. Täglich mittelgroße Auswahl an warmen Gerichten. Spezialitäten: Selbst gemachter Obatzter, ofenfrisches Schäuferle, fränkischer Sauerbraten mit Lebkuchensoße, frische Pfifferlinge in Rahm, gekochte Rinderbrust in Meerrettichsoße mit Preiselbeeren und rohen Kartoffelklößen.

PLÄTZE (außen/regensicher)

1000/500

ANSCHRIFT

Sielstraße 12
90429 Nürnberg
Tel.: 0911-80100

ÖFFNUNGSZEITEN

Bedienungsbereich:
Täglich ab 11 Uhr
Selbstbedienungsbereich:
Mo bis Fr ab 16 Uhr
Sa, So und Feiertage ab 13 Uhr

DAS KROKODIL ÜBER DEM TANK

Wo bis 1995 noch das Lederer Bier das Licht der Welt erblickte, die einst älteste Brauerei der Stadt, die schon vor der Entdeckung Amerikas leckeren Gerstensaft köchelte, liegt heute die Kulturbrauerei. Mit vielen Exponaten aus der langen Lederer-Geschichte bieten die Innenräume auch eine gute Gelegenheit, sich über Braukunst und Braukultur der freien Reichsstadt zu informieren. Heute schenken Karl Krestel und sein Team Tucher Bier aus, und als kleine Reminiszenz ein Kroko-Hausbier, das nach einem großen Krokodil benannt ist, das über der Theke hängt. Der riesige Biergarten mit quasi eigener U-Bahn-Station erfreut sich jedenfalls zu Recht ungebrochener Beliebtheit bei den Einheimischen.

Bärenschanze, Nürnberg

Marientorzwinger Wirtshaus Bar Biergarten

www.marientorzwinger.de **Tipp: Großes Brotzeitbrettla**

BLAUES BLUT IM NAMEN

Waren die Zwinger einst militärisches Gebiet zwischen Stadtmauer und Graben, entwickelten sie sich nach dem Mittelalter zu wahren Gastronomiehochburgen, die im Sommer auch viele Gäste in ihre Biergärten lockten. Seinen heutigen Namen hat der Marientorzwinger, der einst einfach nach seinen jeweiligen Besitzern benannt worden war, von der Mutter des Märchenkönigs, der bayerischen Königin Marie Friederike Franziska Hedwig, geb. Prinzessin von Preußen. Zum Biergarten muss man einige Stufen erklimmen, dann jedoch eröffnet sich ein wahres Paradies der Gastlichkeit.

BIER

Tucher/Nürnberg: Weizen, Urbräu helles, Nürnberger Pils (alles vom Fass), Urfränkisch dunkel, Hefeweizen leicht, Hefeweizen dunkel, Kristallweizen, Grüner Bier, Hefeweizen alkoholfrei, Tucher frei.

KÜCHE

Fränkische Brotzeiten. Täglich große Karte mit warmen Gerichten. Spezialitäten: Schäuferle, Sauerbraten, Nürnberger Bratwürste, großes Brotzeitbrettla.

PLÄTZE (außen/regensicher)

300/160

ANSCHRIFT

Lorenzer Straße 33
90402 Nürnberg
Tel.: 0911-24274040

ÖFFNUNGSZEITEN

Täglich ab 11 Uhr

Tram 8 Nürnberg / Marientor

Schanzenbräu Schankwirtschaft

www.schanzenbraeu.de

Tipp: Fränkische Bratwürste

BIER

Eigene Brauerei: Schanzenbräu Rot, Schanzenbräu Hell, Schwarzbier, saisonal wechselnde Biere (alles vom Fass). Ritter St. Georgen/Nennslingen: Weizen. Geuze: Belgisches Bier. Kriek: Belgisches Kirschbier. Berliner Weisse.

KÜCHE

Fränkische Brotzeiten. Täglich mittelgroße Karte mit warmen Gerichten. Spezialitäten: Bratwürste, sauere Zipfel; Sauerbraten, Rouladen oder Schäuferle (abwechselnd So).

PLÄTZE (außen/regensicher)

100/80

ANSCHRIFT

Adam-Klein-Straße 27
90429 Nürnberg-Gostenhof
Tel.: 0911-93776790

ÖFFNUNGSZEITEN

Täglich ab 11 Uhr

OHNE SCHNICKSCHNACK, ABER MIT SCHUSS

Für den fränkischen Gaumen gibt's Bratwürste und Brotzeiten als Grundlage für den Biergenuss. Der besteht hier nicht nur aus den beiden Hausbräusorten, sondern auch aus einer breiten Palette internationaler Biere, beispielsweise aus Belgien. Die sind dann natürlich nicht nach dem Reinheitsgebot gebraut, aber warum nicht mal ein Kirschbier zwischen Schanzenbräu Rot und Hell einschieben? Ein guter Zeitpunkt dafür ist der Sonntagmorgen, wenn die Inhaber traditionell ab 11 Uhr Weißwurstfrühstück servieren. Dazu kann dann auch eine echte Berliner Weiße genossen werden - ideal bei sommerlichem Wetter im Biergarten.

Tucherhof

www.tucherhof.de Tipp: Schnitzel

BIER

Eigene Brauerei: Urhell, Pils, Weizen, Zirndorfer Kellerbier (alles vom Fass), komplettes Flaschenbier-Sortiment.

KÜCHE

Fränkische Brotzeiten. Täglich große Karte mit warmen Gerichten. Spezialitäten: Schnitzel, Schäuferle, fränkische Bratwürste.

PLÄTZE (außen/regensicher)

1300/110

ANSCHRIFT

Marienbergstraße 110
90411 Nürnberg-Ziegelstein
Tel.: 0911-5209777

ÖFFNUNGSZEITEN

Täglich ab 11 Uhr

DER MARIENBERG

So heißt das Areal des Tucherhofes im Volksmund, benannt nach der Tochter eines Fabrikbesitzers, der den Gutshof 1845 errichtete. Später kaufte die Brauerfamilie Tucher das Gelände, um Weiher zur Eisproduktion anzulegen. So lieferte man viele Jahre von hier die großen Eisstücke, mit denen das Bier in den Felsenkellern auf konstanter Temperatur gehalten wurde. Heute hat sich der Tucherhof als Ausflugsziel etabliert und bietet mit seinem riesigen Platzangebot und dem rustikalen Ambiente eine wahre Oase im Grünen.

Bus 22 Tucherhof, Nürnberg

Wanderer Bieramt

www.cafe-wanderer.de

Tipp: Griebenschmalzbrot mit fränkischem Bier

BIER

Pilsner Urquell/Plzen: Pils (vom Fass). Schanzenbräu/Nürnberg: Helles (vom Fass). Ein wechselndes Aktionsbier von kleinen Brauereien aus der Region (vom Fass). Rittmayer/Hallerndorf: Dunkles Landbier. Reh/Lohndorf: Dunkles Landbier. Meister/Unterzaunsbach: Dunkles Landbier. Penning/Hetzelsdorf: Dunkles Landbier. Gutmann/Titting: Helles Weizen, leichtes Weizen. Grasser/Huppendorf: Zwickel. Spalter: Helles, Alkoholfreies. Spezial/Bamberg: Rauchbier. Unertl/Haag: Dunkles Weizen. Zusätzlich ein wechselndes Aktions-Flaschenbier.

KÜCHE

Fränkische Brotzeiten. Keine warmen Gerichte. Spezialitäten: Frankenbrot (von „Hildes Backwut") bestrichen mit Aufstrichen von der Gourmet-Metzgerei Wolf/Nürnberg (Schmalz, Leberwurst, Obatzter), Weißwurstfrühstück (jeden 1. Sa im Monat).

PLÄTZE (außen/regensicher)

80/50

ANSCHRIFT

Beim Tiergärtnertor 2 - 6
90403 Nürnberg
Tel.: 0178-3666334

ÖFFNUNGSZEITEN

2. März bis 15. Apr. und 17. Okt. bis 23. Dez.: Täglich ab 17.30 Uhr
Montag Ruhetag
16. Apr. bis 16. Okt.: Mo ab 17.30 Uhr, Di bis So ab 14 Uhr
24. Dez. bis Ende Feb. geschlossen

GEMEINSAME SACHE AM FUSSE DER BURG

Pilgern die Touristen zur Burg, machen die Bierfans meistens vor dem Eingang Station. Denn hier lockt das Bieramt mit einem ungemein süffigen Angebot an fränkischen Gerstensäften (Der Ausrutscher mit dem Pilsner Urquell ist wohl den Touristen geschuldet und sei ausnahmsweise verziehen). Dazu gibt es urige Wurstklassiker und doppelt gebackenes Bauernbrot. Dieses Angebot sorgt dafür, dass der kleine Eingang meist von Männern mit dem Krug in der Hand umlagert ist, ein echtes Bier-Happening, das richtig Laune macht!

Wies'n Biergarten

www.wiesn-biergarten.de Tipp: 1/2 Meter Wies'n Brotzeit (Für Zwei)

TÄGLICH PUBLIC VIEWING

Zugegeben, es ist nicht alle Tage Welt- oder Europameisterschaft, aber die Wöhrder Wiese ist der Mittelpunkt des öffentlichen Sehens und Gesehen-Werdens in Nürnberg. Dabei dreht es sich nicht um die High Society, sondern eher um die jungen Studentinnen, die sich hier ab gefühlten 10 Grad Außentemperatur die Sonne auf den Körper scheinen lassen. Beste Aussicht und Verpflegung bietet dabei der toll angelegte Biergarten, der auch noch mit vielfältigen Spielgelegenheiten für die Kinder und dem separaten „Erfahrungsfeld der Sinne" aufwarten kann. Fazit: Hier kann man jeden Tag Urlaub machen.

BIER

St. GeorgenBräu/Buttenheim: Kellerbier (vom Fass). Löwenbräu/Buttenheim: Helles Bier (vom Fass), Weizen. Dreykorn/Lauf: Dunkles (vom Fass). Beck´s: Pils.

KÜCHE

Fränkische Brotzeiten. Täglich mittelgroße Karte mit warmen Gerichten. Spezialitäten: Bratwürste, Grillfleisch, Brotzeitbrett.

PLÄTZE (außen/regensicher)

800/45

ANSCHRIFT

Johann Sörgel Weg/Wöhrder Wiese
90482 Nürnberg
Tel.: 0911-2406688

ÖFFNUNGSZEITEN

Anfang Mai bis Mitte Sep.
Mo bis Fr und So ab 10 Uhr
Sa ab 13 Uhr

Zabo-Linde Bar - Café - Biergarten

www.zabo-linde.com

Tipp: Wechselndes Businesslunch-Menü

BIER

Tucher/Fürth: Grüner Bier, Zirndorfer Helles, Zirndorfer Kellerbier, Weizen (alles vom Fass), Lederer Pils, Kroko-Bier, Zirndorfer Landweizen, dunkles Bier, dunkles Weizen, leichtes Weizen, alkoholfreies Weizen.

KÜCHE

Fränkische Brotzeiten. Täglich mittelgroße Karte mit warmen Gerichten. Spezialitäten: Businesslunch-Menü (täglich wechselnd), saisonale Gerichte, fränkische Bratwürste vom Grill, Schweinebraten mit Kloß und warmem Kraut, Currywurst.

PLÄTZE (außen/regensicher)

350/160

ANSCHRIFT

Zerzabelshofer Hauptstraße 28
90480 Nürnberg-Zerzabelshof
Tel.: 0911-407078

ÖFFNUNGSZEITEN

Täglich ab 11 Uhr
So und Feiertage ab 10 Uhr

CLUB-HEIMAT UND KÜNSTLERZENTRALE

Im Stadtteil Zerzabelshof - Zabo - steht nicht nur eine große Linde, sondern drumrum auch eine Kneipe mit Kultstatus: Die Zabo-Linde. Seit 2013 bringt Kristina Pyka frischen Wind in das ehrwürdige Haus, zu dem auch ein großer Biergarten gehört. Neben den Club- und Champions-League-Spielen sind vor allem die regelmäßigen Künstlerabende echte Höhepunkte. Unter dem Motto „Kunst gegen Bares" treiben allerlei Kleinkünstler, Zauberer und Musiker ihr Unwesen und sammeln nach ihren Auftritten Hutgeld ein.

Gasthaus Gumbrecht

www.bier.by **Tipp: Schlachtschüssel (Mi und Do)**

GEMÜTLICHKEIT AUF DER WIESE

Am Gasthaus Gumbrecht kommt man nicht zufällig vorbei - und genausowenig bleibt man zufällig. Seit 135 Jahren zaubert die Familie Gumbrecht schmackhafte Hausmacher Brotzeiten auf die Teller der Gäste. Die sitzen in einem improvisierten (und scheinbar beliebig erweiterbaren) Biergarten auf der Wiese - mit Blick auf den Teich. Das Gasthaus war früher so beliebt, dass es den Beinamen „Waldkrankenhaus" bekam: Auf der Suche nach den vermeintlich Kranken fanden die Detektive der Betriebe die Leute beim Bier - beim Gumbrecht.

BIER

Tucher/Fürth: Pils, Weizen (beides vom Fass), Zirndorfer Kellerbier, leichtes Weizen, alkoholfreies Weizen, Alkoholfreies. St. GeorgenBräu/Buttenheim: Kellerbier.

KÜCHE

Hausmacher Brotzeiten. Spezialitäten: Schlachtschüssel (Mi und Do), Karpfen (saisonal), Hausplatte.

PLÄTZE (außen/regensicher)

250/80

ANSCHRIFT

Obermembach 2
91093 Hessdorf
Tel.: 09135-3140

ÖFFNUNGSZEITEN

Täglich ab 10 Uhr
Dienstag Ruhetag

Gasthaus Fischküche Reck

www.fischkueche-reck.de — Tipp: Hausmacher Brotzeiten

DER BADE-BIERGARTEN

Die Fischküche Reck muss erstmal erfahren werden - Navi nicht vergessen. Doch fährt man in den kleinen Innenhof ein bzw. parkt davor, betritt man ein kleines Reich. Der zweistufige Garten reicht bis zu einem kleinen See (Oberndorfer Weiher), in dem man sich auch abkühlen kann (gerne genutzt von den auf dem Regnitztal-Radwanderweg vorbeifahrenden Radlern). Herrlich, hier bei Sonnenuntergang mit Bier und einer der guten Brotzeiten aus der eigenen Metzgerei zu sitzen.

BIER

Kitzmann/Erlangen: Pils, Kellerbier (beides vom Fass), Weizen leicht. Tucher/Fürth: Helles Weizen, Dunkles (beides vom Fass), Alkoholfreies. Schneider/Kelheim: Alkoholfreies Weizen. Schlenkerla/Bamberg: Rauchbier.

KÜCHE

Hausmacher Brotzeiten. Täglich große Karte mit warmen Gerichten. Spezialitäten: Karpfenfilet, Karpfenpastete, geräucherte Karpfen, Spargelgerichte, Matjes.

PLÄTZE (außen/regensicher)

150/160

ANSCHRIFT

Oberndorf 7
91096 Möhrendorf
Tel.: 09131-47176

ÖFFNUNGSZEITEN

Mi bis Sa 11 bis 14 Uhr ab 17 Uhr
So und Feiertage ab 11 Uhr
Montag und Dienstag Ruhetag

254 Möhrendorf Mitte, Möhrendorf Bus

Geyer's Felsenkeller

www.brauereigasthof-geyer.de

Tipp: Adlerhaxen, Fisch vom Grill

KELLER MIT PFIFF

Der historische Felsenkeller - bis 1965 noch Lagerstätte für das süffige Bier der Brauerei Geyer - ist erst seit einigen Jahren wieder in der Hand der Familie. Traumhaft mitten in einem Wäldchen gelegen, bietet er noch ein pikantes Geheimnis: Nur wenig entfernt liegt der Tanzenhaider Weiher, das Mekka der örtlichen FKK-Liebhaber. Und so legten schon viele einen Zwischenstopp auf dem Bierkeller ein, um sich Mut anzutrinken, die einen zum Baden, die anderen zum Zuschauen. Übrigens: Jedes Jahr am 1. Freitag im August wird das Kellerfest gefeiert.

BIER

Eigene Brauerei: Keller, Weizen (beides vom Fass).

KÜCHE

Hausmacher Brotzeiten. Täglich kleine Karte mit warmen Gerichten. Spezialitäten: Grobe Bratwürste, Leberkäs, Weißwürste, Adlerhaxen, Pizza, Makrelen vom Grill (ab und zu).

PLÄTZE (außen/regensicher)

250/40

ANSCHRIFT

Tanzenhaider Weg 6
91097 Oberreichenbach
Tel.: 0179-6781408 o. 09104-2802

ÖFFNUNGSZEITEN

Mo bis Fr ab 17 Uhr
Sa ab 14 Uhr
So und Feiertage ab 11 Uhr

Bus 201, 241 Hauptstr., Oberreichenbach b Herzogenaurach

Landgasthof Fiedler

www.landgasthof-fiedler.de Tipp: Oberroßbacher Zwiebelrostbraten

BIERGARTEN MIT BIERAUSWAHL

Mit Carmen Fiedler schwingt hier Frankens erste Biersommeliére den Bierstachel und bietet den Gästen auch eine breite Auswahl nationaler und internationaler Gourmetbiere. Diese edlen Getränke und die nicht minder feinen Frankenklassiker auf der regulären Bier- und Speisekarte lassen sich in dem urigen Garten bestens genießen. Im Hintergrund plätschert ein kleiner Brunnen, und ab und an weht ein dezenter Grill-Duft in die Nase, wenn Markus Fiedler sein großes Arbeitsgerät anwirft. Fazit: Hier muss der Bierkellerfreund mindestens einmal gewesen sein!

BIER

Hofmann/Pahres: Helles Landbier, Hopfengold, Lagerbier, Weizenbock (saisonal), Dunkles (saisonal), Bockbier (saisonal) (alles vom Fass), Hefeweizen, Alt Pahreser Dunkel, Fiedler´s Pale Ale. Döbler/Bad Windsheim: Pils leicht. Maisel/Bayreuth: Kristallweizen. Erdinger: Weißbier dunkel. Schneider/Kelheim: Weißbier mein Grünes, Weißbier leicht, Weißbier alkoholfrei. Sowie zahlreiche weitere exklusive und internationale Biere.

KÜCHE

Fränkische Brotzeiten. Täglich große Karte mit warmen Gerichten. Spezialitäten: Saisonale Gerichte (z. B. Spargel, Pfifferlinge, Matjes, Karpfen), Spanferkelschäuferle, Oberroßbacher Zwiebelrostbraten.

PLÄTZE (außen/regensicher)

70/120

ANSCHRIFT

Oberroßbach 3
91463 Dietersheim-Oberroßbach
Tel.: 09161-2425

ÖFFNUNGSZEITEN

Täglich 7 bis 14 und ab 17 Uhr
So und Feiertage 7 bis 14 Uhr
Mittwoch Ruhetag

Berggasthof Igelwirt

www.igelwirt.de **Tipp: Fränkische Hausplatte mit Zwetschgenwasser**

TRAUMBLICK GARANTIERT

Die Wanderung oder Fahrt auf den Schlossberg über Osternohe lohnt sich. Nicht nur, dass Sie mit feinen Gerichten und Neunkirchner Bier bewirtet werden, allein der Blick auf das Tal ist atemberaubend. Herr über den Biergarten sind Fritz Maas, der 1989 den damals 100jährigen Traditionsgasthof übernommen hat, und ein uralter Bergahorn, der wohl schon die gesamte Zeit der Gastlichkeit hier überblicken konnte. Wer statt Schatten lieber Sonne möchte, kann sich auf die neu angelegte Sonnenterrasse setzen.

BIER

Vasold & Schmitt/Neunkirchen am Brand: Lager, Pils (beides vom Fass). Veldensteiner: Weizen (vom Fass), Weizen leicht, alkoholfreies Weizen. Enzensteiner: Dunkles Landbier (vom Fass). Kugelbauer/Abensberg: Alte Liebe (Dunkles Hefe). St. Georgen-Bräu/Buttenheim: Keller. Erdinger: Kristallweizen. Gutmann/Titting: Weizen. Clausthaler: Alkoholfreies.

KÜCHE

Fränkische Brotzeiten. Täglich mittelgroße Karte mit warmen Gerichten. Spezialitäten: Fränkische Bratengerichte, fränkischer Sauerbraten, Hirschkalbbraten, Schäuferle, Lammnüsschen, fränkische Hausplatte.

PLÄTZE (außen/regensicher)

100/150

ANSCHRIFT

Igelweg 6
91220 Schnaittach-Osternohe
Tel.: 09153-4060

ÖFFNUNGSZEITEN

Täglich ab 6.30 Uhr
Montag Ruhetag

Gasthof Kleemann

www.gasthof-kleemann.de Tipp: Schlachtschüssel jeden Donnerstag

GEHEIMTIPP UM DIE ECKE

Hierher zum Gasthof Kleemann finden Seenland-Touristen bisher eher selten, dafür die Einheimischen umso öfter. Und das ist gut so. Schließlich gibt es jede Menge echte Leckereien aus der hauseigenen Metzgerei, die man hier im schönen Biergarten genießen kann. Heidi Kleemann wirft auch gerne mal den Grill an, und ein rustikaler Sommerabend kann in der Scheune ausklingen.

BIER

Strauss/Wettelsheim: Pils, Märzen, Helles (alles vom Fass), Wet (Premium Pils). Gutmann/Titting: Weizen, leichtes Weizen, dunkles Weizen, alkoholfreies Weizen. Erdinger: Weizen, alkoholfreies Weizen. Clausthaler: Alkoholfreies. Jever: Jever Fun.

KÜCHE

Hausmacher Brotzeiten. Täglich mittelgroße Karte mit warmen Gerichten. Spezialitäten: Karpfen (saisonal), Schäuferle, Haxen, Brotzeitteller, Krenfleisch

PLÄTZE (außen/regensicher)

50/100

ANSCHRIFT

Ringstraße 17 und 19
91738 Pfofeld
Tel.: 09834-239

ÖFFNUNGSZEITEN

Täglich ab 7 Uhr
Montag Ruhetag

Pappenheim

Bierteufel

www.bierteufel.net

Tipp: Hausgemachter Kartoffelsalat

BIER

Fürst Carl/Ellingen: Helles, Pils (vom Fass). Sigwart/Weißenburg: Weizen (vom Fass). Gutmann/Titting: Weizen.

KÜCHE

Salate. Täglich mittelgroße Karte mit warmen Gerichten. Spezialitäten: Fränkische Bratwürste (nach Originalrezept mit Majoran), Schnitzel, hausgemachter Kartoffelsalat, Wurstsalat, Grillteller.

PLÄTZE (außen/regensicher)

140/0

ANSCHRIFT

Untere Dorfstraße 13 (neben der Schiffsanlegestelle Ramsberg)
91785 Pleinfeld-Ramsberg
Tel.: 09144-608300 oder
0151-16888666

ÖFFNUNGSZEITEN

Täglich ab 10 Uhr
Bei schönem Wetter geöffnet!

100 METER VON DER SCHIFFSANLEGESTELLE

So kurz ist hier der Weg in einen der kreativsten Biergärten am Brombachsee. Von mehreren Terrassen aus bietet sich ein prachtvoller Blick auf das Geschehen in der großen Badewanne. Interessant natürlich die stündlichen An- und Ablegemanöver des Trimarans, aber auch das kulinarische Angebot, das sich klassisch zwischen Schnitzel und Wurstsalat bewegt. Besonders hervorheben möchten wir die Freundlichkeit des Service, die uns nach einem anstrengendem Recherchetag richtig erfrischt und begeistert hat!

645 Ramsberg Feuerwehrhaus, Pleinfeld Bus

Baumhaus

www.baumhaus-rennhofen.de | Tipp: Pizza zum Selbst belegen

VON DER SCHULE ZUM BIERGARTEN

So mancher Einheimische hätte sich das nie träumen lassen: Wo er ehemals im Pausenhof spielte, kann er jetzt gemütlich sein Bierchen trinken und den ehemaligen Oberlehrer einen guten Mann sein lassen. 1997 kaufte die Familie Holzwarth das alte Schulhaus und gestaltete nach und nach einen wirklichen Klassiker. Der Boden ist mit Rindenmulch ausgelegt, es reihen sich viele urige Holzgarnituren um eine ovale Schanktheke, überall stehen zwischen den Obstbäumen mehr oder weniger sinnvolle Kleinodien, und am Rande kann man in der Bauernscheune die persönlichen Favoriten mit nach Hause nehmen. Für Kinder ein Erlebnis mit regelmäßigem Lagerfeuer, Ritterburg, Kletterwand, Hüpfkissen und Seilbahn. Für Genießer ein Highlight: Das vor Ort im Holzofen gebackene Brot.

BIER

Hofmann/Pahres: Lager, Hefeweizen, Hopfengold (alles vom Fass), Alkoholfreies.

KÜCHE

Hausmacher Brotzeiten. Täglich mittelgroße Karte mit warmen Gerichten. Spezialitäten: Grobe Bratwürste, Pizza zum Selbst belegen, Krustenbrot aus dem Holzbackofen (gelegentlich).

PLÄTZE (außen/regensicher)

600/150

ANSCHRIFT

Rennhofen 23
91448 Emskirchen
Tel.: 09161-61996

ÖFFNUNGSZEITEN

Mai bis Okt.: Täglich ab 10 Uhr
Nov. bis April geschlossen
(Bei schönem Wetter schon im April unregelmäßig geöffnet)

Bus 160 Herrnneuses, Neustadt a.d. Aisch

Akzent Hotel Gasthaus Schranne

www.hotel-schranne.de Tipp: Hausgemachte Schweinsfußsülze mit Bratkartoffeln

GASTHOF MIT SILBERMEDAILLE

Der Name „Schranne" leitet sich vom althochdeutschen „scranna" ab und ist ein im süddeutschen Raum verbreiteter Begriff für den Getreidemarkt. Dieser fand früher im Innenhof der Schrannenscheune statt. Als das Haus im 17. Jahrhundert erbaut wurde, diente es einer adeligen Familien als Wohnsitz, bis es von der Familie Meinold zum Gasthof umgebaut wurde. Das Restaurant und der Schrannengarten bieten gutbürgerliche bayerische und fränkische Spezialitäten aus eigener Herstellung. Im Jahr 2010 erhielt die Küche im Wettbewerb Bayerische Küche die Auszeichnung in Silber.

BIER

Landwehr/Reichelshofen: Edel (vom Fass), alkoholfreies Pils. Tucher/Fürth: Pils, Hefeweizen, Altdunkel (alles vom Fass), Kristallweizen, Hefeweizen leicht, Hefeweizen alkoholfrei, Reifbräu alkoholfreies. Jever: Pils (vom Fass).

KÜCHE

Hausmacher Brotzeiten. Täglich große Karte mit warmen Gerichten. Spezialitäten: Schlachteplatte, Sauerbraten, saisonale und regionale Gerichte.

PLÄTZE (außen/regensicher)

120/250

ANSCHRIFT

Schrannenplatz 6
91541 Rothenburg ob der Tauber
Tel.: 09861-9550-0

ÖFFNUNGSZEITEN

Täglich ab 9 Uhr

819 Berufsschule, Rothenburg ob der Tauber Bus

Flairhotel Reichsküchenmeister

www.reichskuechenmeister.com

Tipp: Sauerbraten

MAGISTER COQUINAE

Als Reichsküchenmeister von Rothenburg lebte es sich auch im Mittelalter nicht schlecht, hatte man doch lediglich den Kaiser als Herren über sich. Dank ihrer Kochkünste stiegen sie bis zum Reichsvogt und Reichsschultheiß auf. Lustig das Wappen mit Nudelholz und Hackschlegel - heute immer noch am Hotel zu bewundern. Ganz so elitär geht es heute natürlich nicht mehr zu, dafür schmeckt es aber immer noch hervorragend!

BIER

Tucher/Fürth: Weizen, Pils (beides vom Fass), alkoholfreies Weizen. Klosterbrauerei Scheyern: Kloster Scheyern (vom Fass). Jever: Jever Fun.

KÜCHE

Fränkische Brotzeiten. Täglich große Karte mit warmen Gerichten. Spezialitäten: Fränkisches Schäuferle mit Knödel und Krautsalat, Flammkuchen, Sauerbraten, Karpfen aus eigener Ernte (saisonal).

PLÄTZE (außen/regensicher)

120/80

ANSCHRIFT

Kirchplatz 8
91541 Rothenburg ob der Tauber
Tel.: 09861-9700

ÖFFNUNGSZEITEN

Täglich ab 8 Uhr

Gasthof Butz

www.kreiselmeier.de

Tipp: Rostbraten

BIER

Tucher/Fürth: Pils (vom Fass), Weizen hell, Weizen dunkel, Alkoholfreies. Landwehr/Reichelshofen: Edel Hell (vom Fass).

KÜCHE

Fränkische Brotzeiten. Täglich mittelgroße Karte mit warmen Gerichten. Spezialitäten: Haxe, Rostbraten.

PLÄTZE (außen/regensicher)

80/80

ANSCHRIFT

Kapellenplatz 4
91541 Rothenburg ob der Tauber
Tel.: 09861-2201

ÖFFNUNGSZEITEN

Täglich ab 10 Uhr
Donnerstag Ruhetag

ZWEI BIERGÄRTEN ZUM VERWEILEN

Dieses Haus hat eine langjährige Tradition in Sachen Gastlichkeit. Noch bis 1920 Brauerei, steht es nun im Zeichen der Familie Kreiselmeier, die allerdings auch schon zur Kaiserzeit hier weilte. Die schönen Biergärten vor und hinter dem Haus sind perfekte Plätze für ein bisschen Entspannung in der reichlich besuchten Stadt.

807 Bensenstr., Rothenburg ob der Tauber Bus

Gasthof Marktplatz

www.gasthof-marktplatz.de | **Tipp: Geröstete Maultaschen mit Ei**

ZWISCHEN DUMPLING UND HUNTER-STYLE

Wie es sich in Rothenburg gehört, findet man gerade an so zentraler Stelle wie dem Marktplatz nicht nur einen schönen Biergarten, sondern auch gleich die Gelegenheit zu einem kleinen Englisch-Kurs dazu. Wir lernten, dass der gute alte Kloß auf englisch „dumpling" heißt (Das Wort bezeichnet in der Umgangssprache auch ein Pummelchen). Besonders interessant wird es, wenn dann Speisen wie Maultaschen oder Jägerschnitzel auf der Karte stehen. Wir wünschen viel Lern-Erfolg!

BIER

Tucher/Fürth: Pils, Urfränkisch Dunkel (beides vom Fass), Weizen, Hefeweizen, leichtes Weizen, alkoholfreies Weizen, Alkoholfreies.

KÜCHE

Fränkische Brotzeiten. Täglich große Karte mit warmen Gerichten. Spezialitäten: Bauernschmaus, Käsespätzle, Hausmacher Bratwürste.

PLÄTZE (außen/regensicher)

55/124

ANSCHRIFT

Grüner Markt 10
91541 Rothenburg ob der Tauber
Tel.: 09861-6722

ÖFFNUNGSZEITEN

Täglich ab 8 Uhr
Montag und Dienstag Ruhetag

Gasthof zum Ochsen

www.gasthof-ochsen-rothenburg.de **Tipp: Schäuferle**

BIER

Tucher/Fürth: Pils, Export, Hefeweizen, Dunkles (alles vom Fass), leichtes Weizen, alkoholfreies Weizen.

KÜCHE

Fränkische Brotzeiten. Täglich mittelgroße Karte mit warmen Gerichten. Spezialitäten: Karpfen, je nach Jahreszeit wechselnde Gerichte, Schäuferle.

PLÄTZE (außen/regensicher)

24/45

ANSCHRIFT

Galgengasse 26
91541 Rothenburg ob der Tauber
Tel.: 09861-6760

ÖFFNUNGSZEITEN

Täglich ab 8 Uhr
Donnerstag Ruhetag

MITTENDRIN

Der Ochse liegt mitten im historischen Rothenburg und ist damit einer der Schauplätze des alljährlichen Meistertrunk-Festspiels. 1631 belagerte und unterwarf Tilly, der große katholische General, mit seiner Armee die Stadt Rothenburg und hielt Kriegsgericht. Dieses ist der Kern des Spektakels, das immer um die Pfingsttage herum seinen Lauf nimmt. Dazu gehört auch der Heereszug, der mit vielen Wagen und originalgetreuen Kostümen und Waffen der damaligen Zeit die gesamte Altstadt bevölkert.

Hotel Gasthof Rödertor

www.roedertor.com

Tipp: Kartoffelpizza

AM SCHÖNSTEN TOR

Etwas von der Fußgängerzone Rothenburgs entfernt ist es hier am historischen Rödertor, das als das schönste der Stadt gilt, nicht minder hübsch und dafür mit dem Auto gut erreichbar. Im Biergarten finden locker 200 Gäste Platz, was auch häufig der Fall ist. Die kommen dann vor allem wegen der weithin beliebten Kartoffelpizza und der Rothenburger Bauntzen, einer Art Schupfnudel, die man nur sehr selten auf den Teller bekommen kann, allerdings auch nur im Restaurant, nicht im Biergarten.

BIER

Tucher/Fürth: Pils, Urfränkisch dunkel, Hefeweizen, Zirndorfer Kellerbier (alles vom Fass), leichtes Hefeweizen, alkoholfreies Hefeweizen. Jever: Jever Fun.

KÜCHE

Belegte Baguettes und Salate. Täglich mittelgroße Karte mit warmen Gerichten. Spezialitäten: Kartoffelpizza, fränkische Apfelküchle, Schweinshaxe vom Grill.

PLÄTZE (außen/regensicher)

250/100

ANSCHRIFT

Ansbacher Straße 7
91541 Rothenburg ob der Tauber
Tel.: 09861-2022

ÖFFNUNGSZEITEN

Biergarten:
Mai bis Sep.: Täglich ab 17.30 Uhr
Bei schlechtem Wetter geschlossen
Restaurant:
Täglich 11.30 bis 14 und ab 17.30 Uhr

Hotel Goldenes Lamm

www.goldeneslamm.com

Tipp: Bratwürste

BIER

Tucher/Fürth: Urfränkisch, Hefeweizen Hell, Hefeweizen Dunkel, Pils, Kellerbier (alles vom Fass), Radler, Alkoholfreies.

KÜCHE

Fränkische Brotzeiten. Täglich große Karte mit warmen Gerichten. Spezialitäten: Haxe, Fränkische Bratwurst, Schäuferle.

PLÄTZE (außen/regensicher)

30/140

ANSCHRIFT

Marktplatz 2
91541 Rothenburg ob der Tauber
Tel.: 09861-6563

ÖFFNUNGSZEITEN

Täglich ab 11 Uhr

WO DIE SCHÄFER WOHNEN

Bereits anno 1483 diente dieses altehrwürdige Haus der Schäferbruderschaft aus Rothenburg und der Umgebung als Herberge und Tanzhaus, schon 1268 wurde es als Schäferheimat belegt. Die Schäfer versammelten sich jeweils an Bartholomäi zur Abhaltung ihres „Schäftereytages". Dieses bunte Treiben wird heute noch lebendig, wenn auf dem Marktplatz der berühmte Schäfertanz aufgeführt wird. Wer davon, davor oder danach Hunger bekommt, der ist hier bei Wolfgang Beugler immer richtig aufgehoben. Der sympathische Chef weiß zudem immer einen guten Geheimtipp für die Stadt.

807 Bensenstr., Rothenburg ob der Tauber Bus

VGN DB

Hotel Restaurant Roter Hahn

www.roterhahn.com   Tipp: Bratwurstteller mit dreierlei Bratwürsten

BIER

Tucher/Fürth: Export, Dunkles, Weizen (alles vom Fass). König/ Duisburg: Pilsener (vom Fass). Jever: Jever Fun.

KÜCHE

Täglich große Karte mit warmen Gerichten. Spezialitäten: Schweinshaxen, Tafelspitz, Fränkische Bratwürste, blaue Zipfel.

PLÄTZE (außen/regensicher)

50/50

ANSCHRIFT

Obere Schmiedgasse 21
91541 Rothenburg ob der Tauber
Tel.: 09861-9740

ÖFFNUNGSZEITEN

Täglich ab 11 Uhr

SCHWABENKÜCHE

Der Rote Hahn, eines der ältesten Hotels Deutschlands (1380 als Herberge erbaut), steht heute vor allem im Zeichen der schwäbischen Küche. Dieter Axel Gallus hat hierzu intensiv in Großmutters Kochbuch geschmökert und die interessantesten Kreationen herausgesucht. Die gesamten Wände im Haus sind übervoll von Zeugnissen der langjährigen Geschichte des Hauses, das übrigens ideal im Herzen der Altstadt liegt.

Pils- & Weinstube Kellermeister

www.kellermeister-rothenburg.de Tipp: Leberknödel in Ei gebraten (saisonal)

DER GROSSE SCHLUCK

Der Kellermeister ist benannt nach einer der Hauptfiguren der Rothenburger Meistertrunk-Legende. Schließlich reichte damals der Kellermeister Feldherr Tilly den Krug mit einem Dreiviertelliter Wein. Eigentlich sollte das Getränk den Eroberer milde stimmen, doch der bestimmte, dass nur, wenn einer der Ratsherren den Krug in einem Zug leertrinken könnte, Milde zu erwarten sei. Gesagt - geschafft. Der Altbürgermeister hatte einen guten Zug und rettete die Stadt. Bitte nicht nachmachen, auch wenn der Wein hier bestens schmeckt!

BIER

Tucher/Fürth: Pils, Weizen, Zirndorfer Kellerbier (im Steinkrug serviert) (alles vom Fass), Urfränkisch Dunkel, Zirndorfer Landweizen, leichtes Weizen, alkoholfreies Weizen. Jever: Pils, Jever Fun. Schöfferhofer: Weizen Grape.

KÜCHE

Fränkische Brotzeiten. Täglich große Karte mit warmen Gerichten. Spezialitäten: Saure Zipfel, Nürnberger Rostbratwurst, Sülze mit Bratkartoffeln, Schweinshaxen, Eisbein.

PLÄTZE (außen/regensicher)

35/50

ANSCHRIFT

Judengasse 37
91541 Rothenburg ob der Tauber
Tel.: 09861-8964

ÖFFNUNGSZEITEN

März bis Ende Okt.
Di bis Do 12 bis 14 und ab 16.30 Uhr, Fr ab 16.30 Uhr
Sa und So ab 12 Uhr
Montag Ruhetag
Nov. bis März
Täglich ab 17 Uhr
Montag Ruhetag
(an den Adventswochenenden ab 12 Uhr geöffnet)

807 Bensenstr., Rothenburg ob der Tauber Bus

Ratsstube

www.ratsstuberothenburg.de **Tipp: Schweinehaxe**

GUTER RAT IST EINFACH

Nämlich hier beim freundlichen Kellner zu holen. Zumindest, wenn es um Rothenburg oder Ihre kulinarischen Bedürfnisse geht. Da sind Sie nämlich in der Ratsstube bestens aufgehoben, egal, ob Hunger oder Durst. Selten haben wir eine so zarte Schweinehaxe gegessen, ein echtes Gedicht. Neben dem Gärtchen ist vor allem ein Besuch der Kellergewölbe spannend - wieder einmal ein Ort, an dem die Rothenburger Geschichte noch lebendig ist.

BIER

Tucher/Fürth: Pils (vom Fass), Weizen, Kristallweizen, alkoholfreies Weizen. Landwehr/Rothenburg: Pils, Dunkles (beides vom Fass). Ochsenbrauerei/Spielbach: Spezial. Engel/Crailsheim: Keller hell, Keller dunkel, Ladybier. Clausthaler: Alkoholfreies.

KÜCHE

Fränkische Brotzeiten. Täglich große Karte mit warmen Gerichten. Spezialitäten: Schweinehaxe, Schweinerückensteak mit Speck und altfränkischer Biersoße, Hirschsteak.

PLÄTZE (außen/regensicher)

50/350

ANSCHRIFT

Am Marktplatz 6
91541 Rothenburg ob der Tauber
Tel.: 09861-5511

ÖFFNUNGSZEITEN

Täglich ab 9 Uhr
10. Jan. bis 1. Feb. geschlossen

Restaurant Landsknechtsstübchen

www.rainers-kueche.de **Tipp: Zwiebelrostbraten**

Für uns war das Landsknechtsstübchen von Rainer Freund das schönste Haus in Rothenburg. Viel Fachwerk und viele bunte Blumen, die wunderschön an die jeweiligen Fensterbretter drapiert wurden. Dazu der sympathische Chef, der einem immer mit Liebe ein frisches, kühles Bierchen zapft. Natürlich steht er auch in der Küche perfekt seinen Mann, sogar bei der Zubereitung der vegetarischen Kartoffeltaschen mit Frischkäse und Gartenkräutern.

BEI FREUND RAINER

BIER

Tucher/Fürth: Pils, Hefeweizen, Dunkles (alles vom Fass), Tucher Light, leichtes Weizen. Clausthaler: Alkoholfreies.

KÜCHE

Täglich große Karte mit warmen Gerichten. Spezialitäten: Zwiebelrostbraten, fränkischer Sauerbraten, Kartoffeltaschen mit Frischkäse und Gartenkräutern, Flammkuchen.

PLÄTZE (außen/regensicher)

20/50

ANSCHRIFT

Galgengasse 21
91541 Rothenburg ob der Tauber
Tel.: 09861-3323

ÖFFNUNGSZEITEN

Täglich ab 11 Uhr
Dienstag Ruhetag

807 Bensenstr., Rothenburg ob der Tauber Bus

Unter den Linden

www.unter-den-linden-rothenburg.de

Tipp: Salatteller mit Schafskäse

BIER

Landwehr/Reichelshofen: Helles, Altfränkisch Dunkles, Kellerbier (alles vom Fass), Toppler-Pils. Hauff/ Lichtenau: Weizen (vom Fass). Gutmann/Titting: Dunkles Weizen, helles Weizen, alkoholfreies Weizen.

KÜCHE

Brotzeiten. Täglich kleine Karte mit warmen Gerichten. Spezialitäten: Backsteinkäse, Schafskäse, Schnittlauchbrot, Salatteller mit Schafskäse, Frühstücksbuffet (ab 1. Mai an So und Feiertagen von 10 bis 12 Uhr).

PLÄTZE (außen/regensicher)

300/80

ANSCHRIFT

Kurze Steige 7b
91541 Rothenburg ob der Tauber
Tel.: 09861-5909

ÖFFNUNGSZEITEN

Frühlingsanfang bis Ende Okt.
Täglich ab 10 Uhr

GROSSER NAME

Etwa zehn Minuten Fußmarsch von der Rothenburger Innenstadt entfernt sitzt man unter den Linden und am Fluss - im wunderschönen Biergarten mit dem leicht irreführenden Namen. Das ist ein echter Geheimtipp, abseits der großen Touristenströme eine wirkliche Oase der Ruhe und Entspannung. Wenn man mag, kann man neben der Seele auch die Füße in der Tauber baumeln und bei einem kühlen Bier die lieben Japaner in der Stadt gute Leute sein lassen.

Zum Rappen

www.hotel-rappen-rothenburg.com Tipp: Pfannkuchenpizza mit Bergkäse überbacken

BIER

Tucher/Fürth: Pils, Export, dunkles Hefeweizen (alles vom Fass), helles Hefeweizen, dunkles Hefeweizen, alkoholfreies Hefeweizen. Landwehr/Reichelshofen: Pils (vom Fass).

KÜCHE

Fränkische Brotzeiten. Täglich große Karte mit warmen Gerichten. Spezialitäten: Biergartenvesper, Pfannkuchenkuchel herzhaft bis deftig, Sauerbraten.

PLÄTZE (außen/regensicher)

100/250

ANSCHRIFT

Vorm Würzburger Tor 6/10
91541 Rothenburg ob der Tauber
Tel.: 09861-95710

ÖFFNUNGSZEITEN

Täglich ab 7 Uhr
Biergarten täglich 10 bis 22 Uhr

KOMMUNIKATIONSZENTRALE

Im alten Rothenburg von 1703 wurde der damals schon über 100jährige Rappen zum Reichsposthalter ernannt und damit zum Informationsmittelpunkt der Stadt. Später defilierte die Bürgerwehr der Stadt vor dem Haus, um anschließend heftig-deftig zu feiern. Trotz eines Bombenvolltreffers im Zweiten Weltkrieg spielt das Haus auch weiterhin eine wichtige Rolle in der Touristenmetropole.

Goldener
Hirsch
Gästehaus
IRSCH

Gaststätte Döllinger

www.schaftnach.de

Tipp: Eine Fuhre Mist und eine Fuhre Woscht

BIER

Tucher/Fürth: Bier, Pils, Weizen, Zirndorfer Kellerbier (alles vom Fass), Kristallweizen, Diätpils, alkoholfreies Weizen, Alkoholfreies. Kloster Scheyern: Dunkles (vom Fass). Gutmann/ Titting: Weizen, leichtes Weizen.

KÜCHE

Hausmacher Brotzeiten. Täglich große Auswahl an warmen Gerichten. Spezialitäten: Schäuferle, eine Fuhre Mist, Sauerbraten, eine Karre Woscht.

PLÄTZE (außen/regensicher)

300/150

ANSCHRIFT

Schaftnacher Straße 20
91126 Schwabach
Tel.: 09122-71037

ÖFFNUNGSZEITEN

Di ab 17 Uhr, Mi bis So ab 11 Uhr
Montag Ruhetag

SÜSSES UNTER DEM KASTANIENBAUM

Im kleinen Schaftnach gibt es einen großen Platzhirschen, das Gasthaus Döllinger. Hier bereitet die Familie schon in der fünften Generation und seit über 135 Jahren feine Speisen für die Gäste, die sich im Sommer besonders gerne im Biergarten gegenüber des Gasthauses niederlassen. Dort - im Schatten großer Kastanienbäume - schmeckt es am Mittag und am Abend - und ganz besonders nachmittags, denn der gelernte Konditor Uwe Döllinger lässt es sich nicht nehmen, seiner Backstube ausgefallene Torten- und Kuchenkreationen zu entlocken.

663 Schaftnach, Schwabach Bus

Schwabach Goldschlägernacht

Gasthof Goldener Stern

www.trutschel-goldstern.de

Tipp: Goldschlägermenü

BIER

Spalter: Helles, Pils, Dunkles, Hefeweizen, Zwickl (alles vom Fass), dunkles Weizen, leichtes Weizen, Hopfen leicht, Spalter Nr. 1 Premium Pils, Alkoholfreies. Erdinger: Alkoholfreies Weizen.

KÜCHE

Fränkische Brotzeiten. Täglich mittelgroße Karte mit warmen Gerichten. Spezialitäten: Schwabacher Goldmenue mit original Schwabacher Blattgold verziert, Wildbret aus heimischer Jagd (saisonal), Steakspezialitäten.

PLÄTZE (außen/regensicher)

130/190

ANSCHRIFT

Königsplatz 12
91126 Schwabach
Tel.: 09122-2335

ÖFFNUNGSZEITEN

Täglich ab 11 Uhr

GOLD FÜR DIE AUGEN UND DEN GAUMEN

Der schönste Blick auf den Schwabacher Marktplatz bietet sich von der Sonnenterrasse des Goldenen Sterns, in dem Küchenmeister Dieter Trutschel seit 1992 verantwortlich zeichnet. In seiner Karriere konnte er schon viele Goldmedaillen einheimsen und unter anderem Queen Elizabeth bewirten. Vielleicht kam ihm damals die Idee, in seinem Restaurant in der Goldschlägerstadt auch Gerichte mit Gold zuzubereiten. Auch wenn es geschmacklich wohl keine große Rolle spielt, hat es natürlich schon etwas besonderes, eine vergoldete Entenbrust zu genießen - probieren Sie es doch einfach mal aus!

Gasthof Hoffmanns-Keller

www.hoffmanns-keller.de

Tipp: Fleischsülze mit Bratkartoffeln

FACHWERK AUF ZIG ETAGEN

Der Hoffmanns-Keller mutet auf den ersten Blick nicht gerade wie ein Bierkeller an, doch unter dem Fachwerkhaus und seinen schönen Terrassen verbergen sich Stollen und Gänge. Hier wird im 57 m langen Bierlagerkeller, der bis zum Damwildgehege reicht, das unweit des Hauses liegt, immer noch das Bier gelagert. Der Gasthof hat schon viele Auszeichnungen erhalten, insbesondere für seine Kinderfreundlichkeit. Kein Wunder, gibt es doch einen Streichelzoo und extrem verbilligte Getränke für die Kleinen. Dazu gibt es auch noch vier Bundeskegelbahnen.

BIER

Spalter: Pils, Helles, Dunkles (alles vom Fass), restliches Flaschenbiersortiment. Gutmann/Titting: Hefeweißbier.

KÜCHE

Fränkische Brotzeiten. Täglich große Karte mit warmen Gerichten. Spezialitäten: Fränkischer Sauerbraten, Spanferkel, Spezialitäten vom Damwild aus eigener Zucht, saisonale Gerichte (z. B. Hopfensprossen), hausgemachte, selbst kreierte Bierpralinen (Okt. bis Apr.), hausgemachte Sommerpraline de la Rose (Mai bis Dez.).

PLÄTZE (außen/regensicher)

100/200

ANSCHRIFT

Windsbacher Straße 21
91174 Spalt
Tel.: 09175-857

ÖFFNUNGSZEITEN

Apr. bis Sep.
Mo bis Fr 11.30 bis 14 und ab 17 Uhr
Okt. bis Ende März
Mo bis Fr ab 17 Uhr
Sa, So und Feiertage ganzjährig ab 11 Uhr, Mittwoch Ruhetag

Hotel-Gasthof Krone

www.gasthof-krone-stengel.de

Tipp: Hopfensprossen

BIER

Spalter: Vollbier, Pils, Weizen, dunkles Bier (alles vom Fass), dunkles Weizen, leichtes Weizen, leichtes Bier, Hopfenzwerg.

KÜCHE

Fränkische Brotzeiten. Täglich große Karte mit warmen Gerichten. Spezialitäten: Saisongerichte (z. B. gebackene Karpfen, Hopfensprossen, Spargelgerichte), Schäuferle, Kalbsbackerl, Grillteller, Bauernplatte, fränkische Bratwürste, Fischgerichte.

PLÄTZE (außen/regensicher)

30/130

ANSCHRIFT

Hauptstraße 23
91174 Spalt
Tel.: 09175-370

ÖFFNUNGSZEITEN

Täglich ab 10 Uhr
Dienstag Ruhetag

MITTENDRIN ...

... in der Hopfenhauptstadt Spalt liegt der Gasthof Krone mit seinem eher länglichen kleinen Biergarten, der aber nicht minder schön ist als die anderen in der Stadt. Schon über 100 Jahre trifft man hier auf die Angehörigen der Familie Stengel, die den Gasthof auch heute noch als Familienbetrieb bewirtschaften. Tipp: Im August findet das Wirtefest auf dem Gabrieliplatz statt. Die Wirte ziehen dann mit Küche und Theke dorthin, und jeder Wirt präsentiert sich in einem kleinen Zelt.

605 Altes Rathaus, Spalt Bus

Gasthof Blumenthal

www.gasthof-blumenthal.de

Tipp: Saiblinge aus eigener Zucht

BIER

Spalter: Dunkles, Helles, Pils, Weizen (alles vom Fass), Hopfenzwerg, Premium Nr. 1, Spalter Zwickl. Erdinger: Weizen, alkoholfreies Weizen.

KÜCHE

Fränkische Brotzeiten. Täglich mittelgroße Karte mit warmen Gerichten. Spezialitäten: Schweinefilet, Rehnüsschen, Spanferkelsülze, Saiblinge und Forellen aus eigener Zucht.

PLÄTZE (außen/regensicher)

150/205

ANSCHRIFT

Stiegelmühle 42
91174 Spalt
Tel.: 09873-332

ÖFFNUNGSZEITEN

Täglich ab 11 Uhr
Montag und Dienstag Ruhetag
(an Feiertagen geöffnet)

DIE ARCHE KOCHER

Selten haben wir einen Garten gefunden, der so ein wohliges, angenehmes Gefühl verbreitet wie der des Gasthofes Blumenthal. Viele kleine Tische geben Raum für Romantik pur, die freundliche und liebenswürdige Art von Familie Kocher tut ihr übriges. Kein Wunder also, dass hier auch gerne Hochzeiten und Geburtstage begangen werden und die Gäste auch sonst keine Gelegenheit auslassen, um bei „ihren" Kochers vorbeizuschauen. Forellen und Saiblinge stammen übrigens aus eigener Zucht.

Frankenhof am Altmühlsee

www.frankenhofamaltmuehlsee.de

Tipp: Steak Frankenhof

MOBILER SOLAR-BIER-GARTEN

Manche Lokalitäten erobern einfach das Herz des Besuchers. Der Frankenhof gehört dazu. Der Biergarten ist zwar nur klein und wird immer wieder woanders aufgestellt - wo eben gerade Platz dafür ist, dafür aber sind die Inhaber derart liebenswürdig und die Gäste so typische Stammgäste, dass man sich einfach sofort pudelwohl fühlt. Das Bier stammt aus Deutschlands einziger Solar-Brauerei, will heißen, dass zur Herstellung ausschließlich Solarenergie verwendet wird.

BIER

Felsenbräu/Thalmannsfeld: Pils, Helles, Dunkles, Hefeweizen (alles vom Fass), Kutscher Halbe, leichtes Weißbier, Radler, alkoholfreies Weißbier, Alkoholfreies.

KÜCHE

Hausmacher Brotzeiten. Täglich große Karte mit warmen Gerichten. Spezialitäten: Fränkischer Sauerbraten, Schäuferle, Steak Frankenhof, fränkischer Brotzeitteller.

PLÄTZE (außen/regensicher)

30/130

ANSCHRIFT

Streudorf 43
91710 Gunzenhausen
(Altmühlsee Südufer)
Tel.: 09831-67710

ÖFFNUNGSZEITEN

Täglich ab 9 Uhr
Dienstag Ruhetag

Gasthaus Metzgerei Zum Schneck

www.gasthaus-metzgerei-zum-schneck.de **Tipp: Schlachtschüssel am Freitag**

SOLARBIER UND REGIONALBUFFET

Traumhaft mitten in der Natur gelegen freut sich mit dem Gasthaus Zum Schneck ein echtes Juwel auf Ihren Besuch. Man kann sich auch sicher sein, hier den echten Geschmack des Seenlandes zu erleben. Dazu gehört dann auch ein echtes Solarbier aus Thalmannsfeld. Besonderes Schmankerl: Gruppen ab zehn Personen können den Betrieb auch besichtigen, von der Weide bis zum Stall. Natürlich kann man die Produkte der Metzgerei auch mit nach Hause bzw. in die Unterkunft nehmen und dann noch einmal vom schönen Waldhof träumen.

BIER

Felsenbräu/Thalmannsfeld: Pils, Weizen, Helles (alles vom Fass), Radler, leichtes Weizen, alkoholfreies Weizen, Alkoholfreies.

KÜCHE

Hausmacher Brotzeiten. Täglich mittelgroße Karte mit warmen Gerichten. Spezialitäten: Schäuferla (So), Schlachtschüssel (Fr), Brotzeitteller, fränkische Bratwürste.

PLÄTZE (außen/regensicher)

110/140

ANSCHRIFT

Waldhof 1
91781 Weißenburg-Suffersheim
Tel.: 09149-1219

ÖFFNUNGSZEITEN

Fr, Sa, So und Feiertage ab 11 Uhr
Montag bis Donnerstag Ruhetag
(nach Vereinbarung geöffnet)

Gasthaus „Goldenes Lamm"

www.gasthaus-goldenes-lamm.de **Tipp: Fränkische Bratwürste**

500 JAHRE ESSEN UND TRINKEN

Damit ist das Gasthaus „Goldenes Lamm" in der Kirchenstraße (es gibt noch ein anderes mit gleichem Namen) die älteste Taverne in Treuchtlingen. Das Holz aus der mittlerweile abgerissenen Scheune bildet heute die Inneneinrichtung des Gastraumes, der hinter dem Haus versteckte Biergarten bietet viel Schatten unter einem riesigen Ahornbaum. Besonders zu empfehlen ist die sehr gute Küche des Hauses, alles wird wirklich komplett selbst gemacht, von Suppe und Soße bis zum Salatdressing.

BIER

Hauff/Lichtenau: Schwarzbier (vom Fass), Kristallweizen. Wettelsheimer: Helles, Märzen Kellerbier (beides vom Fass). Gutmann/Titting: Helles Weizen, dunkles Weizen, Kristallweizen, leichtes Weizen, alkoholfreies Weizen.

KÜCHE

Fränkische Brotzeiten. Täglich mittelgroße Karte mit warmen Gerichten. Spezialitäten: Fränkisches Schäufele, saisonale Gerichte.

PLÄTZE (außen/regensicher)

80/70

ANSCHRIFT

Kirchenstraße 11
91757 Treuchtlingen
Tel.: 09142-2048307

ÖFFNUNGSZEITEN

Täglich 11 bis 14.30 und ab 17 Uhr
Montag Ruhetag

Speiselokal Grüner Baum

www.speiselokal-gruenerbaum.de **Tipp: Brotzeitplatte**

SCHÖN AUCH OHNE GRÜN

Der Biergarten der Uralt-Gaststätte Grüner Baum verfügt heute leider über keinen Baumriesen mehr, selbst der Boden ist gepflastert. Trotzdem kann man hier einen schönen Nachmittag genießen, denn Inhaberin Hannelore Reichert-Fritsch bietet eine wirklich leckere Küche. Abwechslung gibt es auch in Sachen Bier: Das Andechser dunkel hat den Weg nach Treuchtlingen gefunden.

BIER

Felsenbräu/Thalmannsfeld: Weizen, Pils, Landbier (alles vom Fass), verschiedene Flaschenbiere. Gutmann/Titting: Helles Weizen, dunkles Weizen, leichtes Weizen. Erdinger: Weißbier, alkoholfreies Weizen. Andechser: Andechser Dunkel.

KÜCHE

Fränkische Brotzeiten. Täglich große Karte mit warmen Gerichten. Spezialitäten: Schäuferle, Haxen, Schweinebraten, Brotzeitplatte.

PLÄTZE (außen/regensicher)

70/145

ANSCHRIFT

Friedrichstraße 2
91757 Treuchtlingen
Tel.: 09142-200754

ÖFFNUNGSZEITEN

Täglich ab 11 Uhr
Dienstag Ruhetag

Bierkeller Zum Hopfengarten

www.bier.by **Tipp: Hausmacher Bratwürste**

BIER

Zehendner/Mönchsambach: Lager (vom Fass), Weizen. Maisel/Bayreuth: Kritzenthaler alkoholfreies.

KÜCHE

Hausmacher Brotzeiten. Freitags ein warmes Gericht, sonntags Mittagstisch. Spezialitäten: Hausmacher Bratwürste (Fr bis So), Adlerhaxe, Schweinebraten, Kellerfleisch.

PLÄTZE (außen/regensicher)

800/85

ANSCHRIFT

Unterrimbach 38
96152 Burghaslach-Unterrimbach
Tel.: 09552-1546

ÖFFNUNGSZEITEN

Di bis Fr ab 16 Uhr, Sa ab 14 Uhr
So und Feiertage ab 10.30 Uhr
Montag Ruhetag

WER SUCHET, DER FINDET

Zumindest, wenn er Glück hat. In den Stollen des echten Bierkellers sind immer noch zahlreiche Flaschen und Fässer verschüttet. Ob das Bier darin allerdings noch genießbar ist, darf bezweifelt werden. Da lässt man sich lieber mit bis zu 700 Gleichgesinnten das gute Mönchsambacher Bier schmecken und testet eine der selbst gemachten Speisen in „Frankens gemütlicher Ecke".

Biergarten Schloss Dennenlohe

www.dennenlohe.de **Tipp: Fränkischer Sauerbraten**

EIN BIERGARTEN ZUM VERLIEBEN

Dieser wunderschöne Biergarten ist ein weiterer Grund dafür, dass Sie für einen Besuch in Dennenlohe mindestens einen ganzen Tag einplanen sollten. Neben dem Schlosspark, dem See und dem Oldtimermuseum haben Sie hier eine weitere Attraktion, die natürlich eher dem kulinarischen Wohl des Gastes dient, aber vor allem durch das traumhafte Schlosshof-Panorama besticht. Die Essensausgabe an sich ist für den Biergartenfreund eher gewöhnungsbedürftig, die Qualität des Essens aber stimmt absolut.

BIER

Schneider/Weissenburg: Helles (vom Fass), Weizen, Pils, Radler, leichtes Weizen. Herrenbräu/Ingolstadt: Hefeweißbier dunkel, Helles alkoholfrei, Hefeweißbier alkoholfrei.

KÜCHE

Fränkische Brotzeiten nur auf Anfrage. Täglich kleine Karte mit warmen Gerichten. Spezialitäten: Fränkischer Sauerbraten, Spargelsuppe, verschiedene Currys.

PLÄTZE (außen/regensicher)

250/200

ANSCHRIFT

Gutshof Schloss Dennenlohe
91743 Dennenlohe-Unterschwaningen
Tel.: 09836-970491 oder -96888

ÖFFNUNGSZEITEN

Täglich 11 bis 17.30 Uhr (für Gruppen auf Anfrage auch länger geöffnet)

Bus 739 Dennenlohe Abzw., Unterschwaningen

Kellerberg Voggendorf

www.brauerei-prechtel.de Tipp: Kesselfleisch (Do)

BIER

Eigene Brauerei: Kellerbier (vom Fass), Weizen. Maisel/Bayreuth: Alkoholfreies.

KÜCHE

Hausmacher Brotzeiten. Täglich warme Kleinigkeiten. Spezialitäten: Schlachtschüssel (Do), grobe Bratwürste, Obatzter.

PLÄTZE (außen/regensicher)

350/100

ANSCHRIFT

Voggendorf 23
91486 Uehlfeld-Voggendorf
Tel.: 09163-441 oder -228

ÖFFNUNGSZEITEN

Mo bis Do ab 17 Uhr
Fr und Sa ab 15 Uhr
So und Feiertage ab 11 Uhr
Bei schlechtem Wetter geschlossen

BEI ELIS AUF DEM KELLER

Der Voggendorfer Felsenkeller ist immer noch in Betrieb - der leicht süßliche, süffige Gerstensaft kommt direkt aus den Höhlen unter dem Berg aus dem Zapfhahn. Elise Prechtel (Spitzname „Elis"), die quirlige Mutter des Inhabers, kreiert in der Küche ware Meisterwerke der Brotzeitkunst. Sie ist immer auf dem Keller zu finden und stets um das leibliche Wohl der Gäste besorgt. Die erklimmen die Stufen des Kellerbergs gerne, insbesondere freitags, wenn es Makrele vom Grill gibt. Ein Geheimtipp!

Berggasthof zum Glatzenstein

www.berggasthof-glatzenstein.de Tipp: Hausmacher Dosen-Verkauf in der Wirtschaft

SENSATION AUF DEM BERG

Der Berggasthof zum Glatzenstein hat viel zu bieten. Hier kommt nichts auf den Tisch, was fertig gekauft wurde. Eigene Landwirtschaft, Schlachtung und Metzgerei, sogar die Kuchen werden alle mit Liebe von Hand gemacht. Liebhaber nehmen sich die Leckereien auch gerne mit nach Hause. Am Glatzenstein kommt einfach jeder auf seine Kosten, vom Kletterfreak bis zum Kleintierfanatiker - und natürlich alle Freunde der Bierkeller - und Biergartenkultur.

BIER

Veldensteiner: Helles, Weizen, Dunkles (alles vom Fass), leichtes Weizen, alkoholfreies Weizen, Alkoholfreies.

KÜCHE

Hausmacher Brotzeiten. Sa, So und Feiertage große Karte mit warmen Gerichten. Spezialitäten: Ofenfrische Schäuferle, selbst gemachte fränkische Bratwürste.

PLÄTZE (außen/regensicher)

85/125

ANSCHRIFT

Jurastraße 14
91233 Neunkirchen am Sand-Weißenbach
Tel.: 09153-7906

ÖFFNUNGSZEITEN

Sa ab 11 Uhr
So und Feiertage ab 9 Uhr
Montag bis Freitag geschlossen
(auf Anfrage geöffnet)

DB VGN Bus 342 Kersbach Weißenbacher Str., Neunkirchen a. Sand

Sigwart Bräustüberl

www.sigwarts-braeustueberl.de **Tipp: Spanferkel aller Art**

URIGES BRÄUSTÜBERL

Über 550 Jahre hat die Brauerei Sigwart auf dem Buckel, genauso wie ihr direkt benachbartes Gasthaus, das 1451 erbaut wurde. Vor wenigen Jahren übernahm Marcus Hauff das Ruder in dem Traditionslokal und setzt dabei auf urige Gemütlichkeit und klassische fränkische Küche. Klingt vielleicht etwas langweilig, ist es aber nicht. Insbesondere, weil nicht zuletzt die Räumlichkeiten ein einzigartiges Ambiente bieten, wie etwa der wunderschöne Mittelgang, der wie ein Mini-Biergarten gerade an heißen Sommertagen ein perfekter Zufluchtsort für Durstige geworden ist.

BIER

Eigene Brauerei: Helles, Pils, Kellerbier (alles vom Fass), Weißenburger Weizen, gelbes Weizen, dunkles Weizen, leichtes Weizen. Löwenbräu/München: Alkoholfreies Bier. Erdinger: Alkoholfreies Weizen.

KÜCHE

Fränkische Brotzeiten. Täglich große Karte mit warmen Gerichten. Spezialitäten: Saisonale Gerichte (Spargel, Pfiffer, Wild), verschiedenes vom Spanferkel, Schweineschäuferle, Hackbrot, fränkische Bratwürste.

PLÄTZE (außen/regensicher)

80/165

ANSCHRIFT

Luitpoldstraße 17
91781 Weißenburg
Tel.: 09141-1626

ÖFFNUNGSZEITEN

Täglich ab 10 Uhr
Anfang Mai bis Mitte Nov.
Kein Ruhetag
Mitte Nov. bis Ende Apr.
Dienstag Ruhetag

Waldgaststätte Araunerskeller

www.bier.by

Tipp: Ritteressen

BIER

Schneider/Weißenburg: Märzen, Weizen, Helles (alles vom Fass), Dunkles.

KÜCHE

Fränkische Brotzeiten. Täglich kleine Karte mit warmen Gerichten. Spezialitäten: Schäuferle, Haxe, Spareribs, Brotzeitplatte, Obatzter, Gehackbrot.

PLÄTZE (außen/regensicher)

350/90

ANSCHRIFT

An den Sommerkellern 62
91781 Weißenburg
Tel.: 0170-8882937

ÖFFNUNGSZEITEN

März bis Okt.
Täglich ab 11 Uhr, Mo ab 17 Uhr

ENDLICH EIN ECHTER BIERKELLER

So entfuhr es uns, als wir bei unseren Touren durchs Seenland südlich von Spalt einfach keine Bierkeller mehr fanden und dann durch den Tipp eines Einheimischen auf den Araunerskeller stießen. Was für eine Freude! Ein richtiger Bierkeller, liebevoll gestaltet, gleichsam urig und trotzdem nicht altbacken. Ein Ort, um den sogar ein Bamberger die Weißenburger beneidet! Sie sollten einen Besuch in dem 1774 angelegten Sommerkeller unbedingt fest einplanen.

Waldkeller Utz

www.landgasthaus-utz.de

Tipp: Bratwürste (Sa und So)

BIER
St. GeorgenBräu/Buttenheim: Kellerbier, Weizen, Radler (alles vom Fass), Alkoholfreies.

KÜCHE
Hausmacher Brotzeiten. Täglich 1-2 wechselnde warme Gerichte. So und Feiertage Mittagstisch. Spezialitäten: Bratwürste (Sa und So), Hausplatte, Grillfisch (Fr), Schlachtschüssel (Di).

PLÄTZE (außen/regensicher)
300/50

ANSCHRIFT
Weppersdorf 13
91325 Adelsdorf
Tel.: 09195-7360 o. 0172-8627766

ÖFFNUNGSZEITEN
Mo bis Fr ab 16 Uhr, Sa ab 15 Uhr
So und Feiertage ab 11 Uhr
Bei schlechtem Wetter geschlossen

MITTEN IM WALD

Zum Waldkeller Utz läuft man einen guten Kilometer durch bzw. in den Wald (auf das Auto sollte man möglichst verzichten), und der Marsch lohnt sich - plötzlich sieht man nur noch Bäume ... und Biertische um ein kleines L-förmiges Häuschen, aus dem Rauch aufsteigt - zumindest am Freitag, wenn die Chefin Makrelen und Heringe brutzelt. Das Flair ist insgesamt absolut einmalig - wenn es einen Bier-Nationalpark gäbe, wäre das die Miniaturausgabe. Selbst der Kinderspielplatz verteilt sich zwischen den Bäumen - Schaukel hier, Rutsche da. Samstags und sonntags sollte man die von Metzger und Chef Josef Utz selbst gemachten Bratwürste probieren.

Wettelsheimer Keller

www.wettelsheimer-keller.de Tipp: Wer es schafft: Schäuferla, ein echtes halbes Kilo!

MARGA UND DAS SCHÄUFERLA

Bei Marga Walk und ihren Söhnen Wolfgang und Helmut wird noch echte Kellertradition gelebt. Das Bier kommt noch aus originalen Holzfässern, die in den Gewölben des Berges gelagert und frisch angezapft werden - so wie zur Gründungszeit des Wettelsheimer Kellers um 1850. Perfekt zum Märzen passt das Schäuferla, das mit seinen 500 Gramm eine echte Herausforderung für die Gäste darstellt. Die Riesenhaxe legt mit sage und schreibe 1,2 Kilo noch eins drauf. Einer der schönsten Plätze, die wir hier im Landkreis Weißenburg-Gunzenhausen gefunden haben!

BIER

Strauss/Wettelsheim: Märzen, Radler (beides vom Fass).

KÜCHE

Fränkische Brotzeiten. Täglich große Karte mit warmen Gerichten. Spezialitäten: Bratwurst, Schäuferla (ein echtes halbes Kilo), Haxe (1,2 Kilo).

PLÄTZE (außen/regensicher)

1000/400

ANSCHRIFT

Treuchtlingerstraße 26
91757 Treuchtlingen-Wettelsheim
Tel.: 09142-7740

ÖFFNUNGSZEITEN

Do bis So ab 11.30 Uhr
Juli und Aug. Mo bis Mi ab 16 Uhr
Sep. bis Juni Mo bis Mi Ruhetag

Landgasthof Wörnitz Stuben

www.woernitzstuben.de Tipp: Maultaschen

BIER

Hauf/Dinkelsbühl: Pils, Export, Hefeweizen (alles vom Fass), komplettes Flaschenbiersortiment, Alkoholfreies.

KÜCHE

Hausmacher Brotzeiten. Täglich große Karte mit warmen Gerichten. Spezialitäten: Verschiedene hausgemachte Maultaschen, Hesselberger Lamm, Wild aus fürstlicher Jagd.

PLÄTZE (außen/regensicher)

200/120

ANSCHRIFT

Wörnitzstraße 12
91749 Wittelshofen
Tel.: 09854-206

ÖFFNUNGSZEITEN

Mo bis Fr 11 bis 14 und ab 17 Uhr
Sa, So und Feiertage ab 11 Uhr
Dienstag Ruhetag

EIN TRAUM

Speisen direkt am Ufer der Wörnitz - man denkt, das wäre schon immer so gewesen, doch weit gefehlt: Erst seit 1996 gibt es den Landgasthof in dieser Form. Hier macht man es einfach richtig. Ganze Lämmer oder Schweine auf dem großen Grill im Biergarten, selbst gebackenes Brot und Flammkuchen vom danebenstehenden Holzbackofen, hausgemachte Maultaschen (z.B. mit Spinat, roter Beete, Reh- und Hirschfleisch, etc.) und auch sonst viele Produkte aus eigener Herstellung und Schlachtung. Ein Klassiker auf dem Weg zum Klassiker!

Wolfshöher Bräustüberl

www.wolfshoeher.de

Tipp: Wolfshöher Haxe

EIN VERWIRKLICHTER TRAUM

Manuel und Manuela Kraußer hatten einen Traum: Selbstständig ihr eigenes Wirtshaus zu führen. Als Koch bzw. Hotelfachfrau brachten sie auch jede Menge Erfahrung mit, als sie sich im Oktober 2011 mit dem Wolfshöher Braustüberl diesen Wunsch erfüllten. Es war in jeder Hinsicht Liebe auf den ersten Blick. Die Wirtsleute lieben ihr Lokal und die Gäste ihre Wirtsleute. Die deutsch-fränkische Küche bietet viel Abwechslung und lockt immer wieder Stammgäste ins Haus, die dann bei Entrecôte, Braumeistersteak, Weißbiersuppe und Schweinebraten mit Altbiersoße nicht nein sagen können. Für Bierkellerfreaks gibt es auch eine breite Brotzeitpalette und viele Salate. Bei Fußballgroßereignissen packt Manuel die Großleinwand aus, und es darf mitgefiebert werden - natürlich bei einem frischen Bier!

BIER

Eigene Brauerei: Urhell, Pils, helles Hefeweizen, altes Wolfshöher (alles vom Fass), Kellerbier, dunkles Hefeweizen, leichtes Hefeweizen, Vollmondbier, alkoholfreies Weizen, Alkoholfreies.

KÜCHE

Fränkische Brotzeiten. Täglich mittelgroße Karte mit warmen Gerichten. Spezialitäten: Wolfshöher Weißbiercremesuppe, Braumeistersteak, Wolfshöher Haxe, fränkische Schmankerl (z. B. ofenfrisches Schäuferle) mit großem Salatbuffet (jeden So), Schmankerlbuffet (Di abends).

PLÄTZE (außen/regensicher)

80/110

ANSCHRIFT

Wolfshöhe 14
91233 Neunkirchen am Sand
Tel.: 09153-920778 o. -9702855

ÖFFNUNGSZEITEN

Täglich ab 11 Uhr
Montag Ruhetag
(an Feiertagen geöffnet)

Hotel-Gasthof-Metzgerei Drexler

www.gasthof-drexler.de

Tipp: Hausmacher Bratwürste

BIER

Tucher/Fürth: Übersee Pils, Hefeweizen, Dunkles (alles vom Fass), restliches Flaschenbier-Sortiment.

KÜCHE

Hausmacher Brotzeiten. Täglich große Karte mit warmen Gerichten. Spezialitäten: Saisonale Gerichte (z. B. Spargel), Karpfen, Schäuferle, Hausmacher Bratwürste.

PLÄTZE (außen/regensicher)

50/110

ANSCHRIFT

Wolkersdorfer Hauptstraße 42
91126 Schwabach-Wolkersdorf
Tel.: 0911-630099

ÖFFNUNGSZEITEN

Mo bis Do ab 11 Uhr
Fr 11 bis 14 Uhr
Samstag und Sonntag Ruhetag

SECHS METZGER-GENERATIONEN UND EIN BIERGARTEN

Hier wird allerdings nicht nur gut gemetzgert, sondern auch bestens gekocht, bei den Bratwürsten beispielsweise kommen diese beiden Kompetenzen perfekt zusammen. Der Biergarten befindet sich neben dem Haus, man sitzt gemütlich unter vielen großen Bäumen auf einer Wiese und kann den lieben Gott einen guten Mann sein lassen. So richtig urig wird es am Abend, wenn der Verkehr auf der Bundesstraße nahezu zum Erliegen kommt und der Sonnenuntergang ein dramatisches Schauspiel liefert. Die Leckereien aus der Metzgerei kann man übrigens auch mit nach Hause nehmen.

Blauer Angler

www.zumblauenangler.de

Tipp: Römerparkteller

„HIER WIRD MAN NOCH VOM WIRT SELBER BELEIDIGT"

So umschreibt Inhaber Ernst Hassel die Dienstleistungen seines Hauses. Und die sind - im Gegensatz zu dieser Aussage - eine echte Sensation. Zum einen die Küche seiner Frau, die Gäste aus dem weitesten Umfeld anlockt, zum anderen der wunderschön gelegene und gestaltete Biergarten und dann noch das gigantische Angebot an Whisk(e)ys. Dieses Getränk zeichnet auch für den Namen des Gasthofes verantwortlich - ein Petrijünger hatte nämlich zuviel davon genossen und wurde spontan der Namenspatron.

BIER

Ankerbräu/Nördlingen: Export, Pils, Hefeweizen, Legionärstrunk (nur hier erhältlich und ausschließlich vom Fass) (alles vom Fass), komplettes Flaschenbiersortiment.

KÜCHE

Fränkische Brotzeiten. Täglich große Karte mit warmen Gerichten. Spezialitäten: Römerparkteller, Schweineschnitzel Wiener Art, Hausplatte, Wurstplatte.

PLÄTZE (außen/regensicher)

60/150

ANSCHRIFT

Wörnitzhofen 3
91744 Weiltingen
Tel.: 09853-3663

ÖFFNUNGSZEITEN

Di bis Fr ab 17 Uhr
Sa, So und Feiertage ab 10.30 Uhr
Montag Ruhetag

Zeckerner Bierkeller

www.zeckernerbierkeller.de

Tipp: Hausgemachte Göttinger

BIER

Sauer/Röttenbach: Kellerbier (vom Fass). Rittmayer/Hallerndorf: Weizen, leichtes Weizen, alkoholfreies Weizen.

KÜCHE

Hausmacher Brotzeiten. Warmes Essen nur auf Bestellung. Spezialitäten: Geräucherte Forellen, hausgemachte Göttinger, selbst gebackenes Brot und Kuchen.

PLÄTZE (außen/regensicher)

80/0

ANSCHRIFT

Kellerstraße 14
91334 Hemhofen-Zeckern
Tel.: 09195-4440

ÖFFNUNGSZEITEN

Mo, Do und Fr ab 17 Uhr
So und Feiertage ab 13 Uhr
Di, Mi und Sa Ruhetag

NICHT WEITERSAGEN!

Ein weiterer Geheimtipp-Keller ist der Zeckerner Bierkeller. Versteckt am Ende der Kellerstraße in Zeckern geht es einige Stufen bergan, bis man das Reich von Edmund und Anita Kaiser betritt. Die beiden werkeln hier schon seit über 20 Jahren - der historische Felsenkeller ist noch in Benutzung - zum Leidwesen von Edmund Kaiser, muss er doch die Fässer immer per Hand hineinbugsieren. Mit viel Liebe haben die beiden einen familienfreundlichen Klassiker geschaffen, der allerdings noch weitgehend unentdeckt geblieben ist. Zum Eingewöhnen sollten Sie sich schon mal den letzten Sonntag im Juni freihalten - da ist Blues-Frühschoppen!

205, 206 Zeckern Bahnhof, Hemhofen Bus

Fischer's Keller

www.bier.by

Tipp: Kellerplatte

BIERKELLER MIT BIERFASSBAUMHAUS

Die Wegbeschreibung zum Fischer's Keller mag für manche etwas unheimlich klingen: „Biegen Sie beim Friedhof erst links und dann dahinter wieder rechts ab..." Doch ist man erstmal angekommen, erinnert nichts an die Nachbarn unter der Erde. Auf zwei Ebenen befindet sich ein kleiner Bierkeller, wie er sein soll: Am Waldrand, mit einigen großen Bäumen besetzt, sehr süffiges, selbst gebrautes Rauchbier und Brotzeiten vom Metzger um die Ecke. Bestens auch für Familien geeignet, weit ab von der Straße und mit einem liebevoll gemachten Spielplatz mit Bierfassbaumhaus. Beliebte Location für Schulabschlussfeiern.

BIER

Eigene Brauerei: Rauchbier, Weizen, Lager, naturtrübes Kellerbier, Bockbier (saisonal) (alles vom Fass). Löwenbräu/München: Alkoholfreies.

KÜCHE

Fränkische Brotzeiten. Täglich kleine Karte mit warmen Kleinigkeiten. So und Feiertage Mittagstisch. Spezialitäten: Kellerplatte, Pizza.

PLÄTZE (außen/regensicher)

200/80

ANSCHRIFT

Greuther Straße
91315 Höchstadt-Zentbechhofen
Tel.: 09502-545

ÖFFNUNGSZEITEN

Täglich ab 16 Uhr
So und Feiertage ab 11 Uhr
Montag Ruhetag
Bei schönem Wetter geöffnet

Gasthof zum Hollerstein

www.hollerstein.de

Tipp: Schäuferle mit Knödel und Salat

BIER

Strauß/Wettelsheim: Kellermärzen, Helles (beides vom Fass), Pils, Weizen. Wurm/Bieswang: Helles Weizen, dunkles Weizen, leichtes Weizen. Clausthaler: Alkoholfreies.

KÜCHE

Hausmacher Brotzeiten. Täglich mittelgroße Karte mit warmen Gerichten. Spezialitäten: Schäuferle mit Knödel und Salat, Sauerbraten, hausgemachte grobe Bratwürste, Schinkenbrot, Wurstsalat, selbst gemachte Käsespätzle.

PLÄTZE (außen/regensicher)

180/220

ANSCHRIFT

Zimmern 32
91788 Pappenheim
Tel.: 09143-753

ÖFFNUNGSZEITEN

Täglich ab 7 Uhr
Mittwoch Ruhetag

MEGA-GEHEIMTIPP

Mit Fug und Recht behaupten viele Gäste, dass der Hollerstein der mit Abstand schönste Biergarten des Altmühltales ist. Direkt am Flussufer erstreckt sich die grüne Wiese, auf der die Tische mehr oder weniger nach Belieben der Besucher angeordnet werden. Dort befindet sich auch der hauseigene Bootsverleih, so mancher kommt aber auch schon über den Wasserweg hier an. Das Haus an sich verfügt noch über historische Braukeller aus den Zeiten, als der Gerstensaft noch vor Ort hergestellt wurde.

Zum Eiffelturm

www.bier.by

Tipp: Rinderroulade

DEUTSCH-FRANZÖSISCHE PARTNERSCHAFT

Auch, wenn die Gaststätte nicht über 300 Meter hoch und 10.000 Tonnen schwer ist, eine Gemeinsamkeit gibt es doch mit dem Namensgeber aus der Stadt der Liebe: Das Geburtsdatum. Und selbst, wenn es heute keiner mehr genau weiß, dürfte der Gründer vor etwa 120 Jahren wohl so beeindruckt von den Nachrichten aus Paris gewesen sein, dass er sein Lokal nach dem neuen Wahrzeichen benannte. Heute ragt vor allem ein riesiger Baum aus der Mitte des Biergartens und macht daraus einen der lauschigsten Plätze in Zirndorf.

BIER

Tucher/Fürth: Zirndorfer Bier, Tucher Weizen, Lederer Pils (alles vom Fass), Landweizen, Urfränkisch Dunkel, Zirndorfer Kellerbier, Tucher Kristallweizen, Tucher leichtes Weizen, Tucher alkoholfreies Weizen, Reifbräu alkoholfreies. Jever: Pils.

KÜCHE

Fränkische Brotzeiten. Täglich große Karte mit warmen Gerichten. Spezialitäten: Schäuferla, fränkischer Sauerbraten, Rinderroulade, Brotzeitteller.

PLÄTZE (außen/regensicher)

64/120

ANSCHRIFT

Schützenstraße 19
90513 Zirndorf
Tel.: 0911-607508

ÖFFNUNGSZEITEN

Täglich 11 bis 14.30 und ab 17 Uhr
Montag Ruhetag

Bus 70 Kraftstraße, Zirndorf

PLAYMOBIL-Biergarten

www.playmobil-funpark.de

Tipp: Minigolf-Anlage

SPIELSPASS TRIFFT BIERGARTEN

Natürlich denkt man zuerst an lächelnde Kunststofffiguren und den FunPark, wenn man vom PLAYMOBIL-Biergarten hört, doch weit gefehlt: Jeden Abend ab 18 Uhr verwandelt sich das Kinderparadies in ein echtes Biergartenjuwel. Leckeres Bier (unbedingt das Ammerndorfer probieren), frisch gegrilltes Spanferkel aus der Spanferkelbude und deftige Brotzeiten laden den Biergartenfan ein, auch mal jenseits der Kindheit vorbeizukommen. Auch die Bewegung kommt nicht zu kurz, bei Airhockey, Sommerstockschießen, Boule, Kicker und Minigolf im angrenzenden AktivPark, können sich Sportskanonen austoben und im Anschluss ein kühles Getränk genießen. Kleiner Geheimtipp: Essen vom heißen Stein. Spielen Sie selbst den Grillmeister und brutzeln Sie Roastbeef, Lachs, oder Hähnchenbrust einfach selbst. Ein tolles Erlebnis!

BIER

Zirndorfer Hell, Zirndorfer Kellerbier, Ammerndorfer dunkel, Gutmann Hefeweizen, Gutmann leichtes Weizen, Gutmann Weizen, Gutmann Hefeweizen dunkel, Spalter Radler, Kritzenthaler (alkoholfrei)

KÜCHE

Fränkische Brotzeitplatte, Täglich mittelgroße Karte mit warmen Gerichten, Spezialität: Spanferkel vom Grill, Essen vom heißen Stein

PLÄTZE (außen/regensicher)

500/200

ANSCHRIFT

Brandstätterstraße 2-10
90513 Zirndorf
Tel.: 0911-96661070

ÖFFNUNGSZEITEN

Mai bis Mitte September täglich ab 18 Uhr

Entspannung und Genuss pur!

www.playmobil-funpark.de

2009 öffnete der PLAYMOBIL-Biergarten seine Tore und hat sich seitdem zu einem echten Geheimtipp für Biergartenfreunde entwickelt. Von Mai bis Mitte September ist der Biergarten im PLAYMOBIL-FunPark ab 18 Uhr geöffnet.

Inmitten idyllischer Blumenarrangements bietet der PLAYMOBIL-Biergarten eine große Auswahl an Speisen und Getränken. Saftiger Zwiebelrostbraten, viele saisonale Gerichte, knackige Salate und die Spezialität „Essen vom heißen Stein", sowie eine Vielzahl an alkoholfreien Getränken und regionalen Bier- und Weinspezialitäten laden zum Verweilen ein. Von typisch fränkischen Schmankerln bis hin zu moderner Küche ist für jeden Geschmack und Geldbeutel das Passende dabei. Das freundliche Servicepersonal freut sich darauf Gäste im überdachten Außenbereich begrüßen zu dürfen.

Im großzügigen Selbstbedienungsbereich, im hinteren Teil des Biergartens, gibt es schmackhafte fränkische Bratwürste auf Kraut, Leberkäse und vieles mehr. Abends ab 18 Uhr ist die Spanferkelbude geöffnet und Besucher können knusprig gegrilltes Spanferkel mit Kraut, Kloß und Soß genießen.

Der PLAYMOBIL-Biergarten ist ein idealer Treffpunkt für einen entspannten Abend mit der Familie und Freunden, um nach einem langen Arbeitstag in den Feierabend oder ins Wochenende zu starten. Tischreservierungen unter: 0911-96661070.

Für Sportbegeisterte und Bewegungsfreunde lädt der angrenzende AktivPark auf 5.000 m² zu einer Partie Boules, Sommer-Stockschießen, Billard oder Airhockey ein. Perfekt kombinieren lässt sich der Besuch im PLAYMOBIL-Biergarten auch mit einer spannenden Runde auf dem Minigolfplatz. 18 Bahnen mit hochwertigem Profi-Kunstrasen warten auf spielfreudige Besucher.

Tagsüber sind der Zugang zum Biergarten und AktivPark im FunPark-Eintritt enthalten. Ab 18 Uhr können Gäste den PLAYMOBIL-Biergarten kostenlos über den Eingang des Minigolfplatzes oder den Zugang in Parkhaus zwei besuchen. Gebührenfreie Parkplätze stehen entlang der Brandstätterstraße und in den nahegelegenen Parkhäusern zur Verfügung.

Kontakt:
PLAYMOBIL-Biergarten
Brandstätterstraße 2-10
90513 Zirndorf
Tisch-Reservierungen: 0911/96 66 10 70

PLAYMOBIL-FunPark – Spieleland des Lächelns

www.playmobil-funpark.de

„Do-it-Yourself“ ist das Motto des PLAYMOBIL-FunParks in Zirndorf. PLAYMOBIL-Spielwelten im Großformat und spannende Aktivspielplätze laden große und kleine Entdecker auf 90.000 m² zum Spielen, Bewegen und Erleben ein. Familienfreundliche Eintritts- und Essenspreise machen diesen besonderen Freizeitpark zu einem beliebten Familienausflugsziel.

Ob auf der Ritterburg, dem Piratenschiff, beim Balancier-Parcours oder in der Westernstadt, überall können kleine Abenteurer alles selber machen, ausprobieren und testen, denn im PLAYMOBIL-FunPark gibt es keine Fahrgeschäfte. Auch in den weitläufigen Sand- und Wasserspielbereichen des FunParks können alle kleinen Besucher selbst aktiv sein und nach Herzenslust toben und spielen.

Selbst wenn das Wetter nicht mitspielt, können FunPark-Besucher im 5.000 m² großen überdachten HOB-Center nach Lust und Laune spielen und klettern. Die riesige PLAYMOBIL-Spielstadt, der Indoor-Klettergarten und die Aktionen auf der FunPark-Bühne lassen schlechtes Wetter schnell vergessen.

Die Eintrittspreise bewegen sich je nach Saison zwischen 8 Euro und 11 Euro pro Person. Kinder unter drei Jahren und Geburtstagskinder erhalten bei Vorlage des Ausweises freien Eintritt. Für Gäste aus der Region ist auch das Nachmittagsticket ab 15 bzw. 16 Uhr eine günstige Option (Preis: von 6 Euro bis 8 Euro). FunPark-Fans empfehlen wir die Saisonkarte zum Preis von 40 Euro pro Person, gültig von 10.03. bis 02.11.2014.

Unser Tipp: Von Mai bis Mitte September öffnet abends ab 18 Uhr der PLAYMOBIL-Biergarten seine Tore. Genießen Sie knuspriges Spanferkel vom Spieß oder spielen Sie eine Runde Boule, Billard oder Minigolf im angrenzenden AktivPark.

Öffnungszeiten PLAYMOBIL-FunPark:
Während der Freiluftsaison von den Osterferien bis Anfang November täglich von 9 bis 18/19 Uhr geöffnet.

Kontakt:
Weitere Informationen finden Sie unter **www.playmobil-funpark.de**

NEU!

Eine große, detaillierte Landkarte mit allen Bierkellern und Biergärten finden Sie im beigelegten

Biergarten-Atlas!

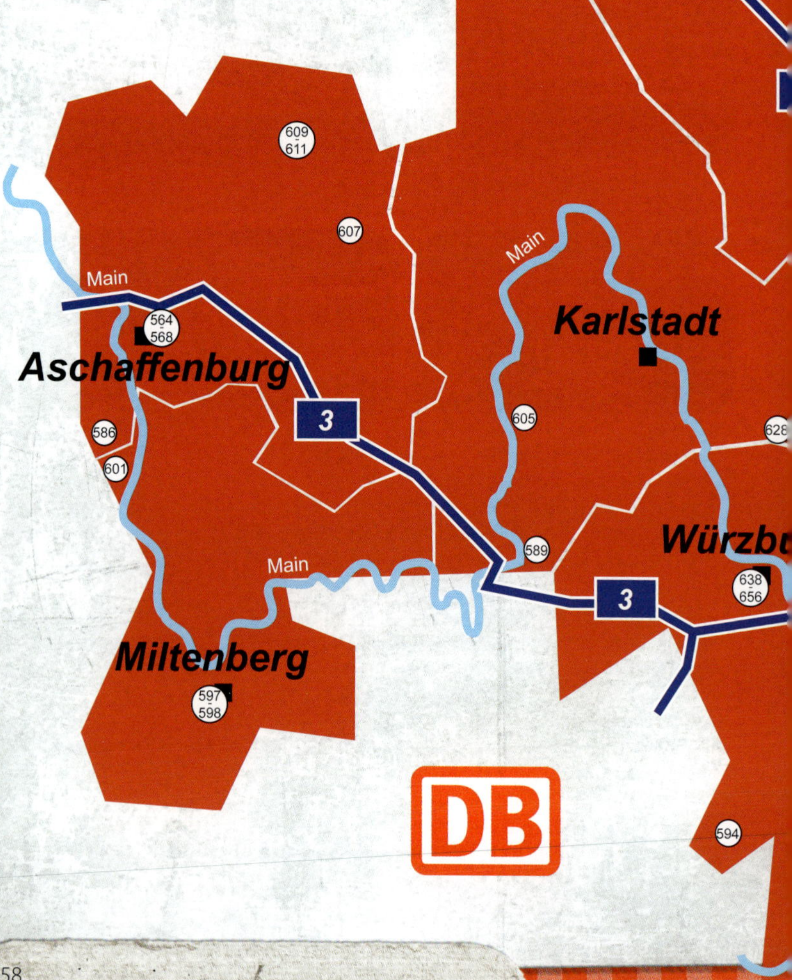

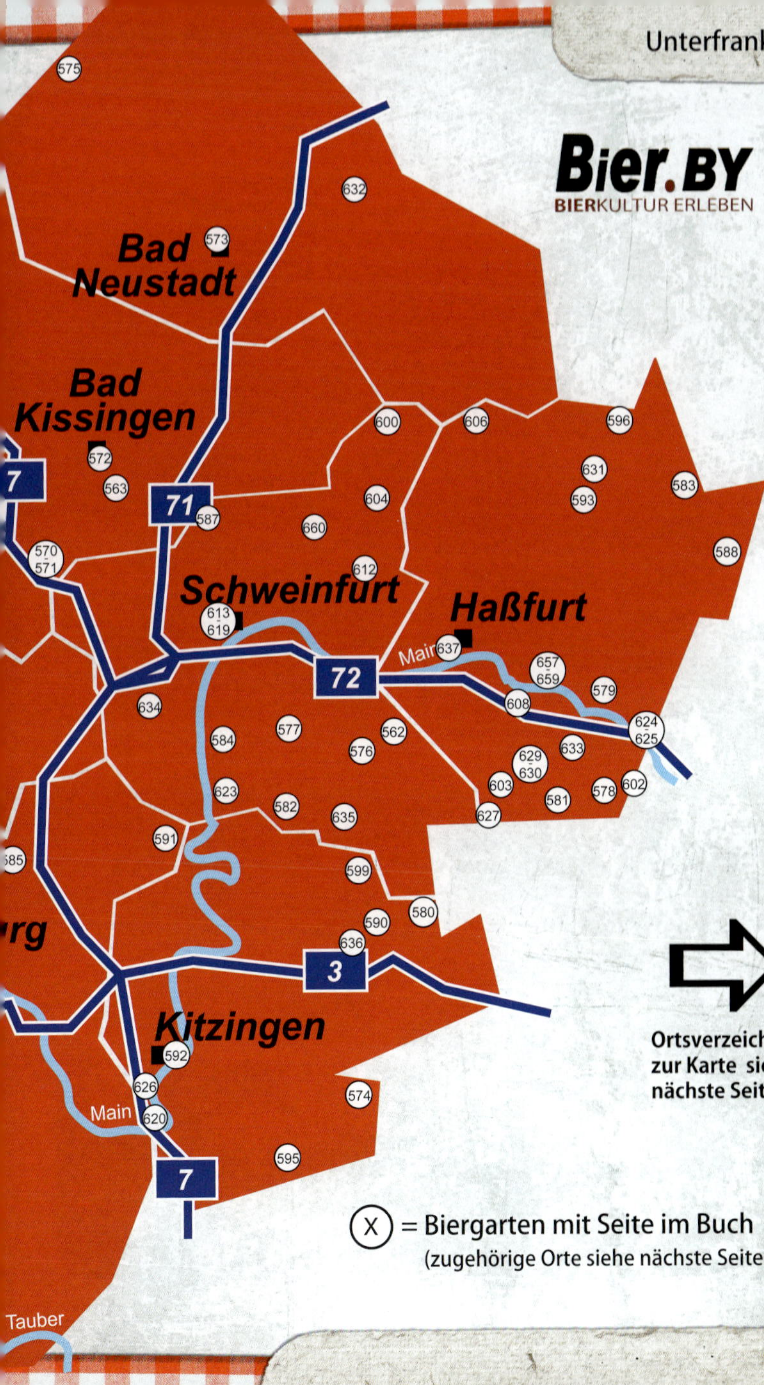

Bier.BY
BIERKULTUR ERLEBEN

Ortsverzeichnis zur Karte siehe nächste Seite

(X) = Biergarten mit Seite im Buch
(zugehörige Orte siehe nächste Seite)

Ortsverzeichnis zur Karte auf Seite 558:

In Unterfranken liegt der Meridian der Franken, hier treffen Winzer und Brauer aufeinander und das Nationalgetränk wechselt vom Gersten- zum Traubensaft.

Schuld daran sind eigentlich die Bischöfe. Denn im Mittelalter beschlossen sie je nach individuellem Geschmack, ob in ihren Landen eher Wein oder eher Bier hergestellt werden sollte.

So gefiel es dem Würzburger Bischof, die Weinberge zu fördern, wohingegen der Bamberger sich für die Brauereien entschied. Für den Export allerdings wurde auch in Unterfranken fleißig weitergebraut. Dadurch hielten sich lange Zeit wahre Bierhochburgen. Heute allerdings ergibt sich ein klares Bild und spätestens ab dem Örtchen Zeil am Main ist klar: Sie befinden sich in Weinfranken.

Ganz ohne Bier kommt man hier jedoch auch nicht aus, und die Einheimischen haben den Geschmack einer kühlen halben Bier in all den Jahren nicht aus den Augen verloren. So finden sich überall in Unterfranken lauschige Plätze, auch ein paar echte Bierkeller und wahre Touristenhochburgen wie beispielsweise der Wittelsbacher Turm, wo die typische Bierkultur noch gelebt wird.

Wir haben für Sie die für uns schönsten Biergärten herausgesucht und auch noch den ein oder anderen Tipp mit eingestreut. Wer es hochprozentiger mag, sollte den Ausflug in die unterfränkische Bierkellerkultur mit einer Fahrt durch den Kahlgrund verbinden. Hier konzentriert sich die Welt guter Brände auf wenigen Kilometern.

Gasthaus zum Zabelstein

www.bier.by | Tipp: Hausmacher Bratwürste und selbst gebackener Käsekuchen

BIER

Kulmbacher: Pils, Kapuziner Weizen, Alkoholfreies.

KÜCHE

Hausmacher Brotzeiten. Täglich kleine Karte mit warmen Gerichten. Spezialitäten: Hausgemachte Bratwürste, Zwiebelsteak, Schnitzel, Haxen, Knöchle.

PLÄTZE (außen/regensicher)

50/70

ANSCHRIFT

Falkenbergstraße 12
97513 Michelau-Altmannsdorf
Tel.: 09528-227

ÖFFNUNGSZEITEN

Mi bis Fr ab 15 Uhr, Sa ab 12 Uhr
So und Feiertage ab 10 Uhr
Montag und Dienstag Ruhetag

BIERGARTEN MIT WEIN- UND KUCHENGÄSTEN

In einer kleinen Seitengasse liegt der Biergarten des Zabelsteins, den Isolde Lenhard Anfang 2010 übernommen hat. Die früher eher minimalistische Speisekarte bereichert sie um mehrere warme Gerichte rund um Bratwürste, Steak und Schnitzel. Am beliebtesten aber ist ihr Käsekuchen, von dem sie mittlerweile jeden Tag mindestens ein frisches Blech backen muss. Ungewöhnlich für einen Biergarten: Hier hat der Wein die Nase vorn, entweder liegt's an der Biersorte oder an der Nähe zum Fränkischen Weinland, das ja in Schweinfurt eigentlich schon begonnen hat.

Gasthof Körner

www.gasthof-koerner.de — Tipp: Fränkisches Hochzeitsessen

FRÄNKISCH MIT MEDITERRANEM EINSCHLAG

So bezeichnet Evelyn Körner ihre Küche. Ihr Opa erbaute einst den Gasthof, zu dem lange auch eine eigene Metzgerei gehörte. Das Kochen hat sie sich selbst beigebracht, weswegen natürlich auch fränkische Hausmannskost wie „Fleischküchlich" und „Knöchlich" nicht fehlen. Nicht-Unterfranken bitte nicht wundern: Die Endung -lich steht hier für die Mehrzahl. Was also in Bamberg Knöchla und in Nürnberg Knöchle heißt, wird in Arnshausen eben zu Knöchlich. Seit 2013 bietet Evelyn auch Wirtshaussingen an - wir waren noch nicht dabei, aber das kann eigentlich nur ein vergnüglicher Abend werden!

BIER

Kulmbacher: Pils (vom Fass), Kapuziner helles Weizen, Kapuziner dunkles Weizen, Kapuziner Kristallweizen, Kapuziner alkoholfreies Weizen, Schwarzbier, Alkoholfreies. Veltins: Frisches Veltins (vom Fass).

KÜCHE

Fränkische Brotzeiten. Täglich mittelgroße Karte mit warmen Gerichten. Spezialitäten: Fränkisches Hochzeitsessen (gekochte Ochsenbrust mit Meerrettichsoße, Semmelnudeln und Preiselbeeren), Fleischküchlich mit Spiegelei und Kartoffelsalat, frischer Seefisch, Burgunderbraten mit frischen Rahmpfifferlingen, Kartoffelklößen und bunten Sommersalaten, fränkischer Wurstsalat, Strammer Max.

PLÄTZE (außen/regensicher)

70/80

ANSCHRIFT

Iringstraße 5/7
97688 Bad Kissingen-Arnshausen
Tel.: 0971-2809

ÖFFNUNGSZEITEN

Täglich 11 bis 14 und ab 17.30 Uhr
Montag und Dienstag Ruhetag

Biergarten Schönbusch

www.schoenbusch-ab.de

Tipp: Handkäs mit Musik

HERRSCHAFTLICHES ANWESEN

Seit 1. Januar 2012 wird das Restaurant & Bistro Schönbusch mit seinem Biergarten unter der Leitung von Enrico Link geführt. Das schmeckt auch den Gästen, die unter den riesigen Bäumen im Landschaftspark Schönbusch sitzen und im Schatten der Livemusik lauschen, die sie an drei Sonntagen im Monat zum sommerlichen Frühschoppen geniessen können.

BIER

Eder & Heyland's/Großostheim: Schlappeseppel helles Hefeweizen, Schlappeseppel naturtrüb, Schlappeseppel Export (alles vom Fass), komplettes Flaschenbier-Sortiment, Altostheimer alkoholfreies Bier. König Ludwig/Kaltenberg: Alkoholfreies Hefeweizen.

KÜCHE

Bayerische Brotzeiten. Täglich mittelgroße Karte mit warmen Gerichten. Spezialitäten: Obatzter, Handkäs mit Musik, Kochkäse, fränkischer Wurstsalat, halbes Hähnchen vom Grill.

PLÄTZE (außen/regensicher)

850/380

ANSCHRIFT

Kleine Schönbuschallee 1
63741 Aschaffenburg
Tel.: 06021-448560

ÖFFNUNGSZEITEN

Täglich ab 11 Uhr
So und Feiertage ab 10 Uhr

Brauereigaststätte Schlappeseppel

www.schlappeseppel-ab.de **Tipp: Brezenknödelauflauf**

HOPFEN UND MALZ - GOTT ERHALT'S

Dieser Glaubensspruch der Bierjünger thront groß an einem Stahlträger über dem Sudkessel des Schlappeseppels. Und zu dieser Religion bekehrt das älteste Gasthaus Aschaffenburgs schon seit 1631. Gebraut wird zwar leider nicht mehr, und im Ausschank sind Miltenberger Faust-Biere, aber das Schlappeseppel-Bier wird immer noch nach alten Rezepten in Großostheim von Eder & Heyland's gebraut. Vom wunderschönen Biergarten aus hat man einen traumhaften Blick auf den Marstallplatz mit Schloss und Steinmetzschule.

BIER

Faust/Miltenberg: Export, Pilsener, Hefeweizen hell, Schwarzviertler dunkel, Kräusen naturtrüb, Radler (alles vom Fass), dunkles Hefeweizen, alkoholfreies Hefeweizen, alkoholfreies Pilsener.

KÜCHE

Fränkische Brotzeiten. Täglich große Karte mit warmen Gerichten. Spezialitäten: Brauereipfanne, Schwenksteak, gemischter Bratenteller, Brezenknödelauflauf, Käsespätzle.

PLÄTZE (außen/regensicher)

80/150

ANSCHRIFT

Schloßgasse 28
63739 Aschaffenburg
Tel.: 06021-25531

ÖFFNUNGSZEITEN

Täglich ab 10 Uhr

Büttners Hofgut Fasanerie

www.buettners-fasanerie.de

Tipp: Südtiroler Schinkenplatte

BIER

Eder & Heyland´s/Großostheim: Schlappeseppel Export, Schlappeseppel Dunkles, Schlappeeppel Kellerbier (alles vom Fass), Schlappeseppel Weizen, Schlappeseppel alkoholfreies Weizen, Seppel´sche. Altostheimer: Alkoholfreies Export.

KÜCHE

Fränkische Brotzeiten. Täglich kleine Karte mit warmen Gerichten. Spezialitäten: Krustenbraten mit Klößen, Wiener Schnitzel mit Kartoffelsalat.

PLÄTZE (außen/regensicher)

600/170

ANSCHRIFT

Bismarckallee 1
63739 Aschaffenburg
Tel.: 06021-31730

ÖFFNUNGSZEITEN

Biergarten 1. Mai bis Ende Sep.:
Mo ab 16 Uhr, Di bis Sa ab 14 Uhr
So und Feiertage ab 11 Uhr
Restaurant ganzjährig:
Täglich ab 17 Uhr, So ab 11.30 Uhr
Montag Ruhetag

REMINISZENZ-BIERGARTEN

Hier haben viele der Stammgäste schon als Kinder gespielt. Die ehemalige Fasanerie versorgt heute keine vornehmen Fürsten mehr mit Vögeln, sondern vornehmlich Aschaffenburger mit kulinarischen Leckereien. Wolfgang und Tanja Büttner betreiben das Hofgut seit 2007 und haben sich schon längst in die Herzen ihrer Gäste gekocht. Im Sommer verwöhnen sie auch die Ohren, wenn es Live-Musik im Biergarten gibt.

Ottel's Biergarten

www.ottels-biergarten.de

Tipp: Grillhähnchen

GROSSES BIER-KINO

Hier am Waldrand bei Otto Schön ist alles schön, aber hallo! Großer Spielplatz, Beachvolleyballfeld, Boule-Platz, Torwand, Open-Air-Kino und eine Küche zum Zuschauen. Da bleibt wirklich kein Wunsch unerfüllt. Im Mai ziehen die Aschaffenburger jeden Sonntag wie ein Wallfahrtstrupp zum Ottel, weil Frühschoppen mit Blasmusik angesagt ist. Besonders zu empfehlen sind übrigens die knusprigen Grillhähnchen.

BIER

Binding/Frankfurt: Helles Hefeweizen, Lager (beides vom Fass). Schöfferhofer: Alkoholfreies Hefeweizen.

KÜCHE

Fränkische Brotzeiten. Täglich mittelgroße Karte mit warmen Gerichten. Spezialitäten: Halbes Hähnchen mit Pommes Frites, gegrillter Schafskäse, Schnitzel.

PLÄTZE (außen/regensicher)

250/50

ANSCHRIFT

Wendelbergstraße 16
63739 Aschaffenburg
Tel.: 06021-93505

ÖFFNUNGSZEITEN

Täglich ab 11.30 Uhr
Sa, So und Feiertage ab 12 Uhr

Schloßgass' 16

www.schlossgass16.de

Tipp: Roastbeef

BIER

Faust/Miltenberg: Pils, Schwarzviertler (beides vom Fass), Export, helles Hefeweizen, dunkles Hefeweizen, Radler, Kräusen (naturtrübes Kellerbier), alkoholfreies helles Hefeweizen, alkoholfreies Pils.

KÜCHE

Brotzeiten. Täglich mittelgroße Karte mit warmen Gerichten. Spezialitäten: Roastbeef, ofenfrisches fränkisches Schäuferle (immer am 2. So im Monat), Saisongerichte.

PLÄTZE (außen/regensicher)

54/45

ANSCHRIFT

Schloßgasse 16
63739 Aschaffenburg
Tel.: 06021-12313

ÖFFNUNGSZEITEN

Mo bis Fr 11 bis 14 und ab 16 Uhr
Sa und So ab 11 Uhr
(Silvester und Neujahr ab 18 Uhr
Heiligabend 11 bis 14 Uhr)

BESITZER GEFUNDEN

Die Schloßgass' 16 hat sich die Herren Pasch und Bartzack als neue Betreiber ausgesucht und dabei voll ins Schwarze getroffen. Das uralte Fachwerkhaus war nämlich mit dem Vorbesitzer nicht wirklich glücklich, zeigt sich jetzt aber von seiner besten Seite. Allein der wunderschöne Biergarten unter einer Riesen-Platane - ein Traum. Sehr zuverlässig sind die Inhaber übrigens bei der Weinauswahl. Nicht verpassen: Die Museumsnacht.

Alte Brauerei - Rhönstadl

www.zur-alten-brauerei.de Tipp: Wurst im Glas (12 bis 15 Sorten)

BIER

Hofbräu/Würzburg: Pils, Landhausbier (beides vom Fass), Mönchshof Radler, Alkoholfreies. Keiler: Dunkles Weizen, helles Weizen (beides vom Fass).

KÜCHE

Hausmacher Brotzeiten. Täglich große Karte mit warmen Gerichten. Spezialitäten: Wildspezialitäten, rustikale Spieße, Rhönforelle, Schäuferle, Spanferkelbuffet, Salatbar.

PLÄTZE (außen/regensicher)

150/190

ANSCHRIFT

Am Rasen 151
97717 Aura an der Saale
Tel.: 09704-5450

ÖFFNUNGSZEITEN

Mo, Do und Fr ab 17 Uhr
So ab 10 Uhr
Sa ab 12 Uhr (Apr. bis Okt.)
Di und Mi Ruhetag (auf Anfrage für Gruppen geöffnet)

BEIM MUSIKANTENWIRT UND SEINEM STADLTEAM

Wenn der Metzger zugleich auch Sänger ist, dann bekommt das Wort Alleinunterhalter eine neue Bedeutung. Denn im Rhönstadl von Toni Gerlach und seinem Team steht vor allem gute Laune auf dem Programm. Ob bei einem der vielen Feste oder beim Wirtshaussingen - Freunde gepflegter Musik sind hier eigentlich immer richtig. Doch auch den Kennern der kulinarischen Wirtshauskultur sei ein Besuch ans Herz gelegt. Selten haben wir eine so große und feine Auswahl an Hausmacher Spezialitäten, unter anderem auch vom Wild, in einem Wirtshaus vorgefunden.

Café-Restaurant Ruine Aura

www.ruineaura.de

Tipp: Barbecue-Abende mit Spezialitäten aus dem Smoker

NACH 350 JAHREN VOLLENDET

Mit etwas gutem Willen könnte man die Geschichte so umschreiben: Der Würzburger Fürstbischof Johann Gottfried I. von Aschhausen wollte hier Anfang des 17. Jahrhunderts eine Wallfahrtskirche bauen lassen. Wegen des beginnenden Dreißigjährigen Krieges und des Todes des Auftraggebers wurde die Kirche jedoch nie vollendet und blieb als Ruine stehen. Erst 1958 fand das Areal eine gewisse Vollendung, als das Café-Restaurant entstand, in dessen Biergarten Sie heute sehr gemütlich sitzen können. Mit Blick auf das Saaletal genießen die Gäste die Küche von Andreas Büttner, ganz besonders fein wird es an den Barbecue-Abenden, wenn der gelernte Koch seinen Smoker anschmeißt und hervorragende Grillspezialitäten fabriziert.

BIER

Rother Bräu: Rother Bier, Hefeweizen, Kloster Urstoff (alles vom Fass). Erdinger: Dunkles Hefeweizen. Schneider/Kelheim: Kristallweizen, alkoholfreies Weizen. Clausthaler: Alkoholfreies.

KÜCHE

Fränkische Brotzeiten. Täglich große Karte mit warmen Gerichten. Spezialitäten: Forelle Müllerin Art (aus Garitz), gebackener Fetakäse, hausgemachter Burger mit Steakhaus-Pommes.

PLÄTZE (außen/regensicher)

130/75

ANSCHRIFT

An der Burg 181
97717 Aura an der Saale
Tel.: 09704-601262

ÖFFNUNGSZEITEN

Mi bis Sa ab 12 Uhr
So und Feiertage ab 11 Uhr
Montag und Dienstag Ruhetag

Erlebnisbrauerei Wittelsbacher Turm

www.wittelsbacher-turm.de **Tipp: Haxe mit Hausbier**

BIER

Eigene Brauerei: Vollbier „Unser Bier“, Frühlingsbock (März bis Mai), Maibock (ab Mai), Oktoberfestbier (ab Mitte Sep.), Weihnachtsbock (ab Dez.) (alles vom Fass).

KÜCHE

Fränkische Brotzeiten. Täglich große Karte mit warmen Gerichten. Spezialitäten: Schäuferla, Haxen, verschiedene Braten, Schnitzel, Wildgerichte aus heimischer Jagd.

PLÄTZE (außen/regensicher)

700/300

ANSCHRIFT

Wittelsbacher Turm 1
97688 Bad Kissingen
Tel.: 0971-7858820

ÖFFNUNGSZEITEN

März bis Okt.: Täglich ab 11 Uhr
So und Feiertage ab 10 Uhr
Nov. bis Feb.: Mo und Di 12 bis 20 Uhr, Mi bis Sa ab 11 Uhr
So und Feiertage ab 10 Uhr

AUSFLUGSZIEL MIT HAUSBRÄU

Das Vollbier mundet! So viel sei schon mal erwähnt. Und nachdem die Inhaber sich vor der Einrichtung der Gasthausbrauerei unter anderem in der Fränkischen Biermetropole Bamberg umgesehen hatten, nimmt es nicht wunder, dass auch das Ambiente und die Erzeugnisse der Küche stimmen. Hier sollte man also nicht nur auf den kleinen Erfrischungsschluck oder das Eis zwischendurch vorbeischauen, sondern durchaus einen ernstzunehmenden Zwischenstopp mit Bier und Schäuferle oder Brotzeit einplanen. Dazwischen bietet sich natürlich eine Besteigung des Namensgebers an. In 25 Metern Höhe bietet der 1907 eingeweihte Wittelsbacher Turm einen echten Traumblick ins Saaletal.

Neuschter Biergarten

www.bier.by

Tipp: Selbst gemachter Gerupfter

BIER-WELLNESS

Hartmut Scheuplein betreibt eigentlich das Fitnesscenter Olymp nebenan. Irgendwann konnte er das Elend im alten Apotheker-Garten nicht mehr sehen und entschloss sich, hier einen Biergarten einzurichten. 1996 war es dann soweit. Nach umfangreichen Umbauten eröffnete der „Neuschter Biergarten", wo man unter großen Bäumen ein kühles Bier genießen kann. Ab und an spielen Live-Bands, besonders lustig wird es am Ende der Saison, wenn alle Stammgäste zusammenhelfen, um das letzte Bier gemeinsam zu leeren.

BIER

Rother Bräu/Roth: Rother Export, Rother Radler, Kloster Urstoff (alles vom Fass), Öko-Weizen 0,5. Kulmbacher: Pils, Kapuziner Weizen (beides vom Fass). Erdinger: Weizen (vom Fass), Kristallweizen, alkoholfreies Weizen.

KÜCHE

Fränkische Brotzeiten. Täglich kleine Karte mit warmen Gerichten. Spezialitäten: Steak mit Bratkartoffeln, selbst gemachter Gerupfter mit Brot, Schinkenbrot.

PLÄTZE (außen/regensicher)

240/100

ANSCHRIFT

Gartenstraße 31-33
97616 Bad Neustadt
Tel.: 09771-686420

ÖFFNUNGSZEITEN

Ende Apr. bis Mitte Sep.
Täglich ab 16 Uhr
Sa ab 15 Uhr
So und Feiertage ab 10 Uhr

Augustiner am See

www.augustiner-am-see.de

Tipp: Kalbslebergerichte (jeden 1. Mo im Monat)

BIER

Oechsner/Ochsenfurt: Pils, Hefeweizen (beides vom Fass), Schwarzbier, dunkles Hefeweizen, Edelhell, alkoholfreies Pils. Augustiner/München: Edelstoff. Kulmbacher: Kapuziner alkoholfreies Hefeweizen.

KÜCHE

Fränkische Brotzeiten. Täglich mittelgroße Karte mit warmen Gerichten. Spezialitäten: Schäuferle mit Klößen und Speckkrautsalat, Kalbslebergerichte (jeden 1. Mo im Monat), saisonale Gerichte, wechselndes 3-Gänge-Menü.

PLÄTZE (außen/regensicher)

80/140

ANSCHRIFT

Klostergasse 8
97346 Birklingen
Tel.: 09326-978950

ÖFFNUNGSZEITEN

Täglich ab 11 Uhr
Mi und Do Ruhetag

MIT VIEL MUT GESTARTET

Wir müssen Johannes Schwab und seiner Verlobten Kerstin Heinlein ein großes Kompliment machen. Mit Anfang 20 den Weitblick zu besitzen, das verschlagene, lange Zeit leerstehende Areal mitten im kleinen Birklingen zu kaufen - das verdient Bewunderung. Mit viel Liebe haben die beiden seit 2009 nun ein wirkliches Kleinod erschaffen, das neben der Idylle zwischen den beiden Seen vor allem auch eine hervorragende Küche zu bieten hat. Schließlich arbeitete Johannes bereits in berühmten Häusern in Europa, darunter beispielsweise das Berliner Hotel Adlon. Übrigens: Wenn Sie ganz leise sind, können Sie am Abend vielleicht ein leises Glockenläuten aus dem See vernehmen. Im Bauernkrieg 1525 verließen die Mönche ihr Kloster nach Misshandlungen und Brandschatzungen durch den Volkszorn. Anschließend versenkten die Birklinger der Sage nach die Glocken der Klosterkapelle im See.

Klosterschenke

www.kreuzbergbier.de

Tipp: Grillhaxe

EINE ECHTE KLOSTERSCHÄNKE

Bis auf das Bier geht es hier traditionell sehr rustikal zu. Auf den Teller kommen Braten und einfache Brotzeiten, was auch bestens ins Gesamtkonzept passt. Bei schönem Wetter darf man rund um die Klostergebäude Platz nehmen und den einzigartigen Ausblick genießen. Für die Freunde von Kaffee, Eis und Kuchen sei noch erwähnt, dass es mit dem Café Zum Elisäus hinter dem Kloster auch dafür einen geeigneten Ort gibt. Doch hier nicht das gute Bier zu verkosten, grenzt an Blasphemie!

BIER

Eigene Brauerei: Dunkel, Pils, Weizen (saisonal), Weihnachtsbock (saisonal) (alles vom Fass).

KÜCHE

Fränkische Brotzeiten. Täglich mittelgroße Karte mit warmen Gerichten. Spezialitäten: Käsebrot, Schweinsbraten, Grillhaxe, Schälrippchen.

PLÄTZE (außen/regensicher)

400/250

ANSCHRIFT

Kreuzberg 2
97653 Bischofsheim an der Rhön
Tel.: 09772-91240

ÖFFNUNGSZEITEN

Täglich 8 bis 20 Uhr
Ende Okt. bis Mitte Dez.: Betriebsruhe

Gasthof Zur Fröhlichkeit

www.bier.by **Tipp: Hausmacher Bratwürste**

BIER

Düll/Krautheim: Pils (vom Fass), Hefeweizen, Helles, Dunkles, Keller, Pils.

KÜCHE

Hausmacher Brotzeiten. Täglich kleine Karte mit warmen Gerichten. So und Feiertage Mittagstisch. Spezialitäten: Angusrind aus eigener Zucht, Reh aus dem Steigerwald, Hausmacher Bratwürste, Schinken aus eigener Herstellung, selbst gebackenes Holzofenbrot, Enten und Gänse aus eigener Zucht (im Winter).

PLÄTZE (außen/regensicher)

50/50

ANSCHRIFT

Breitbach 7
97516 Oberschwarzach-Breitbach
Tel.: 09553-1224

ÖFFNUNGSZEITEN

Täglich ab 10 Uhr
Montag und Samstag Ruhetag

DER NAME IST PROGRAMM

Seit das Redaktionsteam einen Führerschein besitzt, fuhren wir immer wieder an diesem Gasthaus vorbei, stets mit dem Vorsatz, es endlich auch einmal zu besuchen. 18 Jahre später war es nun so weit - und wir haben programmgemäß gelächelt. Zwar grundsätzlich eher von der einfachen Sorte, empfängt das Haus mit einem klassischen fränkischen Biergarten unter einem großen (Nuss-)Baum und bietet in Person von Karlheinz Ott auch einen Fachmann für selbst gemachte Wurstwaren, selbst gebackenes Brot sowie Rinder, Enten und Gänse aus eigener Zucht. Sogar einen eigenen Weinberg mit Kerner-Trauben kann der Vertreter der vierten Familiengeneration aufbieten. Nutzen Sie also die Gelegenheit zu einem Zwischenstopp - man muss ja nicht immer 18 Jahre warten!

Landgasthof Zur Krone

www.zur-krone-bruennau.de **Tipp: Brünnauer Weinsuppe mit Kracherle**

BIERGARTEN UNTER DENKMALSCHUTZ

Im weinfränkischen Brünnau haben wir ein bieriges Kleinod gefunden: Den Biergarten der Gastwirtschaft „Zur Krone". Unter dem Anwesen (dem ehemaligen Zehntkeller) liegt heute noch der historische Felsenkeller, der nach wie vor einen kleinen Brunnen im Hof speist (allerdings mit Wasser, leider nicht mit Bier). In dem reinen Familienbetrieb packen alle gern mit an - momentan stehen zwei Generationen gleichzeitig hinter dem Herd. Selbst die Brotzeiten sind Familienprodukt.

BIER

Düll/Krautheim: Pils, Hefeweizen (beides vom Fass), dunkles Hefe, helles Hefe, Märzen, Urtyp, Leichtes, Alkoholfreies.

KÜCHE

Hausmacher Brotzeiten. Täglich große Karte mit warmen Gerichten. Spezialitäten: Rinderfilet, Brünnauer Weinsuppe mit Kracherle.

PLÄTZE (außen/regensicher)

50/75

ANSCHRIFT

Brünnau 4
97357 Prichsenstadt-Brünnau
Tel.: 09382-1745

ÖFFNUNGSZEITEN

Mo bis Do 10 bis 14.30 Uhr und ab 17 Uhr
Fr bis So und Feiertage ab 10 Uhr
Mittwoch Ruhetag

Böllner's Biergarten

www.gasthausboellner.de Tipp: Steaks (Fr)

BIER

Veldensteiner: Zwickel (vom Fass), Keller, Pils, alkoholfreies Weizen. Kaiser/Neuhaus: Weizen, Alkoholfreies.

KÜCHE

Hausmacher Brotzeiten. Täglich große Karte mit warmen Gerichten. Spezialitäten: Brotzeiten aus eigener Herstellung, verschiedene gegrillte Steaks (Fr), Pizza (Mi).

PLÄTZE (außen/regensicher)

200/190

ANSCHRIFT

Von-Ostheim-Straße 42
97514 Oberaurach-Dankenfeld
Tel.: 09549-453

ÖFFNUNGSZEITEN

Täglich ab 16 Uhr
Montag Ruhetag
Bei schlechtem Wetter geschlossen

SCHWEIN GEHABT

Hier muss das Glück sein Zuhause haben: Zwei amerikanische Mini-Pigs (haben nichts mit der gleichnamigen Band aus den 80ern zu tun) namens „Pink" und „Floyd" sind die Attraktion des Biergartens mit mediterranem Flair. Auf zwei Terrassen gibt es sowohl etwas für die Durstigen und vor allem auch für die Hungrigen: Es gibt zwar definitiv kein Mini-Pig-Fleisch, dafür aber viele Köstlichkeiten aus der hauseigenen Metzgerei. Noch ein Geheimtipp!

Gasthaus Pension Klosterhof

www.klosterhof-ebelsbach.de | Tipp: Rindfleisch mit Meerrettich

BIER

Göller/Zeil am Main: Pils, Kellerbier, Weizen hell, Radler (alles vom Fass), alkoholfreies Weizen, Alkoholfreies.

KÜCHE

Fränkische Brotzeiten. Täglich kleine Karte mit warmen Gerichten. Spezialitäten: Fränkisches Schäuferle (So), Rinderroulade (So), Riesen-Currywurst, Rindfleisch mit Meerrettich, frische Pfifferlinge mit Semmelknödel (saisonal).

PLÄTZE (außen/regensicher)

250/110

ANSCHRIFT

Georg-Schäfer-Straße 11
97500 Ebelsbach
Tel.: 09522-708282

ÖFFNUNGSZEITEN

Mo bis Fr ab 16 Uhr
Sa, So und Feiertage ab 10 Uhr
Mai bis Aug. kein Ruhetag
Sep. bis Apr. Freitag Ruhetag

TRAUM-BIERGARTEN MIT SPIELPOTENTIAL

Direkt hinter dem Klosterhof findet sich der große und naturnahe Biergarten des Gasthofs, wo im Sommer unter den großen Kastanien unter anderem leckeres Göller-Bier aus Zeil genossen werden kann. Nebenan gibt es einen kleinen, feinen Spielplatz und eine schöne Wiese, optimal geeignet für Ballspiele aller Art. Mit viel Engagement und Liebe haben Frank und Lulu Kaufhold hier in Ebelsbach ein tolles Kleinod der frischen fränkischen Küche geschaffen. In der direkt angrenzenden ehemaligen Brauereigaststätte befinden sich auch schöne Gästezimmer und ein gemütliches Gasthaus - der Klosterhof ist also das ganze Jahr über einen Besuch wert.

Gasthaus Zum Hirschen

www.ebersbrunn-gasthaus.de

Tipp: Zickleinsbraten

BIER

Düll/Krautheim: Helles, Pils, Urtyp Dunkel. Kitzmann/Erlangen: Hefeweizen, Pils. Schlenkerla/ Bamberg: Rauchbier.

KÜCHE

Hausmacher Brotzeiten.
Täglich kleine Karte mit warmen Gerichten.
Spezialitäten: Schnitzel Wiener Art, Zickleinsbraten aus eigener Zucht (zur Kirchweih), Enten und Geflügel aus eigener Zucht, Hausmacher Platte, Gerupfter.

PLÄTZE (außen/regensicher)

40/40

ANSCHRIFT

Haus Nr. 25
96160 Geiselwind-Ebersbrunn
Tel.: 09556-200

ÖFFNUNGSZEITEN

Täglich ab 11 Uhr
Mittwoch Ruhetag

AUS DEM VOLLEN SCHÖPFEN

Das können Helga und Jürgen Fleischmann, die die aktuelle Familiengeneration darstellen. Die Familie an sich ist seit 1845 am Ruder und hat sich bis heute eine kleine Landwirtschaft erhalten. Deswegen kommt vieles, was auf dem Gäste-Teller landet, aus der eigenen Produktion. Beispielsweise selbst gebackenes Brot, frisches Obst und Gemüse aus dem eigenen Garten oder auch Lamm und Gans aus der Hausschlachtung. Sogar der Schnaps ist hausgebrannt.

Der Lindenhof

www.lindenhof-steigerwald.de

Tipp: Selbst gemachter Kochkäse

ABSCHALTEN IM STEIGERWALD

Über 100 Jahre schon herrscht hier in Fatschenbrunn Gastlichkeit pur. Und nachdem im Laufe der Jahrzehnte Wellness- und Spaßfaktor immer wichtiger wurden, hat man auch hier nach und nach aufgerüstet. Heute ist der Biergarten quasi ein großer Spielplatz, einerseits für die Kinder, andererseits aber auch für die Biergartenfreunde. Denn zu den zahlreichen Brotzeitklassikern gibt es im Gasthaus auch noch sehr Feines aus der warmen Küche, wie beispielsweise den Entenbraten.

BIER

Schloßbrauerei/Reckendorf: Keller (vom Fass), Pils, Keller, Dunkles, Weißbier. Franziskaner: Alkoholfreies Weizen. Clausthaler: Alkoholfreies.

KÜCHE

Fränkische Brotzeiten.
Täglich kleine Karte mit warmen Gerichten (nur im Gasthaus).
Spezialitäten: Entenbraten, vegetarische Lasagne, Schweinemedaillon Saltimbocca, selbst gemachter Kochkäse.

PLÄTZE (außen/regensicher)

80/50

ANSCHRIFT

Lindenstraße 7
97514 Fatschenbrunn
Tel.: 09529-981061

ÖFFNUNGSZEITEN

Gasthaus: Fr ab 17 Uhr
Sa 11.30 bis 14 und ab 16 Uhr
So und Feiertage ab 11.30 Uhr
Mo bis Do geschlossen
Biergarten: Fr ab 17 Uhr
Sa, So und Feiertage ab 16 Uhr
Mo bis Do geschlossen
Wenn Biergarten geöffnet, dann Gasthof geschlossen!

Gasthaus zur Sonne

www.gasthaus-zur-sonne-frankenwinheim.de **Tipp: Spanferkel (auf Bestellung)**

BIER

Düll/Krautheim: Pils (vom Fass), Helles, helles Hefeweizen, dunkles Hefeweizen, Urtyp dunkel, Kellerbier, alkoholfreies Hefeweizen.

KÜCHE

Hausmacher Brotzeiten. Täglich kleine Karte mit warmen Gerichten. Spezialitäten: Spanferkel (auf Bestellung), saisonale Gerichte (z. B. Spargel), blaue Zipfel, Bratwürste mit Sauerkraut.

PLÄTZE (außen/regensicher)

30/115

ANSCHRIFT

Kirchberg 6
97447 Frankenwinheim
Tel.: 09382-1816

ÖFFNUNGSZEITEN

Täglich 11 bis 14 und ab 16 Uhr
Mittwoch Ruhetag

AUSZEIT AN DER HAUPTSTRASSE

Das Gasthaus zur Sonne liegt etwas zurückversetzt und bietet daher ein bisschen mehr Erholung als man vom gastronomischen Zentrum des Weinortes erwarten würde. Über 100 Jahre schon schenkt hier die Familie Kraus Biere der Brauerei Düll aus Krautheim aus und bietet Gutes aus eigener Hausschlachtung. Dafür gab es sogar schon eine Bronzemedaille beim Wettbewerb Bayerische Küche für Andreas Kraus, der in noch relativ jungem Alter bereits für die Küche verantwortlich zeichnet.

Biergarten Schloss Gereuth

www.schloss-gereuth.de **Tipp: Schlossplatte**

ZU BESUCH HINTERM SCHLOSS

Lange Zeit war das Schloss Gereuth ein Sorgenkind - es verfiel vor sich hin, und es fand sich kein Interessent. Im Jahr 2001 fuhren schließlich Birgit Richter und Rupert Fechner an der Edelbruchbude vorbei, verliebten sich in das Gemäuer und waren fortan Schlossbesitzer. Seitdem geht es nur noch aufwärts. Ein kleiner Zoo, unter anderem mit Emus und Alpakas, und ein liebevoll improvisierter Biergarten mit Schlossblick laden zum Verweilen ein. Entgegen der Angabe in der 2008er Auflage unseres Buches, gibt es mittlerweile sanitäre Einrichtungen nur wenige Meter vom Biergarten entfernt.

BIER

Schleicher/Kaltenbrunn: Helles, Dunkles (beides vom Fass). Schlossbrauerei/Reckendorf: Kellerbier (vom Fass). Gutmann/Titting: Hefeweizen.

KÜCHE

Fränkische Brotzeiten. Täglich warme Kleinigkeiten. Spezialitäten: Geräucherte Forelle, Obatzter, Schlossplatte.

PLÄTZE (außen/regensicher)

200/40

ANSCHRIFT

Gereuth 1
96190 Untermerzbach
Tel.: 09533-98240

ÖFFNUNGSZEITEN

Täglich ab 16 Uhr
So und Feiertage ab 11 Uhr
Dienstag Ruhetag

Rafelder-Radler-Garten

www.rafelder-radler-garten.de Tipp: Radler-Brotzeit

BIER

Roth/Schweinfurt: Original, Pils, Schwarzbier, helles Hefeweizen, dunkles Hefeweizen, Bleifrei, alkoholfreies Hefeweizen, Roth-Runner.

KÜCHE

Fränkische Brotzeiten. Täglich kleine Karte mit warmen Gerichten. Spezialitäten: Hausmacher Platte, Radler-Brotzeit, Seelachs- und Fischbrötchen.

PLÄTZE (außen/regensicher)

50/28

ANSCHRIFT

Am Kühhauch
97506 Grafenrheinfeld
Tel.: 0179-1712704

ÖFFNUNGSZEITEN

Täglich ab 14 Uhr, So ab 10 Uhr

WIE BEI HOMER UND MARGE

Direkt am Main, aber auch irgendwie im Schatten der Kühltürme des AKW erwarten Sylvia Schamberger und ihre drei Töchter seit 2013 ihre Gäste. Von einer blickdichten Hecke umgeben sitzt man gemütlich an urigen Biertischgarnituren und genießt neben Brotzeit und Bier auch die weithin bekannten Fischbrötchen der Hausherrin. Die kam übrigens eher zufällig zu ihrem Glück. Ihr damaliger Chef war Stammgast im Radler-Garten. Als er hörte, dass der Vorbesitzer aufhören wollte, gab er den Tipp an seine Mitarbeiterin weiter - und kann sie nun auch in seiner Freizeit besuchen ...

Waldhaus Einsiedel im Gramschatzer Wald

www.waldhaus-einsiedel.de Tipp: Kesselfleisch (mittwochs)

DAS WALD-ERLEBNIS-ZENTRUM

Hier macht das Einkehren richtig Spaß, besonders als Wanderer, Radler und Biker. Mitten im Wald finden Sie einen echten Erlebnisspielplatz mit Klettergarten, dazu ein kleines, aber sehr feines kulinarisches Angebot von der Bratwurst über Hähnchen bis zu Makrele und Kesselfleisch, sonntags sogar Spanferkel vom Grill. Kleines Problem: Der Biergarten hat leider keine genaue Adresse, am besten geben Sie das Walderlebniszentrum ins Navi ein ...

BIER

Max Bender/Arnstein: Herzog von Franken-Pils (vom Fass), Dunkelbier, Hefeweizen, alkoholfreies Hefeweizen, alkoholfreies Pils.

KÜCHE

Hausmacher Brotzeiten. Täglich mittelgroße Karte mit warmen Gerichten. Spezialitäten: Kesselfleisch (Mi), Spanferkel vom Grill (So), Makrele vom Grill (So), Hähnchen vom Grill (Fr), Haxe (Sa), wechselnde Bratengerichte, hausmacher Bratwürste vom Holzkohlengrill.

PLÄTZE (außen/regensicher)

1200/170

ANSCHRIFT

A7 Autobahnausfahrt Gramschatz/Erbshausen, am Walderlebniszentrum (Weg ist beschildert) zwischen Rimpar und Gramschatz
Tel.: 0171-7355568

ÖFFNUNGSZEITEN

Täglich ab 11 Uhr
Bei schlechtem Wetter geschlossen

DB Bus 8114 Einsiedel Walderlebniszentrum, Rimpar

Alte Ziegelei

www.alte-ziegelei-grossostheim.de **Tipp: Alles vom Asado-Grill**

BIER

Faust/Miltenberg: Schwarzviertler, Pils (beides vom Fass), verschiedene Flaschenbiere. Eder & Heyland´s/Großostheim: Schlappeseppel, Export, helles Weizen, Kellerbier naturtrüb, Landbier naturtrüb (alles vom Fass), verschiedene Flaschenbiere.

KÜCHE

Fränkische Brotzeiten. Täglich mittelgroße Karte mit warmen Gerichten. Spezialitäten: Saftige Steaks vom Holzkohlengrill, dazu passend verschiedene Dips und Beilagen, zünftige Brotzeiten.

PLÄTZE (außen/regensicher)

250/125

ANSCHRIFT

Wallstädter Weg 52
63762 Großostheim
Tel.: 06026-9779373

ÖFFNUNGSZEITEN

Di bis Fr ab 17 Uhr, Sa ab 15 Uhr
So und Feiertage ab 11 Uhr
Montag Ruhetag

RUSS UND ASADO

Willkommen im ersten Gebäude, das sich quasi selbst erbaut hat. Denn die heutige Alte Ziegelei steht auf den Grundmauern und besteht aus den Ziegeln der ehemaligen „Russenfabrik" Großostheims. So nannte man damals die Erzeugnisse der Ziegelei. Heute findet man hier vor allem ein echtes Idyll mit viel Grün und Pferden - und eine wahre Attraktion: Zwei Meter breit und vier Meter hoch ist der argentinische Asado-Grill, das Schmuckstück des Biergartens. Asado steht für ein echtes Grillhappening, bei dem unterschiedlichstes Fleisch in großen Mengen von einem Haufen Gleichgesinnter verzehrt wird. Die schonende Zubereitung und der soziale Aspekt stehen natürlich auch in der Ziegelei im Vordergrund - Sie werden begeistert sein!

Gasthaus Zum Hühnernest

www.gasthaus-huehnernest.de | Tipp: 1/2 gefüllte Flugente

MIT KRÄUTER-PÄDAGOGINNEN

Der ehemalige Geflügelhof hat eine 180-Grad-Wende hinter sich. Züchtete man früher hier vor allem für den Verkauf, setzen die Seuferts nun auf Tiere zum Anschauen und einen gelungenen Mix aus Reiterhof, Biergarten, Ferienwohnung, Zoo, Wellness (mit Friseur, Kosmetik und Fußpflege) und Kräutergarten. Das alles, weil Gerhard Seufert auf seine sechs Töchter und einen Sohn bauen kann, die alle ihren jeweils eigenen Bereich auf dem Hof haben. Ein guter Grund, vielleicht gleich ein paar Tage mehr hier einzuplanen.

BIER

Kulmbacher: Pils, Kapuziner Hefeweizen (beides vom Fass). Andechser: Dunkles (vom Fass). Keiler/Lohr: Weizen hell, Weizen dunkel. Beck's: Pils, Beck's Lemon, Alkoholfreies. Martin/Hausen: Hefeweizen, Spezial. Göller/Zeil am Main: Lager. Erdinger: Alkoholfreies Weizen.

KÜCHE

Fränkische Brotzeiten. Täglich mittelgroße Karte mit warmen Gerichten. Spezialitäten: Hausmacher Wurstplatte, frisch geschlachtete Hähnchen und Haxen vom Gartengrill (Fr ab 17 Uhr), 1/2 gefüllte Flugente, Wildgerichte aus eigener Jagd.

PLÄTZE (außen/regensicher)

60/100

ANSCHRIFT

Heinrichweg 5
97456 Dittelbrunn-Hambach
Tel.: 09725-71710

ÖFFNUNGSZEITEN

Täglich ab 11 Uhr
Montag Ruhetag

Altes Brauhaus Hemmendorf

www.altesbrauhaushemmendorf.de **Tipp: Roastbeef vom deutschen Angusrind**

IN DER BIERWOHNUNG

Der Traum für Franken: Mitten im und um das ehemalige Brauhaus können im Alten Brauhaus Hemmendorf die Gäste ihr Bier genießen. Sogar der alte Brunnen im Gastraum steht noch. Mit viel Liebe zum Detail haben Johannes und Birgit Scharf dem historischen Dorf Hemmendorf noch eine Perle hinzugefügt - und einen Tempel für Liebhaber von Steak, Roastbeef, Schnitzel & Co. Zudem legt man großen Wert auf Familienfreundlichkeit.

BIER

Püls/Weismain: Pils, Weizen, Kellertrunk (alles vom Fass), Alkoholfreies. Erdinger: Alkoholfreies Weizen.

KÜCHE

Fränkische Brotzeiten. Täglich große Karte mit warmen Gerichten. Spezialitäten: Hemmendorfer Brauhaussteak, Bauernschnitzel, Hähnchenbrust auf frischem Pilzragout, Angussteaks.

PLÄTZE (außen/regensicher)

50/93

ANSCHRIFT

Hemmendorf 19
96190 Untermerzbach
Tel.: 09533-479 o. -1797 oder
0173-8532480

ÖFFNUNGSZEITEN

Mi bis Sa ab 17 Uhr
So und Feiertage ab 10 Uhr
Montag und Dienstag Ruhetag

Homburger Bräuscheuere

www.braeuscheuere.de — Tipp: Spessart-Räuberpfännle

ZWECKENTFREMDETE WEINPRINZESSIN

Als ehemalige Weinprinzessin ist es keine leichte Aufgabe für die Frau von Boris Dürr, hier hinter dem Tresen einer Brauschänke ihre Frau zu stehen. Aber immerhin hat sie es mit dem anderen fränkischen Nationalgetränk zu tun und kann zudem die Gäste auch mit ihrer Kochkunst begeistern. Dazu gehören Frankentapas genauso wie Eine Fuhre Mist (serviert in einer Holzkarre). Dazu passt natürlich auch mal ein Glas Frankenwein bzw. danach auch einer der vielen Schnäpse oder der hauseigene Bierlikör.

BIER

Eigene Brauerei: Helles, Weißbier, Pils (alles vom Fass).

KÜCHE

Fränkische Brotzeiten. Täglich mittelgroße Karte mit warmen Gerichten. Spezialitäten: Spessart-Räuberpfännle, eine Fuhre Mist, Rumpsteak.

PLÄTZE (außen/regensicher)

50/95

ANSCHRIFT

Zeller Tor 6
97855 Homburg am Main
Tel.: 09395-876882

ÖFFNUNGSZEITEN

Mi bis Sa ab 17.30 Uhr
So und Feiertage ab 11.30 Uhr
Montag und Dienstag Ruhetag
(nach Vereinbarung auch an den Ruhetagen geöffnet)

Jagdhaus Ilmbach

www.bier.by

Tipp: Wildgerichte aller Art

BIER

Tucher/Fürth: Zirndorfer Landbier, Tucher Hefeweizen, Nürnberger Pils (kalt gehopft) (alles vom Fass), Zirndorfer Kellerbier, Tucher Urfränkisch Dunkel, alkoholfreies Hefeweizen, Reifbräu alkoholfrei.

KÜCHE

Fränkische Brotzeiten. Täglich große Karte mit warmen Gerichten. Spezialitäten: Verschiedene Wildgerichte (Reh, Hirsch, Wildschwein), saisonale Gerichte (Spargel, Pfiffer), Winzerbrotzeit.

PLÄTZE (außen/regensicher)

200/50

ANSCHRIFT

Ilmbach 2
97357 Prichsenstadt
Tel.: 0171-4707870

ÖFFNUNGSZEITEN

Ostern bis Ende Okt.
Täglich ab 11 Uhr
Montag Ruhetag

ZU GAST BEIM GRAFEN

Das alte Jagdhaus gehört immer noch zum Besitz des Grafen von Schönborn, ist allerdings als Gastronomie an Ralf Toll verpachtet. Er übernahm das Restaurant im Juli 2013, nachdem es vorher länger geschlossen war. Das ist fast unverständlich, weil alleine schon der Blick auf der romantischen Waldterrasse ein Grund zum Kommen ist. An Wochenenden und an Feiertagen sollten Sie auf jeden Fall reservieren, denn insbesondere die Wildgerichte erfreuen sich größter Beliebtheit.

Biergarten an der Mainschleife

www.biergarten-mainschleife.de **Tipp: Groß angelegter Naturspielplatz**

BIERGARTEN IN DER WEINSCHLEIFE

Wir waren überrascht und erfreut, als wir auf unserer Recherchetour über den Biergarten an der Mainschleife stolperten. Umgeben von Weinbergen und geschätzten 40 Heckenwirtschaften wurde hier in einer sehr schönen Lage ein Refugium für Freunde der gepflegten Biergartenkultur geschaffen - inklusive Spielplatz, Krautheimer Bier und fränkischen Brotzeiten. Dank seiner Lage eignet sich dieses luftige Plätzchen optimal für Päuschen aller Art - zum Beispiel vor der Fahrt mit der Fahrer Fähre oder als Boxenstopp bei der Radtour um die Mainschleife. Mindestens ein Mal monatlich lockt zusätzlich Livemusik, Termine siehe Webseite (www.biergarten-mainschleife.de).

BIER

Krautheimer: Keller, Hefeweizen, Pils (alles vom Fass), Lager, dunkles Hefeweizen, alkoholfreies Hefeweizen, Alkoholfreies.

KÜCHE

Fränkische Brotzeiten. Täglich große Karte mit warmen Gerichten. Spezialitäten: Geräucherte Forelle, Weißwurst-Frühstück mit Breze, verschiedene Steaks, Bratwürste vom Grill.

PLÄTZE (außen/regensicher)

365/40

ANSCHRIFT

Kaltenhausen
97247 Eisenheim
Tel.: 09386-903258

ÖFFNUNGSZEITEN

Di bis Sa ab 12 Uhr
So und Feiertage ab 10 Uhr
Montag Ruhetag

Gasthaus Goldene Gans

www.goldenegans-kt.de

Tipp: Wunderschöne Lage am ehemaligen Gartenschau-Gelände

BIER

Kesselring/Marktsteft: Pils, Hefeweizen (beides vom Fass), Landbier, dunkles Weizen, alkoholfreies Weizen, Alkoholfreies. Kohlenmühle/Neustadt a. d. Aisch: Helles Bier, dunkles Weizen (beides vom Fass), Moggerle (naturtrübes Landbier).

KÜCHE

Fränkische Vesperkarte. Täglich große Karte mit warmen Gerichten. Spezialitäten: Saisonale Gerichte.

PLÄTZE (außen/regensicher)

200/100

ANSCHRIFT

Balthasar-Neumann-Straße 2
97318 Kitzingen
Tel.: 09321-3830883

ÖFFNUNGSZEITEN

März bis Ende Sep.
Mo bis Do ab 16 Uhr
Fr, Sa, So und Feiertage ab 11 Uhr
Anfang Okt. bis März
Mi und Do ab 16 Uhr
Fr, Sa, So und Feiertage ab 11 Uhr
Montag und Dienstag Ruhetag
Jan. und Feb. komplett geschlossen

MEEFISCH-GÄRTLE

Was soll man über einen Biergarten sagen, der schon mehrfach als schönster seiner Zunft ausgezeichnet wurde? Die Lage ist einfach wunderschön, das Speise- und Getränkeangebot saisonal geprägt und stets fränkisch-frisch. Mit Blick auf das Wasser lässt sich hier zwar auch einfach ein kühles Kesselring oder Helles aus der Kohlenmühle in Neustadt genießen - das traditionsreiche Gasthaus wartet aber zusätzlich mit einer umfangreichen und mehrmals im Jahr wechselnden Speisekarte auf, die kaum Wünsche offen lässt. Anschließend kann ein gemütlicher Spaziergang am Main entlang oder in die nahegelegene Innenstadt von Kitzingen unternommen werden.

Schloßberg-Gaststätte

www.schlossberggaststätte.de

Tipp: Ritteressen (auf Bestellung)

SAGEN SIE EINFACH JA

Die alte Steuferburg in Königsberg ist - natürlich - besonders beliebt bei allen Heiratswilligen und Mittelalterfans. Schließlich kann man hier neben der Hochzeit an sich auch sonst viele schöne Tage verbringen, zum Beispiel bei der Rosenmesse oder dem Mittelalterfest, das das „Freie Volk von Königsberg" veranstaltet. Die beiden Betreiber Joachim und Vera Saal sind schon sehr viel herumgekommen. Neben diversen Kreuzfahrtschiffsküchen stehen auch ein Steakhaus und Schloss Pommersfelden auf der Referenzenliste. Klar, dass es da schmeckt!

BIER

Kulmbacher: Kellerbier, Kapuziner Hefeweizen (beides vom Fass), Schwarzbier, Kellerbier, leichtes Weizen, leichtes Bier, Alkoholfreies. Hofbräu Würzburg: Sternla Bier, Sternla Radler.

KÜCHE

Fränkische Brotzeiten. Täglich mittelgroße Karte mit warmen Gerichten. Spezialitäten: Schloßberg-Grillteller, Fitness-Salat, Wiener Schnitzel, Brotzeitplatte, Limburger oder Stadtwurst mit Musik, Königsberger Schnitzel, eine Fuhre Mist (saisonal), Schäuferle.

PLÄTZE (außen/regensicher)

250/215

ANSCHRIFT

Schloßberg 14
97486 Königsberg in Bayern
Tel.: 09525-981944

ÖFFNUNGSZEITEN

Täglich ab 11 Uhr
Montag Ruhetag
(an Feiertagen geöffnet)
Nov. bis Apr.: Mo und Di Ruhetag

Brauschänke Brauerei Friedrich Düll

www.krautheimer.com

Tipp: Erst Brotzeit, dann Brauereiführung

BIER

Eigene Brauerei: Helles Lager, Pils, Urtyp-Dunkel, Weißbier, Kellerbier (alles vom Fass), Märzen, Weißbier dunkel, Weißbier leicht, Weißbier alkoholfrei, Alkoholfreies.

KÜCHE

Hausmacher Brotzeiten. Täglich kleine Karte mit warmen Gerichten. Spezialitäten: Kartoffeln mit Quark, Hausmacher Wurst, hausgemachter Kochkäse.

PLÄTZE (außen/regensicher)

345/100

ANSCHRIFT

Landstraße 4
97332 Volkach-Krautheim
Tel.: 09381-71089460

ÖFFNUNGSZEITEN

Mo und Fr ab 15 Uhr
Sa, So und Feiertage ab 11 Uhr
Di, Mi und Do Ruhetag

STACHEL IN DER REBE

Mitten im Weinland Volkach steht das Brauhaus Krautheim und trotzt Weinkönigin, Öchsle und Prädikat. Stattdessen fließt ein süffiges Bier in zahlreichen Variationen aus den Zapfhähnen von Brauschänke und Biergarten. Inhaber Friedrich Düll lenkt die Geschicke des 350-jährigen Traditionsbetriebes. Die Familie selbst braut hier seit 1881 - vor allem für den regionalen Bedarf. Besonders beliebt: Das Krautheimer Pilsner. Dazu gibt's handfeste Bierkellernahrung vom Feinsten.

Gasthof zum Falken

www.zum-falken.de

Tipp: Alles mit Bratkartoffeln

BRATKARTOFFEL-REZEPT

Nachdem uns die Wirtin freimütig Tipps zu ihren guten Bratkartoffeln gegeben hat, möchten wir sie Ihnen auch nicht vorenthalten: Mehlige frische Kartoffeln richtig weich kochen, gut auskühlen lassen, mit Schweinefett dünn geschnitten in eine gusseiserne Pfanne geben, in der Sie vorher das Fett gut erhitzt haben. Dann sollte es wie im Falken bei Christine Jäger schmecken. Sie ist quasi die Quintessenz aus sechs Generationen fränkischer Gastlichkeit.

BIER

Loscher/Münchsteinach: Pils (vom Fass), Helles. Kesselring/Marktsteft: Weißbier, Landbier. Schlenkerla/Bamberg: Rauchbier. Clausthaler: Alkoholfreies.

KÜCHE

Hausmacher Brotzeiten. Täglich große Karte mit warmen Gerichten. Spezialitäten: Frisch gebratene Schweineschäuferle mit Kloß und Salat, Wallerfilet im Wurzelsud gegart, blaue Zipfel.

PLÄTZE (außen/regensicher)

30/80

ANSCHRIFT

Herrnstraße 27
97350 Mainbernheim
Tel.: 09323-87280

ÖFFNUNGSZEITEN

Täglich ab 11 Uhr
Montag und Dienstag Ruhetag

Brauerei-Gaststätte Hartleb

www.bier.by

Tipp: Spießbraten

BIER

Eigene Brauerei: Unfiltriertes fränkisches Landbier (vom Fass). Raab/Hofheim: Weizen. Göller/Zeil: Alkoholfreies.

KÜCHE

Hausmacher Brotzeiten. Täglich mittelgroße Karte mit warmen Gerichten. Spezialitäten: Brotzeitteller, Spießbraten, Schnitzel, selbst gemachte Pizza, 1/2 Hähnchen.

PLÄTZE (außen/regensicher)

100/120

ANSCHRIFT

Herrenstraße 9
96126 Maroldsweisach
Tel.: 09532-240

ÖFFNUNGSZEITEN

Täglich ab 9 Uhr
Mittwoch Ruhetag

EIGENER SCHNAPS UND EIGENE WURST

Das sind die beiden anderen Klassiker, die neben dem urigen Landbier für die Brauereigaststätte der Hartlebs, auch „Zum grünen Baum" genannt, stehen. Alle drei zusammen garantieren an jedem schönen Sommertag auch einen vollen Biergarten. Die perfekte Erholung nach dem Besuch einer der zahlreichen nahegelegenen Sehenswürdigkeiten wie Burg Altenstein, Schloss Ditterswind, Schloss Hafenpreppach, Schloss Maroldsweisach, Schloss Pfaffendorf, Dorfkirche Pfaffendorf, Schloss Birkenfeld oder des Jüdischen Friedhofs.

Faust - Bräustüble, Lounge und Biergarten

www.faustbraustuben.de

Tipp: Verschiedene Burger

BIER

Eigene Brauerei: Kräusen, Pils, Schwarzviertler, Export, Hefeweizen hell, Doppelbock (saisonal) (alles vom Fass), Sommerfestbier, Winterfestbier, dunkles Hefeweizen, alkoholfreies Hefeweizen, alkoholfreies Pils.

KÜCHE

Fränkische Brotzeiten. Täglich mittelgroße Karte mit warmen Gerichten. Spezialitäten: Kümmelbraten, Flammkuchen, hausgemachter Kochkäse, Apfelstrudel.

PLÄTZE (außen/regensicher)

120/60

ANSCHRIFT

Löwengasse 3
63897 Miltenberg
Tel.: 09371-2709

ÖFFNUNGSZEITEN

1. Oktober bis 24. April:
Mo bis Sa ab 15 Uhr
Sonntag Ruhetag
25. April bis 30. September:
Mi bis Mo ab 11 Uhr, Di ab 16 Uhr

EIN WÜST HAUS

So hieß das Vorgängerhaus des heutigen „Faust Bräustüble" 1661, als es der belgische Brauer Kilian Francois Mathieu Servantaine, was schnell in Kilian Franzmathes eingedeutscht wurde, kaufte, um eine Brauerei zu errichten - was drei Jahre später auch geschah. Seine heutige Gestalt erhielt das Anwesen 1796, und 1875 gehörte der erste „Faust" zu den Gesellschaftern. Und man lese und staune: Der Biergarten startete schon 1888! Heute zeichnet Felix Ulrich für das „Faust Bräustüble" verantwortlich, der unter anderem viele Jahre auf Kreuzfahrtschiffen hinter der Bar stand. Mit ihm können Sie also immer ein Pläuschchen über den letzten Urlaub halten - und sicher sein: Er war auch schon einmal da ...

Gasthaus zum Riesen

www.riesen-miltenberg.de Tipp: Miltenberger Rossäpfel

BIER

Eigene Brauerei: Pils, Riesen Spezial, Schwarzviertler, helles Hefeweizen, Faust Doppelbock (saisonal), naturtrübes Kräusen, ein wechselndes Bier (alles vom Fass), dunkles Hefeweizen, alkoholfreies Hefeweizen, alkoholfreies Pils.

KÜCHE

Fränkische Brotzeiten. Täglich große Karte mit warmen Gerichten. Spezialitäten: Hausgemachte Bratwürste, Miltenberger Rossäpfel, selbst gemachte Soßen, selbst gemachte Semmelknödel.

PLÄTZE (außen/regensicher)

45/140

ANSCHRIFT

Hauptstraße 99
63897 Miltenberg
Tel.: 09371-989948

ÖFFNUNGSZEITEN

Täglich ab 11 Uhr

WOHLDUFTENDE PFERDEÄPFEL

Diese Spezialität ist bei weitem nicht so gewöhnungsbedürftig, wie es Ihnen in Ihrer Phantasie vielleicht jetzt vorkommen mag, es handelt sich um Miltenberger Rossäpfel bzw. Leberknödel mit Sauerkraut. Lust bekommen? Wir denken schon. Immerhin befinden Sie sich im wohl ältesten Gasthaus Deutschlands, in dem schon im 12. Jahrhundert vornehmlich adelige Gäste bewirtet wurden und beispielsweise 1711 auch Kaiser Karl VI. zu Besuch war. Eine besondere Tradition hat sich hier erhalten: Stammgäste haben ihren eigenen Stammtischkrug mit graviertem Zinndeckel, den der Wirt verwahrt und zudem ein Ehren-Stammgast-Diplom verleiht. Zu solchen Ehren werden wir wahrscheinlich nie gelangen - aber wenn Sie häufiger nach Miltenberg kommen, können Sie ja mal beim Wirt nachfragen ...

Landhotel Neuses

www.landhotel-neuses-sand.de — **Tipp: Geschmorte Ochsenbäckle**

BIER

Düll/Krautheim: Helles, Pils, Hefeweizen (alles vom Fass), leichtes Weizen, alkoholfreies Weizen, Alkoholfreies.

KÜCHE

Fränkische Brotzeiten. Täglich große Karte mit warmen Gerichten. Spezialitäten: Geschmorte Ochsenbäckle, Bratwürste von Reh und Wildschwein (saisonal), frische Steinpilze (saisonal).

PLÄTZE (außen/regensicher)

60/80

ANSCHRIFT

Neuses am Sand 19
97357 Prichsenstadt
Tel.: 09383-7155

ÖFFNUNGSZEITEN

Dienstag ab 17 Uhr
Mi bis So 11 bis 14 und ab 17 Uhr
Montag Ruhetag (an Feiertagen geöffnet)

GUT VERSTECKT

Der schöne Biergarten des wuchtigen Anwesens fällt bei der ersten (und zweiten) Vorbeifahrt kaum auf. Doch wenn man dann einmal bei der früheren Poststation an der Strecke zwischen Bamberg und Würzburg gelandet ist, genießt man ein schönes Ambiente innerhalb der alten Mauern, wenn man zwischen den Weinreben sein kühles Krautheimer Bierchen schlürft. So richtig spannend wird's dann auf dem Teller, wenn man eine der Spezialitäten des Hauses bestellt hat. Wir wünschen guten Appetit!

Büffels Biergarten

www.biergartenbueffel.de — **Tipp: Pizza Büffel (scharf!)**

BIER

Roth/Schweinfurt: Pils, Schwarzbier, dunkles Weißbier, Weißbier. An den Wochenenden zusätzlich: Kloster Kreuzberg/Rhön: Dunkles (vom Fass).

KÜCHE

Fränkische Brotzeiten. Täglich mittelgroße Karte mit warmen Gerichten. Spezialitäten: Gegrillte Makrele (Wochenende), Spanferkel (auf Bestellung), Wildschweinspanferkel (auf Bestellung).

PLÄTZE (außen/regensicher)

50/30

ANSCHRIFT

Am Plan 2
97488 Oberlauringen
Tel.: 09724-2613

ÖFFNUNGSZEITEN

Mo ab 17.30 Uhr, Do und Fr ab 17 Uhr, Sa ab 16 Uhr
So und Feiertage ab 9.30 Uhr
Am Tag vor einem Feiertag ab 17.30 Uhr
(für Gruppen nach Vereinbarung auch außerhalb dieser Zeiten geöffnet)
Dienstag und Mittwoch Ruhetag

KLEINOD FÜR VERLIEBTE

In den individuellen Innenhof-Biergarten vom „Büffel“ - so der Spitzname von Roland Hellmuth - verirren sich nicht nur Liebespärchen, sondern auch vor allem viele Motorradfahrer, die deswegen Oberlauringen als festen Zwischenstopp in ihre Route einplanen. Schließlich ist auch Büffel selber gerne auf seiner Harley unterwegs und macht dabei automatisch Werbung für den Biergarten. Passend dazu stehen auch die entsprechenden Klassiker wie Hamburger, Schaschlik, Currywurst und Schnitzel auf der Speisekarte. Am Wochenende stehen Makrelen vom Grill auf dem Programm. Zudem ist der Biergarten sehr beliebt und bestens geeignet für Betriebs- und Familienfeiern - bei denen dann auch gerne ein bisschen Lagerfeuerromantik ins Spiel kommt.

Die Müllerei

www.die-muellerei.com

Tipp: Flammkuchen und Pizza aus dem Brotbackofen

Die Müllerei - seit kurzem unter neuer Ägide - überrascht mit vielen Gesichtern. Da ist einerseits der klassische Biergarten mit Hand- und Kochkäse, sowie Steaks vom Grill und Pizza aus dem Steinofen, andererseits finden sich hier aber auch ein nobles Gartenrestaurant, eine Lounge und ein FunGolf-Platz mit 18 Löchern. Dazu steht noch ein großer Kinderspielplatz auf dem Areal, mit Hüpfburg und vielen Spielgeräten. In den Ohren hat man aber nicht nur glückliche Kinder, sondern auch das Plätschern des alten Mühlbachs - genau die richtige Atmosphäre, um unter den alten Kastanien und Apfelbäumen gepflegt zu entspannen.

EIN FACETTENREICHER ORT

BIER

Eder & Heyland´s/Großostheim: Schlappeseppel Export, Schlappeseppel Colabier, Schlappeseppel Radler, Bavaria Hefeweizen hell, Bavaria Colaweizen, Bavaria Ruß (alles vom Fass), Schlappeseppel Kellerbier, Bavaria Hefeweizen dunkel, Bavaria Kristallweizen, Bavaria alkoholfreies Weizen, Alt Ostheimer alkoholfrei.

KÜCHE

Fränkische Brotzeiten. Täglich mittelgroße Karte mit warmen Gerichten. Spezialitäten: Schafskäsepfännchen, Flammkuchen und Pizza aus dem mit Buchenholz befeuerten Brotbackofen, Steaks vom Grill, Kochkäse, Wurstsalat.

PLÄTZE (außen/regensicher)

120/140

ANSCHRIFT

An der Wehrinsel 3
63785 Obernburg
Tel.: 06022-264108-0

ÖFFNUNGSZEITEN

Täglich 11 bis 14.30 und ab 17 Uhr, So und Feiertage ab 11 Uhr
Montag Ruhetag

Gutsgasthof Andres

www.gutsgasthof-andres.de **Tipp: Hausmacher Bauchfleischplatte**

BILDERBUCH BIERGARTEN

Der Biergarten des Gutshofs liegt im Innenhof und am hauseigenen Weiher - drumrum Fachwerkgebälk, alter Baumbestand und der Geruch der Geschichte. Besonders schön ist die Lage unmittelbar am Wasser und die Möglichkeit, direkt um die Baumstämme zu sitzen. Mitte des 18. Jahrhunderts erbaut, erhielt Familie Andres nur etwa 100 Jahre später auch die Schankerlaubnis. Die Zukunft als Mittelpunkt der näheren Umgebung war begründet. In der Küche finden sich ausschließlich Produkte aus der Region oder aus eigener Landwirtschaft.

BIER

Schroll/Reckendorf: Dunkles (vom Fass). Göller/Zeil am Main: Pils (vom Fass). Simon/Lauf: Weizen. Spezial/Bamberg: Rauchbier.

KÜCHE

Hausmacher Brotzeiten. Täglich mittelgroße Karte mit warmen Gerichten. Spezialitäten: Fischgerichte, Sülze, Bratwürste.

PLÄTZE (außen/regensicher)

120/100

ANSCHRIFT

Pettstadt Nr. 1
96166 Kirchlauter
Tel.: 09536-221

ÖFFNUNGSZEITEN

Täglich ab 12 Uhr
Dienstag und Mittwoch Ruhetag

Gasthaus Goldener Stern

www.bier.by

Tipp: Gerichte mit Soßen aller Art

SOSSE Á LA MIRACULIX

Von der Straße aus gesehen sieht der Unwissende nicht, was für ein schöner Biergarten sich auf der Rückseite des Gasthauses Goldener Stern befindet. Ein Traumblick auf die Rauhe Ebrach und den dahinterliegenden Wald, ein kleiner gepflegter Spielplatz und eine phantastische Küche erwarten den Gast. Besonderes Lob verdienen die Soßen, die hier noch nach Uraltrezepten selbst hergestellt werden und einen individuellen und kräftigen Eigengeschmack haben. Mit Zweitnamen heißt das Anwesen auch Gasthaus Staub, nach den (Schwieger-)Eltern der heutigen Besitzer Robert und Angelika Brühl, die einen weit bekannten guten Ruf aufgebaut haben. Zur Kerwa unbedingt probieren: Bocksbraten!

BIER

Püls/Weismain: Landbier, Pils (beides vom Fass), Weizen. Schneider/Kelheim: Weißbier.

KÜCHE

Hausmacher Brotzeiten. Täglich mittelgroße Karte mit warmen Gerichten. Spezialitäten: Wechselndes Sonntagsmenü, Cordon Bleu, Schnitzel, Gartenplatte.

PLÄTZE (außen/regensicher)

120/135

ANSCHRIFT

Marktstraße 28
96181 Prölsdorf
Tel.: 09554-387

ÖFFNUNGSZEITEN

Täglich ab 10 Uhr
Di, Mi und Do Ruhetag

DB Bus 989 Prölsdorf Ortsmitte, Rauhenebrach

Gasthof Hirschkopf

www.gasthof-hirschkopf.de

Tipp: Knusperente

BIER

Püls/Weismain: Krone Pils, Keller, Hefeweizen (alles vom Fass). Erdinger: Alkoholfreies Weizen. Löwenbrau/München: Alkoholfreies.

KÜCHE

Fränkische Brotzeiten. Täglich große Karte mit warmen Gerichten. Spezialitäten: Verschiedene Steaks, Lendchen, Knusperente (Ente ohne Knochen), fränkischer Sauerbraten, Schäuferle, Bierhaxe, verschiedene Salatvariationen.

PLÄTZE (außen/regensicher)

60/150

ANSCHRIFT

Herrenseestraße 10
97453 Reichmannshausen
Tel.: 09526-327

ÖFFNUNGSZEITEN

Mo bis Mi 11.30 bis 14 Uhr und ab 17 Uhr, Fr und Sa ab 17 Uhr
So und Feiertage ab 11 Uhr
Donnerstag Ruhetag
(für Gruppen ab 10 Personen nach Anmeldung auch außerhalb dieser Zeiten geöffnet)

ZWISCHEN HIRSCHKOPF UND ELLERTSHÄUSER SEE

Das sind die beiden Attraktionen rund um den Gasthof, der auch nach der höchsten Erhebung, dem Hirschkopf, benannt ist. Kurios ist die Geschichte des Ellertshäuser Sees, der eigentlich als Beregnungsreservoir gebaut und zum größten Stausee Unterfrankens wurde. Allerdings hatte man die Unterhaltskosten der Beregnungsanlagen falsch berechnet, und so wurde er nie seiner eigentlichen Bestimmung zugeführt. Dafür gibt es nun in der Schweinfurter Rhön ein echtes Naherholungsgebiet, wo man Baden, Tauchen, Segeln und Angeln kann. Danach lohnt dann der Zwischenstopp im Gasthof der Familie Teuber, die viele Leckereien für hungrige Mägen zu bieten hat.

8132 Reichmannshausen Ortsmitte, Schonungen Bus

DB

Bayer Bräustüble

www.bier.by **Tipp: Rindersteaks**

BIER IN BAYERNS KLEINSTER STADT

Ursprünglich gab es in Rothenfels zwei Brauereien, Amrhein und Keller, heute halten die Bayers alleine die Bierfahne hoch, auch wenn die Biere nach den alten Rezepten in einer anderen Brauerei entstehen. Allerdings macht nicht nur die Bierverkostung hier viel Spaß, das Team von Andreas Bayer versteht es auch, Ihren Gaumen zu verwöhnen, beispielsweise mit seinen bierigen Gerichten, wie der Biersuppe oder den Lendchen in Braunbierteig. Dafür gab es auch bereits einige Auszeichnungen, unter anderem den Landkreissieg im Wettbewerb Bayerische Küche.

BIER

Eigene Biere: Bayer Pilsener, Raubritter Märzen, Spessarträuber Hefeweizen Hell, Bayerator Doppelbock (saisonal), schwarzes Röslein, Kellerbier (im Sommer) (alles vom Fass), Spessarträuber Hefeweizen Dunkel. Faust/Miltenberg: Alkoholfreies Weizen, alkoholfreies Pils.

KÜCHE

Fränkische Brotzeiten. Täglich große Karte mit warmen Gerichten. Spezialitäten: Rindersteaks, Rehschäufelchen, Schweineschäufelchen, Schinkenplatte.

PLÄTZE (außen/regensicher)

60/60

ANSCHRIFT

Hauptstraße 77
97851 Rothenfels
Tel.: 09393-408

ÖFFNUNGSZEITEN

Mai bis Nov.
Täglich ab 16 Uhr, So und Feiertage ab 11.30 Uhr, Di Ruhetag
Nov. bis Mai
Täglich ab 17 Uhr, So und Feiertage ab 11.30 Uhr, Di Ruhetag

Landhotel Rügheim

www.landhotel-ruegheim.de **Tipp: Wildgerichte aller Art**

AUSZEIT IM GRÜNEN

So heißt der Slogan des Landhotels, das auch tatsächlich mitten in einer grünen Idylle steht. So nimmt es nicht Wunder, dass man den Kaninchen beim Liebesspiel zuschauen kann, während in der Küche die Schlemmerschnitzel für die Gäste zubereitet werden. Im Krug landen unter anderem auch die Spezialitäten von Julius Hummel aus Merkendorf - hier werden Sie sicher länger sitzen bleiben!

BIER

Göller/Zeil am Main: Pils, Weizen (beides vom Fass), Göller Dunkel, alkoholfreies Weißbier, alkoholfreies Pils. Hummel/Merkendorf: Kellerbier (vom Fass), dunkles Weizen, leichtes Weizen.

KÜCHE

Fränkische Brotzeiten. Täglich kleine Karte mit warmen Gerichten. So Mittagstisch. Spezialitäten: Wildgerichte aus dem heimischen Revier, Rügheimer Schlemmerschnitzel, Haßberg-Burger.

PLÄTZE (außen/regensicher)

150/125

ANSCHRIFT

Schlossweg 1
97461 Hofheim i. U.-Rügheim
Tel.: 09523-502930

ÖFFNUNGSZEITEN

Täglich ab 17.30 Uhr
So und Feiertage ab 11.30 Uhr
(auf Anfrage für Gruppen auch außerhalb dieser Zeiten geöffnet)

Kurfürstliche Weyberbräu

www.weyberbraeu.de **Tipp: Selbst gemachter Kochkäse**

MIT SELBST KREIERTEN BIERGLÄSERN ...

... überrascht Inhaber Peter Lenhardt die Besucher seiner Brauereigaststätte, die ganz bewusst den typisch fränkischen Wirtshausstil trägt, ebenso wie der Biergarten. Aus der Küche kommen fränkische und bayerische Schmankerl, natürlich auch mit bierigem Touch. Das selbst gemachte Treberbrot und die Grillhütte im Biergarten runden das Angebot perfekt ab. Hier sollte man einfach unbedingt (mindestens) einmal gewesen sein!

BIER

Eigene Brauerei: Helles naturtrüb, Qpfer naturtrüb, Weizen, Maibock (saisonal), Weihnachtsbock (saisonal), Weybrator (saisonal) (alles vom Fass).

KÜCHE

Fränkische Brotzeiten. Täglich große Karte mit warmen Gerichten. Spezialitäten: Flammkuchen, Rumpsteak, Schweinebraten mit dunkler Biersoße und Spätzle, selbst gemachter Kochkäse.

PLÄTZE (außen/regensicher)

100/120

ANSCHRIFT

Kurfürst-Eppstein-Ring 6
63877 Sailauf
Tel.: 06093-996310

ÖFFNUNGSZEITEN

Täglich ab 11.30 Uhr

Storchenkeller am Altmain

www.bier.by

Tipp: Gebratener Bratwurstteig

BIER

Tucher/Fürth: Tucher Pils, Zirndorfer Kellerbier naturtrüb (beides vom Fass), Urfranken, Hefeweizen, alkoholhofreies Weizen, Reifbräu Alkoholfreies, Radler.

KÜCHE

Hausmacher Brotzeiten. Täglich mittelgroße Karte mit warmen Gerichten. Spezialitäten: Rippchen, gebratener Bratwurstteig, hausgemachter Leberkäs, Bratwurst.

PLÄTZE (außen/regensicher)

200/90

ANSCHRIFT

Sandgasse 2a
97522 Sand am Main
Tel.: 09524-6824

ÖFFNUNGSZEITEN

Täglich ab 14 Uhr

EINZELKÄMPFER MIT TRUMPF

Der Altmain ist ein noch relativ naturbelassenes Stückchen vom großen Main. Auf dem Storchenkeller kann man ihn genießen wie nirgendwo sonst. Besonders empfehlenswert sind hier die leckeren frischen Hausmacher Brotzeiten aus eigener Schlachtung und der selbst gemachte Kochkäse! Dazu darf hier neben Tucher-Bier vielleicht ausnahmsweise auch einmal ein leckerer Sander Wein getrunken werden. Auf jeden Fall ein absoluter Geheimtipp im sonst durch Heckenwirtschaften geprägten Sand am Main. Unbedingt einmal vorbeischauen!

Das Brauhaus Barbarossa

www.brauhaus-barbarossa.de **Tipp: Brauerpfanne**

BEI KAISER, PRINZ UND PÄBSTIN

Bianka und Frank Ziemen stehen immer ihre Frau und Ihren Mann, insbesondere, wenn es ums Feiern geht. Das beweisen sie nicht nur jeden Dienstag, sondern auch im Fasching, vor einigen Jahren gaben sie sogar das Prinzenpaar. Biankas Mutter Regina Pabst zeichnet dabei für die deftigen fränkischen Gerichte verantwortlich, die aus der Küche kommen. Bier, Braten und Brotzeiten machen süchtig, das ist das einhellige Urteil der Gäste, dem wir uns nur anschließen können. Im Sommer lohnt auch ein Besuch des Biergartens im Barbarossa-Hof. Brauereiführungen sind hier außerdem jederzeit auf Anfrage möglich und auch Bierbrauseminare werden angeboten.

BIER

Eigene Brauerei: Barbarossa Hell, Märzen (saisonal), Weizen (saisonal), Rotbier (saisonal), Leichtbier (saisonal), Fastenbier (ab Aschermittwoch), Weihnachtsbock (Weihnachtszeit) (alles vom Fass). Distelhäuser: Weizen, alkoholfreies Weizen.

KÜCHE

Fränkische Brotzeiten. Täglich große Karte mit warmen Gerichten. Spezialitäten: Brauereivesper, Handkäse, des Brauers heißer Laib, Haxe.

PLÄTZE (außen/regensicher)

230/150

ANSCHRIFT

Aschaffenburger Straße 18
63825 Schöllkrippen
Tel.: 06024-5454

ÖFFNUNGSZEITEN

Di bis Fr ab 17.30 Uhr
Sa und So ab 11 Uhr
Montag Ruhetag
(für Gruppen nach Anmeldung auch außerhalb dieser Zeiten geöffnet)

Hof Schabernack

www.hof-schabernack.com **Tipp: Selbst gebackenes Sauerteigbrot (Do)**

BIER

Specht/Kreuzwertheim: Edel Export, Schwarzer Specht, helles Hefeweizen, alkoholfreies Hefeweizen (alles vom Fass), alkoholfreies Pils.

KÜCHE

Hausmacher Brotzeiten. Täglich große Karte mit warmen Gerichten. Spezialitäten: Hausgemachter Flammkuchen Elsässer Art, halbes gefülltes Backofen-Hähnchen, Schabernack-Vesper.

PLÄTZE (außen/regensicher)

300/180

ANSCHRIFT

Hof Schabernack 5
63825 Schöllkrippen
Tel.: 06024-631190

ÖFFNUNGSZEITEN

Do und Fr ab 15 Uhr
Sa, So und Feiertage ab 12 Uhr
Mai bis Sep.: Mi ab 15 Uhr
Montag und Dienstag Ruhetag
Okt. bis Apr.: Montag, Dienstag und Mittwoch Ruhetag

AUSSIEDLERHOF MIT GESCHICHTE

Als echter Familienbetrieb bietet der Hof Schabernack eine breite Palette an Freizeitangeboten, die er der Familie Gerber verdankt. Die gab es bei der ersten Erwähnung im Jahr 1542 sicher noch nicht, dafür aber mehrere Legenden, die sich um den Namen ranken. Eine davon bezieht sich auf eine Richtstätte, die hier früher wohl bestanden hat - denn durch die Prozedur des Erhängens wurde der Nacken geschabt. Doch Schluss mit derlei Dingen, heute lohnt sich der Besuch allemal. Und Sie werden sicher hängen - bleiben, das können wir garantieren ...

Villa Hof Langenborn

www.villa-hof-langenborn.de

Tipp: Rumpsteak vom Boeuf de Hohenlohe

DIE VILLA AM SPESSART

Das Jugendstilhaus von 1918 bietet einen reizvollen Blick auf das obere Kahltal, am Rande des sagenumwobenen Spessarts. Gastronomisch bewirtschaftet wird das Anwesen erst seit 2005, als umfangreiche Renovierungsmaßnahmen abgeschlossen worden waren. Das Konzept von Klaus und Burgi Kilgenstein setzt vor allem auf hochwertige Bio-Nahrungsmittel und natürlich das traumhafte Ambiente, gerade auch im Biergarten vor dem Haus. Jeder erste und dritte Sonntag im Monat steht im Zeichen des Brunchs, jeden zweiten und vierten Sonntag im Monat gibt es ein großes Familien-Schlemmerbuffet (bitte vorher reservieren!).

BIER

Lammsbräu/Neumarkt: Hefeweizen, Pils, dunkles Export (alles vom Fass), Pils, helles Hefeweizen, dunkles Hefeweizen, alkoholfreies Pils. Erdinger: Alkoholfreies Hefeweizen.

KÜCHE

Hausmacher Brotzeiten und Salate (aus Bio-Anbau). Täglich kleine Karte mit warmen Gerichten. Spezialitäten: Frischer Bio-Salat mit Bio-Ziegenfeta, Pizza Villa, Hofschnitzel, Rumpsteak vom Boeuf de Hohenlohe.

PLÄTZE (außen/regensicher)

120/110

ANSCHRIFT

Im Langenborn 17
63825 Schöllkrippen
Tel.: 06024-67543-0

ÖFFNUNGSZEITEN

Mo bis Do auf Anfrage geöffnet
Bei schönem Wetter Biergarten
Mo bis Do ab 10 Uhr
Fr, Sa, So und Feiertage ab 8 Uhr

Gaststätte Zum Zapf und Eiscafé Werner Eiskalt

www.bier.by **Tipp: Rinderroulade**

BIER

Roth/Schweinfurt: Pils, Hefeweizen (beides vom Fass), Schwarzbier, dunkles Weißbier, alkoholfreies Weizen, Alkoholfreies.

KÜCHE

Kalte Kleinigkeiten und Salate. Täglich mittelgroße Karte mit warmen Gerichten. Spezialitäten: Rinderroulade mit Klößen und Blaukraut, saisonale Gerichte (z. B. Spargel, Pilze).

PLÄTZE (außen/regensicher)

60/40

ANSCHRIFT

Hauptstraße 47
97453 Schonungen
Tel.: 09721-75162

ÖFFNUNGSZEITEN

Mo und Di 10 bis 13 Uhr
Mi bis Fr 10 bis 13 und ab 18 Uhr
So und Feiertage 11 bis 14 Uhr
und ab 17.30 Uhr

VON DER EISENBAHN ZUM EISCAFÉ

Am ersten Februar 1980 öffnete Werner Hornung zum ersten Mal als Besitzer die Pforten der damaligen Gaststätte „Zur Eisenbahn" und acht Jahre später nebenan seine Eisdiele namens „Eiskalt". Zwanzig Jahre nach der Renovierung gab er dann dem Volksmund nach, der immer nur davon sprach, „Zum Zapf" zu gehen, weil das der alte Hausname des Anwesens ist. Im Biergarten, der sowohl zur Gaststätte wie auch zur Eisdiele gehört, sitzt man übrigens unter der schönsten Haus- und Hofkastanie Unterfrankens, die mindestens 120 Jahre alt ist.

8130, 8156 Schonungen Bahnhof Bus DB

Brauhaus am Markt

www.brauhausammarkt.de | **Tipp: Mastochsenbrust**

BRAUHAUS MIT DISKO

Wallenstein und Zar Alexander waren schon hier, doch nach erheblichen Kriegsschäden musste das alte Gemäuer aus dem 16. Jahrhundert abgerissen und komplett ersetzt werden. Deswegen findet man heute einen Neubau mit allen technischen Finessen, unter anderem auch den Diskokeller „Carribean Sun". Doch das stört den gemeinen Biergarten-Freund nicht, schließlich träumt der schon vom nächsten Seidla, wenn der Tanzclub seine Pforten öffnet.

BIER

Brauhaus Schweinfurt: Zwickel, Kellerbier, Hefeweizen, Pils (alles vom Fass), dunkles Hefeweizen, Maintaler, Böggle, Märzen, Live Alkoholfreies.

KÜCHE

Fränkische Brotzeiten. Täglich große Karte mit warmen Gerichten. Spezialitäten: Mastochsenbrust, Leberknödelsuppe, Schäuferle.

PLÄTZE (außen/regensicher)

90/150

ANSCHRIFT

Markt 30
97421 Schweinfurt
Tel.: 09721-16316

ÖFFNUNGSZEITEN

Täglich ab 11 Uhr

Wildpark an den Eichen

www.schweinfurt.de

Der Park beherbergt 500 Tiere aus Deutschland und anderen Erdteilen, darunter 14 Vogelarten, zahlreiche Huftierarten und Dammwild, aber auch Kleintiere, wie Meerschweinchen. Besonderer Beliebheit erfreuen sich der Elchbulle Lasse, das Luchsduo und die lustige Wildschweinrotte.

WILDPARK an den Eichen

Auf Tuchfühlung mit den Tieren kann man im Streichelzoo gehen und eine informative Beschilderung erzählt mehr über die Bewohner des Parks. Wer darüberhinaus noch mehr erfahren möchte, kann an einer der waldpädagogischen Führungen teilnehmen.

Der Wildpark hat aber noch mehr zu bieten. Ein Planschbecken bietet Kindern Abkühlung in den Sommermonaten und auf den zahlreichen Themenspielplätzen können sie sich austoben. Diverse Sportmöglichkeiten und ein Kneippbecken bieten auch den Erwachsenen Kurzweil. Für das leibliche Wohl derjenigen, die sich ihr Picknick nicht selbst mitgebracht haben, sorgt die Waldschänke.

Wildparkbüro:
Albin-Kitzinger-Straße
97422 Schweinfurt
Tel: +49 (9721)4727839

Öffnungszeiten:
ganzjährig geöffnet
Eintritt frei

Fotos 1 und 2: Florian Dittert

Waldgaststätte Jahn

www.waldgaststaette-jahn.com

Tipp: Bamberger Speckwörschtla

BIER

Brauhaus Schweinfurt: Pils, Hefeweizen, Lager (alles vom Fass), Urdunkel, Schwarze Weiße, alkoholfreies Weißbier, Maintaler Alkoholfreies. Maisel Bayreuth: Kristallweizen.

KÜCHE

Fränkische Brotzeiten. Täglich große Karte mit warmen Gerichten. Spezialitäten: Currywurst, Jägerschnitzel, verschiedene Braten, Jahnbrettle, Bamberger Speckwörschtla.

PLÄTZE (außen/regensicher)

350/150

ANSCHRIFT

Ernst-Paul-Straße 6
97422 Schweinfurt-Hochfeld
Tel.: 09721-5099799

ÖFFNUNGSZEITEN

Täglich ab 10 Uhr
Montag Ruhetag

WO DER ELCH TANZT

Direkt neben der Vereinsgaststätte des TV Jahn Schweinfurt liegt der „Wildpark an den Eichen" - ein echtes Kleinod unweit des Stadtzentrums. Auf einer Fläche von 18 ha sind rund 50 Tierarten aus allen Erdteilen zu beobachten, darunter 14 Vogelarten, zahlreiche Huftiere und Damwild, aber auch Kleintiere wie Meerschweinchen. Besonders beliebt sind Elchbulle Lasse und die lustige Wildschweinrotte. Etwa eine halbe Million Besucher kommt hier im Jahr vorbei - und genießt natürlich auch den Biergarten der Waldgaststätte. Wer es eilig hat, kann im Wildpark schon mal eine Bratwurst ergattern, Wirt Roland Karrlein betreibt dort eine kleine Außenstelle.

Naturfreundehaus Schweinfurt

www.naturfreundehaus-schweinfurt.de **Tipp: Steakvariationen**

BIER

Brauhaus Schweinfurt: Pils, Hefeweizen, Lager, Kellerbier (alles vom Fass), helles Weizen, dunkles Weizen, Alkoholfreies.

KÜCHE

Fränkische Brotzeiten. Täglich große Karte mit warmen Gerichten. Spezialitäten: Diverse Fisch- und Wildgerichte.

PLÄTZE (außen/regensicher)

300/0

ANSCHRIFT

Friedrich-Ebert-Straße 1
97421 Schweinfurt
Tel.: 09721-23298

ÖFFNUNGSZEITEN

Täglich ab 11 Uhr

DAUMEN RAUF

Bei den Naturfreundehäusern erlebt man ja durchaus unterschiedliche Gastronomie. Die allerbesten Tage hat das Gemäuer hier zwar hinter sich, aber das ist ja gerade bei so einem Ausflugslokal besonders interessant. Von Benno Kauth und seinem Team waren wir jedenfalls begeistert: Ein richtig schöner Biergarten mit Kastanien und Ausschank, leckere Küche, angereichert mit Wild und Fisch. Dazu ein großer Spielplatz, was will man mehr?

11 Gericht, Schweinfurt Bus

DB

Waldgaststätte Schießhaus

www.schiesshaus-schweinfurt.de

Tipp: Schnitzel

SCHLÜPFERSTÜRMER UND RÄUBERHÖHLE

Ein echter Hammer mitten im Haardtwald! Drei Generationen der Familie Heinz begeistern mit der Energie und dem Elan, mit dem sie das zuvor arg heruntergekommene Haus vor Jahren wieder zu einer Blütezeit gebracht haben. Man hat sich das Beste aus der Bierkultur in den Wald geholt: Schlachtschüssel, Starkbierfest und Riesenschnitzel. Die aktuellsten Infos zum Programm gibts alle drei Monate im Schießhaus-Extrablatt (im Internet oder vor Ort).

BIER

Brauhaus Schweinfurt: Haardter Bergweizen (nach eigenem Rezept gebraut), Lager, Weizen (alles vom Fass).

KÜCHE

Fränkische Brotzeiten. Täglich große Karte mit warmen Gerichten. Spezialitäten: Krustenbraten, Schnitzel, Pizza aus dem Steinbackofen.

PLÄTZE (außen/regensicher)

800/350

ANSCHRIFT

An der oberen Haardt
97422 Schweinfurt
Tel.: 09721-386868

ÖFFNUNGSZEITEN

Täglich ab 9 Uhr

Weißes Röß'l

www.weisses-roessl-online.de Tipp: Brauersteak vom Schweinerücken

ZWISCHEN ROSSMARKT UND THEATER

Da steht das über 100 Jahre alte Gasthaus, in dem Inhaber Uwe Speil hinter dem Herd steht. Der Koch, Küchenmeister, Diätkoch und Restaurantfachmann hat nicht nur auf dem Teller einiges zu bieten, sondern kümmert sich auch sonst viel um seine Zunft. So ist er Ausbilder und Prüfer bei der IHK - und Küchenchef der Mensa-Kantine. Wenn es dort genauso gut schmeckt wie im weißen Rössl, dann bedauern wir, nicht in Schweinfurt studiert zu haben! Im Garten des Hauses ranken Efeu und wilder Hopfen um die Wette und sorgen gemeinsam mit den Sandsteinen für ein echtes Wohlfühl-Ambiente.

BIER

Brauhaus Schweinfurt: Pils, Hefeweizen, Kellerbier, Aktionsbier (wechselnd) (alles vom Fass), Schwarze Weisse, Leichte, Märzen, Maintaler Alkoholfreies, alkoholfreies Hefeweizen, zusätzlich immer ein wechselndes Aktionsbier.

KÜCHE

Fränkische Brotzeiten. Täglich große Karte mit warmen Gerichten. Spezialitäten: Fränkische bis gehobene Küche, saisonale Gerichte.

PLÄTZE (außen/regensicher)

60/80

ANSCHRIFT

Wolfsgasse 19
97421 Schweinfurt
Tel.: 09721-9453170

ÖFFNUNGSZEITEN

Täglich ab 10 Uhr
Sa, So und Feiertage 10 bis 15 Uhr
Montag Ruhetag
(nach Vereinbarung auch außerhalb dieser Zeiten geöffnet)

11 Roßmarkt, Schweinfurt Bus DB

Wirtshaus-Biergarten „Zur Hölle"

www.hoelle-schweinfurt.de **Tipp: Schäuferle**

HIMMLISCHE HÖLLE

Besonders schön sitzt man unter den Kastanienbäumen in der Hölle, wenn der Sommer sich so richtig jenseits der 27° C-Marke austobt. Dann fühlt man sich eher ein bisschen wie im Himmel, wenn die Bäume Schatten und Chef Christian Wägerle frisches Bier spenden. Er beweist ein gutes Händchen bei seiner Mischung aus traditionell fränkischer und leicht mediterraner Küche.

BIER

Brauhaus Schweinfurt: Kellerbier, Pils, Lager, Hefeweizen, Zwickel (alles vom Fass), Schwarze Weiße, Mainthaler, Märzen, Life Alkoholfreies.

KÜCHE

Fränkische Brotzeiten. Täglich große Karte mit warmen Gerichten. Spezialitäten: Schäuferle, Salatteller, 1/2 gefüllte Bauernente (saisonal).

PLÄTZE (außen/regensicher)

500/120

ANSCHRIFT

Höllental 28
97422 Schweinfurt
Tel.: 09721-4765599

ÖFFNUNGSZEITEN

Okt. bis Apr.:
Di, Do und Fr ab 16 Uhr
Mi, Sa, So und Feiertage ab 11 Uhr, Montag Ruhetag
Mai bis Sep.: Di und Fr ab 16 Uhr
Mi, Do, Sa, So u. Feiertage ab 11 Uhr, Montag Ruhetag

Gasthaus zum goldenen Anker

www.goldenen-anker-segnitz.de

Tipp: Treidel Gasthaus-Platte

BIER

Oechsner/Ochsenfurt: Pils (vom Fass), Hefeweizen, Schwarzbier, alkoholfreies Hefeweizen, Alkoholfreies.

KÜCHE

Täglich mittelgroße Karte mit warmen Gerichten. Spezialitäten: Herrensteak, Truthahn-Medaillons, Carpaccio (saisonbedingt vom Zebra, Krokodil oder Känguru), exotische Fischspezialitäten.

PLÄTZE (außen/regensicher)

45/80

ANSCHRIFT

Mainstraße 8
97340 Segnitz
Tel.: 09332-3079

ÖFFNUNGSZEITEN

Täglich ab 17 Uhr
So und Feiertage 11.30 bis 14 und ab 17 Uhr
Donnerstag Ruhetag

EINMAL UM DIE GANZE WELT

Ferdinand Bogner ist weit herumgekommen, letzte Station vor Segnitz war das Old House Restaurant auf Vancouver Island, eines der Top-Restaurants in Kanada. So nimmt es auch nicht Wunder, dass der pfiffige Koch das Fränkische zwar nicht außen vor lässt, aber dafür viele Aspekte aus aller Welt mit einbringt. Neben Meefischli und anderen Klassikern stehen dann eben auch Känguru, Zebra und Krokodil auf der Karte. Freuen Sie sich also auf das Traditionshaus mit der ganz besonderen Note.

Idylle am Main

Von Krieg und Frieden

www.museum-stammheim.de

In Deutschlands größtem Museum für Militär- und Zeitgeschichte ist XXXL angesagt. 17.000 Quadratmeter Ausstellungsfläche, über 20.000 Exponate und viele aufgebaute Szenen von der Küche des 19. Jahrhunderts bis zum Wehrmachtsbiwak machen jeden Besuch zu einem spannenden Erlebnis.

Ausgestellt sind unter anderem auch ein Brückenpanzer oder die legendäre Antonov AN-2, der größte Doppeldecker der Welt, mit einem Propellerdurchmesser von 3,60 m. Dazu gehören auch ein großer Kinderspielplatz und ein Wein- und Biergarten, in dem man gemeinsam mit Gleichgesinnten die Eindrücke verarbeiten kann.

Öffnungszeiten
Das Museum ist vom 1. Februar bis 30. November geöffnet.
Gruppenführung nach Vereinbarung
Dienstag bis Sonntag 10 bis 18 Uhr
Montag Ruhetag, außer an örtlichen/bundesweiten Feiertagen, dann ist auch das Musem geöffnet.

Anschrift Museum
Maintalstraße
97509 Stammheim/Gde. Kolitzheim
Fon: 09381-9255
Fax: 09381-9850
Email: info@museum-stammheim.de

Gaststätte „Zur Schmiede“

www.zur-schmiede-stammheim.de **Tipp: Roastbeef mit Malzkartoffeln**

MIT DEM MUSEUM VERBUNDEN

Das ist die Gaststätte nicht nur wegen der direkten Nachbarschaft, sondern auch, weil sie nach einem der Ausstellungsstücke des Museums benannt ist. Es kommen aber auch viele Wanderer in den schönen Biergarten, schließlich steht in den Weinbergen Stammheims der größte Bocksbeutel der Welt. Aus der Küche kommen deftige fränkische Gerichte, allen voran die sehr guten fränkischen Bratwürste sollten Sie unbedingt probieren!

BIER

Leikeim/Altenkunstadt: Pils, Schwarzbier (beides vom Fass), Steinbier, alkoholfreies Pils. Erdinger: Urweisse, alkoholfreies Weizen.

KÜCHE

Fränkische Brotzeiten. Täglich große Karte mit warmen Gerichten. Spezialitäten: Museums-Pfännchen, Schmiede-Schnitzel mit Bratkartoffeln und Salat, Roastbeef mit Malzkartoffeln, Bratwürste mit Sauerkraut und Bauernbrot, Radler-Schnitzel, Salat Art des Hauses mit Pute, Salat mit Garnelen, Wurstsalat, Brotzeitbrett.

PLÄTZE (außen/regensicher)

80/100

ANSCHRIFT

Maintalstraße
97509 Stammheim
Tel.: 09381-802408

ÖFFNUNGSZEITEN

Apr. bis Okt.: Täglich ab 10 Uhr
Montag Ruhetag
Nov. bis März: Täglich ab 11 Uhr
Montag und Dienstag Ruhetag
Anfang bis Ende Januar komplett geschlossen

Adler-Bräu

www.adlerbraeu-stettfeld.de

Tipp: Tatar vom Schwein

BIER

Eigene Brauerei: Pils, Lager, Weizen, Bärentrunk (saisonal), Bock (saisonal) (alles vom Fass).

KÜCHE

Hausmacher Brotzeiten. Täglich kleine Karte mit warmen Gerichten. Spezialitäten: Biergartenplatte, Tatar vom Schwein, Pfannenschnitzel.

PLÄTZE (außen/regensicher)

80/120

ANSCHRIFT

Hauptstraße 19
96188 Stettfeld
Tel.: 09522-369

ÖFFNUNGSZEITEN

Täglich ab 10 Uhr
Dienstag Ruhetag

IN DER ALTEN BRAUEREI

Bis vor kurzem wehte hier noch der Sudkesseldampf um die Nasen der Besucher, heute sitzen unter der rustikalen Balkendecke die Gäste der Brauereigaststätte. Über den Hausmetzger gibt es Spezialitäten aus eigener Schlachtung, die im Sommer besonders im kleinen Brauereihof bestens schmecken. Auf den Außenplätzen hat man zudem den Kirchturm immer schön im Blick, der dafür verantwortlich ist, dass einmal im Jahr zur Kirchweih richtig was los ist. Dann werden hier im Bräustübla mit Bocksbraten, Ente und Gans echte Schmankerl serviert.

Gasthof Strätz

www.gasthof-straetz.de **Tipp: Fränkische Bauernbrotzeit**

DREI DAMEN BLIEBEN DA

Es war eine illustre Entscheidung des ehemaligen Inhabers des Gasthauses Strätz, als er mit seiner Frau 2005 in die ferne Alpenrepublik Österreich zog und seine drei Angestellten alleine ließ. Die nahmen sich kurzerhand ein Herz und führen nun das Haus in Eigenregie. Die GmbH von Dagmar Weschenfelder, Margit Kröner und Anja Hey funktioniert großartig. Sie verwöhnen die Gäste, auch mit kreativen Ideen und einer großen Karte - die „giltet selbstverständlich auch im Biergarten!"

BIER

Hummel/Merkendorf: Weizen, Räucherla, Kellerbier, Pils (alles vom Fass). Erdinger: Alkoholfreies Weizen.

KÜCHE

Fränkische Brotzeiten. Täglich große Karte mit warmen Gerichten. Spezialitäten: Schäuferla mit Kloß und hausgemachtem Wirsing (So, ab und zu), Schnitzel gefüllt mit Tomaten und Mozzarella, Spinatknödel mit gemischtem Salat und Parmesan, Zander im Salatbeet, leichte Sommergerichte.

PLÄTZE (außen/regensicher)

180/160

ANSCHRIFT

Hauptstraße 49
96188 Stettfeld
Tel.: 09522-6084

ÖFFNUNGSZEITEN

Di bis Sa ab 17 Uhr
So und Feiertage ab 11 Uhr
Montag Ruhetag

Waldcafé

www.waldcafe-sulzfeld.de

Tipp: Grill- und Themenbuffets (Termine s. Website)

BIER

Kulmbacher: Pils, Kapuziner Hefeweizen (beides vom Fass), Mönchshof Kellerbier, Mönchshof Schwarzbier, Kapuziner Kristallweizen, Kapuziner dunkles Hefeweizen, Kapuziner alkoholfreies Hefeweizen, Kulmbacher alkoholfreies. Lang/Waltershausen: 8020 (vom Fass).

KÜCHE

Täglich große Karte mit warmen Gerichten. Spezialitäten: Türkische Platten, Schnitzelgerichte, große Salatteller, Nudelgerichte.

PLÄTZE (außen/regensicher)

50/50

ANSCHRIFT

Amselweg 17
97633 Sulzfeld
Tel.: 09761-6373 o. 0160-8453971

ÖFFNUNGSZEITEN

Apr. bis Okt.: Täglich ab 14 Uhr
So und Feiertage ab 11 Uhr
Montag Ruhetag
Nov. bis März: Fr und Sa ab 17 Uhr
So und Feiertage ab 11 Uhr
Mo bis Do geschlossen

FERIEN MIT TÜRKISCHER KÜCHE

Susanne Hanshans ist schon gut in der Welt herumgekommen. Unter anderem stand sie in einer türkischen Pension am Herd, ebenso wie hinter dem Tresen einer Würzburger Studentenkneipe. So lag es nahe, dass die Betriebswirtschaftlerin aus dem eigentlich hauptsächlich als Verwaltungsgebäude gedachten Café des Feriendorfes Sulzfeld eine richtige Gaststätte machte. Gemeinsam mit Ehemann Can Erkul betreibt sie nun vor allem die Gastronomie, ist aber auch noch für die Vermietung der zehn Ferienhäuser zuständig, die noch nicht in Privatbesitz übergegangen sind. Rund um den Biergarten finden vor allem Kinder ein Paradies mit Minigolf, Boccia- und Fußballplatz sowie allerlei Klettergerät, Sandkasten und Spielwiese.

Brauerei-Gasthof „Zum Grünen Baum“

www.bayer-theinheim.de Tipp: Hausgemachter Wildschweinschinken

DIE LETZTE STATION ...

... vor dem Beginn Weinfrankens ist eine ganz besondere. In einer der kleinsten Brauereien Frankens werkelt Michael Bayer überaus erfolgreich und braut einen sensationell süffigen Gerstensaft. Im kleinen Innenhof sitzt man im Angesicht des Braukessels und möchte eigentlich nie wieder aufstehen - solange der Nachschub rollt. Mit dem Bier werden auch die Spezialitäten des Hauses verfeinert - von der Bierhaxe bis zum Bierschnitzel. Die Wurst stammt aus eigener Herstellung, die Lammgerichte quasi von der Weide nebenan. Ein absoluter Geheimtipp!

BIER

Eigene Brauerei: Ungespundetes Lager, Knörzla (im Sommer), Bockbier (im Winter), Starkbier (zu Ostern) (alles vom Fass). Krautheimer: Weizen, Pils, Alkoholfreies.

KÜCHE

Hausmacher Brotzeiten. Täglich große Karte mit warmen Gerichten. Spezialitäten: Hausgemachter Wildschweinschinken, Lamm frisch von der Weide.

PLÄTZE (außen/regensicher)

60/95

ANSCHRIFT

Schulterbachstraße 15
96181 Rauhenebrach-Theinheim
Tel.: 09554-293

ÖFFNUNGSZEITEN

Täglich ab 9 Uhr
Montag Ruhetag (wenn Montag Feiertag, dann Dienstag Ruhetag)

Schloßstuben

www.bier.by

Tipp: Schloss-Schnitzel

BIER

Eigene Brauerei: Herzog von Franken, Pils, Dunkles, Hefeweizen (alles vom Fass), dunkles Weißbier, alkoholfreies Weizen.

KÜCHE

Hausmacher Brotzeiten. Täglich mittelgroße Karte mit warmen Gerichten. Spezialitäten: Wildgerichte (aus der Region), Mälzerschnitzel, Hausmannskost, hausgebackene Kuchen und Torten.

PLÄTZE (außen/regensicher)

80/50

ANSCHRIFT

Hauptstraße 3
97289 Thüngen
Tel.: 09360-994872

ÖFFNUNGSZEITEN

Täglich ab 11 Uhr
Dienstag und Mittwoch Ruhetag

WIRTSCHAFT MIT TRADITION

Das heutige Thüngener Schloss, in dem sich auch die Schloßstuben befinden, stammt aus dem 16. Jahrhundert. Der Ort an sich allerdings datiert bis ins Jahr 788. Der Name kommt vom germanischen Thing, das die Versammlung der jeweiligen Stämme bezeichnete. Zum eigenen Adelsgeschlecht gelangte Thüngen, als die Grafen von Henneberg im 16. Jahrhundert ausstarben und die neue Familie sich nach dem Ort, der mittlerweile das Stadtrecht innehatte, benannte. Diese Vergangenheit kann vor Ort gut nachvollzogen werden, natürlich garniert mit einem der bierigen Gerichte der Familie Keller.

Hummelhof

www.der-hummelhof.de

Tipp: Die Karte von A bis Z

NATUR PUR

Der Hummelhof liegt etwas abseits der Straße von Trossenfurt nach Hummelmarter auf der linken Seite. Das Haus mutet an, als wäre es nicht gebaut worden, sondern nach und nach aus der Erde gewachsen. Die Dächer sind mit Gras bewachsen, der kleine Innenhof und Biergarten wird von Wein um- und überrrankt. Der Familienbetrieb setzt auf Selbstversorgung - alle Rohstoffe kommen aus der Region, sogar der Strom wird selbst erzeugt. Für Entertainment sorgen Ballonfahrten, ein 3D-Parcours für Bogenschützen und „Spezial-Golf". Sehr interessant auch: Eine Rennbahn, genannt „Formel 5". Die Küche ist absolut köstlich, die Redaktion bedauerte, dass alle Töchter bereits vergeben waren ...

BIER

Hummel/Merkendorf: Kellerbier (vom Fass), Pils, Räucherla.

KÜCHE

Fränkische Brotzeiten. Täglich große Karte mit warmen Gerichten. Spezialitäten: Zarte Steaks, Schweinelende, Pfiffer (saisonal).

PLÄTZE (außen/regensicher)

70/100

ANSCHRIFT

Hummelhof 1
97514 Trossenfurt
Tel.: 09522-5553

ÖFFNUNGSZEITEN

Mi bis Fr ab 17 Uhr
Sa, So und Feiertage ab 11 Uhr
Montag und Dienstag Ruhetag

Roppelt-Keller

www.brauereiroppelt.de

Tipp: Kellerschnitzel, Kochkäse

BIER

Eigene Brauerei: Dunkles, Lagerbier, Weizen (alles vom Fass). Wechselnde Brauerei: Alkoholfreies.

KÜCHE

Hausmacher Brotzeiten. Täglich kleine Karte mit warmen Gerichten. Spezialitäten: Kellerschnitzel, selbst gemachter Kochkäse.

PLÄTZE (außen/regensicher)

280/80

ANSCHRIFT

An der Steige 2
97514 Oberaurach-Trossenfurt
Tel.: 09522-1230 oder -1840

ÖFFNUNGSZEITEN

Täglich ab 16 Uhr
Dienstag Ruhetag

VIELE ETAGEN

Der Roppelt-Keller erstreckt sich über fünf Ebenen, teils überdacht, an einem Berghang in Trossenfurt. Mit großen Bäumen gut beschattet und einem Fußballplatz für die Kinder bietet er für Familien ein perfektes Ambiente. Das dunkle Bier ist megasüffig, schmeckt malzig, fast ein bisschen schokoladig. Das Lagerbier ist leichter, auch malzig und rinnt nicht minder geschmeidig die Kehle hinunter. Brauereichef Michael Roppelt ist ein sehr umgänglicher Zeitgenosse, der immer mal gerne ein Wort mit den Gästen wechselt.

8180, 989 Aurachbrücke, Oberaurach-Trossenfurt Bus

Gasthaus Zum Schwarzen Adler

www.bier.by

Tipp: Rippchen mit Sauerkraut

ANNO 1242

So weit kann man die Geschichte des Hauses zurückverfolgen, zumindest, wenn man sich bis in die Katakomben des Kellers begibt. Hinter Tresen und Herd steht Doris Kirchner mit ihrem Team, und das schon in der vierten Generation. Ursprünglich gab es auch eine eigene Metzgerei im Haus, heute werden die Brotzeiten nach den alten Rezepten vom Hausmetzger hergestellt. Der Biergarten besteht aus dem alten Innenhof, wo es übrigens neben den Düll-Bieren auch Weine aus dem eigenen Anbau zu verkosten gilt.

BIER

Düll/Krautheim: Pils (vom Fass), Kellerbier, Dunkles, Hefeweizen, alkoholfreies Hefeweizen, Alkoholfreies. Erdinger: Hefeweizen.

KÜCHE

Hausmacher Brotzeiten. Täglich mittelgroße Karte mit warmen Gerichten. Spezialitäten: Verschiedene Braten (So), blaue Zipfel, grobe Bratwürste, Rippchen mit Sauerkraut, Spanferkel (auf Vorbestellung).

PLÄTZE (außen/regensicher)

70/120

ANSCHRIFT

Zehntstraße 2
97486 Königsberg i. Bay.-Unfinden
Tel.: 09525-303

ÖFFNUNGSZEITEN

Täglich ab 11.30 Uhr
Donnerstag Ruhetag

Bräustüble

www.braeustueble-waltershausen.de Tipp: Schaschlik

UFI AUS DEM FASS

Ufi ist der Spitzname des unfiltrierten Kellerbieres, das es nur hier im Bräustüble zu trinken gibt. Hier sollten Sie unbedingt zugreifen. Im Anschluss sollten Sie dann eines der weiteren Fassbiere probieren oder am besten gleich die Brauereiführung buchen, an die sich eine Bierprobe in der Gaststätte anschließt. Wenn Sie das zeitlich gut planen, können Sie im Anschluss noch eine Kleinkunst-Veranstaltung im historischen Tanzsaal aus dem 19. Jahrhundert erleben - Termine stehen auf der Webseite. Im Sommer empfiehlt sich auch ein Besuch des romantischen Lauben-Biergartens hinter dem Haus.

BIER

Eigene Brauerei: Pils, Kupferbier, Lager (Ufi), Bock (saisonal), Festbier (saisonal), Wiesenfestbier (saisonal) (alles vom Fass), Weissbier. Erdinger: Alkoholfreies Weizen. Paulaner/München: Alkoholfreies.

KÜCHE

Fränkische Brotzeiten. Täglich große Karte mit warmen Gerichten. So und Feiertage Mittagstisch. Spezialitäten: Fränkische Wurstplatte, Fränkisches Hochzeitsessen, Schaschlik.

PLÄTZE (außen/regensicher)

140/70

ANSCHRIFT

Martin-Luther-Straße 7
97633 Waltershausen
Tel.: 09762-930941

ÖFFNUNGSZEITEN

Mi bis Fr ab 17 Uhr, Sa ab 14 Uhr
So und Feiertage ab 10 Uhr
Montag und Dienstag Ruhetag

Gasthaus Bräutigam

www.bier.by Tipp: Bocksbraten zur Kirchweih (um Johanni)

BIER

Hönig/Tiefenellern: Lager, Posthörnchen (nur im Sommer) (beides vom Fass), Bockbier (saisonal), Weizen. Kaiser/Neuhaus: Weizen, Alkoholfreies.

KÜCHE

Hausmacher Brotzeiten. Keine warmen Gerichte, aber täglich Hausmacher Bratwürste. So und Feiertage Mittagstisch. Spezialitäten: Hausmacher Bratwürste, Hausmacher Wurst, Hausmacher Kalbsweißwürste (auf Anfrage), Schlachtschüssel (1 x im Monat, Do), selbst gebackener Käsekuchen.

PLÄTZE (außen/regensicher)

120/190

ANSCHRIFT

Dorfstraße 12
97483 Eltmann-Weisbrunn
Tel.: 09522-1628

ÖFFNUNGSZEITEN

Täglich ab 9 Uhr
Dienstag und Mittwoch Ruhetag

BROT, KUCHEN UND LIKÖRE

Dazu natürlich die Spezialitäten aus Hausschlachtung (einmal im Monat Schlachtschüssel, Termin telefonisch erfragen). Damit begeistern die Bräutigams schon seit vielen Jahrzehnten ihr Publikum, das fast ausschließlich aus Stammgästen besteht. Die Segnungen aus Angelika Bräutigams Küche locken auch viele (Rad-)Wanderer, sowie die Besucher der nahegelegenen Wallfahrtskirche Maria Limbach. Die stiftete übrigens der Würzburger Fürstbischof Friedrich Carl von Schönborn, nachdem er auf Fürsprache der Muttergottes zu Limbach von einem Hüftleiden geheilt wurde.

Brauereigasthof Werneck

www.brauereigasthof-werneck.de

Tipp: Bierkutschertöpfle

DAS BIER IM FASS TRINKEN

Das kann man hier im urigen baumumsäumten Biergarten. Dieser Genuss hat einen amerikanischen Soldaten einmal so begeistert, dass er sich kurzum eine ganze Palette Wernecker Weißbier via Militärflugplatz Mannheim nach Okinawa liefern ließ. Gerne hätte er wohl auch einige der bierigen Spezialitäten aus der Küche von Michael Schmitt importiert, aber die wären auf der langen Reise kalt geworden. Vor Ort gibt es auch den Hopfenfluch, eine Art Bierkonzentrat, in der kultigen Dreiviertelliterflasche.

BIER

Eigene Brauerei: Laurentius (unfiltriertes Kellerbier), Wernecker Pils (aus dem Steinkrug) (beides vom Fass), Balthasar-Neumann-Hefeweizen hell, Schwarze Weisse (Hefeweizen dunkel), Bayerisch Landbier hell, Bayerisch Landbier dunkel, dunkler Bock (saisonal), Sportskanone (alkoholfreies Hefeweizen).

KÜCHE

Fränkische Brotzeiten. Täglich große Karte mit warmen Gerichten. Spezialitäten: Bierbrauerbrotzeit, Tafelspitz, Schweinebraten, Bierkutschertöpfle, Sudhausteller.

PLÄTZE (außen/regensicher)

110/130

ANSCHRIFT

Schönbornstraße 2
97440 Werneck
Tel.: 09722-91080

ÖFFNUNGSZEITEN

Täglich ab 11 Uhr

Gasthaus Brehm

www.gasthaus-brehm.de.vu **Tipp: Sauerbraten**

FÜR FANS DER RÖSTKARTOFFEL

Seit 1900 zeichnet Familie Brehm hier verantwortlich, insbesondere Brigitte Brehm, die 1965 fast im Alleingang für eine Renaissance gesorgt hat. Insbesondere ihr Können am Kochtopf und der schön gelegene Biergarten sorgen dafür, dass die Gäste auch aus weiter Entfernung anreisen. Zu den Empfehlungen der Stammgäste gehören die Hausmacher Wurst mit Röstkartoffeln und der fränkische Sauerbraten, den wir beim Test selbst verkostet haben - und wir können dieser Empfehlung nur zustimmen! 2011 stieg die nächste Brehm-Generation in die Bütt, allerdings nicht ohne tatkräftige Unterstützung von Mama Brigitte.

BIER

Düll/Krautheim: Pils, Dunkles, Kellerbier, helles Hefeweizen, dunkles Hefeweizen, alkoholfreies Hefeweizen, Alkoholfreies. Schlenkerla/Bamberg: Rauchbier.

KÜCHE

Hausmacher Brotzeiten. Täglich kleine Karte mit warmen Gerichten. So und Feiertage Mittagstisch. Spezialitäten: Pfeffersteak, Schnitzelbrot, Bratwürste, Hausmacher Wurst mit Röstkartoffeln.

PLÄTZE (außen/regensicher)

150/130

ANSCHRIFT

Dorfstraße 12
97516 Wiebelsberg
Tel.: 09382-8546

ÖFFNUNGSZEITEN

Do ab 15 Uhr
Fr, Sa, So und Feiertage ab 11 Uhr
Montag bis Mittwoch Ruhetag

Edi's Gaststube

www.edis-gaststube.de Tipp: Zwiebelsteak

BEI EDI

Eduard „Edi" Bätz ist ein echtes Original. Seit mehr als 20 Jahren führt er nun schon die Gaststube, die er auch sein Eigen nennt. Und so ist es eben auch ein bisschen wie zu Hause - man fühlt sich wohl, und Edi kümmert sich um Speis und Trank. Sogar beim Kochen kann man ihm zuschauen und so seinen verbalen Senf dazu geben. Übrigens: Wenn man mal ein bisschen warten muss, lohnt ein Blick auf die Sammlung aus Emailschildern an den Wänden.

BIER

Düll/Krautheim: Hefeweizen, Urtyp Dunkel, Kellerbier, Pils (alles vom Fass), Lagerbier, dunkles Hefeweizen, alkoholfreies Weizen, Alkoholfreies. Leikeim/Altenkunstadt: Steinhefe (vom Fass).

KÜCHE

Hausmacher Brotzeiten. Täglich große Karte mit warmen Gerichten. Spezialitäten: Schäuferle, Zwiebelsteak in Paprikarahm, verschiedene Nudelgerichte (z. B. Sommernudeln mit Pfifferlingen), saisonale Gerichte.

PLÄTZE (außen/regensicher)

90/210

ANSCHRIFT

Jahnstraße 2
97353 Wiesentheid
Tel.: 09383-2316

ÖFFNUNGSZEITEN

Di, Do, Fr und Sa ab 17 Uhr
Mi ab 18 Uhr
So 11.30 bis 14.30 und ab 17 Uhr
Montag Ruhetag

8150 Marienplatz, Wiesentheid Bus DB

BergBiergarten Wülflingen

www.bergbiergarten-wuelflingen.de Tipp: Dreierlei

BROT- UND GURKEN-FLATRATE

Fotografin Melanie baute mit ihrem Mann ein Stückchen Italien ins kleine Örtchen Wülflingen zwischen Hassfurt und Schweinfurt. Der BergBiergarten - erst 2008 eröffnet - war bis vor kurzem noch ein verwilderter Hügel, nun ist er einfach nur Urlaub. Die Leckereien stammen so weit möglich alle aus der Region, und auch der Spagat zwischen Wein und Bier gelingt wunderbar - jeder jeweilige Liebhaber kommt auf seine Kosten.

BIER

Kulmbacher: Mönchshof Kellerbier, Mönchshof Original Pils, Kapuziner Weißbier, alkoholfreies Kapuziner Weißbier, alkoholfreies Kulmbacher Pils.

KÜCHE

Fränkische Brotzeiten. Täglich kleine Karte mit warmen Gerichten. Spezialitäten: Paniertes Schweineschnitzel mit Pommes Frites, Currywurst mit Pommes Frites, Dreierlei (Gerupfter, Kochkäse, Bratwurststeig), Salate.

PLÄTZE (außen/regensicher)

35/38

ANSCHRIFT

Hofleite 5
97437 Wülflingen
Tel.: 09521-9577597

ÖFFNUNGSZEITEN

April bis Sep.: Täglich ab 16 Uhr
So ab 11 Uhr, Montag Ruhetag
Okt. bis März: Do bis Sa ab 17 Uhr
So ab 15 Uhr, Mo bis Mi Ruhetag

Steinbachtalbäck

www.steinbachtalbaeck.de **Tipp: Hausgemachter Kalbskopf**

WIE DIE JUNGFRAU ZUM KINDE

So kamen Claudia und Hermann Weidl zum Steinbachtalbäck, der schon einige Zeit nach neuen Betreibern suchte. Das Traditionshaus - erst Bäckerei, dann Weinstube und nun Speiselokal mit schöner Terrasse - hat aber auch etwas in die neue Liaison eingebracht: Zahlreiche Stammgäste kommen nach wie vor hierher und freuen sich über die neuen kulinarischen Genüsse, die die gute Küche von Hermann Wiedl hier bietet. Der war lange Zeit auf Kreuzfahrtschiffen unterwegs und kochte in und aus aller Herren Länder. Seine Heimat hat er aber nicht vergessen, und so findet man hier auch sonst selten gewordene Klassiker auf der Karte, wie zum Beispiel den hausgemachten Kalbskopf.

BIER

Oechsner/Ochsenfurt: Hefeweizen, Pils (beides vom Fass), dunkles Hefeweizen, Schwarzbier. Erdinger: Alkoholfreies Hefeweizen.

KÜCHE

Fränkische Brotzeiten. Täglich große Karte mit warmen Gerichten. Spezialitäten: Hausgemachter Kalbskopf, Tafelspitz mit handgeriebenem Meerrettich, fränkischer Sauerbraten.

PLÄTZE (außen/regensicher)

50/56

ANSCHRIFT

Steinbachtal 64
97082 Würzburg
Tel.: 0931-72394

ÖFFNUNGSZEITEN

Täglich ab 11 Uhr
Montag Ruhetag

Goldene Gans - Fränk. Biergarten an der alten Mainbrücke Würzburg

www.goldene-gans-wuerzburg.de **Tipp: Wunderschöner Blick auf die alte Mainbrücke**

UNTER HUNDERTJÄHRIGEN PLATANEN

So sitzt man hier in Würzburg an der alten Mainbrücke, allerdings erst seit 2010, als Fabian Sebulke auf die Idee kam, den Biergarten einzurichten. Der entwickelte sich schnell zum Klassiker für jedermann. Vom Uni-Professor bis zum Straßenpfleger kehrt hier jeder ein und genießt die Abwechslung - vor allem auch beim Bier. Denn hier gibt es den Gerstensaft aus dem Brauhaus Würzburg, wo Brauer Udo Maak seit 1989 am Sudkessel steht. Zur Brauerei sind es nur 100 Meter - vielleicht haben Sie ja Gelegenheit bei einer Brauereiführung dabei zu sein.

BIER

Eigene Brauerei: Helles, Hefeweizen, Pils (alles vom Fass).

KÜCHE

Fränkische Brotzeiten. Täglich mittelgroße Karte mit warmen Gerichten. Spezialitäten: Bratwürste nach hauseigener Rezeptur, verschiedene frische Salate, Schweinenackensteaks (aus der Hausmetzgerei).

PLÄTZE (außen/regensicher)

360/0

ANSCHRIFT

Leonhard-Frank-Promenade
(an der alten Mainbrücke)
97082 Würzburg
Tel.: 0931-29190817

ÖFFNUNGSZEITEN

April bis Mitte Oktober
Täglich ab 11 Uhr
bei schlechtem Wetter geschlossen

Alte Mainmühle

www.alte-mainmuehle.de Tipp: Mühlenbratwürste

BIER

Distelhäuser: Pils, Hefeweizen, Landbier, Kellerbier, Radler (alles vom Fass), leichtes Distelhäuser, Distel Spezial, Kristallweizen, Distelhäuser Weißbier alkoholfrei, alkoholfreies Pils, Malzbier.

KÜCHE

Fränkische Brotzeiten. Täglich große Karte mit warmen Gerichten. Spezialitäten: Schäuferle, fränkischer Sauerbraten, fränkisches Hochzeitsessen (Tafelspitz mit Nudeln), blaue Zipfel.

PLÄTZE (außen/regensicher)

60/120

ANSCHRIFT

Mainkai 1
97070 Würzburg
Tel.: 0931-16777

ÖFFNUNGSZEITEN

Täglich ab 9.30 Uhr

WENN DER MÜLLER WÜRSTCHEN KOCHT

Die alte Mainmühle hatte schon viele Funktionen in ihrer über 350jährigen Geschichte. Zu Beginn als Getreidemühle gebaut, um den Fürstbischöfen auch bei einer Belagerung die Mehlversorgung zu garantieren, später als erstes Wellenbad für die Würzburger der Kaiserzeit, schließlich als Kraftwerk, bis das Gebäude in den 90er Jahren schließlich ausgedient hatte. Dann nahmen sich Christine und Jan Endres ein Herz, entkernten die alte Mühle und schufen 2005 ein echtes Gastro-Juwel. Zwischen den dicken Holzbalken sitzt es sich drinnen und draußen immer wunderschön, in den Ohren immer noch das alte Mühlrad. Probieren Sie unbedingt die nach eigenem Rezept hergestellten Mühlenbratwürste!

Biergarten Alter Kranen

www.alterkranen.de

Tipp: Haxe und Schäuferle

MALERISCHE KULISSE

Der Alte Kranen in Würzburg stammt aus der Barockzeit und ist ein Werk des Sohnes des berühmten Baumeisters Balthasar Neumann. Rund um diesen Landkran gruppieren sich die Plätze mit dem wohl schönsten Biergarten-Blick am Würzburger Main. Ideal, um ein bisschen die Seele baumeln und sich vom Blick auf die Überreste des ehemaligen Main-Florenz bezaubern zu lassen. Viele sitzen auch gerne einfach auf den alten Kaimauern, das hat natürlich ein ganz besonderes Flair.

BIER

Hofbräu/Würzburg: Pils, Mönchshof Kellerbier (beides vom Fass), Export, Sternla Bier, Sternla Radler, Alkoholfreies. Keiler/Lohr am Main: Helles Hefeweizen (vom Fass), dunkles Hefeweizen. Kulmbacher: Kapuziner alkoholfreies Weizen, Kapuziner Kellerweizen.

KÜCHE

Fränkische Brotzeiten. Täglich mittelgroße Karte mit warmen Gerichten. Spezialitäten: Haxe, Schäuferle, fränkische Bratwürste, Sauerbraten, Tafelspitz, Wurstsalat.

PLÄTZE (außen/regensicher)

500/200

ANSCHRIFT

Kranenkai 1
97070 Würzburg
Tel.: 0931-99131545

ÖFFNUNGSZEITEN

Täglich ab 11 Uhr
So und Feiertage ab 10 Uhr

Biergarten am Zollhaus

www.zollhaus-wuerzburg.de Tipp: Steckerlfisch (Fr)

BIER

Hofbräu/Würzburg: Pilsner, Julius Echter Hefeweißbier, Kiliani-Festbier (Juli und August) (alles vom Fass), Sternla, Export, Alkoholfreies. Kulmbacher: Zwickel (vom Fass).

KÜCHE

Salate. Täglich mittelgroße Karte mit warmen Gerichten. Spezialitäten: Steckerlfisch (Fr), Zollhausschnitzel, hausgemachte Pizza, verschiedene Salate, halbe Grillhähnchen.

PLÄTZE (außen/regensicher)

400/220

ANSCHRIFT

Mergentheimer Straße 19
97082 Würzburg
Tel.: 0931-781223

ÖFFNUNGSZEITEN

Täglich ab 11 Uhr

BERLINER WEISSE IN WÜ

Auf über 1.000 Quadratmetern empfängt Thuy Ngyn Tegel ihre Gäste - klingt nach Asien, schmeckt aber nicht so! Die Küche der sympathischen Biergarten-Matrone bewegt sich vor allem zwischen Schnitzelvariationen und Currywurst, wichtig vor allem der Freitag, wenn es Steckerlfisch gibt. Mitten im Grünen kümmert man sich vor allem um die Kleinen. Neben einem großen Spielplatz stehen regelmäßig Kasperltheater und Kindergeburtstage auf dem Programm.

Bronnbach Wirtshaus

www.bronnbach-wirtshaus.de **Tipp: Schlemmersalat**

THEATER UND KUNST

Das schmucke Kloster Bronnbach liegt zwar 30 Kilometer weit weg, hier im Bronnbach Wirtshaus wird aber ebenfalls das Thema Kultur hochgehalten. Unter dem Biergarten, in einem der letzten erhaltenen Innenhöfe Würzburgs, befindet sich der Künstlerkeller, in dem immer eine andere Attraktion vom Salonpiano bis zur Theatergruppe geboten ist. Doch auch unter Tags ist das schmucke Plätzchen zwischen Marktplatz und Juliuspromenade immer ideal für einen Zwischenstopp gegen den Durst.

BIER

Distelhäuser: Pils, Landbier, Radler, Hefeweizen, Frühlingsbock (saisonal), Kellerbier (saisonal), Dinkel (saisonal), Winterbock (saisonal) (alles vom Fass), Märzen, Export, Distel Spezial, Kristallweizen, alkoholfreies Hefeweizen, Alkoholfreies, Radler alkoholfrei, Malzbier.

KÜCHE

Fränkische Brotzeiten. Täglich große Karte mit warmen Gerichten. Spezialitäten: Salate, Schlemmersalat (mit Putenbrustmedaillons), Schnitzel Wiener Art, Truthahnsteaks, verschiedene Strudel.

PLÄTZE (außen/regensicher)

80/120

ANSCHRIFT

Bronnbacher Gasse 43
97070 Würzburg
Tel.: 0931-51300

ÖFFNUNGSZEITEN

Täglich ab 11 Uhr

Nikolaushof

www.nikolaushof.com

Tipp: Wiener Schnitzel

BIER

Hofbräu/Würzburg: Pils (vom Fass), helles Hefeweizen, dunkles Hefeweizen, alkoholfreies Pils, alkoholfreies Weizen.

KÜCHE

Täglich mittelgroße Karte mit warmen Gerichten. Spezialitäten: Wiener Schnitzel, saisonale Gerichte (z. B. Spargel, Pfifferlinge, ...).

PLÄTZE (außen/regensicher)

300/420

ANSCHRIFT

Spittelbergweg
97082 Würzburg
Tel.: 0931-797500

ÖFFNUNGSZEITEN

Di bis Fr ab 14 Uhr
Sa und So ab 12 Uhr
Montag Ruhetag
Anfang bis Ende Januar geschlossen

BELLA VISTA

Was für ein herrlicher Ausblick über Würzburg - das ist der Gedanke, der einem hier als erstes kommt. Insbesondere am Abend sitzt man einfach traumhaft. Dazu kommt noch der Teich mitten im Biergarten - Höhe und Wasser hat man nun ja wirklich selten. Dafür muss man den Nachteil eines jeden Berges in Kauf nehmen: Man muss da rauf ... Lecker und experimentell übrigens die gehobene Küche des Hauses.

48, 8078 Leistenstraße, Würzburg Bus

Postkutscherl

www.postkutscherl.de | Tipp: Saure Nieren

DIE POST GEHT AB

1997 wechselte Birgit Seuffert von Würzburgs ältestem Wirtshaus, der Blauen Grotte, zum Postkutscherl. Die umfangreichen Renovierungsarbeiten sind fertig, und so kann hier das ganze Jahr die Post abgehen, auch im Biergarten. Hier steht nämlich an kalten Tagen ein Zelt mit Ofen, so dass man hier nicht nur feiern kann, wenn die Sonne brennt. Der ganzjährig nutzbare, weil überdachte Spielplatz mit Klettergerüst, Schaukel und Rutsche gefällt den kleinen Gästen am besten.

BIER

Hofbräu/Würzburg: Pils, Hefeweizen (beides vom Fass), komplettes Flaschenbier-Sortiment, Alkoholfreies. Keiler/Lohr am Main: Weißbier hell, Weißbier dunkel. Erdinger: Alkoholfreies Weizen. Jever: Jever Fun.

KÜCHE

Fränkische Brotzeiten. Täglich große Karte mit warmen Gerichten. Spezialitäten: Schnitzel in verschiedenen Variationen, verschiedene Pizzas.

PLÄTZE (außen/regensicher)

120/105

ANSCHRIFT

Waldkugelweg 5
97082 Würzburg
Tel.: 0931-781100

ÖFFNUNGSZEITEN

Täglich ab 11 Uhr

Restaurant Fränkische Stuben

www.greifensteiner-hof.de **Tipp: Kalbskopf**

FÜNF AUF EINEN STREICH

Der Greifensteiner Hof in Würzburg beherbergt mitten in der Innenstadt ein Ensemble für den Gast: Das Hotel Greifensteiner Hof, das Café Marienplatz, die Bar Markt 7, einen Cateringservice und die Fränkischen Stuben mit einem schönen begrünten Außenbereich in der Fußgängerzone. Hier sind also echte Profis am Werk, und das merkt man auch, trotzdem immer noch ein Familienbetrieb seit Generationen. Der jüngste Nachwuchs hatte sogar seinen Laufstall im Büro.

BIER

Hofbräu/Würzburg: Pilsener (vom Fass). Andechser: Dunkles Bier (vom Fass). Klosterbrauerei Münnerstadt: Kloster Urstoff (in der Bügelflasche). Clausthaler: Alkoholfreies.

KÜCHE

Hausmacher Brotzeiten. Täglich große Karte mit warmen Gerichten. Spezialitäten: Schweinebraten mit Kloß, Berliner Leber, Kalbskopf aus eigener Schlachtung.

PLÄTZE (außen/regensicher)

140/230

ANSCHRIFT

Häfnergasse 1
97070 Würzburg
Tel.: 0931-35170

ÖFFNUNGSZEITEN

Täglich ab 10 Uhr

Schützenhof (Gutsschänke)

www.schuetzenhof-wuerzburg.de Tipp: Ochsenschwanzragout

BIER

Wernecker: Pils, Weizen (beides vom Fass), hauseigenes Laurenzius (ungefiltertes Märzen), Balthasar Neumann (dunkles Weizenbier). Erdinger: Alkoholfreies Weizen. Paulaner/München: Alkoholfreies Pils.

KÜCHE

Hausmacher Brotzeiten. Täglich mittelgroße Karte mit warmen Gerichten. Spezialitäten: Geschmortes Ochsenschwanzragout mit Spätzle, ofenfrisches Schäuferle mit ungebundener Bratensoße und Kloß, geschmorte Ochsenbäckchen in Gemüse-Rotweinsoße mit Kürbis-Kartoffel-Püree, Bauernbrotzeit mit Hausmacher Wurst, Rettichsalat, angemachtem Camembert und frischem Bauernbrot.

PLÄTZE (außen/regensicher)

350/150

ANSCHRIFT

Zufahrt über Frankenwarte
97082 Würzburg
Tel.: 0931-72422

ÖFFNUNGSZEITEN

Täglich ab 9 Uhr

RITTERSCHLAG UND BEERENWEIN

Leider macht man im Haus von Gudrun Berndt den Beerenwein nicht mehr selbst, aber der gerade daran hängende Ruf des Schützenhofes besteht dank ihrer guten Auswahl an Ersatz unbeschadet fort. Im Garten sitzt es sich unter den alten Kastanien mit Ausblick über Würzburg und die Weinberge wunderschön. Ein Zimmer des Hauses ist nach den Roßpergern benannt, einer Stammtischgesellschaft mit Tradition, auch als die Ritter vom Schenken bezeichnet. Berühmte Mitglieder schmückten diesen Raum, weswegen man ihn unbedingt einmal gesehen haben sollte.

Sternbäck

www.sternbaeck.de Tipp: Sternbäck-Hähnchen

OFENKARTOFFELN FÜR STUDENTEN & CO.

Das Traditionshaus in der Sterngasse verkauft sich mittlerweile vor allem als Studentenkneipe Nr. 1. Die früher legendären Butter-Variationen sind leider nicht mehr im Programm (hiermit regen wir eine Wiederaufnahme an!), dafür aber viele leckere Soßen, zu denen dann meist die beliebte Ofenkartoffel serviert wird. Entgegen dem Namen ist der Sternbäck übrigens seit vielen Jahrzehnten schon nicht mehr Bäckerei, sondern vor allem eine Bier- und Weinwirtschaft, in die man früher sogar noch sein Essen mitgebracht hat.

BIER

Distelhäuser: Pils, Hefeweizen, Radler, Saisonbier (alles vom Fass), Kristallweizen, Export, Spezial, dunkles Hefeweizen, Landbier, alkoholfreies Hefeweizen, alkoholfreies Pils.

KÜCHE

Fränkische Brotzeiten, Salate. Täglich große Karte mit warmen Gerichten. Spezialitäten: Ofenkartoffeln mit verschiedenen Soßen, Sternbäckschnitzel XXL, Sternbäcksalat, Sternbäck-Hähnchen.

PLÄTZE (außen/regensicher)

120/45

ANSCHRIFT

Sterngasse 2
97070 Würzburg
Tel.: 0931-54056

ÖFFNUNGSZEITEN

Täglich ab 9 Uhr

St. Kilian, der heil'ge Mann, stellt die ersten Schnitter an

www.wuerzburg.de

Mit dieser alten Wetterregel ist eigentlich alles gesagt. Um den Namenstag des Heiligen Kilian, der den Unterfranken um 685 das Christentum brachte, den 8. Juli, begeht man in Würzburg die Feier des Schutzpatrons der Stadt mit einem traditionellen Jahrmarkt und vor allem dem Volksfest.

Beide Feierlichkeiten datieren weit in die Vergangenheit zurück. Die erste Aufzeichnung stammt aus dem Jahr 1030, bei den meisten Unterfranken steht Kiliani auch als allgemeines Synonym für einen Jahrmarkt.

Während der 17 Tage im Juli verwandelt sich der Marktplatz im Herzen der Stadt wieder in einen Handelsplatz, auf dem die Gäste unter anderem Kräuter, Gewürze, Haushalts- und Geschenkartikel, Bekleidung und Keramik erstehen können. Auf der Talavera steigt parallel das schon erwähnte Volksfest, das jährlich über eine Million Besucher in die Frankenmetropole lockt.

Talavera Schlößchen

www.talavera-schloesschen.de

Tipp: Hausgemachte Pizza

BIER

Hofbräu/Würzburg: Pils (vom Fass). Keiler/Lohr am Main: Hefeweizen (vom Fass), verschiedene Flaschenbiere. Kulmbacher: Mönchshof Kellerbier (vom Fass), verschiedene Flaschenbiere.

KÜCHE

Fränkische Brotzeiten. Täglich mittelgroße Karte mit warmen Gerichten. Spezialitäten: Hausgemachte Pizza, Schloßbratwurst vom Holzkohlegrill, Schloßplatte, verschiedene italienische Gerichte.

PLÄTZE (außen/regensicher)

500/100

ANSCHRIFT

Talaveraplatz
97082 Würzburg
Tel.: 0931-46779933

ÖFFNUNGSZEITEN

Täglich ab 11 Uhr

OASE AM PARKPLATZ

Steht der Name Talavera für die meisten Würzburg-Besucher nur für einen großen Parkplatz, versteckt sich für die Einheimischen am Rande ein schönes Biergarten-Kleinod, in dem man den großen Trubel nebenan fast vergessen kann. Das kleine Lustschloss von 1719, geplant von Balthasar Neumann, steht ebenso wie die alten Kastanien und Fichten auf dem Gelände unter Denkmalschutz. Es grenzt an ein Wunder, dass das Anwesen, in dem seit 1927 Gäste bewirtet werden, den Zweiten Weltkrieg so gut überstanden hat.

Wasserhäusle

www.wasserhaeusle.de Tipp: Hausmacher Brotzeitteller

BIER

Hofbräu/Würzburg: Pils, Hefeweizen (beides vom Fass), Mönchshof Kellerbier, Alkoholfreies Pils, Alkoholfreies Hefeweizen. Keiler/Lohr am Main: Dunkles Hefeweizen.

KÜCHE

Fränkische Brotzeiten. Täglich große Karte mit warmen Gerichten. Spezialitäten: Schäuferle (So), gegrillte Schweinshaxe (Do), Kesselfleisch (Mo und Di), Hausmacher Brotzeitteller.

PLÄTZE (außen/regensicher)

250/80

ANSCHRIFT

Mainaustraße 34
97082 Würzburg
Tel.: 0931-6608754

ÖFFNUNGSZEITEN

Täglich ab 11.30 Uhr
Juni bis Aug. kein Ruhetag
Sep. bis Mai Mittwoch Ruhetag

WIE EIN PICKNICKPLATZ AM MAIN

Das Wasserhäusle ist ein typischer fränkischer Biergarten direkt am Main, in dieser Lage für viele Besucher einer der schönsten Würzburgs. Seit 2011 wieder unter Führung von Arno Schneider, der nicht nur das alte Flair wieder hergestellt, sondern auch in der Küche das Sagen hat. Unter alten Bäumen und Sonnenschirmen kann hier ordentlich bei einem kühlen Hofbräu entspannt werden, auch Radfahrer und Familien mit Kindern sind hier bestens aufgehoben.

Wirtshaus Lämmle

www.wirtshaus-laemmle.de Tipp: Lämmle-Schnitzel

FRÜHER MIT PFERD

Die Geschichte des Weißen Lamms datiert bis ins 16. Jahrhundert, als man noch als Einstellwirtschaft fungierte. Dies bedeutete, dass man mit Pferd oder Fuhrwerk durch das große Hoftor einfuhr und dann in Ruhe einkehrte, während das Gefährt vor dem Haus umhegt wurde. Heute ist das Lämmle der einzige Biergarten in der Fußgängerzone, in dem es sich bei jedem Wetter immer gut aushalten lässt.

BIER

Distelhäuser: Premium Pils, Landbier, Radler, Hefeweißbier, Saisonbier (alles vom Fass), dunkles Hefeweizen, alkoholfreies Kristallweizen, alkoholfreies Hefeweizen.

KÜCHE

Fränkische Brotzeiten. Täglich große Karte mit warmen Gerichten. Spezialitäten: Lämmle-Schnitzel, Lamm-Häxle, saure Nieren, Hochzeitsessen mit gebackenen Nudeln, Meerrettichsoße und Preiselbeeren.

PLÄTZE (außen/regensicher)

250/120

ANSCHRIFT

Marienplatz 5
97070 Würzburg
Tel.: 0931-54748

ÖFFNUNGSZEITEN

Täglich ab 10 Uhr
So 11 bis 16 Uhr
Feiertage ab 11 Uhr

Würzburger Hofbräukeller

www.wuerzburger-hofbraeukeller.de **Tipp: Sudhausbraten**

BIER

Eigene Brauerei: Pils, Hefeweißbier, Sternla Radler (alles vom Fass), Sternla, Schwarzbier, Export, Weißbier dunkel, Kristallweizen, alkoholfreies Weißbier, Light-Bier, Alkoholfreies. Kulmbacher: Mönchshof Kellerbier (vom Fass), Mönchshof Bockbier. Keiler/Lohr am Main: Weißbier (vom Fass), Weißbier dunkel.

KÜCHE

Fränkische Brotzeiten. Täglich große Karte mit warmen Gerichten. Spezialitäten: Schweinehaxe, Sudhausbraten, Hofbräuschnitzel, Hofbräu-Kellerbrettle.

PLÄTZE (außen/regensicher)

1000/650

ANSCHRIFT

Jägerstraße 17
97082 Würzburg
Tel.: 0931-42970

ÖFFNUNGSZEITEN

Täglich ab 10 Uhr

FÜR JEDES WETTER

Besondere Attraktion des neu gestalteten Hofbräukellers ist der große Wintergarten, der weit mehr als 200 Personen fasst, ein halbes Brauereimuseum enthält und im Sommer fast komplett geöffnet werden kann. Bleiben wir bei den heißen Tagen. Dann nämlich tummeln sich bis zu 1.000 Würzburger unter den alten Kastanien und lassen sich die großen Portionen erst schmecken und sie dann einpacken - Alufolie nicht vergessen!

Bauer Robert's Brotzeitkeller

www.bauer-roberts-brotzeitkeller.de Tipp: Kellerplatte

HAUSGEMACHTE QUALITÄT

Bei Hetterichs wird's selbst gemacht, zumindest, wenn es mit Tieren zu tun hat. Vom Ei (aus Bodenhaltung) bis zur Hausmacher Bauernwurst kommen die Leckereien unschlagbar frisch auf den Tisch. Wer möchte, kann sie im Hofladen, der mit Honig, Nudeln und Schnapsspezialitäten auch noch weitere Feinereien zu bieten hat, sogar für zu Hause erwerben. Ansonsten ist der Aussiedlerhof vor allem ein Paradies für Kinder. Weit ab von der Straße bietet sich eine breite Palette vom Sandberg über Schaufel und Bobbycar bis zum Bogenschießplatz. Abwechslung ist also in jeder Hinsicht garantiert.

BIER

Göller/Zeil am Main: Hefeweizen, Pils (beides vom Fass), Rauchbier, Dunkles, Kellerbier, Steinhauerweisse, Lager, alkoholfreies Hefeweizen, Alkoholfreies.

KÜCHE

Hausmacher Brotzeiten. Täglich kleine Karte mit warmen Gerichten. Spezialitäten: Kellerplatte, Hausmacher Platte, Koteletts, Currywurst AdH (= nach Art des Hauses).

PLÄTZE (außen/regensicher)

320/294

ANSCHRIFT

Augsfelder Weg 11
97475 Zeil am Main
Tel.: 09524-7228

ÖFFNUNGSZEITEN

Fr und Sa ab 17 Uhr
So und Feiertage ab 15 Uhr
Mo bis Do geschlossen

Berghospiz „Zeiler Käppele"

www.bier.by **Tipp: Wandererplatte**

BIER

Göller/Zeil am Main: Pils (vom Fass), Lager, Dunkles, Weizen, alkoholfreies Weizen, Alkoholfreies.

KÜCHE

Fränkische Brotzeiten. Täglich kleine Karte mit warmen Gerichten. Spezialitäten: Rindfleisch mit Kren, selbst gemachter Gerupfter, Wandererplatte, Schäuferle, selbst gebackene Kuchen.

PLÄTZE (außen/regensicher)

200/100

ANSCHRIFT

Kapellenberg 2
97475 Zeil am Main
Tel.: 09524-1009

ÖFFNUNGSZEITEN

Di bis Fr ab 14 Uhr
Sa ab 12 Uhr
So und Feiertage ab 10 Uhr
Montag Ruhetag
(für Busse nach Vereinbarung auch außerhalb dieser Zeiten geöffnet)

DA, WO DIE WALLFAHRT WOHNT

Erst Ende des 19. Jahrhunderts entstand das Zeiler Käppele, baulich an Lourdes angelehnt, als Wallfahrtszentrum im Marienland Franken. Zusammen mit dem nahegelegenen Maria Limbach bildet das kleine Zeiler Kapellchen den Ostzipfel des fränkischen Marienweges. Kein Wunder also, dass mit dem Berghospiz auch für Unterkunft und Verpflegung für die Wander-Katholiken gesorgt werden musste. Mittlerweile kommen auch profane Wallfahrer, die einfach nur den schönen Blick auf das Maintal genießen wollen, oder Heiratswillige, für die das Käppele zur Traumlocation avanciert ist.

Brauereigaststätte Göller

www.brauerei-goeller.de Tipp: Schäuferle

BIER

Eigene Brauerei: Pils, Dunkles, Weizen, Rauchbier, Kellerbier (alles vom Fass), alkoholfreies Weizen, Alkoholfreies, Kaiser Heinrich Urstoff, Kaiser Heinrich Weizen hell, Kaiser Heinrich Weizen dunkel.

KÜCHE

Hausmacher Brotzeiten. Täglich große Karte mit warmen Gerichten. Spezialitäten: Schäuferle, Grillhaxe, Dosenfleisch.

PLÄTZE (außen/regensicher)

400/230

ANSCHRIFT

Speiersgasse 21
97475 Zeil am Main
Tel.: 09524-9554

ÖFFNUNGSZEITEN

Täglich ab 9.30 Uhr
Dienstag Ruhetag
Anfang Juni bis Ende August kein Ruhetag

HILFE VOR ORT

Mit dem Göller Hilfsfonds geht die mehrfach prämierte Traditionsbrauerei aus Zeil am Main neue Wege. Jeder verkaufte Kasten und diverse Events & Co. tragen dazu bei, dass Hilfsbedürftige aus der Region Unterstützung erhalten. Vorbildlich sind auch der Wirt selbst – geduldig erträgt Hubert Rausch die allgegenwärtigen Anspielungen auf seinen Namen und das Bier – und die Website, auf der man sogar die Rezepte zum Nachkochen finden kann.

Gasthaus Zellertal

www.gasthaus-zellertal.de

Tipp: Tatar

BIER

König/Duisburg: König Pilsener (vom Fass). Keiler/Lohr am Main: Landpils (vom Fass), Weißbier hell, Weißbier dunkel, Kellerbier. Hofbräu/Würzburg: Schwarzbier, alkoholfreies Weißbier, Kristallweizen.

KÜCHE

Hausmacher Brotzeiten. Täglich mittelgroße Karte mit warmen Gerichten. Spezialitäten: Paniertes Schweinekotelett, Tatar, eingemachtes Gläserfleisch.

PLÄTZE (außen/regensicher)

50/120

ANSCHRIFT

Talstraße 33
97532 Üchtelhausen-Zell
Tel.: 09720-1023

ÖFFNUNGSZEITEN

Mo und Do bis Sa ab 17 Uhr
So und Feiertage ab 11 Uhr
Dienstag und Mittwoch Ruhetag

GELEBTE TRADITION

Unmittelbar vor den Toren der Stadt Schweinfurt liegt der Ort Zell und inmitten des Dorfes das Traditionsgasthaus Zellertal. Bereits in der vierten Generation betreiben Susanne und Edmund Beck den urigen Dorfgasthof, in dem es auch heute noch wie zu Kaisers Zeiten zugeht. Jeder kennt jeden, und so werden die großen und kleinen Wehwehchen des Alltags und der Politik auch hier besprochen und gelöst. Neben den Einheimischen, die gerne im gemütlichen Brunnenhof Platz nehmen, kommen auch viele Radfahrer und Wanderer vorbei und genießen die gute Küche von Edmund. Am beliebtesten ist die Original Schweinfurter Schlachtschüssel - dafür muss man aber leider mit mindestens 39 Gleichgesinnten erscheinen ...

Die Bierkultur in der Oberpfalz

www.bier.by

Wir wollen Ihnen hier einen kleinen Vorgeschmack auf diese auch kulinarisch sehr spannende Region im Osten Bayerns bieten, die wir in unserem nächsten Buch über die Bayerische Bierkultur ausführlich darstellen werden. Bis dahin wünschen wir bereits viel Spaß beim Erkunden des Zoigl und der Oberpfalz und sind auf jeden Fall weiter auf Recherchetour, um Ihnen bald ein vollständiges Bild geben zu können.

Amberg

Casino Wirtshaus

Schrannenplatz 8
92224 Amberg
Tel.: 09621-22664

Web: www.bier.by

Öffnungszeiten:
Täglich ab 10 Uhr
Montag Ruhetag

Tipp: Oberpfälzer Erdäpfelknödel

Amberg

Schießl Wirtshaus

Untere Nabburger Straße 8
92224 Amberg
Tel.: 09621-12612

Web: www.schiessl-wirtshaus.de

Öffnungszeiten:
Mo bis Fr ab 10 Uhr, Sa 9 bis 14 Uhr
Sonntag und Feiertage Ruhetag

Tipp: Tafelspitz

Amberg

Winkler BräuWirt

Untere Nabburger Straße 34
92224 Amberg
Tel.: 09621-913455

Web: www.winkler-braeuwirt.de

Öffnungszeiten:
Täglich ab 10 Uhr
Dienstag Ruhetag

Tipp: Oberpfälzer Bierbratl

Amberg

Zum Kummert Bräu

Raigeringerstraße 11
92224 Amberg
Tel.: 09621-15259

Web: www.zumkummertbraeu.de

Öffnungszeiten:
Täglich ab 10 Uhr
Di ab 17 Uhr

Tipp: Hausgebrannte Schnäpse

Raigering

Brauereigaststätte Sterk

Hofmark 2
92224 Amberg
Tel.: 09621-914323

Web: www.brauerei-sterk.de

Öffnungszeiten:
Mi bis Sa ab 17 Uhr, So ab 10.30 Uhr
Montag und Dienstag Ruhetag

Tipp: Rumpsteak „Natur" XXL

Sulzbach-Rosenberg

Kreuzerwirt Spitalgarten

Nürnberger Straße 5
92237 Sulzbach-Rosenberg
Tel.: 09661-2687

Web: www.bier.by

Öffnungszeiten:
Anfang März bis Ende Sep.
Täglich ab 11 Uhr

Tipp: Tellersülze

Pyrbaum

Waldschänke Straßmühle

Straßmühle 21
90602 Pyrbaum
Tel.: 09180-939601

Web: www.bier.by

Öffnungszeiten:
Täglich ab 11 Uhr
Montag und Dienstag Ruhetag

Tipp: Wurstsalate

Krickelsdorf

Gasthaus zur Linde

Krickelsdorf 5
92242 Hirschau
Tel.: 09622-2130

Web: www.bier.by

Öffnungszeiten:
Täglich ab 12 Uhr
Mittwoch Ruhetag

Tipp: Geräucherte Platte

UNSERE FEST-TIPPS FÜR DIE OBERPFALZ:

Altstadtfest Neumarkt
www.altstadtfest-neumarkt.de
Neumarkt Mitte Juni

Bürgerfest Weiden
Ende Juni

Amberger Maria-Hilf-Bergfest
www.bergfest-amberg.com
Ende Juni

Altstadtfest Sulzbach-Rosenberg
www.sulzbach-rosenberger-altstadtfest.de
Ende Juni

Bürgerfest Neustadt an der Waldnaab
dritter Samstag im Juli

Annafest Sulzbach-Rosenberg
Ende Juli

Alle Bierkeller und Biergärten aus diesem Buch alphabetisch nach Orten

Ortsverzeichnis

JETZT IM BUCHHANDEL!!!

Fränkische Bierkultur auf den Punkt gebracht

Neue Bier-Bibel von Bastian Böttner und Markus Raupach stellt Ihnen die komplette Brauszene Frankens vor.

Die beiden Autoren stehen als gebürtige Franken selbst voll und ganz hinter der Kultur in dieser weltweit einzigartigen Genussregion. Am meisten tragen die fränkischen Brauereien zu diesem ganz besonderen Hochgenuss bei: Über 2.000 verschiedene Biere entstammen den Sudhäusern zwischen Main, Altmühl und sächsischer Saale. Böttner und Raupach haben alle aktiven Braustätten persönlich besucht und mit Fotos und kurzen Portraits festgehalten. Außerdem trafen die beiden auf ihren Touren durch das Frankenland viele interessante Bier-Persönlichkeiten und konnten hinter die Kulissen von Herstellern und Museen blicken. **Das Ergebnis ihrer bierigen Erlebnisreisen der Jahre 2008 bis 2013 haben die beiden nun in ihrer neuen „Bier-Bibel" zusammengefasst.**

Freuen Sie sich auf bier-verrückte Kreativbrauer wie David Hertl (Schlüsselfeld) oder Andreas Gänstaller (Hallerndorf), die mit unendlicher Liebe und Geduld spannende und innovative Biere immer wieder neu erfinden, genauso wie auf bodenständige „Bräuer" wie Hans Wernlein (Trebgast) oder Georg Höhn (Memmelsdorf), die ihre urigen süffigen Biere nach jahrhundertealten Rezepten so wie ihre Väter und Vorväter brauen. Durch die Adern dieses Buches fließt der reinste fränkische Gerstensaft, und sie werden auf jeder Seite wieder einem Stück gelebter Biertradition begegnen. Natürlich sind auch viele praktische Informationen enthalten, angefangen von den Öffnungszeiten und Haltestellen des ÖPNV bis zum jeweiligen Biersortiment und Spezialitäten in der zugehörigen Gastronomie. Sie sehen auf einen Blick, wo Brauereiführungen angeboten werden, oder wo Sie auch ein kleines Fässchen für das nächste Privatfest abholen können.

Buchdaten:

Autoren: Bastian Böttner / Markus Raupach
Titel: Brauereien und Brauereigasthöfe in Franken. Alle Braustätten, Biere, Museen und Bierfeste.
Verlag: Nürnberger Presse
672 Seiten |
ISBN: 978-3-931683-25-2

Geschafft...

...Sie kennen sicher das Gefühl, das sich einstellt, wenn man eine wirklich große Aufgabe gemeistert hat. Für uns stellt sich das jedes Mal am Ende eines solchen Buchprojektes ein. Schließlich ist auch eine überarbeitete Auflage ein komplett neues Buch, genauso wie die anderen Titel, die wir mit jeweils neuen Themen erarbeiten. Über 560 Bierkeller und Biergärten, auf 672 Seiten, dazu noch viele Tipps und Themen, das bedeutet ca. 25 Monate Recherche und Fotografieren, verteilt auf sechs Jahre, über 100.000 zurückgelegte Autokilometer (Das ist mehr als zweimal um die Erde!), über 2.500 Brotzeiten und mehrere Hektoliter Bier, jährlich über 200 Telefonstunden zum Datenabgleich, acht Wochen Texte schreiben, acht Wochen Layout und Satz, zwei Wochen Druck,...

Sie sehen, es steckt ein bisschen mehr hinter so einem Buch, als es auf den ersten Blick vielleicht scheinen mag, und aus dem vermeintlichen Traumjob ist eine echte (Lebens-)Aufgabe geworden, die genauso professionell und konsequent erledigt werden muss wie jeder andere Job. Natürlich macht uns dieser Beruf auch viel Spaß und wir sind stolz auf das, was wir mit unserem Team auf die Beine gestellt haben. Wir freuen uns auf Ihre Kritik und Anregungen; weitere Tipps und Ergänzungen, denn gerade Sie, die Leser, haben dazu beigetragen, dass aus den 204 Seiten der Erstausgabe nun ein wahres Freizeitkompendium für Franken geworden ist. Wenn Ihnen unser – für die Gastronomen übrigens nach wie vor völlig kosten- und werbefreies – Konzept gefällt, dann schauen Sie sich doch in Ihrer Buchhandlung auch einmal unsere anderen Bücher an, insbesondere unseren neuen Brauereiführer für Franken (siehe auch Seite 671), es ist sicher noch mindestens ein weiteres Highlight für Sie und Ihre Freunde dabei!

Auf Wiedersehen
im nächsten Buch!

Redaktion:
GuideMedia GbR
Grüner Markt 15
96047 Bamberg
www.guidemedia.de
info@guidemedia.de